ALTDEUTSCHE TEXTBIBLIOTHEK

Begründet von Hermann Paul
Fortgeführt von Georg Baesecke und Hugo Kuhn
Herausgegeben von Burghart Wachinger

Nr. 4

Heliand und Genesis

Herausgegeben von
Otto Behaghel

10., überarbeitete Auflage
von
Burkhard Taeger

MAX NIEMEYER VERLAG TÜBINGEN

1996

1. Auflage 1882
2. Auflage 1903
3. Auflage 1910
4. Auflage 1922
5. Auflage 1933
6. Auflage 1948 ⎫
7. Auflage 1958 ⎬ bearbeitet von Walther Mitzka
8. Auflage 1965 ⎭
9. Auflage 1984   bearbeitet von Burkhard Taeger

CIP-Kurztitelaufnahme der Deutschen Bibliothek

Heliand und Genesis / hrsg. von Otto Behaghel. − 10. Aufl. / bearb. von Burkhard Taeger. − Tübingen : Niemeyer, 1996
(Altdeutsche Textbibliothek ; Nr. 4)
NE: Behaghel, Otto [Hrsg.]; Taeger, Burkhard [Bearb.]; GT

ISBN 3-484-20003-0 kart.
ISBN 3-484-21004-X Gewebe
ISSN 0342-6661

5 4 3 2 1 0

© Max Niemeyer Verlag GmbH & Co. KG, Tübingen 1996
Das Werk einschließlich aller seiner Teile ist urheberrechtlich geschützt. Jede Verwertung außerhalb der engen Grenzen des Urheberrechtsgesetzes ist ohne Zustimmung des Verlages unzulässig und strafbar. Das gilt insbesondere für Vervielfältigungen, Übersetzungen, Mikroverfilmungen und die Einspeicherung und Verarbeitung in elektronischen Systemen. Printed in Germany.
Gedruckt auf alterungsbeständigem Papier.

Satz und Druck: Allgäuer Zeitungsverlag GmbH, Kempten (Allgäu)
Einband: Heinr. Koch, Tübingen

Inhalt

Vorwort zur 10. Auflage VII
Abkürzungen XI
Einleitung XVIII
Praefatio 1
Versus 3
Übersicht über den Inhalt des Heliand 5
Text des Heliand 7
Anhang: Text des Straubinger Heliand-Fragments 211
Übersicht über den Inhalt der Genesis 217
Text der Genesis 219
Wörterbuch 257

Vorwort zur 10. Auflage

Die Behaghelsche Ausgabe des ‚Heliand', seit der 2. Auflage um die ‚Genesis'-Bruchstücke bereichert, blickte bei ihrer 9. Auflage bereits auf eine über hundertjährige Wirksamkeit in Wissenschaft und akademischem Unterricht zurück. Mit der 6. Auflage, 1948, war sie in die Obhut von W. Mitzka übergegangen, der sie bis zur 8. Auflage betreut hat.

Das Bestreben der Editoren war es bis dahin vordringlich gewesen, die immer lebhafte Forschung für die Textherstellung der Ausgabe nutzbar zu machen. Die 9. Auflage verschob die Gewichte insofern, als erstmals auch wieder der Handschriftengrundlage Aufmerksamkeit geschenkt wurde, was, in Form einer vollständigen Nachkollation der as. Textzeugen, zu einer nicht unerheblichen Steigerung der Genauigkeit im einzelnen, und zu größerer Konsequenz im ganzen führte.[1] Vor allem aber kamen natürlich dem ‚Heliand'-Text die Befunde des damals neuentdeckten Straubinger Fragments S zugute. Wesentliche Änderungen am Text wurden dabei freilich nicht nötig; vielmehr bestätigte sich die Festigkeit der ‚Heliand'-Überlieferung, allem voran die gute Qualität der Überlieferung M.

In den zehn Jahren, die inzwischen vergangen sind, hat die editorische Erschließung der altsächsischen Bibelepik einige bedeutende Fortschritte gemacht. Die Lücke, die in der Bearbeitung der Metrik klaffte, wurde durch D. Hofmann mit seinem zweibändigen Werk geschlossen. Auch eine nicht geringe Anzahl von textkritischen Verbesserungen sind dabei für die beiden altsächsischen Texte mit angefallen.

Für die as. ‚Genesis' und ihre ags. Übertragung ist die neue, breitangelegte und tiefgreifende Ausgabe von A. N. Doane erschienen, nach den Ausgaben von Timmer und Vickrey bereits die dritte aus dem englischsprachigen Raum seit dem 2. Weltkrieg. Die Erschließung sowohl des ags. wie des as. Texts der ‚Genesis' wird durch die neue Ausgabe wesentlich

---

[1] Über die orthographischen Normalisierungen vgl. die Einleitung, unten S. XL. Lediglich Schreibkorrekturen, vom Schreiber unter dem Schreiben oder vom Korrektor vorgenommen, sind nach wie vor in der Regel unberücksichtigt geblieben. Dies gilt auch für den ae. überlieferten Teil der ‚Genesis', für den ich mich auf die veröffentlichten Beobachtungen v. a. von Sievers, Klaeber, Gollancz, Krapp, Hulbert, Timmer, Vickrey, Doane und Schwab stütze.

verbessert. Neben diese Arbeit ist gleichzeitig der ‚Litterae'-Band von U. Schwab getreten, zu den gleichen Texten, aber mit anderer Gewichtung der Forschungs- und Vermittlungsanliegen, mit nhd. Übersetzung und überreichem Bildmaterial. Beide Ausgaben verfolgen in ihrer Textkonstitution ähnliche Grundsätze. Beide versuchen, im Gegensatz zur älteren rekonstruierenden Textkritik, den überlieferten Text möglichst ohne größere Eingriffe zu bieten. Und in der Tat zeigen sich die Notwendigkeit und der Nutzen dieses methodischen Wandels, den vor Timmer und Vickrey erstmals Krapp vertreten hatte, auf Schritt und Tritt. Auch die vorliegende Ausgabe konnte in der jetzigen Auflage, obwohl sie ihre Herkunft nicht verleugnet, aus diesem Fortschritt Nutzen ziehen.

Auch der ‚Heliand' endlich hat in diesem Jahrzehnt eine Erschließung in faksimilierter Form gefunden; angesichts des Umfangs des Überlieferten natürlich nur in einer möglichst umfassenden Auswahl. Der Zuwachs, der sich hieraus bereits bei der Veröffentlichung der vorigen Auflage abgezeichnet hatte, konnte jetzt in gehöriger Form und mit größerer Vollständigkeit eingebracht werden.

Der Durcharbeitung waren aber, wie schon in der 9. Auflage durch die eng bemessene Zeit, so in der vorliegenden zehnten durch Vorgaben des Verlags und durch äußere Einschränkungen Grenzen gesetzt. Nachdem die 9. Auflage vollständig neu gesetzt worden war, war in der Revision für ‚Heliand', ‚As. Genesis' und Wörterbuch über die Verbesserung von Einzelstellen nicht hinauszugehen. Immerhin war für die ‚Ags. Genesis B' (‚E') und die Einleitung wiederum Neusatz möglich. Gerade im Bereich der Metrik ließ sich aber auch für ‚Heliand' und ‚As. Genesis' für die Makrostrukturen das Nötige tun. Änderungen in den Noten mußten freilich oft knapp gehalten werden. Für eine Reihe von Textstellen, wo die bisherige Textgestalt gegen Kritik aus der neueren Forschung zu verteidigen war (Hel. v. 508. 2505. 2707. 5039, As. Gen. v. 71ff.; außerdem zu Hel. v. 3412/16ff.), unterblieb aus diesem Grund im Apparat überhaupt die Dokumentation; anstelle dessen findet sich die jeweilige Argumentation in größerer Ausführlichkeit in einem ergänzendem Aufsatz, der im ‚Niederdeutschen Wort' 34 (1994 [1995]) erscheint. – So ist wohl auch für diese Auflage ein annehmbarer Kompromiß zwischen dem Wünschenswerten und dem Gegebenen erreicht worden.

U. Schwab hat in ihrer Rezension der vorigen Auflage, aber auch anderswo,[2] die Meßlatte für das Wünschenswerte sehr hoch gelegt; sie hat das mit

---

[2] Die Rezension s. Studi Medievali III 28 (1987), 263–281; hier bes. 276f. – Vgl.

Vorwort zur 10. Auflage

einer generellen Kritik an der Behaghel'schen Konzeption verbunden. Aber die Voraussetzungen dieser Kritik sind selbst Zweifeln ausgesetzt. Bei Schwab wird nämlich (nicht nur an dieser Stelle) aus der wissenschaftlichen Aufgabenstellung einer Ausgabe, indem die sprachwissenschaftliche Arbeit als die „eigentlich wissenschaftliche Arbeit" bezeichnet wird, der literaturwissenschaftliche Aspekt ganz ausgeblendet.[3] Das ist erstaunlich. Für speziell sprachwissenschaftliche Aufgaben der ‚Heliand'-Forschung bleibt es in der Tat erforderlich, Sievers' Ausgabe zugrundezulegen.[4] Für literaturwissenschaftliche Zielsetzungen aber dürfte deren Zuschnitt eher hinderlich sein, da die Benutzung der Synopse der nahezu diplomatisch dargebotenen Textzeugen noch zusätzlich erschwert wird durch die textkritischen Symbole Kreuz und Stern bei Sievers. Für Literaturwissenschaftler ist die Benutzung einer solchen Synopse unnötig mühevoll; im Hinblick auf die Textkonstitution können Synopsen sogar zu Fehleinschätzungen verleiten.[5]

Auf der anderen Seite folgt Behaghels Ausgabe, weit entfernt von jedem einseitig genealogisch-rekonstruierenden Verfahren, selbst einem modifizierten Leithandschriftenprinzip. Eingriffe in den überlieferten Text hat Behaghel von Anfang an durch Kursivierung gekennzeichnet. In den Noten ist das Arsenal des Wesentlichen aus der Forschung zusammengetragen, das grundsätzlich eine eigene Festlegung des Texts auch hier ermöglicht. Die Schwierigkeiten, die sich von der Lückenhaftigkeit der Überlieferungszeugen her ergeben, sind jetzt zudem außer durch die Kursivierung noch durch Einsatz von Asterisken im Text neutralisiert, mit denen der Wechsel der Textgrundlage gekennzeichnet wird.[6]

---

außerdem: U. Schwab, Un problema affine: Il „testo critico" della *Genesi* As./Ags., in: Atti della Accademia Peloritana dei Pericolanti, Messina. Classe di lettere, filosofia e belle arti 61 (1987), 111–126, hier bes. 113f.

[3] Es handelt sich nicht um ein einmaliges Versehen; denn Schwab hat diese Auffassung außer in ihrer Rezension (276) auch in ihrer eben genannten zweiten Schrift (dort 113) vertreten. – Wenn Stellmacher in seiner Einführung (35), den Worten nach die gleiche Äußerung tut, so ist dies in diesem Fall wohl gewiß eben im Rahmen des auf die Sprache eingeschränkten Themas seines Buches zu verstehen: D. Stellmacher, Niederdeutsche Sprache. Eine Einführung, Bern, Frankfurt/M., New York, Paris [1990] (Germanistische Lehrbuchsammlung 26).

[4] S. u. S. XXXVIII.

[5] K. Nickau spricht von „Großplantagen für Benutzerirrtümer", eine Formulierung, die A. Kleinlogel zitiert in seinem Aufsatz: Archetypus und Stemma, Berichte zur Wissenschaftsgeschichte 2 (1979), 53–64, hier 58; nach K. Nickau, Gnomon 46 (1974), 466.

[6] Diese Sicherheitsmaßnahme hat U. Schwab übrigens in ihren beiden erwähn-

Vorwort zur 10. Auflage

Es bleibt die Normalisierung der sprachlichen Erscheinung. Im ganzen darf sie als mäßig bezeichnet werden. Gewiß gibt es Widersprüche und Inkonsequenzen, und es wären bei größerem Einsatz von Hilfsmitteln und mit mehr Zeit Verbesserungen möglich. Alles hält sich hier jedoch im Rahmen des Lautlichen bzw. Graphematischen und ist darüberhinaus so eng begrenzt, daß selbst „dialektal" gebundene Sonderformen der Leithandschrift im Text erscheinen, samt Dokumentation in der Note bzw. im Wörterbuch. Es fragt sich, ob nicht in einer Abkehr von dieser trotz allem überlieferungsnahen Lösung Behaghels die weitere Objektivierung nur um den Preis der Lesbarkeit erreichbar wäre – ein Schicksal, das einem literarischen Denkmal vom Range des ‚Heliand' nicht zu wünschen ist.[7] –

In der 10. Auflage dieser Ausgabe ist zu den Bibliotheken, denen für die Bereitstellung der Handschriften, für Bildmaterial und für Auskünfte schon zuvor Dank abzustatten war, noch die des Deutschen Historischen Museums, Berlin, hinzugekommen, die die ausstehende Autopsie des Fragments P freundlich gewährte, sowie die Staatsbibliothek Bamberg. Außerdem gilt mein Dank den Universitätsbibliotheken Bamberg und Erlangen, samt allen in Anspruch genommenen Teil- und Institutsbibliotheken, die mir, im Rahmen ihres öffentlichen Auftrags, die für die Revision nötige Literatur bereitgestellt haben.

Deutenheim, im Mai 1995   Burkhard Taeger

---

ten Stellungnahmen nicht einmal erwähnt. – Natürlich ließen sich in technischer Hinsicht noch Verbesserungen vornehmen. Die Nennung der jeweils dem Text zugrundeliegenden Textzeugen in den Seitentiteln der Studienausgabe (ATB 95) ist ein erster Schritt in dieser Richtung.
[7] Für die beiden unikal überlieferten ‚Genesis'-Texte gelten andere Regeln. S. u. S. XL.

Abkürzungen

ABäG = Amsterdamer Beiträge zur älteren Germanistik
AfdA = Anzeiger für deutsches Altertum und deutsche Literatur
AION = Istituto universitario orientale, Napoli. Annali
AL = Archivum linguisticum
Atti = Atti della Accademia Peloritana dei Pericolanti, Messina. Classe di lettere, filosofia e belle arti
Basler, Alts. = O. Basler, Altsächsisch, Freiburg i. Br. 1923
Behaghel, H. u. G. = O. Behaghel, Der Heliand und die altsächsische Genesis, Gießen 1902
Behaghel, Modi = ders., Die Modi im Heliand, Paderborn 1876
Behaghel, Syntax = ders., Die Syntax des Heliand, Prag-Wien-Leipzig 1897. Neudr. Wiesbaden [1966]
Behrmann, Pronomina = A. Behrmann, Die Pronomina personalia und ihr Gebrauch im Heliand, Diss. Marburg 1879
Birkhan = H. Birkhan, Altgermanistische Miszellen. 6.: Zu den „Schicksalswörtern" im Heliand. In: Festgabe f. O. Höfler, Wien-Stuttgart 1976 (Philologica germanica 3), S. 32–36
Bosworth-Toller = J. Bosworth – T. N. Toller, An Anglo-Saxon Dictionary. Oxford 1898, Supplement 1921. Nachdr. 1972–1980
Bouterwek = K. W. Bouterwek (Hrsg.), Caedmon's des Angelsachsen biblische Dichtungen, I, Gütersloh 1854
Braune = K. Zangemeister – W. Braune, Bruchstücke der altsächsischen Bibeldichtung aus der Bibliotheca Palatina, Neue Heidelberger Jahrbücher 4 (1894), S. 205–294
Bretschneider, Heliandh. = A. Bretschneider, Die Heliandheimat und ihre sprachgeschichtliche Entwicklung, Marburg 1934 (Deutsche Dialektgeographie 30)
Bruckner, D. as. Gen. = W. Bruckner, Die altsächsische Genesis und der Heliand, das Werk eines Dichters, Berlin-Leipzig 1929 (Germanisch und Deutsch. Studien zur Sprache und Kultur 4)
Campbell = A. Campbell, Old English grammar, Oxford 1959
Colliander = S. Colliander, Der Parallelismus im Heliand, Diss. Lund 1912
Dal, Pronominalkasus = I. Dal, Die germanischen Pronominalkasus mit n-Formans, Avhandlinger utgitt av Det Norske Videnskaps-Akademi i Oslo, Hist.-Filos. Kl. 1932, Nr. 2; wieder abgedr. in: dies., Untersuchungen, S. 86–128
Dal, Untersuchungen = dies., Untersuchungen zur germanischen und deutschen Sprachgeschichte, Oslo-Bergen-Tromsö [1971]
Dieter, Laut- u. Formenlehre = F. Dieter (Hrsg.), Laut- und Formenlehre der altgermanischen Dialekte, Leipzig 1900

DLZ = Deutsche Literaturzeitung für Kritik der internationalen Wissenschaft
Doane = A. N. Doane (Hrsg.), The Saxon Genesis. An edition of the West Saxon *Genesis B* and the Old Saxon Vatican *Genesis* [Madison 1991]. Zitierungen ohne Seitenangabe beziehen sich auf die Kommentare (S. 253ff.), jeweils z. St.
DPhiA = W. Stammler (Hrsg.), Deutsche Philologie im Aufriß, 2. Aufl. Berlin 1957–1969
Dümmler = E. Dümmler (Hrsg.), Poetae Latini aevi Carolini, II, Berlin 1884 (Monumenta Germaniae historica. Poetarum Latinorum medii aevi t. II)
ES = Englische Studien
Ettmüller = L. Ettmüller (Hrsg.), Engla and Seaxna Scôpas and Bôceras, Quedlinburg-Leipzig 1850 (Bibliothek der gesammten deutschen National-Literatur [I] 28)
Frings, Germ. Rom. = Th. Frings, Germania Romana, Halle (S.) 1932 (Mitteldeutsche Studien 2 = Theutonista, Beih. 4); 2. Aufl. Halle (S.) 1966 (Mitteldeutsche Studien 19,1)
Frings-Müller, Germ. Rom. II = G. Müller – Th. Frings, Germania Romana II, Halle (S.) 1968 (Mitteldeutsche Studien 19,2)
Frühma. Stud. = Frühmittelalterliche Studien. Jahrbuch des Instituts für Frühmittelalterforschung der Universität Münster
GAG = Göppinger Arbeiten zur Germanistik
Gallée, Gramm. = J. H. Gallée, Altsächsische Grammatik, 3. Aufl. m. Berichtigungen und Literaturnachträgen v. H. Tiefenbach, Tübingen 1993 (Sammlung kurzer Grammatiken germanischer Dialekte 6)
Genzmer = F. Genzmer (Übers.), Heliand und die Bruchstücke der Genesis. Mit Anmerkungen und Nachwort von B. Sowinski, Stuttgart [1989] (Reclams Universal-Bibliothek 3324[3])
GGA = Göttingische gelehrte Anzeigen
Gm. = Germania
Gollancz = I. Gollancz (Hrsg.), The Caedmon manuscript of Anglo-Saxon biblical poetry, [London] 1927
GQ = The German Quarterly
Grau = G. Grau, Quellen und Verwandtschaften der älteren germanischen Darstellungen des Jüngsten Gerichtes, Halle (S.) 1908 (Studien zur englischen Philologie 31)
Graz = F. Graz, Die Metrik der sog. Caedmonschen Dichtungen, Weimar 1894 (Studien zum germanischen Alliterationsvers 3)
Graz, Beiträge = ders., Beiträge zur Textkritik der sogenannten Caedmonschen Genesis, in: Fs. O. Schade, Königsberg i. Pr. 1896, S. 67–77
Grein = C. W. M. Grein (Hrsg.), Bibliothek der angelsächsischen Poesie, I, Göttingen 1857
Grein, Sprachschatz = ders., Sprachschatz der angelsächsischen Dichter, Göttingen 1861. 1864 (= dass., III. IV); u. Mitw. v. F. Holthausen neu hrsg. v. J. J. Köhler, Heidelberg 1912 (Germanische Bibliothek I, 4, 4); Nachdruck Heidelberg 1974

Grimm = J. Grimm (Hrsg.), Andreas und Elene, Cassel 1840
GRM = Germanisch-Romanische Monatsschrift
Hagenlocher = A. Hagenlocher, Schicksal im Heliand, Köln-Wien 1975 (Niederdeutsche Studien 21)
Heinrichs, Studien = H. M. Heinrichs, Studien zum bestimmten Artikel in den germanischen Sprachen, Gießen 1954 (Beiträge zur deutschen Philologie 1)
Herrigs Archiv = Archiv für das Studium der neueren Sprachen und Literaturen
Heusler, Versgeschichte = A. Heusler, Deutsche Versgeschichte, 2. Aufl., I, Berlin 1956 (Grundriß der germanischen Philologie 8/1)
Heyne = M. Heyne (Hrsg.), Heliand, nebst den Bruchstücken der altsächsischen Genesis, 4. Aufl. Paderborn 1905 (Bibliothek der ältesten deutschen Literatur-Denkmäler 2)
Hofmann I. II = D. Hofmann, Die Versstrukturen der altsächsischen Stabreimgedichte Heliand und Genesis. I: Textband, II: Verslisten. Heidelberg 1991
Holmberg = M. Å. Holmberg, Exzipierend-einschränkende Ausdrucksweisen, untersucht besonders auf Grund hochdeutscher Bibelübersetzungen ..., Uppsala 1967 (Studia Germanistica Upsaliensia 4)
Holthausen, Elementarb. = F. Holthausen, Altsächsisches Elementarbuch, 2. Aufl. Heidelberg 1921 (Germanische Bibliothek I 1, 5)
IF = Indogermanische Forschungen
Ilkow = P. Ilkow, Die Nominalkomposita der altsächsischen Bibeldichtung, Göttingen [1968] (ZfvglSpr., Erg.-H. 20)
JEGP = Journal of English and Germanic Philology
Jellinek = M. H. Jellinek, Die Präfatio zum Heliand und die Versus de poeta, ZfdA 56 (1919), S. 109–125, bes. S. 118–124
Klaeber = F. Klaeber (Hrsg.), The Later Genesis and other English and Old Saxon texts relating to the fall of Man, Heidelberg 1913, 2. Aufl. 1931 (Englische Textbibliothek 15). Seitenangaben aus der 2. Aufl. beziehen sich auf das Supplement.
Kock, Jaunts and Jottings = E. A. Kock, Jubilee Jaunts and Jottings, LUA. NF. I 14 (1918), Nr. 26
Kock, Plain points = ders., Plain points and puzzles, LUA. NF. I 17 (1921), Nr. 7
Kock, Streifzüge = ders., Kontinentalgermanische Streifzüge, LUA. NF. I 15 (1919), Nr. 3
Kögel = R. Kögel, Geschichte der deutschen Literatur. Ergänzungsheft zu Band I: Die altsächsische Genesis, Straßburg 1895
Köne = J. R. Köne (Hrsg.), Heliand, Münster 1855
Körner = K. Körner, Einleitung in das Studium des Angelsächsischen, II: Angelsächsische Texte, Heilbronn 1880
Krapp = G. P. Krapp (Hrsg.), The Junius manuscript, New York 1931 (The Anglo-Saxon poetic records 1)
Krogmann, Absicht = W. Krogmann, Absicht oder Willkür im Aufbau des Heliand, Hamburg 1964 (Deutsches Bibel-Archiv, Abhandlungen und Vorträge 1)

Krogmann, Heimatfrage = ders., Die Heimatfrage des Heliand im Lichte des Wortschatzes, Wismar 1937
Hans Kuhn, Schrr. = Hans Kuhn, Kleine Schriften. I: Sprachgeschichte, Verskunst. Berlin 1969
Kunze, Bindung = O. Kunze, Die Bindung von Haupt- und Nebensatz im Heliand und der altsächsischen Genesis durch Mittel des Satzakzents, Diss. Leipzig 1911
Lachmann, Kl. Schriften I = K. Lachmann, Kleinere Schriften zur deutschen Philologie, hrsg. v. K. Müllenhoff, Berlin 1876
Lagenpusch = E. Lagenpusch, Das germanische Recht im Heliand, Breslau 1894 (Untersuchungen zur deutschen Staats- und Rechtsgeschichte 46)
Lehmann = W. P. Lehmann, The alliteration of Old Saxon poetry, Oslo 1953 (NTS, Suppl. 3)
Literaturblatt = Literaturblatt für germanische und romanische Philologie
LUA = Lunds Universitets Årsskrift (Acta Universitatis Lundensis)
Martin, Versbau = E. Martin, Der Versbau des Heliand und der altsächsischen Genesis, Straßburg 1907 (QF 100)
MLN = Modern Language Notes
MTU = Münchener Texte und Untersuchungen zur deutschen Literatur des Mittelalters
Müllenhoff = K. Müllenhoff (Hrsg.), Altdeutsche Sprachproben, Berlin 1864, 2. Aufl. 1871, 3. Aufl. 1878, 4. Aufl. bes. v. M. Roediger 1885
Münchener Museum = Münchener Museum für Philologie des Mittelalters und der Renaissance
Nd. Jb. = Niederdeutsches Jahrbuch. Jahrbuch des Vereins für niederdeutsche Sprachforschung
Nd. W. = Niederdeutsches Wort
Neckel, Relativsätze = G. Neckel, Über die altgermanischen Relativsätze, Berlin 1900 (Palaestra 5)
Neuphil. Mitt. = Neuphilologische Mitteilungen
Nph. = Neophilologus
N&Q = Notes and Queries
NTS = Norsk Tidsskrift for Sprogvidenskap
Pauls, Studien = F. Pauls, Studien zur altsächsischen Genesis I, Diss. Leipzig, Halle (S.) 1902
PBB = Beiträge zur Geschichte der deutschen Sprache und Literatur
Peters, Quellen = E. Peters, Quellen und Charakter der Paradiesesvorstellungen in der deutschen Dichtung vom 9. bis 12. Jahrhundert, Diss. Marburg 1915
Piper = P. Piper (Hrsg.), Die altsächsische Bibeldichtung (Heliand und Genesis) I; Stuttgart 1897 (Denkmäler der älteren deutschen Litteratur 1)
PMLA = Publications of the modern language association of America
QF = Quellen und Forschungen zur Sprach- und Kulturgeschichte der germanischen Völker
Quint = J. Quint, Textkritisches zur Verspräfatio des Heliand, PBB. (Tüb.) 85 (1963), S. 46–56

Ramat, Gramm. = P. Ramat, Grammatica dell'antico Sassone, Milano [1969] (Collana di filologia germanica [5])
RES = Review of English Studies
Rieger, Leseb. = M. Rieger (Hrsg.), Alt- und angelsächsisches Lesebuch, Gießen 1861
Ries = J. Ries, Die Stellung von Subject und Prädicatsverbum im Heliand, Straßburg 1880 (QF 41)
Roediger = M. Roediger, Rez. v. E. Sievers (Hrsg.), Heliand, Halle 1878, AfdA 5 (1879), S. 267–289
Rooth = E. Rooth, Über die Heliandsprache, in: Fragen und Forschungen im Bereich und Umkreis der Germanischen Philologie. Fs. Th. Frings, Berlin 1956, S. 40–79; wieder abgedr. in: Der Heliand, hrsg. v. J. Eichhoff-I. Rauch, Darmstadt 1973 (WdF 321), S. 200–246
Rückert = H. Rückert (Hrsg.), Heliand, Leipzig 1876 (Deutsche Dichtungen des Mittelalters 4)
Sarauw = C. Sarauw, Niederdeutsche Forschungen I. II, København 1921. 1924 (Det kgl. Danske Videnskabernes Selskab. Hist.-fil. Meddelelser V,1. X,1)
Schatz = J. Schatz, Althochdeutsche Doppelformen schwacher Verba, in: Germanica, Fs. E. Sievers, Halle (S.) 1925, S. 353–379
Schlüter, Untersuchungen = W. Schlüter, Untersuchungen zur Geschichte der altsächsischen Sprache I, Göttingen 1892
Schmeller = J. A. Schmeller (Hrsg.), Heliand, poema Saxonicum . . ., Monachii, Stutgartiae et Tubingae 1830; II. 1840
Schönbach = A. E. Schönbach, Über die poetische Vorrede zum Heliand, in: Drei Prooemien W. Gurlitt überreicht, [Graz] 1904
Schwab = U. Schwab, Zur zweiten Fitte des Heliand, in: Mediaevalia litteraria, Fs. H. de Boor, München [1971], S. 67–117
Schwab, Ansätze = dies., Ansätze zu einer Interpretation der altsächsischen Genesisdichtung, I. II. III, 1. 2, AION, Sez. germ. 17 (1974), S. 111–186; ebd. 18 (1975), S. 7–88; ebd. 19 (1976), S. 7–52; ebd. 20 (1977), S. 7–79
Schwab, Beziehungen = dies., Einige Beziehungen zwischen altsächsischer und angelsächsischer Dichtung, Spoleto 1988 (Centro Italiano di studi sull'alto medioevo 8)
Schwab, Huld = dies., Huld und Huldverlust in der as.-ags. Genesis, in: Fs. S. Pugliatti 5: Scritti vari, Milano [1978] (Pubblicazioni dell'instituto di scienze giuridiche, economiche, politiche e sociali della università di Messina 111), S. 959–1003
Schwab, Litt. = dies. (Hrsg.), Die Bruchstücke der altsächsischen Genesis und ihrer altenglischen Übertragung. Einführung, Textwiedergaben und Übersetzungen, Abbildung der gesamten Überlieferung, Göppingen 1991 (Litterae 29)
Schwab, Problema = dies., Un problema affine: Il „testo critico" della *Genesi* As./Ags., in: Atti 61 (1987), S. 111–126
Schwab, Quaedam = dies., *Quaedam ubi commodum duxit mystico sensu depingens.* Ost und West in der altsächsischen Bibeldichtung, in: Atti 60 (1986), S. 41–92

Seebold = E. Seebold, Vergleichendes und etymologisches Wörterbuch der germanischen starken Verben, The Hague-Paris 1970 (Janua linguarum. Series practica 85)
Sehrt = E. H. Sehrt, Vollständiges Wörterbuch zum Heliand und zur altsächsischen Genesis, 2. Aufl. Göttingen [1966]
Sievers = E. Sievers (Hrsg.), Heliand, Halle 1878; Titelaufl. verm. um das Prager Fragment ... und die vaticanischen Fragmente ..., Halle (S.) – Berlin 1935 (Germanistische Handbibliothek 4)
Sievers, H. u. G. = ders., Der Heliand und die angelsächsische Genesis, Halle 1875
Sievers-Brunner = K. Brunner, Altenglische Grammatik, nach der angelsächsischen Grammatik von E. Sievers, 3. Aufl., Tübingen 1965 (Sammlung kurzer Grammatiken germanischer Dialekte 3)
Sweet-Whitelock = Sweet's Anglo-Saxon reader in prose and verse, revised throughout by D. Whitelock, [15. Aufl.] Oxford [Nachdr. 1992]
Symons, Verslagen = B. Symons, Over de onlangs ontdekte Fragmenten van eene oudsaksische Bewerking der Genesis, Verslagen en Mededeelingen der koninkl. Akademie van Wetenschappen, Afd. Letterk., 3. R., D. 11 (Amsterdam 1895), S. 123–154
Thorpe = B. Thorpe (Hrsg.), Caedmon's metrical paraphrase of parts of the holy scriptures, London 1832
Tiefenbach = H. Tiefenbach, ‚erles antheti'. Das Zeugnis des Straubinger Heliandfragmentes, in: K. Matzel [et. al.] (Hrsgg.), Fs. H. Kolb, Bern, Frankfurt/M., New York, Paris [1989], S. 748–758
Tijdschr. v. ndl. Taal- en Letterk. = Tijdschrift voor nederlandse Taal- en Letterkunde
Timmer = B. J. Timmer (Hrsg.), The Later Genesis, Oxford 1948, 2. Aufl. 1954
Trautmann = M. Trautmann, Der Heliand eine Übersetzung aus dem Altenglischen, in: Bonner Beiträge zur Anglistik 17 (1905), S. 123–141
Vickrey = J. F. Vickrey, Jr. (Hrsg.), Genesis B. A new analysis and edition, Diss. Indiana University 1960
Vilmar = A. F. C. Vilmar, Deutsche Altertümer im Heliand als Einkleidung der evangelischen Geschichte, 2. Aufl. Marburg 1862
Wackernagel = W. Wackernagel (Hrsg.), Deutsches Lesebuch. I: Altdeutsches Lesebuch, 5. Aufl. Basel 1873
Wadstein = E. Wadstein, Zum Heliand, in: Minnesskrift tillägnad ... A. Erdmann, Uppsala-Stockholm [1913], S. 220–223
Wagner = A. Wagner, Die Heliandvorreden, ZfdA 25 (1881), S. 173–181
WdF = Wege der Forschung
Werlich = E. Werlich, Der westgermanische Skop, Diss. Münster 1964
Wilhelmy = E. Wilhelmy, Die Einleitungen der Relativsätze im Heliand, Diss. Leipzig 1881
Windisch = E. Windisch, Der Heliand und seine Quellen, Leipzig 1868
WSB = Sitzungsberichte der k. Akademie der Wissenschaften zu Wien
Wülker = R. P. Wülker (Hrsg.), Bibliothek der angelsächsischen Poesie, begr. von C. W. M. Grein, II, Leipzig 1894

Zanni	=	R. Zanni, Heliand, Genesis und das Altenglische, Berlin-New York 1980 (QF NF. 76 [200])
ZfdA	=	Zeitschrift für deutsches Altertum und deutsche Literatur
ZfdMa	=	Zeitschrift für deutsche Mundarten
ZfdöG	=	Zeitschrift für die österreichischen Gymnasien
ZfdPh	=	Zeitschrift für deutsche Philologie
ZfdW	=	Zeitschrift für deutsche Wortforschung
ZfMda	=	Zeitschrift für Mundartforschung
ZfvglSpr	=	Zeitschrift für vergleichende Sprachforschung

Einleitung

Zu ‚Heliand' und ‚As. Genesis' vgl. die zusammenfassenden Darstellungen im Handbuch zur niederdeutschen Sprach- und Literaturwissenschaft[1] und in der 2. Auflage des Verfasserlexikons, zur ‚Genesis' ²I (1978), 313–317, zum ‚Heliand' ²III (1981), 958–971. Zur sprachgeschichtlichen Auswertung tragen die verschiedenen Artikel „Ergebnisse der Sprachgeschichtsforschung II" bei in: Sprachgeschichte. Ein Handbuch zur Geschichte der deutschen Sprache und ihrer Erforschung.[2] Zur Literatur vgl. die Bibliographie von J. Meier in J. Belkin-J. Meier, Bibliographie zu Otfrid von Weißenburg und zur altsächsischen Bibeldichtung (Heliand und Genesis), [Berlin 1975] (Bibliographien zur deutschen Literatur des Mittelalters 7).

Zur Überlieferung des ‚Heliand'

Der ‚Heliand' ist in zwei Handschriften und drei Fragmenten überliefert; vier der fünf Textzeugen stammen aus der Mitte/2. Hälfte des 9. Jahrhunderts[3] und bezeugen damit ein reges Interesse der Zeit unmittelbar nach der Entstehung der Dichtung. Jedoch ist dem Werk eine längere Tradition nur in England beschieden gewesen, wo die vollständigste Handschrift, C, in der 2. Hälfte des 10. Jahrhunderts geschrieben worden ist. Ebenfalls aus dem 10. Jahrhundert stammen Benutzungsspuren in der Hs. M, wo auf fol. 47^r zur Darstellung der Transfiguration Christi auf dem Berg Tabor marginal lateinische Notizen gemacht sind (vgl. zu v. 3150ff.). Das Werk ist uns nicht vollständig überliefert; auch in C fehlt der Schluß der Dichtung, der immerhin aus einem einzeln am Schluß von Hs. M stehenden Halbblatt erschlossen werden kann.

---

[1] W. Huber, Altniederdeutsche Dichtung, in: G. Cordes – D. Möhn (Hrsgg.), Handbuch zur niederdeutschen Sprach- und Literaturwissenschaft, [Berlin 1983], 334–350.

[2] W. Besch, O. Reichmann, S. Sonderegger (Hrsgg.), Sprachgeschichte. Ein Handbuch zur Geschichte der deutschen Sprache und ihrer Erforschung (Handbücher zur Sprach- und Kommunikationswissenschaft 2), 2. Halbbd. (Berlin, New York 1985), 1069–1119.

[3] Vgl.: Der Heliand. Ausgewählte Abbildungen zur Überlieferung, hrsg. v. B. Taeger. Mit einem Beitrag zur Fundgeschichte des Straubinger Fragments von A. Huber, Göppingen 1985 (Litterae 103).

M (München, cgm. 25, aus der Dombibliothek Bamberg; 74 erhaltene Blätter [272x202 mm] zu 24 Zeilen, dazu das erwähnte Halbblatt) ist nach B. Bischoff um 850 von mindestens zwei Schreibern in Korvey geschrieben.[4] M zeigt zahlreiche Lücken durch Heraustrennen ganzer Blätter; es fehlen das 1. Blatt der 1. Lage, das 2. und 7. Blatt der 5. Lage, das 5. Blatt sowohl der 7. wie der 8. Lage und das 8. Blatt der 9. Lage. Am Schluß sind anscheinend zwei ganze Lagen verlorengegangen. Insgesamt fehlen damit die vv. 1–84, 2198b–2255, 2514b–2575, 3414b–3490, 3951–4017a, 4675–4740a, 5275b–5968ff. Die Handschrift war zeitweise offenbar bereits zum Makulieren bestimmt; dies beweisen weiter außer dem Umstand, daß am unteren Rand der Blätter öfter die freien Pergamenträner weggeschnitten sind, die wiederholten Rasuren, besonders am Anfang und Schluß der Dichtung, wobei in der Regel sowohl die Recto- wie die Versoseiten radiert wurden; in einem Fall (fol. 51^v = v. 3548) wurde probeweise eine Reskription in der Art einer Federprobe vorgenommen. So sind in M außer durch die Lagen- und Blattverluste noch an mehreren Stellen kleinere Lücken vorhanden, die ebenfalls nach C ergänzt werden müssen. M ist für die Textherstellung dennoch der wertvollste Zeuge, da C eine große Zahl von Flüchtigkeiten aufweist.[5]

C (London, Brit. Library, Cotton Caligula A. VII, im Heliand-Teil 165 beschriebene Blätter umfassend [fol. 5–169 (alt), 11–175 (neu); Maße 222×140 mm],[6] zu 24 Zeilen[7]) ist nach R. Priebsch in der 2. Hälfte des

---

[4] B. Bischoff, Rez. v. R. Drögereit, Werden und der Heliand, Essen 1951. AfdA 66 (1952), 10; ders., Die Schriftheimat der Münchener Heliand-Handschrift, PBB (Tüb.) 101 (1979), 161–170.– Trotz seiner Berufung auf Bischoff datiert Gysseling wie die übrigen Textzeugen so auch M später, nämlich „4. Viertel des 9. Jhs."; M. Gysseling, Die nordniederländische Herkunft des Helianddichters und des „altsächsischen" Taufgelöbnisses, Nd. Jb. 103 (1980), 14–31, hier 14 m. Anm. 1.

[5] Fehler begegnen nach dem Nachweis von K. Bartsch, Zum Codex Cottonianus des Heliand, Gm. 23 (1878), 403, besonders an den Zeilenschlüssen von C.

[6] Priebschs Angaben weichen von den oben angegebenen nicht unerheblich ab; gegen seine ausdrückliche Formulierung gibt Priebsch tatsächlich die Außenmaße des Codex an.

[7] Vgl. R. Priebsch, The Heliand Manuscript Cotton Caligula A. VII, Oxford 1925, 9–11. – Auch bei der neuen Zählung werden verschiedene dem ‚Heliand'-Text vorgebundene, meist leere Pergamentblätter verschiedener Ursprungs (zu der Beschriftung von einem von ihnen vgl. insbes. Piper) und Papierblätter, letztere z. T. mit modernen Literaturangaben zur Hs. beklebt, nicht mitgezählt; nur zwei mit der alten Signatur bzw. der Inhaltsangabe der Hs. zählen als fol. 1 und 2. Eine Serie von Psalter-Illustrationen, ursprünglich

XX Einleitung

10. Jahrhunderts in Südengland geschrieben, nach Priebsch, N. Ker und U. Schwab von einem Angelsachsen.[8] Die Handschrift hat an zwei Stellen marginal zum as. Text lateinische Hinweise auf die einschlägige Perikope,[9] außerdem marginal auf fol. 11ʳ zu v. 249f. die Notiz *be sc̄a Marian*, die Perikopenhinweise etwa gleichzeitig mit der Texthand (die letztere Notiz sogar wohl von dieser selbst nach Priebsch S. 12, nach Ker jedoch erst aus der 1. Hälfte des 11. Jahrhunderts). Ein Hinweis auf die ags. Abkunft des Schreibers sind die gelegentlichen ags. Sprachformen in der Handschrift; besonders auffallend ist die Häufung von ags. Substantiv- und Verbformen in der kurzen Strecke C (215.) 255–265.[10]

*CM: M und C sind durch Bindefehler als miteinander enger verwandt erwiesen; Behaghel hat in den früheren Auflagen dieser Ausgabe eine große Anzahl zusammengestellt, von denen jedoch nur ein Teil beweiskräftig ist.[11]

---

auf Wunsch Sir Robert Cottons vorgebunden, wurde 1931 wieder separiert; sie werden jetzt unter dem Titel ‚Miniatures of the life of Christ, XII cent.' gesondert aufbewahrt, gelten aber nach wie vor als Bestandteil der Hs. (Signatur: Brit. Library, Cotton Ms. Calig. A VII, ff. 3–10). Weiterhin beigebunden geblieben ist dagegen am Ende der Hs. der ags. Segen, dessen Beifügung von Priebsch auf Sir Robert Cottons Buchbinder zurückgeführt wird; Ker dagegen glaubt an älteren Zusammenhang: N. R. Ker, Catalogue of manuscripts containing Anglo-Saxon, Oxford 1957, 172.

[8] Ker, 172; Schwab (wie Anm. 56), 84. Seine abweichende ältere Auffassung, daß die deutlich von der insularen Schrift abweichende, mehr karolingisch geprägte Schrift des ‚Heliand'-Teils auf einen Schreiber festländischer Herkunft schließen lasse, hatte B. Bischoff schon in seiner ‚Paläographie' aufgegeben (B. Bischoff, Paläographie des römischen Altertums und des abendländischen Mittelalters [Berlin 1979; 2. Aufl. 1986] [Grundlagen der Germanistik 24]). – Die abweichende Angabe über einen niederfränkischen Schreiber von C, die sich z. B. bei Gysseling findet, muß auf die Vorlage von C zu beziehen sein: M. Gysseling (Hrsg.), Corpus van Middelnederlandse teksten, II 1, 's-Gravenhage 1980, hier bes. 37.

[9] Fol. 6ᵛ zu v. 72ff.: Lc 1, 5, und fol. 106ᵛ zu v. 3780ff.: Mt (C irrtümlich: *secundum Lucam*) 22, 15. Vgl. J. Rathofer, Realien zur altsächsischen Literatur, Nd. W. 16 (1976), 29.

[10] Hel. C v. 215 *muodor*, 255 *dohtor*, 261 *scealt*, 264 *drihtnes*, 265 *modor*. Weitere Belege bei Sievers (wie Anm. 89), XV. Vgl. Priebsch (wie Anm. 7), 9. 28. 35.

[11] Zu einem geringen Teil handelt es sich gar nicht um Fehler, zu einem weiteren Teil hat Behaghel seine Entscheidungen bei seiner weiteren Arbeit an der Textkonstitution selbst später wieder zurückgenommen. So verbleiben an Stellen, wo C und M in mehr oder weniger wahrscheinlichen, jedoch nicht sicheren Fehlern zusammenstimmen, die vv. 386. 537. 628. 849. 879. 1085. 1553. 1883. 1928. 2412. 2457. 2505. 2841. 3109. 3401. 3829. 3904. 4023. 4086. 4190. 4341. 4517. 4757. 4898. 5214.

Als hinreichend gesicherte Bindefehler erweisen eine gemeinsame Vorlage *CM die Stellen vv. 483. 641. 1081. 1121. (C¹M). 1308. 1600. 1977. 2426. 2434. 2476. 2730. 3166. 3918. 4097. 4136. 4170. 4238. 4264. 4467. 4980. 5061. 5071. 5132. 5202.[12]
V: Von dieser Vorstufe *CM unabhängig ist das Fragment V, das, zusammen mit den Exzerpten aus der ‚As. Genesis' (s. S. XXIX), in die vatikanische komputistische Sammelhandschrift Palat. Lat. 1447, u. zw. das ‚Heliand'-Fragment auf fol. 27^r und 32^v eingetragen ist. Die im frühen 9. Jahrhundert geschriebene Handschrift stammt aus Mainz; die as. Exzerpte sind etwa im 3. Viertel des Jahrhunderts eingetragen, jedoch nicht in lokalisierbarer Buchschrift, sondern mit Einflüssen aus der Urkundenschrift; der Eintragungsort selbst, unbeschadet der Beziehungen zu Mainz, bleibt damit unbekannt.[13] V überliefert die vv. 1279–1358 (Anfang); dadurch, daß V allein die ursprüngliche Lesart des in M und C verkürzt bzw. verändert überlieferten Verses 1308 bietet, erweist es sich als unabhängig von *CM.[14]

P: Das Fragment P hingegen läßt sich wegen einer Fehlergemeinschaft mit C als ebenfalls von *CM abhängig ansehen. P (ursprünglich Prag, jetzt Berlin, Bibliothek des Deutschen Historischen Museums, R 56/2537,[15] um oder nach 850 geschrieben) ist ein Einzelblatt (241×170 mm, zu 23 Zeilen), vom Einband eines 1598 in Rostock gedruckten Buches abgelöst, mit den vv. 958–1006 (Anfang).[16] Es steht graphematisch-sprachlich dem Archety-

---

[12] Weitere, nämlich kodikologische, außerhalb der Textkritik liegende Gemeinsamkeiten der Handschriften M und C, die auf *CM zurückgehen, werden zusammenfassend im ‚Litterae'-Band (wie Anm. 3), XVII, behandelt. Unter diesen Gemeinsamkeiten sticht besonders der übereinstimmende Gebrauch von Sonderformen unter den Initialen hervor. Vgl. die a. a. O. angeführten Abbildungen, bes. Abb. 7 und 14c.

[13] B. Bischoff, Paläographische Fragen deutscher Denkmäler der Karolingerzeit. Frühma. Stud. 5 (1971), 128f.; U. Schwab, Ansätze zu einer Interpretation der altsächsischen Genesisdichtung I, AION Sez. germ. 17 (1974), 114f.

[14] Braune bei K. Zangemeister – W. Braune, Bruchstücke der altsächsischen Bibeldichtung aus der Bibliotheca Palatina, Neue Heidelberger Jahrbücher 4 (1894), 240f. – Bezüglich von *CM ist an dieser Stelle davon auszugehen, daß auf seiten von C ein Schreiber oder Benutzer die Lückenhaftigkeit des Verses, die von *CM unbesehen an M weitergegeben wurde, erkannt und für C zu beheben versucht hat; es ist eine wichtige methodische Absicherung, daß in dem kurz voraufgehenden Vers 1306 das Vorbild des Emendators klar zutagegeliegt.

[15] Abweichende Angaben zur Signatur, die im Verfasserlexikon und anderswo beggnen, beruhen auf Irrtum.

[16] Der Text ist, vor allem auf der alten Außenseite, stellenweise fast völlig abgerieben. Seine Lesbarkeit hat außerdem durch die Anwendung von Schwe-

pus besonders nahe, andererseits teilt es in v. 980 einen eindeutigen Fehler mit der Hs. C, führt also auf den Ansatz einer Vorstufe *CP.[17] Die Zweifel, ob dieser Befund mit der graphematisch-sprachlichen Nähe zum Archetyp vereinbar ist,[18] haben sich durch eine entscheidende Verfeinerung der statistischen Auswertungsmethode zur Rekonstruktion von *CM beheben lassen.[19]

S: Dem Archetyp am fernsten steht das Fragment S. Es ist vom Einband einer zuerst für Stift Millstadt/Kärnten nachweisbaren Schedelschen Weltchronik (Nürnberg 1493) abgelöst, aus dem Besitz der Staatl. Bibliothek am Joh.-Turmair-Gymnasium Straubing. Das Fragment gehört jetzt der Bayer. Staatsbibliothek München als cgm. 8840. Es besteht aus oberem und unterem Drittel des äußeren und allen drei Dritteln des inneren Doppelblatts des 2. Quaternio der ursprünglichen Handschrift (ca. 200×120 mm, mit 25 Schriftzeilen, geschrieben nach B. Bischoff[20] um oder kurz nach 850);[21] es überliefert die vv. 351–60, 368–84, 393–400, 492–582, 675–83, 693–706, 715–22. S stammt aus dem nördlichen Teil des (engrischen) Mittelbereichs des as. Sprachraums;[22] Klein erwägt „etwa Bremen, Wildeshausen oder Ver-

---

felammonium nach der Entdeckung gelitten. Vgl. außer Lambel (wie Anm. 90) die Abb. 15f. im ‚Litterae'-Band.

[17] G. Baesecke, Rez. v. G. Ehrismann, Geschichte der deutschen Literatur, München 1918. Sokrates 74 (1920), 173. – Zur Bewertung von v. 980 vgl. die kritische Stellungnahme von Schwab (wie Vorwort, Anm. 2), 264. Eine kurze Zusammenfassung über die ältere Forschung hierzu bei W. Krogmann, Beiträge zur altsächsischen Sprache und Dichtung, 9, Nd. Jb. 80 (1957), 38–50, hier 44. – Bezüglich v. 1312 folge ich Behaghel (Literaturblatt 18 [1897], 402), der in an VC unabhängig voneinander in V und C vorgenommene sprachliche Modernisierung sieht (zustimmend Steinger, Nd. Jb. 51 [1925], 4. 7. – Zu ähnlichen Gruppierungen mit dem noch vorzuführenden Textzeugen S (SC : M) vgl. Taeger (wie Anm. 22), I, 217.

[18] So besonders H. Steinger, Die Verwandtschaft der Handschriften des Heliand, Jb. d. Philos. Fak. d. Albertus-Univ. Königsberg 1922, 17–19. Vgl. dens., Die Sprache des Heliand, Nd. Jb. 51 (1925), 1ff.

[19] Vgl. Th. Klein, Studien zur Wechselbeziehung zwischen altsächsischem und althochdeutschem Schreibwesen und ihrer sprach- und kulturgeschichtlichen Bedeutung, Göppingen 1977 (GAG 205), 418–421.

[20] B. Bischoff, Die Straubinger Fragmente einer Heliand-Handschrift, PBB 101 (1979), 171–180; hier 174.

[21] Später datieren die zerschnittene Handschrift Gysseling ([wie Anm. 4], 14: „3. Viertel des 9. Jh.s") und Beckers („wohl Ende des 9. Jh."; Art. „Altsächsische Sprache und Literatur", Lexikon des Mittelalters I (1980), 493).

[22] B. Taeger, Das Straubinger ‚Heliand'-Fragment. Philologische Untersuchungen I. II 1. 2. 3, PBB 101 (1979), 181–228; 103 (1981), 402–424; 104 (1982),

den" als mögliche Herkunftsorte der Handschrift.[23] S steht entsprechend dieser Herkunft aus relativer räumlicher Nachbarschaft zu M nicht nur der graphematisch-sprachlichen Umsetzung des Textes in M am nächsten – und übertrifft sie noch bei weitem in der Durchführung nordseegermanischer Eigentümlichkeiten –, sondern erweist sich auch durch Bindefehler in v. 508 bzw. v. 566 mit M am nächsten verwandt.[24] Allerdings scheint der Ansatz von *MS durch eine auffällige Gemeinsamkeit von S mit C gestört zu werden, nämlich durch den Ersatz der Konjunktion *butan* durch *neɓon, neuan*,[25] jedoch ist diese Erscheinung mit anderen Fällen von Wortersatz in S, jeweils aus dem Bereich der Formwörter, in Zusammenhang zu sehen (*tulgo, bi huon, tigene* statt *suiɗo, bi hui, tegegnes*).[26] Diese Umsetzung ist offensichtlich Ausdruck einer dialektologischen Verschiedenheit, da alle erwähnten as. Sonderlexeme von S im Ags. ihre Parallelen haben im Anglischen gegenüber dem Westsächsischen.[27] Damit braucht diese Erscheinung

---

10–43; 106 (1984). 364–389; hier II 1, 419; vgl. Verfasserlexikon ²III (1981), 960.

[23] Th. Klein, Die Straubinger Heliand-Fragmente: Altfriesisch oder altsächsisch?, ABäG 31/32 (1990), 219.

[24] Taeger (wie Anm. 22), I, 197–201. – Gegen die Bewertung von v. 508 hat Tiefenbach Einspruch erhoben; H. Tiefenbach, ‚erles antheti'. Das Zeugnis des Straubinger Heliandfragmentes, in: K. Matzel [et al.] (Hrsgg.), Festschrift für H. Kolb, Bern, Frankfurt/M., New York, Paris [1989], 748–758. Dieser Einspruch wird als nicht stichhaltig zurückgewiesen in dem im Vorwort, oben S. VIII, genannten Aufsatz.

[25] Vgl. zuerst E. Sievers, Zum Heliand, ZfdA 19 (1876), 72; außerdem W. Simon, Zur Sprachmischung im Heliand [Berlin 1965] (Philologische Studien und Quellen 27), 54f.

[26] Vgl. Taeger (wie Anm. 22), I, 208ff. – Hiergegen hat Nielsen Vorbehalte angemeldet; H. F. Nielsen, The Straubing Heliand-fragment and the Old English dialects, in: P. S. Ureland – G. Broderick (Hrsgg.), Language contact in the British isles. Proceedings . . ., Tübingen 1991, 243–273. Jedoch sind seine Einwände nicht alle von gleichem Gewicht.

[27] Vgl. M. Korhammer, Altenglische Dialekte und der ‚Heliand', Anglia 98 (1980), 85–94. – Es ist Nielsen zuzugeben, daß die Beweiskraft der Befunde von Lemma zu Lemma verschieden ist. Für *tulgo* war dies schon früher anzusprechen (Taeger [wie Anm.22], I 212). Daß für *tigene* im Ae. nur ein Beleg vorhanden ist, hatte schon Korhammer erörtert (S. 88); Nielsen bezweifelt dies Lemma auch von der Wortbildung her ([wie Anm. 26], S. 244f.). Das wie *neɓon* auch für Nielsen dialektologisch besonders aussagefähige *bi huon* hat dieser noch ein zweites Mal gesondert behandelt, auch dort ohne klare Festlegung; H. F. Nielsen, Ingerid Dal's views on Old Saxon in the light of new evidence, in: T. Swan [et al.] (Hrsgg.), Language change and language structure, Berlin, New York 1994 (Trends in Linguistics, Studies and monographs

keine Konsequenz für das Stemma zu haben, sondern kann aus paralleler sprachlicher Umsetzung in S wie in C erklärt werden.[28]

Insgesamt ergibt sich damit eine Bestätigung für den Stammbaum, den Baesecke 1920 (s. Anm. 17) vorgeschlagen hat (um S ergänzt):[29]

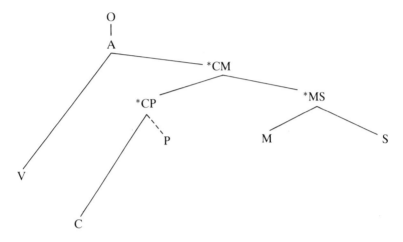

Die Aufstellung eines Stammbaums ist bei der Beteiligung von drei Fragmenten, die sich nirgends überlappen, natürlich ein Wagnis; aber die Überlieferungsverhältnisse des ‚Heliand' scheinen doch trotz der Komplikationen, die sich im einzelnen mehrfach ergeben, nicht so undurchsichtig und verwickelt zu sein, daß man mit Mehrfachredaktion, lagenweis wechselnder Schreibereigentümlichkeit im Original bzw. Archetyp und mit Kontamination rechnen muß, wie dies geschehen ist.[30]

---

73), 195–212, hier 206f. Und *nebon*, auf das es unter dem hier interessierenden Gesichtspunkt allein ankommt, hat auch Nielsen als mit hoher Wahrscheinlichkeit dialektologisch begründet anerkannt ([wie Anm. 26], 248).

[28] Erhärtet wird diese Erklärung durch die Beobachtung, daß für die in S auftretende Form *nebon* keinerlei Vergleichsmaterial aus S beigebracht werden kann, das eine Herleitung des *-on* dieser Form aus *-an* einer Form *neban* der handschriftlichen Aszendenz stützen würde. Vielmehr scheint es sich um eine Nebenform zu handeln, nicht etymologisch identisch mit *neban*. Vgl. das Nähere hierzu bei Taeger (wie Anm. 22), II 1, 403f.; dazu auch Nielsen (wie Anm. 26), Anm. 1 auf S. 265f.

[29] Auch Krogmann (wie Anm. 17), 39 geht von diesem Stemma aus, zu P mit zusätzlichen Argumenten, denen aber nicht zu folgen ist.

[30] P. Scardigli – B. Casalini – M. P. de Nardo, Un nuovo testimone per il

Form und Funktion der Dichtung im Spiegel der Handschriften

Der Text des ‚Heliand' ist nicht als Kontinuum, sondern in Abschnitte gegliedert überliefert. Am ausgeprägtesten ist diese Einteilung in der Hs. C, wo zu der Gliederung in Fitten (so die Bezeichnung der ‚Praefatio', s. S. XXXIII) deren durchlaufende Zählung hinzutritt. Diese ist innerhalb der ‚Heliand'-Überlieferung in C singulär und wohl aus ags. Tradition abzuleiten.[31] Die Abschnittgliederung selbst hingegen ist auch in der Hs. M und im Frgm. S bezeugt; indirekt spricht auch das Frgm. V für ihre Ursprünglichkeit. P erstreckt sich über eine zu kurze Strecke, um mitsprechen zu können.

In M ist die ursprüngliche Gliederung, mit Ausnahme der vorderen Partien, durch Initialen verschiedener Größe, meistens in Übereinstimmung mit C, kenntlich gemacht; im Vorderteil der Handschrift ist dagegen das Bestreben deutlich, eine kleinteiligere Gliederung einzuführen. In S ist an C entsprechenden Stellen ein Fittenanfang mit einer miniierten Initiale ausgestaltet (v. 535), ein anderer vorgesehen (aber nicht ausgeführt; v. 693). Daß V mit einem Fittenbeginn einsetzt, läßt mit Wahrscheinlichkeit die Fitteneinteilung noch höher hinauf im Stammbaum zurückverfolgen; die Aussage der ‚Praefatio', daß die Gliederung auf den Dichter selbst zurückgehe (Z. [29]f.), ist damit wahrscheinlich zutreffend.[32]

Heliand, Romanobarbarica 3 (1978), 271–289. Vgl. auch noch P. Scardigli [et al.], Dopo la conversione: Il caso del Heliand, [Florenz 1978] (Università degli studi di Firenze. Facoltà di lettere e filosofia. Sem. di filol. germ., Anno acc. 1976–77), 27ff.

[31] Vgl. G. Cordes, Rez. v. J. Rathofer, Der Heliand, Köln, Graz 1962. AfdA 78 (1967), 66; D. Kartschoke, Geschichte der deutschen Literatur im frühen Mittelalter, [München 1990], 143.

[32] Trotz des genannten Vorbehalts ist, wie üblich, zu der Einteilung des Texts die Zählung der Fitten als solche aus C in die Ausgabe übernommen. Die Textgliederung von M ist dagegen im allgemeinen nicht im Apparat dokumentiert, da der Aufwand in keinem Verhältnis zum Ergebnis stehen würde. Entsprechend wurde über die verschieden groß und phantasievoll ausgeführten Zierbuchstaben in Teilen von C nicht berichtet.
Wie in M geht auch in C die Initialensetzung nicht durchwegs auf einen einheitlichen Entwurf zurück, sondern zeigt Überlagerungen. Die Einzelheiten zu C finden sich bei Priebsch, eine Zusammenfassung dazu, illustriert durch zahlreiche Abbildungen (14 c, 22 a–26 b), bietet der ‚Litterae'-Band zum ‚Heliand' (wie Anm.3), S. XVI f. samt Anm. 45 (vgl. auch unten Anm. 38).
Zu M findet sich, ebenso reich illustriert (Abb. 9, 10b und c, 13 u. ö.), am gleichen Ort eine vollständige Zusammenstellung über die besonders groß bzw. farbig gestalteten Initialen dieser Handschrift.

Der Versuch, die Zählung der Fittengliederung nicht nur als ursprünglich zu erweisen, sondern auch noch zahlensymbolisch auszudeuten, ist gescheitert;[33] übriggeblieben ist höchstens die Möglichkeit, den ‚Heliand' als eine Zentralkomposition anzusehen, mit der Verklärung Christi auf dem Berg Tabor als in die Mitte des Werks gestellte, vorweggenommene Überwindung des Leidens.[34] Darüber hinaus ist von Rathofer für den ‚Heliand' aber auch noch eine Bucheinteilung[35] und, darauf gründend, eine figürliche Simultangestalt als „figura crucis" postuliert worden. Ausgangspunkt sind hierfür wieder Befunde in C. C bietet am Beginn der Dichtung eine ornamental ausgestaltete Zierzeile mit der Überschrift *Inc⟨i⟩pit quat⟨u⟩or evangelium* (so); in graphisch ähnlicher Weise ist vor der 54. Fitte eine Überschrift *Passio domini* eingerückt.[36] Da auch M an der gleichen Stelle marginal die Beischrift *Passio* (in übereinanderstehenden Buchstaben) aufweist, kann dieses Gliederungselement mit Wahrscheinlichkeit wenigstens bis auf den Hyparchetyp *CM zurückgeführt werden. Rathofer hat aber (nach Foerste) eine

---

[33] Rathofer (wie Anm. 31), 301ff. B. Taeger, Zahlensymbolik bei Hraban, bei Hincmar – und im ‚Heliand'?, München 1970 (MTU 30). Vgl. hierzu die zusammenfassende Stellungnahme von M. Wehrli in seinem Kapitel „Zahlenallegorese, Zahlenkomposition" (M. Wehrli, Literatur im deutschen Mittelalter. Eine poetologische Einführung, Stuttgart [1984], hier bes. 228–235). Im einzelnen ist weiter besonders zu vergleichen die Stellungnahme zur Deutung der Zahl 19, der von Rathofer für die erschlossene Dichtungsmitte in Anspruch genommenen angeblichen Symbolzahl, sowie weiterhin die Zusammenfassung zur Methodik der Zahlendeutung überhaupt, bei Meyer-Suntrup (Heinz Meyer – Rudolf Suntrup, Lexikon der mittelalterlichen Zahlenbedeutungen, München 1987 [Münstersche Mittelalter-Schriften 56], hier Sp. 669 bzw. S. XXII). Zustimmend zu Meyers und Suntrups hier interessierenden methodischen Grundsätzen die Rezension von W. Blank und der Rezensionsartikel von E. Hellgardt (W. Blank, PBB 112 [1990], 130–135, hier bes. 134; E. Hellgardt, Zur allegorischen Auslegung der Zahlen im Mittelalter, ZfdA 119 [1990], 5–22, hier bes. 6f.).

[34] Eine Weiterführung dieses Ansatzes findet sich bei G. R. Murphy, Symmetrical structure in the *Heliand*, GQ 65 (1992), 153–158; wieder abgedr. in: The Heliand, The Saxon gospel. A translation and commentary by G. R. Murphy, New York, Oxford 1992, Appendix 4.

[35] Hierin ist ihm u. a. vorausgegangen W. Foerste, Otfrids literarisches Verhältnis zum Heliand, Nd. Jb. 71/73 (1948/50), 40–67; wieder abgedr. in: J. Eichhoff – I. Rauch (Hrsgg.), Der Heliand, Darmstadt 1973 (WdF 321), 93–131. Vgl. im übrigen den Forschungsüberblick bei Rathofer (wie Anm. 31), 231ff.

[36] Abbildungen bei J. Rathofer, Zum Aufbau des Heliand, ZfdA 93 (1964), 239–272; wieder abgedr. in: Der Heliand (wie Anm. 35), 344–399, sowie in ‚Litterae' 103, Abb. 21b und 30b.

Form und Funktion der Dichtung im Spiegel der Handschriften XXVII

Einteilung in vier Bücher zu sehen geglaubt, mit weiteren Buchanfängen bei Fitte 13 und Fitte 32. Hier interessieren nur die kodikologischen Befunde.[37] Bei näherer Betrachtung entfallen aber sämtliche Aufstellungen Rathofers: weder die Aufstellungen zum handschriftlichen Befund in Fitte 13 (in C: angenommener Buchanfang II) noch in Fitte 32 (in M: angenommener Buchanfang III) sind stichhaltig. Für eine angebliche Einteilung in vier Bücher, und darüber hinaus für eine simultan anschaubare „figura crucis", gibt es bei genauerem Hinsehen keine ausreichende kodikologische Evidenz.[38]

Stattdessen führen die kodikologischen Befunde in Hs. C vielmehr auf eine Textgliederung, die offenbar mit einem System begleitender erbaulicher Lesungen im Rahmen des Kirchenjahrs in Zusammenhang steht.[39] Denn die erwähnte Randnotiz (M) bzw. Zwischenüberschrift (C) *Passio (domini)* ist

---

[37] Vgl. die weiteren Hinweise bei Rathofer (wie Anm. 31 bzw. Anm. 36).

[38] Für Hs. C hat schon Cordes in seiner Rezension (wie Anm. 31), S. 66, im Anschluß an Priebsch (wie Anm. 7) daran erinnert, daß die Initialen der gesamten Fittenfolge 12 bis 16, die ja in C alle in vergleichbarer Weise ausgeschmückt sind (! Vgl. im ‚Litterae'-Band die Abb. 22b–24b), auch noch auf Rasur stehen. Sie gehen nach Priebsch auf einen einheitlichen, nachträglichen verändernden Eingriff zurück (a. a. O., S. 29–35, bes. S. 34f. Vgl. ‚Litterae' 103, XIXf.: Anm. 45. Es handelt sich um eine Vergrößerung, nicht Verkleinerung [Cordes, a. a. O.] der Initialen). So können die jetzigen Verhältnisse von vornherein nicht für die Aszendenz der Handschrift ausgewertet werden.
Zum Befund in Hs. M zum angeblichen Buchbeginn mit Fitte 32 hätte nicht ungesagt bleiben sollen, daß die Initiale am Beginn der 33. Fitte (der Stelle, deren Bedeutsamkeit Rathofer ablehnt, zuletzt 1973 [wie Anm. 36], 372f.) um eine volle Schriftzeile höher ist als die von Rathofer herausgestellte am Beginn von Fitte 32. Das *T* von *Thann* (v. 2698) ist mit 29 mm die zweitgrößte Initiale der ganzen Handschrift (vgl. im ‚Litterae'-Band die Abb. 10a und b, vgl. auch c. Vgl. auch ebd. XX: Anm. 46). Das läßt doch auf die von Rathofer erwähnten angeblichen Besonderheiten von Fittenanfang 32 (a. a. O. S.372) ein ganz anderes Licht fallen.
Rathofer legt noch Wert auf „überschriftenähnliche Plazierung" des ganzen dem Fittenbeginn vorausgehenden letzten Halbverses, die „in M völlig einmalig" sei (ebd. S. 372, vgl. Abb. 10). Auch dies trifft nicht zu. Die von Rathofer selbst beigezogene zweite Stelle, wo in M ein Fittenschluß „überschriftenähnlich" ins Innere der Zeile gerückt, aber wieder radiert ist (Schluß von Fitte 42 auf fol. 51ʳ), ist entgegen seiner Bewertung sehr wohl zu vergleichen, da die Rasur erst von dem späteren Ausschlachter der Handschrift stammt (Rasur auch auf der genau entsprechenden Verso-Stelle des Blatts, dort mit Probereskription in der Rasur [vgl. im ‚Litterae'-Band Abb. 11a und b]. S. dazu oben S. XIX).

[39] Vgl. Taeger (wie Anm. 22), I, 185, nach M. Ohly-Steimer und D. Kartschoke.

kaum ohne Bezug zu dem gleichen Gebrauchszusammenhang zu sehen, dem auch die beiden lateinischen Randeinträge und die gemischt altenglisch-lateinische Randnotiz in Hs. C[40] dienen, nämlich dem Gebrauch zu geistlichen Lesungen zu bestimmten kirchlichen Zeiten.[41] Es war üblich, die Passionsgeschichte, abweichend von der übrigen evangelischen Geschichte, nicht in Perikopen aufgelöst, sondern zusammenhängend vorzutragen. Erhärtet wird diese Zuordnung des ‚Heliand‘ durch ein auffälliges, in Hs. C einmaliges, vom Textschreiber mit gleicher Tinte nach der letzten Textzeile der Erzählung von der Auferstehung eingetragenes Kreuz, ein für den Beginn solcher Lesungen typisches Merkzeichen.[42] Der danach anschließende Text, der in C mit einer verhältnismäßig großen Satzinitiale beginnt, fügt sich wieder in das Perikopensystem ein. Das Kreuz in C, das also an einer für den geistlichen Gebrauch kennzeichnenden Stelle steht, ist nun offenkundig aus der Vorlage von C übernommen,[43] geht also ebenso hinter C zurück, wie die Angabe *Passio (domini)* hinter C und M sogar bis zum Hyparchetyp *CM hinauf zurückgeht. Es deutet sich damit ein gleichbleibender geistlicher Gebrauch des Texts über eine ganze Abfolge von Hss. hinweg an, – wie er ja auch von den diesbezüglichen, freilich z. T. schwer genau zu verstehenden Angaben der ‚Praefatio‘ bestätigt wird.[44]

Nicht zur simultanen Schau in der Art eines Figurengedichts – was schon wegen der Gattungsgrenzen nicht hätte angenommen werden sollen –, sondern zum Vollzug in der Zeit ist, so wird man erwarten, ein Großepos wie der ‚Heliand‘ bestimmt. Dafür bietet die Überlieferung noch weitere Hinweise, insbesondere die vielen Akzente, die sich in M, V und S finden,[45] v. a. aber die Neumen, die in M über den Versen 310–313 (Anfang) überliefert

---

[40] S. oben S. XX.
[41] Die Einzelheiten und die Nachweise finden sich im ‚Litterae‘-Band, XIVff.
[42] Hs. C, fol. 163ᵛ. Abbildung im ‚Litterae‘-Band, Abb. 29b; vgl. unten Note zu v. 5782.
[43] ‚Litterae‘-Band, XIX: Anm. 38.
[44] Umgekehrt nimmt von der ‚Praefatio‘ ihren Ausgang U. Schwab im diesbezüglichen Teil ihrer Rezension zur 9. Auflage dieser Ausgabe (wie Vorwort, Anm. 2; bes. 272–276). Die Schwerpunkte und Perspektiven ergeben sich dabei z. T. anders als hier unter rein kodikologischen Gesichtspunkten.
[45] Die Akzentbefunde in M, V und S sind unten im Apparat aus Raumgründen grundsätzlich nicht erwähnt. Vgl. hierzu P. Sievers, Die Accente in althochdeutschen und altsächsischen Handschriften, Berlin 1909 (Palaestra 57); Nachdruck New York/London 1967, 114ff.; W. Braune (wie Anm. 14), bes. 222 und 294; Textabdruck 237–239; B. Bischoff (wie Anm. 20), Textabdruck 175–180; B. Taeger (wie Anm. 22), II 1, 410ff.

sind. Die Befunde sind damit denen der Otfrid-Überlieferung völlig analog,[46] wobei aber im ‚Heliand' die Verbindung der musikalischen Darbietung mit den Erfordernissen des Stabreimverses ein interessantes Formproblem geboten haben wird.[47] Auf jeden Fall läßt sich dartun, daß die Akzente in S sämtlich auf den mündlichen Vortrag der Verse bezogen sind (und nicht grammatische Bezeichnung von Vokallänge im Gegensatz zu Kürze sind). Das gleiche läßt sich für die Akzente in M, die ja noch dazu mit den Neumen verbunden sind, zeigen. Nur die Akzentsetzung in V ist aus den Fugen geraten, läßt sich aber doch in ihren Grundzügen teilweise noch mit denen von S und M in Übereinstimmung sehen, so daß für den Archetyp (und das Original) die Annahme eines auf den mündlichen Vortrag bezogenen Auszeichnungssystems möglich wird.[48]

Zur ‚Genesis'

Die as. Bruchstücke der ‚Genesis' sind in der oben S. XXI erwähnten komputistischen Sammelhandschrift des Vatikans (V), in Exzerpten etwa des 3. Viertels des 9. Jahrhunderts erhalten. Geschrieben sind diese Exzerpte von zwei anderen Schreibern als das ‚Heliand'-Bruchstück, u. zw. von Schreiber A: Fragment I (vv. 1–26 auf fol. 1^r) und Fragment III (vv. 151–337 auf fol. 2^r und 2^v) sowie die Zeilen 1 und (z. T.) 2 von fol. 10^v (vv. 108–111) von Fragment II; von Schreiber B: Fragment II (vv. 27–107 auf fol. 2^v) und der Rest dieses Fragments II auf fol. 10^v (vv. 112–150).[49] Mit der Entdeckung dieser Exzerpte im Jahr 1894 bestätigte sich in glänzender Weise eine Hypothese, die, nach Ansätzen bei einer ganzen Reihe älterer Forscher, in ausgearbeiteter Form E. Sievers im Jahr 1875 aufgestellt hatte.[50]

---

[46] Vgl. die Literaturzusammenstellung bei B. Taeger, Ein vergessener handschriftlicher Befund: Die Neumen im Münchener ‚Heliand', ZfdA 107 (1978), S. 184, Anm. 1. Die Neumen sind jetzt auch abgebildet im ‚Litterae'-Band, Abb. 3 (vgl. auch Abb. 4).

[47] Vgl. D. Hofmann, Stabreimvers, in: Reallexikon der deutschen Literaturgeschichte ^{2}IV (1979), bes. 191.

[48] Dieses hat auch in der ‚As. Genesis', wenn auch weniger ausgeprägt, seine Spuren hinterlassen; vgl. W. Braune (wie Anm. 14), 222.– Das Problem wird umfassend behandelt für alle Textzeugen der as. Bibelepik von U. Schwab (wie Anm. 56), 150–190.

[49] Vgl. E. Sievers, Rez. v. K. Zangemeister – W. Braune (wie Anm. 14), ZfdPh 27 (1895), 536f.; B. Bischoff (wie Anm. 13), 129.

[50] Der Heliand und die angelsächsische Genesis, Halle (S.), 1875. Zur Vor-

Sievers leitete aus den sprachlichen Eigentümlichkeiten der – anfangs dem Caedmon zugeschriebenen[51] – ‚Ags. Genesis' der Hs. Junius 11 in Oxford, in deren Partie v. 235 bis v. 851, den Schluß ab, diesem Teil, der auch durch stoffliche Wiederholungen schon früher aufgefallen war, müsse ein ursprünglich selbständiges Werk altsächsischen Ursprungs zugrundeliegen. Dies wurde nun zur Gewißheit, da auf eine Strecke von 26 vv. die as. Exzerpte der vatikanischen Hs. (v. 1–26) die fast wörtliche Entsprechung der ags. Verse 790–817 darstellen (unten in Parallelversion abgedruckt auf S. 240–243). Den als Interpolation in die ‚Ags. Genesis' eingearbeiteten Teil nannte man in der Folge ‚Genesis B'; neuerdings schlägt D. Hofmann aus germanistischer Sicht die Bezeichnung ‚Genesis E' vor.[52]

In der sie überliefernden Handschrift bildet die ‚Ags. Genesis', die in ihrer Interpolation ein etwa doppelt so langes Stück des as. Werks bewahrt wie die vatikanische Hs. mit ihren Exzerpten der Originalfassung, das erste von vier großen biblischen Stabreimgedichten (außer ‚Genesis' noch ‚Exodus', ‚Daniel' und ‚Christ und Satan'). Der Codex, Hs. Junius 11 der Bodleian Library, Oxford,[53] nach neuestem Forschungsstand[54] entstanden im 1. Viertel des 11. Jahrhunderts, stammt aus Südengland; die Lokalisierungen schwanken zwischen Winchester, Canterbury und neuerdings Malmesbury.[55]

---

geschichte vgl. A. N. Doane (Hrsg.), The Saxon Genesis. An edition of the West Saxon *Genesis B* and the Old Saxon Vatican *Genesis*, [Madison 1991], 6–8. Der Ausgabe von Doane gingen zuletzt vorauf die von Timmer und Vickrey: B. J. Timmer (Hrsg.), The Later Genesis, Oxford 1948, 2. Aufl. 1954; J. F. Vickrey, Jr. (Hrsg.), Genesis B. A new analysis and edition, Diss. Indiana University 1960.

[51] Vgl. zusammenfassend Krapp (wie Anm. 55), IX.
[52] Hofmann (wie Anm. 103), I 10.
[53] Der erhaltene Teil der Interpolation umfaßt S. 13–S. 40, Z. 8 der Handschrift (ca. 323 × 196 mm bzw. ca. 225 × 135–120 mm), mit mehreren Illustrationen; zwei Blätter (zwischen S. 22 und 23, d. h. in v. 441) und der (unbestimmbare) Anfang ausgefallen (vgl. Doane, S. 30). Ein Schreiber; Einteilung in Erzählabschnitte, die durch zoomorphe Initialen bezeichnet sind. Mit vielen Akzenten (diese wie die der as. Textzeugen MVS einem nicht berücksichtigt), einigen Randglossen und marginalen Gebetsabbreviaturen. Facsimile-Ausgabe von I. Gollancz, The Caedmon Manuscript of Anglo-Saxon Biblical Poetry, [London] 1927; Beschreibung der Handschrift außer bei Gollancz noch bei Ker (wie Anm. 7), 406ff.
[54] Zusammengefaßt bei Doane (wie Anm. 50), 35.
[55] Letzte Zusammenfassung ebd., 29f. Bei Doane auch umfängliche Erörterung aller die Handschrift betreffenden Fragen (mit ausgewählten, hervorragenden Abbildungen). Vollständiges Facsimile der interpolierten Teile der ‚Ags. Gen.' in der Ausgabe von U. Schwab, Die Bruchstücke der altsächsischen Genesis

Wie die Handschrift C für den ‚Heliand', so bezeugt in gleicher Weise die in der Hs. Junius 11 wenigstens teilweise bewahrte ags. Fassung für die alttestamentliche ‚Genesis' die Ausstrahlung der altsächsischen stabreimenden Bibeldichtung nach England.[56] Zusammen mit den genuin ags. Teilen (‚Ags. Genesis A') ist der ursprünglich as. Text der Interpolation – ebenfalls wie ‚Heliand' C – dem ags. Brauch einer durchgezählten Fittengliederung unterworfen worden: die (in den Anfangsteilen der Handschrift zwar höchst lückenhaft erhaltene, aber rekonstruierbare) Fittenzählung reicht in Hs. Junius 11 freilich über die Grenze der Genesis-Darstellung hinaus und umfaßt als durchgehende Folge die Gesamtheit der drei in der Handschrift enthaltenen alttestamentlichen Dichtungen. Wieviel von der Textgliederung als solcher aus dem interpolierten Stück auf die zugrundeliegende as. Fassung zurückverweist, ist dabei nicht mit Bestimmtheit auszumachen. Es gibt aber Hinweise, die darauf deuten, daß wie der ‚Heliand', so auch die ‚As. Genesis' in Fitten eingeteilt gewesen sein dürfte.[57]

Über den Prozeß der Umsetzung der ‚As. Genesis' ins Altenglische besteht bisher keine einheitliche Forschungsmeinung. Angesichts der Überschneidung beider Fassungen in nur 26 Versen ist die Grundlage für gesicherte Aussagen schmal. Von einer Übersetzung im eigentlichen Sinn geht die Mehrzahl der Forscher aus. Jedoch haben die Untersuchungen hierzu je nach den Voraussetzungen, den aus dem gesamten Textmaterial gewonnenen Beobachtungen und der angewandten Methode der Deutung zu ganz verschiedenen Ergebnissen geführt. Nach der Auffassung insbesondere von

---

und ihrer altenglischen Übertragung. Einführung, Textwiedergaben und Übersetzungen, Abbildung der gesamten Überlieferung, Göppingen 1991 (Litterae 29). – Standardausgabe aller in der Handschrift Junius 11 enthaltenen Werke durch G. P. Krapp, The Junius Manuscript, New York 1931 (The Anglo-Saxon poetic records 1).

[56] Hierzu vgl. bes. U. Schwab, Einige Beziehungen zwischen altsächsischer und angelsächsischer Dichtung, mit einem Beitrag von W. Binnig [...], Spoleto 1988 (Centro Italiano di studi sull'alto medioevo 8).

[57] Die Initialen der beiden Handschriften an den entsprechenden Stellen sind unten im Apparat verzeichnet, und der Text ist entsprechend gegliedert. Zu den beiden einzigen im Bereich der Interpolation in der Hs. Junius 11 vorhandenen Fittenziffern und ihrer Bedeutung vgl. die Noten zu v. 322 und 325 sowie zu v. 389 (mit der dort angegebenen Literatur). Zum Problem der Rückbeziehbarkeit der Textgliederung auf die as. Originalfassung vgl. weiter die Noten zu v. 626 und v. 765b (mit Literatur). Zuletzt zur Zählung der Fitten in der Hs. Junius 11 Schwab, Litt. (wie Anm. 55), 35.

Timmer,⁵⁸ Capek⁵⁹ und U. Schwab⁶⁰ wäre der Übersetzer ein in England lebender Sachse gewesen; seine nicht überall ausreichende Vertrautheit mit dem Altenglischen wäre als Erklärung mancher sprachlich uneinheitlichen und nicht voll verständlichen Stellen anzusehen.⁶¹ Dagegen vertritt aber neuerdings I. Rauch, gestützt auf Methoden und Ergebnisse linguistischer Feldforschung zur Zweisprachigkeit und in teilweise sehr kritischer Auseinandersetzung mit Timmers Aufstellungen, wiederum die bereits seit Sievers (1875) geäußerte Ansicht, der Übersetzer oder, wie sie ihn aufwertend bezeichnet, Umdichter müsse ein Angelsachse gewesen sein.⁶² – Überhaupt nicht an eine bewußte Übersetzung im eigentlichen Sinn glauben dagegen Vickrey⁶³ und Doane. Nach der Auffassung von Doane⁶⁴ wäre die ags. Version lediglich durch eine Reihe von sprachlich anpassenden Umschriften entstanden – vergleichbar derjenigen, die, wie es scheint, in Hs. Junius 11 durch zahlreiche Eingriffe einer nachträglichen, sprachlich modernisierenden Redaktion in den Text⁶⁵ vorbereitet werden sollte.⁶⁶

Bei der Umsetzung ins Altenglische hat auch das Bestreben eine Rolle gespielt, die z. T. sehr langen as. Verse der kürzeren ae. Normalform anzunähern. U. Schwab hat betont, daß dies mit der Bestimmung des Texts zum mündlichen Vortrag zusammenhängen dürfte.⁶⁷ Dies setzt freilich ein bewußteres Umarbeiten der einen Fassung in die andere voraus. So reicht

---

⁵⁸ Vgl. seine Zusammenfassung (wie Anm. 50), 45.
⁵⁹ Capek leitet seine Auffassung aus Untersuchungen zur Syntax ab: M. J. Capek, A commentary on the syntax of *Genesis B*. Diss. Univ. of Wisconsin 1968; vgl. dens., The nationality of a translator. Some notes on the syntax of *Genesis B*. Nph. 55 (1971), 89–96.
⁶⁰ Vgl. bes. Beziehungen (wie Anm. 56), 111, Litt. (wie Anm. 55), 28.
⁶¹ Vgl. z. B. die Form *sefte* in v. 433, die Timmer als fehlgebildete ags. Adverbform (Komparativ) erklärt. Anders freilich Vickrey und die Übersetzung von Schwab, Litt.
⁶² I. Rauch, The Old English *Genesis B* poet: Bilingual or interlingual?, American Journal of Germanic linguistics and literatures 5 (1993), 163–184.
⁶³ Vgl. Vickrey (wie Anm. 50), 35ff.
⁶⁴ Vgl. Doane (wie Anm. 50), 49–51. 55–64.
⁶⁵ In den textkritischen Noten der Ausgabe werden diese Eingriffe, die für die ‚Ags. Gen.' bis v. 546 reichen, unten meist in der Form dokumentiert (z. B.): „*him* zu *heom* geändert Hs."
⁶⁶ Als Hinweis auf eine mehr sukzessive und nicht streng planvoll durchgeführte Umsetzung ins Ags. sei, über die Ausführungen von Doane hinaus, auf die Inkonsequenz verwiesen, daß in dem vielbesprochenen Vers 258 das as. Wort *lêhan* irrig mit ae. *lean* (‚Lohn') wiedergegeben scheint, in den vv. 601. 692 aber das erschließbar gleiche as. Wort richtig als ae. *læn* erscheint.
⁶⁷ Vgl. bes. Beziehungen (wie Anm. 56), 112.

vielleicht eine einseitige Erklärung nicht aus. Bei einer Betrachtung unter dem Aspekt der Funktion wären auch noch die Illustrationen der Hs. Junius 11 mit einzubeziehen, die nach dem Nachweis von B. Raw auf karolingische Vorlagen zurückgehen.[68] Wie P. J. Lucas betont hat, könnte die Beigabe von Illustrationen eher auf stille erbauliche Lektüre als Zweckbestimmung des Werkes deuten.[69] Die Gegensätzlichkeit dieser Funktionsbestimmungen müßte dann wohl durch Umwidmung in einer späteren Überlieferungsphase erklärt werden. –

Zuletzt hat Doane bei seinem Versuch, das Umfeld von Entstehung und Überlieferung der ‚As. Genesis' zusammenfassend darzustellen, ein farbiges Bild gezeichnet.[70] Viel Sicherheit ist hier freilich nicht zu gewinnen. Die Forschung ist sich immerhin heute darüber einig, daß ‚Heliand' und ‚Genesis', trotz der gegenteiligen Andeutungen der lateinischen ‚Praefatio', nicht vom gleichen Verfasser herrühren; der ‚Genesis'-Dichter hat wohl nach dem Vorbild des ‚Heliand', wenn auch mit beachtlicher eigener dichterischer Selbständigkeit gearbeitet.[71] U. Schwab hält auch eine andere zeitliche Abfolge für denkbar;[72] ja, sie rechnet sogar mit der Möglichkeit, daß die ‚Genesis'-Stücke von verschiedenen Verfassern herrühren könnten.[73]

‚Praefatio' und ‚Versus'

Die ‚Praefatio in librum antiquum lingua Saxonica conscriptum' samt den anhängenden ‚Versus de poeta et interprete huius codicis' sind uns durch M. Flacius Illyricus überliefert, der sie, ohne jeden Hinweis auf Herkunft und Verfasserschaft, zuerst in der 2. Auflage seines ‚Catalogus testium veritatis', Straßburg 1562, S. 93f. abgedruckt hat.[74] Über die Einzelheiten der

---

[68] B. Raw, The probable derivation of most of the illustrations in Junius 11 from an illustrated Old Saxon *Genesis*, Anglo-Saxon England 5 (1976), 133–148, bes. 137–146. Vgl. auch Gollancz (wie Anm. 53), XXXIII.
[69] P. J. Lucas, Ms Junius 11 and Malmesbury, [I], Scriptorium 34 (1980), 197–220; II, ebd. 35 (1981), 3–22, hier bes. I 209ff.
[70] Doane (wie Anm. 50), 51–54. 93–115.
[71] So zuletzt auch Doane (wie Anm. 50), bes. 46. 179.
[72] Rezension der 9. Auflage dieser Ausgabe (wie Vorwort, Anm. 2), 279.
[73] Schwab, Ansätze (wie Anm. 13), 127f.
[74] Weitere Auflagen des ‚Catalogus' sowie ein späterer Druck von ‚Praefatio' und ‚Versus' durch Cordesius werden, soweit sie zur Textkonstitution etwas beitragen, in der Literatur erörtert, die in den Noten zur Ausgabe (unten S. 1–4) genannt wird (vgl. das Abkürzungsverzeichnis).

Vorgeschichte dieser Veröffentlichung, nämlich die Herkunft aus höchstwahrscheinlich einer heute verschollenen weiteren Handschrift aus Naumburg, die u. a. von Luther und Melanchthon benutzt worden ist, sind wir durch K. Hannemann sehr gut unterrichtet.[75] Die Echtheit der ‚Praefatio' im ganzen wird nicht mehr angezweifelt; schon im Hinblick auf das nur einem mittelalterlichen Autor zugängliche Wort *vittea* ‚Gedichtabschnitt' (Z. [29]), war ein solcher Zweifel auch unberechtigt. – Die Beziehung der lateinischen Texte auf ‚Heliand' und ‚As. Genesis' ist nicht streng beweisbar, aber wahrscheinlich genug. Die Verfasserfrage ist ungelöst und wohl unlösbar. Auf jeden Fall muß man mit einem größeren Abstand zwischen der Abfassung von ‚Praefatio' und ‚Versus' und der des ‚Heliand' rechnen, insbesondere weil die dort vorgenommene Zurechnung von neu- und alttestamentlicher Dichtung zu einem und demselben Dichter nicht aufrechtzuerhalten ist. Die ‚Versus' scheinen, wie ihre Technik nahelegt,[76] nicht unwesentlich später als die Prosa anzusetzen zu sein.

Dieser Ansatz geht von der Auffassung aus, daß unter *Ludouicus piissimus Augustus* (Z. [1]) Kaiser Ludwig der Fromme zu verstehen ist. Für diese Interpretation sprechen in erster Linie die Erwähnungen ‚imperialer' Herrschaft und Befehlsgewalt (Z. [13] bzw. [20]). Mithin könnte die ‚Praefatio' nicht später als 840 entstanden sein. Es ist dagegen im Gefolge der Ergebnisse historischer Forschung[77] darauf hingewiesen worden, daß auch im Umkreis Ludwigs des Deutschen gelegentlich vergleichbare Prägungen als Bezeichnung von dessen hegemonialem Ansehen gebraucht worden sind; ‚imperiale' Attribute könnten unter gewissen Voraussetzungen also auch hier auf König Ludwig den Deutschen verweisen und würden dann den ‚Heliand' in dessen Regierungszeit (843–876) verlegen.[78] Einer solchen spä-

---

[75] Die Lösung des Rätsels der Herkunft der Heliandpraefatio, Forschungen und Fortschritte 15 (1939), 327–329; mit einem Nachtrag wieder abgedr. in: Der Heliand (wie Anm. 35), 1–13. Hannemann erwägt (1973, 13), ob etwa P ein Rest dieses verschollenen Kodex sein könnte. Vgl. auch noch dens., Der Humanist Georg Fabricius in Meißen, das Luthermonotessaron in Wittenberg und Leipzig und der Heliandpraefatiokodex aus Naumburg a. d. Saale, AION Sez. germ. 17 (1974), 7–109, 256–260, bes. 104ff.

[76] Vgl. K. Strecker, Studien zu karolingischen Dichtern IV, Neues Archiv d. Ges. f. ältere dt. Geschichtskunde 44 (1922), 228f., der die ‚Versus' gegen das Ende des 9. Jh.s ansetzt.

[77] Zusammenfassende Darstellung bei W. Eggert, Das ostfränkisch-deutsche Reich in der Auffassung seiner Zeitgenossen, Wien, Köln, Graz 1973 (Forschungen zur mittelalterlichen Geschichte 21), hier bes. 30f. 58. 261f. 325.

[78] Vgl. z. B. Beckers (wie Anm. 21), 493.

teren Datierung der Dichtung sind freilich die auf B. Bischoffs Urteil gründenden Datierungen der Textzeugen M, P und S „um / um oder (kurz) nach 850" nicht günstig; insbesondere M und S setzen bereits eine nicht unbeträchtliche überlieferungsgeschichtliche und d. h. wohl auch zeitliche Distanz zur Entstehung der Dichtung voraus, mehr noch natürlich zur Erteilung des Auftrags dazu. Ein Teil der Forschung ist aber nicht davon überzeugt, daß diese Erwägungen die spätere Datierung ausschließen, – z. T. freilich unter Ansatz von Hilfsannahmen.[79] Darüber hinaus ist in der Forschung die Tendenz festzustellen, den zeitlichen Rahmen der genannten Handschriften-Datierungen möglichst weit auszulegen oder ihn auch ganz zu überschreiten.[80] Es bleibt aber festzuhalten, daß weitere Argumente nicht nur für, sondern nach wie vor auch gegen die spätere Datierung des ‚Heliand' vorgebracht werden können.[81]

Unterstützung gefunden hat die Hinwendung zu dem späteren Ansatz in Zweifeln an der Einheitlichkeit der ‚Praefatio', die bis zum Gebrauch von Athetesen führten.[82] Der ganze zweite Teil (‚B') der ‚Praefatio' ist (samt den ‚Versus') als spätere Zutat, zu dem im ersten Teil noch vorausverweisende Wendungen interpoliert worden seien, abgespalten worden. Aber den Text zumindest der ‚Praefatio' als Einheit zu interpretieren zu versuchen, wäre erstes methodisches Gebot gewesen.[83] Dies gilt heute mehr denn je; denn

---

[79] Vgl. die gut zusammenfassende Darstellung der neueren Forschung im Art. ‚Heliand' von E. Hellgardt, Literaturlexikon. Autoren und Werke deutscher Sprache, 5 (1990), 199–202.

[80] Vgl. oben die Anm. 4 und 21.

[81] Vgl. D. Hofmann, Die as. Bibelepik zwischen Gedächtniskultur und Schriftkultur, Settimane di studio del centro Italiano di studi sull' alto medioevo 32 (1986), 453–483; wieder abgedr. in: ders., Gesammelte Schriften. I: Studien zur nordischen und germanischen Philologie, Hamburg [1988], 528–558; hier bes. 529f. mit Anm. 4; J. Rathofer, Realien zur altsächsischen Literatur, Nd. W. 16 (1976), 4–62, bes. 38.

[82] Vgl. zuerst F. Zarncke, Über die Praefatio ad librum antiquum lingua Saxonica conscriptum und die Versus de poeta, Berr. ü. d. Verhh. d. Kgl. Sächs. Ges. d. Wiss. zu Leipzig, Phil.-hist. Kl. 17 (1865), 104–112. Zuletzt W. Haubrichs. Die Praefatio des Heliand, Nd. Jb. 89 (1966), 7–32; wieder abgedr. in: Der Heliand (wie Anm. 35), 400–435; vgl. jetzt ders., Die Anfänge: Versuche volkssprachiger Schriftlichkeit im frühen Mittelalter, [Frankfurt 1988] (Geschichte der dt. Literatur von den Anfängen bis zum Beginn der Neuzeit, hg. v. J. Heinzle, Bd. I 1), bes. 333ff.; ders., Altsächsische Literatur, in: K. v. See (Hrsg.), Europäisches Frühmittelalter, Wiesbaden [1985] (Neues Handbuch der Literaturwissenschaft, hrsg. v. K. v. See, Bd. 6), 217–236, hier bes. 221ff.

[83] Vgl. M. H. Jellinek, Rez. v. K. Zangemeister – W. Braune (wie Anm. 14),

dem Überlieferten wäre auch hier, wie in der Editorik allgemein, unter Verzicht auf normative Vorgaben Folge zu leisten, wenn es möglich ist. Die angeblichen Widersprüche im Text der ‚Praefatio' lassen sich aber sämtlich ausräumen und die Texteinheit verteidigen.

Man hat gerügt, daß einerseits vom Auftraggeber Ludwig als einem Lebenden die Rede sei, dann aber *(eius ... imperii tempore ... actum est nuper)* als von einem (angeblich) Verstorbenen. Das *nuper* kann klarerweise nur ‚kürzlich, vor kurzem' bedeuten; es korrespondiert dem *prius* des Voraufgehenden (Z. [12]) und bedeutet mit diesem zusammen ein Lob des gegenwärtigen Herrschers, der über die Leistungen der Vorgänger hinaus neue Positionen gesetzt hat. Hatten zuvor *(prius)* nur die *literati atque eruditi ... notitiam*, so ist nun, *eius ... imperii tempore*, Sorge dafür getragen, daß *cunctus populus ... notionem* erhalten hat. Hier ist kaum ein Anlaß für einen textkritischen Eingriff vorhanden.[84]

Vor allem aber sind die angeblichen Widersprüche zwischen ‚Praefatio A' und ‚B' durch eine richtige Interpretation auszuräumen. Unter einer Annahme löst sich alles widerspruchslos auf: daß nämlich in der vorderen Partie (‚A') hauptsächlich vom Auftraggeber, vom Dichter und von seiner Arbeitsweise gehandelt wird, in der späteren Partie (‚B') dagegen vom Gegenstand der Dichtung und von der durch die besondere Dignität des Gegen-

---

AfdA 21 (1895), bes. 223f.; ders., Die Praefatio zum Heliand und die Versus de poeta, ZdfA 56 (1919), 109–125.

[84] Auch eine Aufteilung auf zwei verschiedene Zeitabschnitte ist nicht vertretbar. Haubrichs hat angenommen, daß *imperii tempore* „zur Zeit ... der Reichseinheit" (unter Ludwig d. Fr.; bis 840; Haubrichs 1973, 406, vgl. 418. 432) bedeute, der Handelnde, der Auftraggeber des ‚Heliand'-Dichters aber dennoch Ludwig d. Dt. sei. Ist es aber wahrscheinlich, daß ein mittelalterlicher Autor seinen Herrscher zunächst aus rechtlichen/politischen Gründen unter Vermeidung der imperialen Titulatur als *piissimus Augustus* bezeichnet; den Begriff des *imperium* für den Zustand der Verfassung unter dem voraufgehenden Herrscher reserviert; und dann am Ende doch, mit Bezug auf dessen Nachfolger Ludwig d. Dt., von *iussis Imperialibus* (Z. [20]) spricht?! Mit geringfügigen Modifikationen hat Haubrichs diese Auffassung trotzdem auch in seine literaturgeschichtlichen Darstellungen (wie Anm. 82) übernommen. Vgl. dagegen die prägnante Widerlegung durch Hellgardt (wie Anm. 79), 200 [b]. – Es ist übrigens zuzugeben, daß *eius studio atque imperii tempore* hart und ungeschickt ist; aber ist, genau betrachtet, *summo atque praeclaro ingenio* (Z. [1]f.), mit der Vorwegnahme des stärkeren Ausdrucks, viel besser? – Darüber hinaus kommen insgesamt so viele an das Hendiadyoin grenzende Ausdrücke mit *atque* in der Praefatio vor (ZZ. [1f., 2, (4), 5f., 6, 12]), daß es ganz unwahrscheinlich ist, ausgerechnet für unsere Stelle eine Sonderbedeutung „und zwar, und noch" o. ä. anzunehmen.

standes bewirkten Wirkung des Werks. Der Gegenstand ist heilig und heilbringend; und es ist klar, daß ein heiliger Gegenstand einen menschlichen Dichter, der wunderbar berufen wurde, zu außerordentlichen Leistungen beflügelt. So erklären sich die aufs höchste lobenden Wertungen im zweiten Teil aufs einfachste, sie bilden zu dem Bescheidenheitstopos des ersten Teils (Z. [22]f.) in keiner Weise einen Widerspruch. Daß der Dichter zunächst *artis huius penitus ignarus* gewesen sei, ist dann nicht auf stabreimende Dichtung überhaupt, sondern auf geistliche (evtl. auch epische Groß-)Dichtung zu beziehen und paßt aufs beste zu der Angabe im ersten Teil *apud suos non ignobilis vates*. Man beachte, daß auch in ‚B' der Dichter schon für die Zeit, *dum adhuc artis huius penitus esset ignarus*, als *vates* bezeichnet wird, als Dichter; das ist doch am einfachsten in der hier angegebenen Weise zu verstehen.

Ist es richtig, daß die verschiedenen Wertungen des dichterischen Könnens des *vates* in der ‚Praefatio' auf den jeweilig verschiedenen Aspekt der Darstellung zurückzuführen sind und also einem einheitlichen Entwurf entsprechen, so muß Ähnliches auch für parallele „Widersprüche" innerhalb des Teils ‚A' gelten. Es ist nicht zu sehen, wieso eine Beauftragung durch den Kaiser nicht, in legendarischer Sicht, durch ein von Gott gesandtes Zeichen an den künftigen Autor selbst vorbereitet worden sein soll (Z. [20]f.).

Auf jeden Fall vergrößert sich freilich bei dieser Interpretation der Abstand der Darstellung zu Bedas Bericht über die Berufung Caedmons (‚Hist. eccl.' IV 24); diese war ja von jeher nur in den allgemeinsten Zügen mit ‚Praefatio' und ‚Versus' zu vergleichen. Caedmon war j e d e r künstlerischen Äußerung unfähig, als er berufen wurde; er war ein einfacher Landarbeiter, der ohne jede Vorbereitung durch einen göttlichen Auftrag zum Dichter wurde. Dies Schema scheint auch in den lateinischen ‚Versus' durch, die sich hierin erkennbar von der Prosa abheben; vielleicht sind sie, in Umkehrung der bisherigen Sicht, im Zuge einer Anpassung an die Tradition des doppelten Prooemiums in Prosa und Vers,[85] unter allgemeinster Anregung von Beda her aus der Prosa abgeleitet.[86]

Doch ist für die Auswertung der ‚Versus' die Topik des einfachen Landlebens mitzuveranschlagen, der sich der ziemlich unbeholfene Versdichter in großem Ausmaß anvertraute. In seiner Unselbständigkeit hat er es dazu

---

[85] Vgl. A. E. Schönbach, Otfridstudien III, ZfdA 39 (1895), S. 418.
[86] Eine stärkere Bedeutung als Vorbild weist dem Caedmon zu U. Schwab in ihrer Rezension (wie Vorwort, Anm. 2), bes. 271f., sowie in ihrem Buch (wie Anm. 56), bes. 140f.

kommen lassen, daß sich die Gewichte völlig verschoben haben: was ihm der Zielpunkt seiner Ausführungen hätte sein sollen, die Darstellung des neuen Dichterdaseins, gerät ihm über dem überbreiten Ausmaß der Idylle zu einem bloßen Anhängsel. A. Wagner, A. E. Schönbach, M. H. Jellinek und E. Dümmler haben seine dichterischen Vorbilder in der antiken Literatur aufgewiesen;[87] das Verschiedenartige zu einem einheitlichen Ganzen zu verarbeiten ist ihm nicht gelungen.[88]

Zur Ausgabe

Zur Editio princeps durch J. A. Schmeller (1830. 1840) und zu weiteren historischen Ausgaben vgl. J. Meier (wie S. XVIII), Nr. 9ff. Alle sprachwissenschaftliche Arbeit am ‚Heliand' hat von der Ausgabe in Paralleldruck von M und C durch E. Sievers auszugehen,[89] Titelauflage 1935, vermehrt um den Text der Fragmente P und V. Diese letzteren sind zuerst abgedruckt bei H. Lambel bzw. K. Zangemeister – W. Braune;[90] das zuletzt aufgetauchte Fragment S ist zuerst herausgegeben von B. Bischoff.[91]

Der vorliegenden Ausgabe hat Behaghel, in Übereinstimmung mit den Untersuchungen von E. Sievers,[92] für den ‚Heliand' die Hs. M zugrundegelegt, „in dem Sinne, daß in jedem einzelnen Fall die Fassung der beiden Handschriften gegeneinander abgewogen, aber die Lesung von M aufgenommen wurde, wenn sich keine innere Entscheidung treffen ließ" (Behaghel, Vorwort); in einer Reihe von Fällen sind, im Gefolge der Untersuchungen von D. Hofmann zu den Versstrukturen (s. zur Metrik), auch formale

---

[87] Zu den Nachweisen in der Ausgabe (unten S. 3f.) vgl. das Abkürzungsverzeichnis.
[88] Auch die ‚Versus' hat man in ihrer Echtheit verdächtigt (Th. M. Andersson, The Caedmon Fiction in the ‚Heliand' Preface, PMLA 89 [1974], 278–284), doch gibt es auch hier ein Kennzeichen, das die mittelalterliche Entstehung sichert. *Menando* v. 18 ist wegen seines unhumanistischen Charakters von M. Flacius Illyricus eigens erläutert worden, wäre also einem humanistischen Fälscher sicher nicht in die Feder geflossen. Auch die leoninischen Reime weisen eindeutig auf mittelalterliche Entstehung.
[89] Heliand, Halle 1878 (Germanist. Handbibl. 4); dazu die Nachkollationen von K. Bartsch, E. Sievers und P. Piper: Gm. 23 (1878), 403–406; ebd. 24 (1879), 76–78; Nd. Jb. 21 (1895), 17–59.
[90] P bei H. Lambel, Ein neuentdecktes Blatt einer Heliandhandschrift, WSB phil.-hist. Kl. 97 (1880), 613–624; zu V s. Anm. 14.
[91] Bischoff (wie Anm. 20), 171–180.
[92] (wie Anm. 25), 39–75.

Gründe maßgeblich geworden. Auch die sprachlich-graphematische Erscheinungsform des Textes ist die des Monacensis, soweit er vorhanden ist; in den leider so zahlreichen Lücken tritt dafür die Textgestalt der Hs. C ein. Es ist zu betonen, daß die Erscheinungsform des ‚Heliand' in dieser Ausgabe also das Ergebnis einer sprachlich-graphematischen Umsetzung ist, nicht die Textgestalt des zu erschließenden Archetyps (und des voraufliegenden Originals), die vielmehr nur am Rande, in den aushilfsweise aus C gebotenen Partien, und auch da nur insoweit, als sie in C unverändert erhalten ist, aufscheint.[93]

---

[93] Wie oben S. XXIf. ausgeführt, scheint die ursprüngliche graphematischsprachliche Erscheinungsform unseres Denkmals am getreuesten in P bewahrt zu sein. Gemäß dem geringfügigen Umfang und der Lückenhaftigkeit dieses Textzeugen schlägt seine Sprachform für die Textgestaltung nicht durch. Das gleiche gilt wie für die ebenfalls dem Archetyp recht nahestehende Textform von Heliand V für die besonders archetypferne, nordseegermanisch geprägte Textgestalt des Fragments S.
Besser zum Ausdruck kommen können natürlich die graphematischsprachlichen Sonderformen der ‚Genesis', bei der allerdings bestimmte Merkmale, durch die sich hier sogar noch die Schreiber A und B voneinander unterscheiden (s. oben S. XXIX; vgl. W. Foerste, Untersuchungen zur westfälischen Sprache des 9. Jahrhunderts, Marburg 1950, S. 144ff.; Klein [wie Anm. 19], S. 488ff.; Schwab [wie Anm. 13], S. 122f.), z. T. durch die gebotene Normalisierung unkenntlich wurden ((dh):(d, d). Zu den vereinzelt zu (rd) zu normalisierenden (rd) vgl. Braune, S.220f.). Ähnliche graphematische Unterschiede zwischen den Schreibern von M sind so unscheinbar, daß sie nur einer genaueren Analyse sichtbar werden (vgl. B. Taeger, Die Auswirkung des Schreiberwechsels auf die dialektologische Auswertung der Münchener ‚Heliand'-Handschrift, in: K. Grubmüller [et al.] (Hrsgg.), Befund und Deutung (Fs. H. Fromm), Tübingen 1979, 111–135.]
Wichtiger sind für M die Schwankungen der graphematischen Norm selbst, die, nach vielen verschiedenen Vorgängern, Klein endgültig festgestellt hat (S. 331ff.). Besonderer Beachtung wert ist der große Abstand, der auch dann noch zwischen der nun von verschiedenen Ausgangspunkten aus gesicherten Zuweisung von M an Ostwestfalen (Foerste, Klein) und genauer Korvey (Bischoff, wie Anm. 4) einerseits und der durch die Korveyer Urkundensprache für dies Skriptorium sonst gesicherten graphematischen Normen und sprachlichen Merkmalen andererseits sichtbar wird (vgl. W. Schlaug, Die altsächsischen Personennamen vor dem Jahre 1000, Lund-Kopenhagen [1962], bes. 16. 24ff.); vgl. dazu U. Scheuermann, Die Diagliederung des And. (As.), in: Sprachgeschichte (wie oben S. XVIII mit Anm. 2), 1109–1114, hier 1112; W. Sanders, Sprachliches zu den Straubinger ‚Heliand'-Fragmenten, in: Architectura poetica. Fs. J. Rathofer, Köln, Wien 1990 (Kölner germanistische Studien 30), 17–28, hier 22. Die spezifisch korveyischen Spuren in M sind fast so gering wie die (in der Ausgabe natürlich im Apparat verwiesenen) ags. Einsprengsel in C (vgl. zu diesen oben S. XX mit Anm. 10).

Um diesen einschneidenden Wechsel zwischen M und C deutlicher zu markieren, sind am Beginn und Ende solcher Passagen Asterisken in den Text gesetzt; diese stehen immer dann, wenn der Ausfall der Leithandschrift M den Umfang einer Langzeile überschreitet. Bei kürzerem Umfang (besonders bei Rasuren in M) tritt einfache Kursivierung des Textes ein. Asterisken stehen aber auch dort, wo durch das Hinzutreten eines weiteren Textzeugen die Textgrundlage nicht schmäler, sondern verbreitert und damit die Textherstellung komplexer wird.[94]

Normalisiert ist im ‚Heliand' wie in der ‚As. Genesis' regelmäßig nur insoweit, als für die dentale Spirans im Inlaut und Auslaut đ/ð gesetzt ist, für die labiale ƀ im Inlaut, f im Auslaut (Behaghel, Vorwort). Für die ags. ‚Genesis B' (‚E')[95] gilt analog, daß für die dentale Spirans im In- und Auslaut nach ð ausgeglichen ist; im Wortanlaut wurde nach þ vereinheitlicht. Darüber hinaus hat Behaghel aber für das As. in einer ganzen Reihe von Einzelfällen ebenfalls Unregelmäßigkeiten der Schreibung normalisiert;[96] an diesem Gebrauch wurde festgehalten und in solchen Einzelfällen auch weiterhin nach der Regel ausgeglichen, dabei aber stets die Lesung der Leithandschrift im Apparat verzeichnet.[97] Ihre Grenze haben diese Eingriffe für das As. an zwei Punkten gefunden, nämlich einmal bei erkennbarer Unfestigkeit in ganzen grammatischen Kategorien (so wurde in den Präsens-Endungen des Verbums und denen des schwachen Part. Prät. immer die

---

[94] Endlich werden Asterisken noch bei Fittenziffern verwendet, die nicht am richtigen Platz überliefert sind; sie verweisen hier auf die zugehörige Anm.

[95] Auch für die ags. Teile der ‚Genesis' hat Behaghel Anschluß gesucht an Sievers, dessen (aus Greins Text von 1857 weiterentwickelter) Spezialausgabe (wie Anm. 50) er, unter Heranziehung der weiteren Literatur, im wesentlichen folgte. Die Angabe von Schwab (wie Vorwort, Anm. 2), 278, ähnlich Litt. (wie Anm. 55), 3, Anm. 11, der Text von Behaghels ‚Ags. Genesis' folge ursprünglich Wülkers Ausgabe (1894), ist, wie der bei der Revision vorgenommene Vergleich der Lesarten erwies, unzutreffend.

[96] Für die (bis auf die ersten 26 Verse unikal überlieferte) ‚As. Genesis' gilt dies in geringerem Umfang als für den ‚Heliand'. Ihre Sprache bietet in einer ganzen Reihe von Einzelzügen ein etwas abweichendes Bild. Die auffälligsten Besonderheiten, die nicht normalisiert wurden, sind: das häufigere Auftreten von Sproßvokalen; Doppelkonsonanz im Wortauslaut (mit Ausnahme der unorganischen Fälle); sowie gelegentliches -c bzw. -k für -g und -ch für -h im Wortauslaut.

[97] Auch hierbei wurde für die ‚As. Genesis' etwas großzügiger verfahren als für den ‚Heliand'. So wurden insbesondere die verstreuten unorganischen đ (für d) der ‚As. Genesis' (vgl. Braune (wie Anm. 14), 219f.; Gallée, § 272, Anm. 2, Ziff. 1; vgl. auch § 277. 294, Anm.) wie auch deren sonstige „verrutschten" Durchstreichungen von Oberlängen nicht dokumentiert.

handschriftliche Lesung belassen, so bunt dadurch das Bild auch wurde); und zum anderen bei z. T. offenbar dialektal geltenden Nebenformen, die dann ihrerseits Eingang in das Wortverzeichnis gefunden haben (dies haben auch Behaghel und Mitzka bereits so geregelt). Für das Ags. ist analog im Text belassen der gelegentliche Wechsel der Handschrift zwischen *ea* und *æ* (vgl. Timmer, 23f.).

In Übereinstimmung mit der Studienausgabe zum ‚Heliand' (ATB 95) wurde für die as. Teile der Ausgabe an der Quantitätsbezeichnung für Vokale in Stammsilben festgehalten. Bei dem nun, wie schon im Vorwort dargelegt, durchgreifend revidierten Text der ags. Umsetzung der ‚Genesis' empfahl sich dagegen eine abweichende Lösung, zumal sich dieser Teil der Ausgabe mit Sicherheit an einen anderen Benutzerkreis wendet.

Zu Sonderregelungen hinsichtlich der Vokalquantität bei den Eigennamen s. unten S. XLIV zur Metrik. Einige Hinweise sind endlich noch für diejenigen Eigennamen nötig, deren Anlaut zwischen *E*- und *He*- schwankt (*Erodes, Ebreo, Elias, Enoch*). Bei *Erodes*, das auf *E*- stabt (daneben noch gelegentlich auf *-r-*),[98] wurde nach dem Ausweis der Allitteration die in M dominierende Schreibung *He*- zu *E*- geändert (dies wird durch die Schreibung *erodes* in S bestätigt, v. 548). Die entsprechende Regelung ergab sich für *Ebreo* von selbst, ebenso für *Elias* und *Enoch*.[99]

Die Seitentitel der Ausgabe haben die Aufgabe, auf die letztlich biblische Stoffgrundlage der Dichtungen hinzuführen. Dies bedeutet für den ‚Heliand' die stoffliche Orientierung an dessen Hauptquelle Tatian. Es leitet sich aus den vorigen Auflagen und aus den im Vorwort genannten Beschränkungen her, daß dabei in den Tatian-Zahlen auf die Einteilung der ahd. Fassung in der Zählung nach Sievers Bezug genommen wird. Die neue Ausgabe von A. Masser aus dem Jahr 1994[100] gibt die Zählung nach Sievers weiterhin in

---

[98] Vgl. Hofmann (wie Anm. 103) I, 101f. 105.
[99] Vgl. die Zusammenstellungen bei E. H. Sehrt, Vollständiges Wörterbuch zum Heliand und zur altsächsischen Genesis, 2. Aufl., Göttingen [1966], 728. – Entgegen den oben genannten, durch Normalisierung ausgeschalteten Nebenformen von Eigennamen (mit anderer Aussprache) werden reine Allographschreibungen von Eigennamen nicht normalisiert, also *Hiesu* neben *Iesu*, *Giudeo* neben *Iudeo*. Für den letzteren Namen wurde darüberhinaus für die Hs. M auch die Form *Iudeo*, die nach Hofmann der Volkssprache entstammt, gelten gelassen (D. Hofmann, Der Name der Juden in den altgermanischen Sprachen, GLL 35 [1982], 296–314; wieder abgedr. in: ders., Gesammelte Schriften I [wie Anm. 81], 416–434). Für Hs. C hat Behaghel nach *-d-* hin ausgeglichen, versehentlich ist aber in vier Fällen handschriftliches *ð* im Text belassen (Hel. v. 4700. 4724. 5368. 5800; vgl. auch zu v. 5719).
[100] Die lateinisch-althochdeutsche Tatianbilingue Stiftsbibliothek St. Gallen Cod.

ihrem Apparatteil an. Die Tatian-Zahlen der Seitentitel zum ‚Heliand' beziehen sich dabei durch die ahd. Fassung des Tatiantexts hindurch auf deren vorauffliegende lat. Grundlage, ohne daß damit eine dezidierte Stellungnahme zu Einzelfragen der Quellenforschung impliziert sein soll.[101]

Zur Metrik

Unter den Versuchen, die metrischen Formen der germanischen Dichtung zu beschreiben, hat E. Sievers' ‚Altgermanische Metrik' von 1893 den nachhaltigsten Erfolg gehabt. Im Jahr 1958 hat es in der Anglistik A. J. Bliss unternommen, diesen Ansatz durch eine Verfeinerung der Beschreibung und Klassifizierung anzupassen an die in der ae. Poesie tatsächlich beobachtbare Vielfalt. Diesem Entwurf, der ebenfalls, vor allem in einer verbesserten Neuauflage von 1967, breite Wirkung gehabt hat, folgt z. B. A. N. Doane in seiner Ausgabe der ‚Genesis'.[102]

Im Jahr 1991 hat D. Hofmann[103] in ausführlicher Auseinandersetzung mit der vorangegangenen Literatur, auch mit Bliss,[104] für die Germanistik eine ähnlich gerichtete Arbeit vorgelegt, speziell auf die Sonderbedingungen der as. Sprache und die Sonderformen der as. Dichtung zugeschnitten, aufgrund einer noch weiteren methodischen und deskriptiven Verfeinerung. Ausgehend von den Sievers'schen fünf Verstypen[105] ist hier ein Beschreibungssystem entstanden, das die ganze Vielfalt der as. Bibeldichtung in der Breite

---

56. Unter Mitarbeit von E. De Felip-Jaud hrsg. v. A. Masser, Göttingen [1994] (Studien zum Althochdeutschen 25).

[101] Die Frage nach der speziellen Tatian-Vorlage des ‚Heliand' ist nach wie vor offen, wie die sich widersprechenden Äußerungen der Forschung auch in jüngster Zeit zeigen. Vgl. B. Sowinski, Darstellungsstil und Sprachstil im Heliand, Köln, Wien 1985 (Kölner germanistische Studien 21), 38: „die ... Identität des Codex Fuldensis mit der Vorlage ... des Heliand ... nahezu sicher"; dagegen W. Haug: „Dem *Heliand*-Dichter muß eine abweichende, noch nicht vulgatisierte Rezension vorgelegen haben", in: Frühe deutsche Literatur und lateinische Literatur in Deutschland 800–1150. Hrsg. v. W. Haug und B. K. Vollmann, [Frankfurt/M. 1991] (Bibliothek des Mittelalters 1 [Bibliothek deutscher Klassiker 62]), hier 1085.

[102] Vgl. Doane (wie Anm. 50), 66. – E. Sievers, Altgermanische Metrik, Halle 1893. A. J. Bliss, The metre of Beowulf, Oxford 1958; rev. ed. 1967.

[103] D. Hofmann, Die Versstrukturen der altsächsischen Stabreimgedichte Heliand und Genesis. I: Textband, II: Verslisten, Heidelberg 1991.

[104] Vgl. bes. Hofmann I, 29. 64ff.

[105] Vgl. Hofmann I, 29.

ihrer Formen einheitlich zu erfassen erlaubt (Normalverse, Verse mit „Vorfeld", Schwellverse, unternormal gefüllte Verse; Gesamtstruktur der Langzeilen; Hakenstil).

Es kann nicht Aufgabe dieses Einleitungskapitels sein, die Grundlinien des Hofmann'schen „Hebungsträgersystems" vorzuführen. Da wir mit diesem Buch aber nun die maßgebliche Richtschnur für die Metrik der as. Dichtung besitzen,[106] wird der Benutzer, der sich in die formalen Einzelheiten der as. Verskunst vertiefen will, auf diese grundlegende Darstellung verwiesen. Hofmann hat den schwierigen Stoff in mehrfacher Weise sorgfältig erschlossen. Er hat nicht nur dem (in Bd. II vorgelegten) Gesamtinventar der as. überlieferten Verse ein vollständiges Versregister beigegeben, sondern vor allem (in Bd. I) die dort enthaltene ausgiebig dokumentierte Einführung in die Elemente der Versstrukturen und der Typenbezeichnungen[107] mit einem sehr praktischen Index versehen.[108]

Es ist ein ungünstiger Zufall, daß diese große Arbeit erst nach der – neugesetzten – 9. Auflage der hier vorliegenden Ausgabe erschien, denn, wie schon im Vorwort ausgeführt, ist es jetzt leider nur mit Abstrichen möglich gewesen, den Text den metrischen Bewertungen Hofmanns und ihren sprachlichen Voraussetzungen anzupassen. Auf jeden Fall wurden alle erforderlichen Änderungen der Makrostruktur, wie insbesondere diejenigen, die mit der Auswirkung des Kuhn'schen Satzpartikelgesetzes in Zusammenhang stehen,[109] in die Ausgabe aufgenommen. Auch in allen Einzelheiten der Feinstruktur den metrischen Vorgaben Hofmanns zu ihrem Recht zu verhelfen, war jedoch ausgeschlossen.

Um es dem Benutzer dennoch zu ermöglichen, den Text der beiden Dichtungen voll an die neue Sicht der metrischen Gegebenheiten anzupassen, seien hier die dazu erforderlichen Hinweise zusammengestellt. Sie betreffen vor allem Quantitätsänderungen im Vokalismus. Am häufigsten wären gegenüber dem gedruckten Text Berichtigungen bei der Nebenform *dûan* zum Verb *dôn/duon* erforderlich, wozu sich Hofmann ausführlich geäußert hat, insbesondere zu dem metrisch beweisenden Fall Hel. v. 5879 a.[110]

---

[106] Auch für die Verse der ags. überlieferten ‚Genesis B' (‚E') hat Hofmann in einem Anhang (II, 283–292) die Ergebnisse seiner metrischen Analyse mit kritischen Hinweisen zusammengestellt. Sie wurden bei der Revision dieses Textstücks in der vorliegenden Auflage zugrundegelegt.
[107] I, 59ff.
[108] I, 92ff.
[109] Vgl. Hofmann I, 86ff.
[110] I, 58. – Dementsprechend wären Formen des Verbs „tun" (auch mit Präfixen),

Ohne einen solchen streng beweisfähigen Fall[111] nimmt Hofmann, auch aus sprachtypologischen Gründen, für as. *quala* und seine Zusammensetzungen[112] statt bisher angesetzter Vokallänge umgekehrt Vokalkürze an.[113] Ähnliche Gründe sprechen nach Hofmann für den Ansatz von as. *loson* mit Kurz- statt, wie bisher angesetzt, Langvokal.[114] Außerdem schlägt Hofmann noch für die Fremdnamen den Verzicht auf die Längenbezeichnung vor.[115]

Ein letzter Hinweis muß noch den Apparatnoten gelten, soweit sie sich auf ausschließlich Metrisches beziehen. Manches, was durch die neue Grundlegung überholt ist, mußte hier bis auf weiteres unverändert bleiben. Umgekehrt war es ebensowenig möglich, Hofmanns metrische Kommentare zu Einzelstellen, von Ausnahmen abgesehen, in die vorliegende Auflage einzuarbeiten, ebenso wie Hofmanns Beobachtungen zu unternormal gefüllten Versen. Da an manchen dieser letztgenannten Stellen ein Zweifel an der Zuverlässigkeit der Überlieferung nicht völlig ausgeschlossen werden kann, soll wenigstens für diese Fälle die Liste der von Hofmann zusammengestellten Verse des ‚Heliand' hier angeführt werden.[116]

---

die in der genannten Nebenform *(–)dûan* erscheinen, mit Langvokal *û* anzusetzen in folgenden Versen: Hel. v. 972. 1569. 1631. 87. 95. 2448. 2562. 2600. 3077. 3244. 58. 3847. 3948. 50. 78. 79. 98. 4388. 4418. 4618. 50. 5028. 5215. 5378. 5480. 86. 5503. 5720. 5879. – As. Gen. v. 23. 48.

[111] Vgl. aber Hofmann I, 52f. zu Hel. v. 2249 b und weiteren Belegen.

[112] Im Ae. wie auch im An. stehen dem ahd. *quâla* nur Formen mit Kurzvokal gegenüber; mit as. *ferahquala* u. a. kann ae. *feorhcwalu* genau verglichen werden; vgl. Hofmann a. a. O.

[113] Dies wäre in der Ausgabe in folgenden Versen zu berücksichtigen: Hel. v. 2249. 4463. 4568. 4795. 4918. 5066. 5174. 5379. 96. 5590. 5609. 87. 95. – As. Gen. v. 101. Es wäre außerdem das Wortverzeichnis zu ändern, außer unter dem Simplex noch unter den Lemmata *ferah-*, *firin-*, *morđ-*, *thiod-* und *wundarquâla*.

[114] Betroffen sind Hel. v. 1718 und v. 2110 sowie das Wortverzeichnis.

[115] Vgl. Hofmann I, 97ff., bes. 100. Hiervon sind im ausgedruckten Text betroffen noch die Verse: Hel. v. 54. 340. 759. 64. 1036. 46. 1269. 3054. 62. 93. 3108. 87. 96. 3201. 10. 3306. 3595. 4364. 4508. 16. 98. 4673. 4866. 83. 4960. 92. 94. 5835. 98. – As. Gen. v. 1. 82. 84. Entsprechend zu behandeln wäre noch das Fremdwort *euangelium* in Hel. v. 13 a, so Hofmann I 97. 106. 148 (abweichend II 190).

[116] Nach Hofmann II, 213 sind zu nennen: Hel. v. 31. 1143. 1600. 1603 (zu vv. 1600ff. vgl. auch ebd. I, 151). 2780. 3455. 5544. 5605. 5730. 5738 (zu vv. 5730. 38 vgl. auch ebd. I, 56 und 151f.). 5937.

Præfatio in librum antiquum lingua Saxonica conscriptum

Cum plurimas Reipublicæ utilitates Ludouicus piissimus Augustus summo atque præclaro ingenio prudenter statuere atque ordinare contendat, maxime tamen quod ad sacrosanctam religionem æternamque animarum salubritatem attinet, studiosus ac devotus esse comprobatur hoc quotidie solicite tractans, ut populum sibi a Deo subiectum sapienter instruendo ad potiora atque excellentiora semper accendat, et nociva quæque atque superstitiosa comprimendo compescat. In talibus ergo studiis suus iugiter benevolus versatur animus, talibus delectamentis pascitur, ut meliora semper augendo multiplicet et deteriora vetando extinguat. Verum sicut in aliis innumerabilibus infirmioribusque rebus eius comprobari potest affectus, ita quoque in hoc magno opusculo sua non mediocriter commendatur benevolentia. Nam cum divinorum librorum solummodo literati atque eruditi prius notitiam haberent, eius studio atque imperii tempore, sed Dei omnipotentia atque inchoantia mirabiliter *actum* est nuper, ut cunctus populus suæ ditioni subditus, Theudisca loquens lingua, eiusdem divinæ lectionis nihilominus notionem acceperit. Præcepit namque cuidam viro de gente Saxonum, qui apud suos non ignobilis vates *habebatur,* ut vetus ac novum Testamentum in Germanicam linguam poetice transferre studeret, quatenus non solum literatis, verum etiam illiteratis sacra divinorum præceptorum lectio panderetur. Qui iussis Imperialibus libenter obtemperans nimirum eo facilius, quo desuper admonitus est prius, ad tam difficile tanque arduum se statim contulit opus, potius tamen confidens de adiutorio obtemperantiæ, quam de suæ ingenio parvitatis. Igitur a mundi creatione initium capiens, iuxta historiæ veritatem quæque excellentiora summatim decerpens et interdum quædam, ubi commodum duxit, mystico sensu depingens, ad finem totius veteris ac novi Testamenti interpretando more poetico satis faceta eloquentia perduxit. Quod opus tam lucide tamque eleganter iuxta idioma illius linguæ composuit, ut audientibus ac intelligentibus non minimam sui decoris dulcedinem præstet. Iuxta morem vero illius poëmatis omne opus per vitteas distinxit, quas nos lectiones vel sententias possumus appellare.

---

(14) actum *Flacius*[4] *(vgl. Quint)*] auctum *Flacius.* (17) habebatur *Flacius*[3] *(vgl. Sievers)*] habebatur *Flacius.*

Ferunt eundem Vatem dum adhuc artis huius penitus esset ignarus, in somnis esse admonitum, ut Sacræ legis præcepta ad cantilenam propriæ linguæ congrua modulatione coaptaret. Quam admonitionem nemo veram esse ambigit, qui huius carminis notitiam studiumque eius *compositionis* atque desiderii anhelationem habuerit. Tanta namque copia verborum, tantaque excellentia sensuum resplendet, ut cuncta Theudisca poëmata suo vincat decore. Clare quidem pronunciatione, sed clarius intellectu lucet. Sic nimirum omnis divina agit scriptura, ut quanto quis eam ardentius appetat, tanto magis cor inquirentis quadam dulcedinis suavitate demulceat.

Ut uero studiosi lectoris intentio facilius quæque ut gesta sunt possit invenire, singulis sententiis, iuxta quod ratio huius operis postularat, capitula annotata sunt.

---

(34) compositoris *Flacius*.

Versus de poeta et interprete huius codicis

Fortunam studiumque viri lætosque labores,
carmine privatam delectat promere vitam,
qui dudum impresso terram vertebat aratro,
intentus modico et victum quærebat in agro,
5 contentus casula fuerat, cui culmea *tecta*
postesque *acclives*; sonipes sua *limina* nunquam
obtrivit, tantum armentis sua cura studebat.
o fœlix nimium, proprio qui vivere censu
prævaluit fomitemque ardentem extinguere diræ
10 invidiæ, pacemque animi gestare quietam.
gloria non illum, non alta palatia regum,
divitiæ mundi, non dira cupido movebat.
invidiosus erat nulli nec invidus *ulli*.
securus latam scindebat vomere terram
15 spemque suam in modico totam statuebat agello.
cum sol per quadrum cœpisset spargere mundum
luce sua radios, atris cedentibus umbris,
egerat exiguo paucos *menando* iuvencos
depellens tecto vasti per pascua saltus.
20 lætus et attonitus larga pascebat in herba,
cumque fatigatus patulo sub tegmine fessa
convictus somno tradidisset membra quieto,
mox divina polo resonans vox labitur alto,
„o quid agis Vates, cur cantus tempora perdis?
25 incipe divinas recitare ex ordine leges,

---

5 tecta *Schmeller, Dümmler, Quint*] testa *Flacius.*
6 acclives] *ob* acclines *(Schönbach)?* limina *Cordesius (vgl. Quint), Dümmler*] lumina *Flacius.*

13 ulli *Flacius*[4] *(vgl. Sievers), Schmeller, Dümmler*] illi *Flacius.*
17 lucæ *Flacius.*
18 „Menare, pro ducere, vox italica est" *Flacius a. R.*

5 *Paulin. Nol., c.* 18, 386 *(Schönbach).*
8ff. *vgl. Verg., Georg.* 2, 458 ff. *(Jellinek).*

20 *Martial., c.* 5, 3, 3 *(Heinzel bei Jellinek).*
21 *Verg., Ecl.* 1, 1 = *Georg.* 4, 566 *(Jellinek).*

transferre in propriam clarissima dogmata linguam".
nec mora post tanti fuerat miracula dicti.
qui prius agricola, mox et fuit ille poeta:
tunc cantus nimio Vates perfusus amore,
30 metrica post docta dictavit carmina lingua.
cœperat a prima nascentis origine mundi,
quinque relabentis percurrens tempora sæcli,
venit ad adventum Christi, qui sanguine mundum
faucibus eripuit tætri miseratus Averni.

---

31 *Verg., Georg.* 2, 336 *(Schönbach)*.

Heliand

Übersicht über den Inhalt des Heliand

	Vers
Einleitung	1–53
Geburt des Johannes	53–242
Geburt Christi	243–426
Darstellung im Tempel	427–526
Die Weisen aus Morgenland	526–699
Flucht nach Ägypten. Kindermord	699–779
Der zwölfjährige Jesus	780–858
Erstes Auftreten des Johannes. Taufe Christi	859–1019
Die Versuchung	1020–1120
Erwählung der Jünger	1121–1278
Bergpredigt	1279–1837
Anweisung für die Jünger	1837–1993
Hochzeit von Kana	1994–2087
Der Hauptmann von Kapernaum. Der Jüngling von Nain	2088–2231
Seesturm	2231–2283
Der Gichtbrüchige	2284–2356
Gleichnisse	2357–2698
Tod des Johannes	2698–2799
Speisung der Fünftausend	2799–2898
Christus auf dem Meere	2899–2973
Das kananäische Weib	2973–3033
Petri Bekenntnis	3033–3107
Verklärung	3107–3170
Christus bezahlt den Zinsgroschen	3170–3223
Lehren. Gleichnisse	3223–3515
Zug nach Jerusalem und Einzug daselbst	3516–3733
Reinigung des Tempels. Die arme Witwe	3733–3779
Der Zinsgroschen. Die Ehebrecherin	3780–3899
Stimmung der Juden	3900–3963
Auferweckung des Lazarus	3964–4117
Stimmung der Juden	4118–4269
Von der Zerstörung Jerusalems und dem jüngsten Tage	4270–4451
Fußwaschung. Abendmahl	4452–4713
Auf dem Ölberg. Gefangennahme Christi	4714–4924

Petri Verleugnung	4925–5049
Christus vor dem Hohenpriester	5050–5121
Christus vor Pilatus	5121–5244
Christus vor Herodes	5245–5296
Christus vor Pilatus	5296–5486
Geißelung und Verspottung	5487–5505
Kreuzigung	5506–5712
Begräbnis	5713–5769
Auferstehung	5769–5955
Die Jünger in Emaus	5956–5968
Himmelfahrt	5969–5983

Anhang
Text des Straubinger Heliand-Fragments . . . . S. 211–216

*Manega uuâron,   the sia iro môd gespôn,
..............,   that sia *bigunnun uuord godes,*
reckean that girûni,   that *thie* rîceo Crist
undar mancunnea   mârida gifrumida
5 mid uuordun endi mid uuercun.   That uuolda thô uuîsara filo
liudo barno lobon,   lêra Cristes,
hêlag uuord godas,   endi mid iro handon scrîban
berehtlîco an buok,   huô sia scoldin is *gibodscipi*
frummian, firiho barn.   Than uuârun thoh sia fiori te thiu
10 under thera menigo,   thia habdon maht godes,
helpa fan himila,   hêlagna gêst,
craft fan *Criste,* –   sia uurdun gicorana te thio,
that sie than êuangelium   *ênan scoldun*
an buok scrîban   endi *sô* manag gibod godes,
15 hêlag himilisc uuord: sia ne muosta helido than mêr,
firiho barno frummian,   neban that sia fiori te thio
thuru craft godas   gecorana uurdun,
Matheus endi Marcus, – sô uuârun thia man hêtana –

1-84 *einschl. nur in C.*
1 *In C davor als Zierzeile* Inc⟨i⟩pit quat⟨u⟩or evangelium; *darüber, v. jünger Hd.* Evangelia in lingua Danica.
2 *vgl.* Taeger, *Nd. Jb.* 105, 130; *keine Lücke C;* Schumann, *Gm.* 30, 65 *u.* Franck, *ZfdA* 31, 202, *danach* Behaghel *u.* Mitzka *tilgen* uuord godes *und fassen* 2/3 *als 1 Vers;* bigunnun . . . . . *(Lücke von zwei Halbzeilen)* uuord godes reckean *Rieger, Leseb. S.* 1, bigunnun uuord godes cuthian, reckean *Müllenhoff,* bigunnun uuord godes uuido cuthian, reckean *Roediger* 283; uuord godes uuisean bigunnun, reckean *Sievers, vgl. PBB* 10, 587, uuord godes uuendean bigunnun, reckean *Rathofer, Nd. W.* 9, 52; bigunnun | godes uuord reckean ‖ rihtian *Piper; vgl. noch* Colliander 451.
3 thi⟨e⟩ (e *rad.) C.*
3-4 *vgl.* Jellinek, *ZfdA* 40, 331, Kock *ebda* 48, 187.
8 berethlico *C.* gibodscipi *Hofmann I 51*] gibodscip *C;* is gibodscip scoldin *Sievers, Behaghel.*   12 Cristæ *C.*
13 ena *Piper.* scoldin *Schröder, ZfdA* 46, 112.
14 se *C.*
15-16 *vgl.* Grein, *Gm.* 13, 210, Kock, *ZfdA* 48, 191.
15 *vgl.* Grein, *Gm.* 11, 210.

Lucas endi Iohannes;   sia uuârun *gode lieba,*
20 uuirðiga ti them giuuirkie.   Habda im uualdand god,
them heliðon an iro hertan   hêlagna gêst
fasto bifolhan   endi ferahtan hugi,
sô manag uuîslîk uuord   endi giuuit mikil,
that sea scoldin ahebbean   hêlagaro stemnun
25 godspell that guoda,   that ni habit ênigan gigadon huergin,
thiu uuord an thesaro uueroldi,   that io uualdand mêr,
drohtin diurie   eftho derbi thing,
firinuuerc fellie   *eftho fiundo nîð,*
strîd uuiderstande –,   huand hie habda starkan hugi,
30 mildean endi guodan,   thie thes mêster uuas,
aðalordfrumo   alomahtig.
That scoldun sea fiori thuo   fingron scrîban,
settian endi singan   endi seggean forð,
that sea fan Cristes   crafte them mikilon
35 gisâhun endi gihôrdun,   thes hie selbo gisprac,
giuuîsda endi giuuarahta,   uundarlîcas filo,
sô manag mid mannon   mahtig drohtin,
all so hie it fan them anginne   thuru is *ênes* craht,
uualdand gisprak,   thuo hie êrist thesa uuerold giscuop
40 endi thuo all bifieng   mid ênu uuordo,
himil endi erða   endi al that sea bihlidan êgun
giuuarahtes endi giuuahsanes: that uuarð thuo all mid uuordon godas
fasto bifangan,   endi *gifrumid* after thiu,
huilic than liudscepi   landes scoldi
45 uuîdost giuualdan,   eftho *huar thiu uueroldaldar*
endon scoldin.   Ên uuas iro thuo noh than

---

19 Iohannes endi Lucas frühere Auflagen, dazu Heusler, Versgeschichte I 104.   lieba gode *Rieger, ZfdPh* 7, 29.
23 *Colliander* 452.
25 *Schumann, Gm.* 30, 66; *Sievers, PBB* 10, 587.
28 *Jellinek, AfdA* 42, 220.
28b, 29a eftho uuiðar fiundo nîth strîðu stande *Piper.*
31 aðal orðfrumo alomahtig *C.* allo- *Kauffmann, PBB* 12, 348, alo- *Basler, Alts. S.* 10, alomahtig god *Holthausen* (briefl.).
38 ena *C.*
43 gifrimid *C.*
45 huan *Roediger,* vgl. *Behaghel, Gm.* 27, 416.
45–46 weroldaldar endon scoldin *Kock, ZfdA* 48, 192] werold aldar endon scoldi *C;* weroldaldar endon scoldi *Grein, Gm.* 11, 210, w. sc. a. e. *Sievers, ZfdA* 19, 62, *Basler, Alts. S.* 14, werold than aldar endon scoldi *Heyne*[2], w. gio a. e. sc. *Heyne*[3] u.[4].

firio barnun biforan,   endi *thiu* fîbi uuârun agangan:
scolda thuo that sehsta   sâliglîco
cuman thuru craft godes   endi Cristas giburd,
50 hêlandero *bestan*,   hêlagas gêstes,
an thesan middilgard   managon te helpun,
firio barnon ti frumon   uuið fîundo nîð,
uuið dernero duualm.   Than habda thuo drohtin god
Rômano liudeon farliuuan   rîkeo mêsta,
55 habda them heriscipie   herta gisterkid,
that sia habdon bithuungana   thiedo gihuilica,
habdun fan Rûmuburg   rîki giuunnan
helmgitrôsteon,   sâton iro heritogon
an lando gihuem,   habdun liudeo giuuald,
60 allon elitheodon.   Erodes uuas
an Hierusalem   ober that Iudeono folc
gicoran te kuninge,   sô ina thie kêser tharod,
fon Rûmuburg   rîki thiodan
satta undar that gisîði.   Hie ni uuas thoh mid sibbeon *bilang*
65 abaron Israheles,   eðiligiburdi,
cuman fon iro *cnuosle*,   neban that hie thuru thes kêsures thanc
fan Rûmuburg   rîki habda,
that im uuârun sô gihôriga   hildiscalcos,
abaron Israheles   elleanruoba:
70 suîðo unuuanda uuini,   than lang hie giuuald êhta,
Erodes thes rîkeas   endi *râdburdeon held
Iudeo liudi*.   Than uuas thar ên gigamalod mann,
that uuas fruod gomo,   habda ferehtan hugi,
uuas fan them liudeon   Levias cunnes,

---

47 thiu tilgt Roediger, vgl. Behaghel, Gm. 27, 416.
49 Windisch S. 15.
50 vgl. Schumann, Gm. 30, 67, Sievers, PBB 10, 587. best C, vgl. Holthausen, Beiblatt z. Anglia 45, 130.
60 vgl. Piper zu der Stelle, sowie Colliander 454.
64 bifang C.
66 muosle C.
71-72 radburdeon giheld Iudeono liudi Sievers] radburdeon . . . . . liudi C; radburdeo obar Iudeoliudi Rieger, Leseb. S. 3, rad burda On Iudeono liudi Schmeller, Müllenhoff, Heyne, radburdi On Iudeono liudi Roediger, radburdiun êhta Iudeono liudi Piper, vgl. Sievers, PBB 10, 540; Colliander 454.
72ff. Hierzu in C a. R. v. etwa gleich alter Hd.: secundum Lucam: In illo tempore fuit in diebus Erodis regis Iude sacer quidam nomine Zacharias.

Iacobas *suneas*, guodero thiedo:
Zacharias uuas hie hêtan.   That uuas sô sâlig man,
huand hie simblon gerno   gode theonoda,
uuarahta *after* is uuilleon;   deda is uuîf sô self
— uuas iru gialdrod idis: ni muosta im erbiuuard
an iro iuguðhêdi   gibiðig uuerðan —
libdun im farûter laster,   uuaruhtun lof goda,
uuârun sô gihôriga   hebancuninge,
diuridon ûsan drohtin: ni uueldun derbeas uuiht
under mancunnie,   mênes gifrummean,
ne *saca ne sundea.   Uuas im thoh an sorgun hugi,
that sie erbiuuard   êgan ni môstun,
ac uuârun im barno lôs.   Than scolda he gibod godes
thar an Hierusalem,   sô oft sô is gigengi gistôd,
that ina torhtlîco   tîdi gimanodun,
sô scolda he at them uuîha   uualdandes geld
hêlag bihuuerban,   hebancuninges,
godes iungarskepi: gern uuas he suîðo,
that he *it* thurh ferhtan hugi   *frummean* môsti.

II.

Thô uuarð thiu tîd cuman, — *that* thar gitald habdun
uuîsa man mid uuordun, — that scolda thana uuîh godes
Zacharias bisehan.   Thô uuarð thar gisamnod filu
thar te Hierusalem   *Iudeo* liudio,
uuerodes te them uuîha,   thar sie uualdand god
suuîðo theolîco   thiggean scoldun,
hêrron is huldi,   that sie hebancuning
lêðes alêti.   Thea liudi stôdun
umbi that hêlaga hûs,   endi geng im the *gihêrodo* man
an thana uuîh innan.   That uuerod ôðar bêd
umbi thana alah ûtan,   Ebreo liudi,
huuan êr the frôdo man   gifrumid habdi

---

75 sumeas *C*.
78 æfter *C*.
85 *Mit* s⟨aca n⟩e sundea ⟨Uu⟩a⟨s⟩ (teilw. rad.) beginnt M (davor 7 Zeilen ausrad.).
93 it fehlt *C*.   fremmean *C*.
94 the *C*, vgl. *Schumann*, Gm. 30, 67.
97 Iudeono *M*.
102 gierodo *C*.
103 vgl. *Jellinek*, ZfdA 40, 331.
105 Huuaner *Müllenhoff* stets.

```
     uualdandes uuilleon.    Sô he thô thana uuîrôc drôg,
     ald aftar them alaha,    endi umbi thana altari geng
     mid is rôcfatun     rîkiun thionon,
     — fremida ferhtlîco    frâon sînes,
110  godes iungarskepi    gerno suuîðo
     mid hluttru hugi,    *sô man hêrren scal
     gerno fulgangan —, grurios quâmun im,
     egison an them alahe:    hie gisah thar aftar thiu ênna engil godes
     an them uuîhe innan,    hie sprac im mid is uuordon tuo,
115  hiet that fruod gumo    foroht ni uuâri,
     hiet that hie im ni andriede:    'thîna dâdi sind', quathie*,
     'uualdanda uuerðe    endi thîn uuord sô self,
     thîn thionost is im an thanke,    that thu sulica githâht habes
     an is ênes craft.    Ic is engil bium,
120  Gabriel bium ic hêtan,    the gio for goda standu,
     anduuard for them alouualdon,    ne sî that he me an is ârundi huarod
     sendean uuillea.    Nu hiet he me an thesan sîð faran,
     hiet that ic thi thoh gicûðdi,    that thi kind giboran,
     fon thînera alderu idis    ôdan scoldi
125  uuerðan an thesero uueroldi,    uuordun spâhi.
     That ni scal an is liba gio    lîðes anbîtan,
     uuînes an is uueroldi:    sô habed im uurdgiscapu,
     metod gimarcod    endi maht godes.
     Hêt that ic thi thoh sagdi,    that it scoldi gisîð uuesan
130  hebancuninges,    hêt that git it heldin uuel,
     tuhin thurh treuua,    quað that he im tîras sô filu
     an godes rîkea    forgeban uueldi.
     He quað that the gôdo gumo    Iohannes te namon
     hebbean scoldi,    gibôd that git it hêtin sô,
135  that kind, than it quâmi,    quað that it Kristes gisîð
     an thesaro uuîdun uuerold    uuerðan scoldi,
```

---

107 êld *Holthausen (briefl.).*
109 frumida *C.*
111 so–116 quathie (= fol. 2ᵛ, Z. 1–4) ausrad. (z.T. noch erkennbar) *M.*
112 georno *C.* grurio quamun *Grienberger, PPB* 36, 90, *dazu Sievers ebda* 416.

121–22 huarod | *Grein, Gm.* 11, 210; arundi | huarod *Heyne, Rückert.*
123 thoh *fehlt M.*
126 abitan *C.*
130 gi *C.*
134 gibud *C.*   gi *C.*   it *fehlt M.*

is selbes sunies,   endi quað that sie sliumo herod
an is bodskepi   bêðe quâmin'.
  Zacharias thô gimahalda   endi uuið selban sprac
140 drohtines engil,   endi im thero dâdeo bigan,
uundron thero uuordo: 'huuô mag that giuuerðan sô', quað he,
'aftar an aldre?   it is unc al te lat
sô te giuuinnanne,   sô thu mid thînun uuordun gisprikis.
Huuanda uuit habdun aldres êr   efno tuêntig
145 uuintro an uncro uueroldi,   êr than quâmi thit uuîf te mi;
than uuârun uuit nu atsamna   antsibunta uuintro
gibenkeon endi gibeddeon,   siðor ic sie mi te brûdi gecôs.
Sô uuit thes an uncro iuguði   gigirnan ni mohtun,
that uuit erbiuuard   êgan môstin,
150 fôdean an uncun flettea,   nu uuit sus gifrôdod sint
— habad unc eldi binoman   elleandâdi,
that uuit sint an uncro siuni gislekit   endi an uncun sîdun lat;
flêsk is unc antfallan,   fel unscôni,
is unca lud giliðen,   lîk gidrusnod,
155 sind unca andbâri   ôðarlîcaron,
môd endi megincraft —, sô uuit giu sô managan dag
uuârun an thesero uueroldi,   sô mi thes uundar thunkit,
huuô it sô giuuerðan mugi,   sô thu mid thînun uuordun gisprikis'.

III.

  Thô uuarð that hebencuninges bodon   harm an is môde,
160 that he is giuuerkes sô   uundron scolda
endi that ni uuelda gihuggean,   that ina mahta hêlag god
sô alaiungan,   sô he fon êrist uuas,
selbo giuuirkean,   of he sô uueldi.

---

137 sie] git Rückert, Roediger.   sniumo C, vgl. Behaghel, Gm. 27, 416; Colliander 456.
138 gibodscepe C.
139 selba C.
143 sprikis C.
145 that C.
146 atsibunta C.
148ff. vgl. Roediger 280.
148 thes fehlt C.   gigernean C.

150f. Interpunktion nach Schwab 102.
153 afallan C.
154 lud] lund = ae. lynd („Fett") Trautmann 129; vgl. Grau 205.   gidrusinot C, gitrusnod M.
156 vgl. Roediger 283.
157 vgl. Kock, Jaunts and Jottings S. 43.
158 hui C.   sprikis C.
161 mahti C.   hêlag fehlt C.

Tat. 2, 9—11

    Skerida im thô te uuîtea,   that he ni mahte ênig uuord *sprekan*,
165 gimahlien mid is mûðu,   'êr than thi magu uuirðid,
    fon thînero aldero idis   erl afôdit,
    kindiung giboran   cunnies gôdes,
    uuânum te thesero uueroldi.   Than scalt thu eft uuord sprekan,
    hebbean thînaro stemna giuuald;   ni tharft thu stum uuesan
170 lengron huîla.'   Thô uuarð it sân gilêstid sô,
    giuuorðan te uuâron,   sô thar an them uuîha gisprak
    engil thes alouualdon: uuarð ald gumo
    sprâca bilôsit,   thoh he spâhan hugi
    bâri an is breostun.   Bidun allan dag
175 that uuerod for them uuîha   endi uundrodun alla,
    bihuuî he thar sô lango,   lofsâlig man,
    suuîðo frôd gumo   frâon sînun
    thionon thorfti,   sô thar êr ênig thegno ni deda,
    than sie thar *at* them uuîha   uualdandes geld
180 folmon frumidun.   Thô quam frôd gumo
    ût fon them alaha.   Erlos thrungun
    nâhor mikilu: uuas im niud mikil,
    huat he im sôðlîkes   seggean uueldi,
    uuîsean te uuâron.   He ni mohta thô ênig uuord *sprecan*,
185 giseggean them gisiðea,   *bûtan* that he mid is suîðron hand
    uuîsda them uueroda,   that sie ûses uualdandes
    lêra lêstin.   Thea liudi forstôdun,
    that he thar habda gegnungo   godcundes *huat*
    forsehen selbo,   thoh he is ni mahti giseggean uuiht,
190 giuuîsean te uuâron.   Thô habda he ûses uualdandes
    geld gilêstid,   al sô is gigengi uuas
    gimarcod mid mannun.   Thô uuarð sân aftar thiu maht godes,
    gicûðid is craft *mikil*:   uuarð thiu *quân* ôcan,
    idis an ira eldiu: scolda im erbiuuard,
195 suîðo godcund gumo   gibiðig uuerðan,
    barn an *burgun*.   Bêd aftar thiu

---

164 gisprekean *C*.
179 an *C*.
184 gisprecan *C*.
185 neuan *C*.
188 huat *fehlt C*.

191 gigengi uuas gimarcod] gigengi uuas, gimarcod *Piper; vgl. Lagenpusch S.* 41.
193 mik *C*.   quena *C*.
196 burgeon *C*.

that uuîf *uurdigiscapu.*   Skrêd the uuintar forð,
geng *thes* gêres gital.   Iohannes quam
an liudeo lioht: lîk uuas im scôni,
200 uuas im fel fagar,   fahs endi naglos,
uuangun *uuârun* im uulitige.   Thô fôrun thar uuîse man,
snelle tesamne,   thea suâsostun mêst,
uundrodun thes *uuerkes,*   bi*huî it* gio mahti giuuerðan sô,
that *undar* sô aldun tuêm   ôdan uurði
205 barn an *giburdeon,*   ni uuâri that it gibod godes
selbes uuâri: *afsuobun* sie garo,
that it elcor sô uuânlîc   uuerðan ni mahti.
Thô sprak thar ên gifrôdot man,   the sô filo consta
uuîsaro uuordo,   habde giuuit mikil,
210 frâgode *niudlîco,*   huuat is namo scoldi
uuesan an thesaro uueroldi: 'mi thunkid an is uuîsu gilîc
iac an is gibârea,   that he sî betara than uui,
sô ic *uuâniu,* that ina ûs gegnungo   god fon himila
selbo sendi'.   Thô sprac sân *aftar*
215 *thiu* môdar thes kindes,   thiu thana magu habda,
that barn an ire barme: 'hêr quam *gibod* godes', quað siu,
'fernun gêre,   furmon uuordu
gibôd, that he Iohannes   bi godes lêrun
hêtan scoldi.   That ic an mînumu hugi ni *gidar*
220 uuendean mid uuihti,   of ic is giuualdan môt'.
Thô sprac ên gêlhert man,   the ira gaduling uuas:
'ne hêt êr giouuiht sô', quað he,   'aðalboranes
ûses cunnies eftho cnôsles.   Uuita kiasan im ôðrana
niudsamna namon: he *niate* of he môti'.

---

197 giscapo *C.*
198 thes *fehlt C, vgl.* Grein, Gm. 11, 210, Colliander 457.
201 uuarin *C.*
203 giuuirkes *C.*   hiu *C.*   it *fehlt C.*
204 uundar *M.*
205 burgun *M.*
206 ansuobun *C.*
210 niutlico *M.*
211 *vgl.* Behaghel, Gm. 21, 143.
213 uuani *M.*   god *fehlt M.*

214 sebo *C.*   aftar thiu ‖ modar *die meisten Herausgeber.*
216 bodo *Holthausen,* Beiblatt z. Anglia 45, 130.
217b *vgl.* Grein, Gm. 11, 210; Roediger 283; Schumann, Gm. 30, 67; Sievers, PBB 10, 588.
218 gibod *zu* 217 *Müllenhoff.*
219 godar *C.*
224 note *C; vgl.* Sturtevant, MLN 40, 399.

225 Thô sprac eft the frôdo man, the thar consta filo mahlian:
'ni gibu ic that te râde', quað he, 'rinco negênun,
that *he* uuord godes uuendean biginna;
ac *uuita* is thana fader frâgon, the *thar* sô gifrôdod sitit,
uuîs an is uuînseli: thoh he ni mugi ênig uuord *sprecan*,
230 thoh mag he bi bôcstabon brêf geuuirkean,
namon giscrîban'. Thô he nâhor geng,
legda im êna bôc an barm endi *bad gerno*
uurîtan uuîslîco uuordgimerkiun,
huat sie that hêlaga barn hêtan scoldin.
235 Thô nam he *thia bôk an hand* endi an is hugi thâhte
suîðo gerno te gode: Iohannes namon
uuîslîco giuurêt endi ôc aftar mid is uuordu gisprac
suîðo spâhlîco: habda im eft is sprâca giuuald,
giuuitteas endi *uuîsun*. That uuîti uuas thô agangan,
240 hard harmscare, *the* im hêlag god
mahtig *macode,* that he *an* is môdsebon
godes ni forgâti, than he im eft sendi is iungron tô.

IV.

Thô ni uuas lang aftar thiu, ne it al sô gilêstid uuarð,
sô he mancunnea managa huîla,
245 god alomahtig forgeben habda,
that he is himilisc barn herod te uueroldi,
is selbes sunu sendean *uueldi,*
te thiu that he hêr alôsdi *al liudstamna,*
uuerod fon uuîtea. *Thô* uuarð is *uuisbodo*
250 an Galilealand, Gabriel cuman,

---

227 he *fehlt C.*
228 uuit *C.* tharod *M.*
229 gisprekan *C; Roediger 282.*
232 gerno bad *C.*
235 thiu *M.* nam he an hand thia bok *Martin, ZfdA 40, 126.*
237 ôc *fehlt M.*
239 uuisu *C;* uuîsi *Piper.*
240 thea *C.*
241 marcoðe *Schröder, ZfdA 46, 359.*

eft an *M, vgl. Sievers, ZfdPh 16, 110.*
247 uuolda *C.*
248 alla liudstemnia *M, vgl. Behaghel, Gm. 22, 228; Colliander 458.*
249 Thô *fehlt C.* uuisbodo *Heyne, Ilkow]* wîsbodo *Grein, Sievers, Behaghel,* uuîs bodo *Piper.*
249/50 *Daneben a. R.* be sca marian *C.*

engil thes alouualdon, thar he êne idis uuisse,
munilîca magað: Maria uuas siu hêten,
uuas iru thiorna githigan. Sea ên thegan habda,
Ioseph gimahlit, gôdes cunnies man,
255 thea Dauides dohter: that uuas *sô* diurlîc uuîf,
idis anthêti. Thar sie the engil godes
an Nazarethburg bi namon selbo
grôtte *geginuuarde* endi sie fon gode quedda:
'Hêl uuis thu, Maria', quað he, 'thu bist thînun hêrron liof,
260 uualdande uuirðig, huuand thu giuuit habes,
idis enstio fol. Thu scalt *for* allun uuesan
uuîbun giuuîhit. Ne habe *thu* uuêcan hugi,
ne forhti thu thînun ferhe: ne quam ic thi te ênigun frêson herod,
ne dragu ic *ênig drugithing.* Thu scalt ûses drohtines uuesan
265 môdar mid mannun endi scalt thana magu fôdean
thes *hôhon hebancuninges.* The scal Hêliand te namon
êgan mid eldiun. *Neo* endi ni kumid,
thes uuîdon rîkeas *giuuand, the* he giuualdan scal,
mâri theodan.' Thô sprac im *eft* thiu magað angegin,
270 uuið thana engil godes idiso scôniost,
allaro uuîbo uulitigost: 'huô mag that giuuerðen sô', *quað* siu,
'that ic magu fôdie? Ne ic gio mannes ni uuarð
uuîs an mînera uueroldi.' Tho habde eft is uuord garu
engil thes alouualdon thero idisiu tegegnes:
275 'an thi scal hêlag gêst fon hebanuuange
cuman thurh craft godes. *Thanan* scal thi kind ôdan
uuerðan an thesaro uueroldi. Uualdandes craft
scal thi fon them hôhoston hebancuninge

---

254 *vgl. Grein, Gm.* 11, 211.
255 sô *fehlt C.*
255–56 s. *Colliander* 458, *Tiefenbach 750 ff.*
255–65 *Zu den ags. Formen in C s. S.* XX.
257 an] a *C.*   258 geginuuardi *C.*
261 furi *C.*
262 thu *fehlt C.*
264 eni *C.* drügithing *Schmeller* II 25a, *Roediger* 280] drugi thing (dr. | th. *M) MC, Heyne; Sievers, ders., PBB* 5, 107.
266 hohem himilc. *C.* h. h. *M, Hg.* bis *Sievers, Hofmann I 51. 175*] h. h. suno *C, Roediger* 284, *Behaghel, Piper.*
267 neo *fehlt C,* dazu *Heusler, Versgeschichte* I 174.
268 giuuand *fehlt M.* thes *C,* thes the *Wilhelmy S.* 37.
269 eft *fehlt C.*
271 quad so quad *M.*
276 than *M.*
277 *vgl. Jellinek, ZfdA* 36, 163.

scadouuan mid *skimon*. Ni uuarð scôniera giburd,
280 ne sô mâri mid mannun,   huand siu kumid thurh maht godes
an *these* uuîdon uuerold.'   Thô uuarð *eft* thes uuîbes hugi
aftar them ârundie   al gihuorƀen
an godes uuilleon.   'Than ic hêr garu standu', quað siu,
'te sulicun ambahtskepi,   sô he mi êgan uuili.
285 Thiu bium ic theotgodes.   Nu ik *theses* thinges gitrûon;
uuerðe mi aftar thînun uuordun,   al sô is uuilleo sî,
hêrron mînes;   nis mi hugi tuîfli,
ne uuord ne uuîsa.'   Sô gifragn ik, that that uuîf antfeng
that godes ârundi   gerno suîðo
290 mid leohtu hugi   endi mid *gilôƀon* gôdun
endi mid hluttrun treuun.   *Uuard* the hêlago gêst,
that barn *an* ira bôsma;   endi siu an ira breostun *forstôd*
iac an ire seƀon selƀo,   sagda them siu uuelda,
that sie habde giôcana   thes alouualdon craft
295 hêlag fon himile.   Thô uuarð hugi Iosepes,
is môd *giuuorrid,*   the im êr thea magað habda,
thea idis anthêttea,   aðalcnôsles uuîf
giboht im te brûdiu.   He afsôf *that* siu habda barn undar iru:
ni uuânda thes mid uuihti,   *that* iru that uuîf habdi
300 giuuardod sô *uuarolîco*:   ni *uuisse* uualdandes thô noh
blîði giƀodskepi.   Ni uuelda sia imo te brûdi thô,
halon imo te hîuuon,   ac bigan im thô *an* hugi thenkean,
huô he sie *sô* forlêti,   sô iru thar ni uurði lêðes *uuiht,*
ôdan *arƀides*.   Ni uuelda sie aftar thiu
305 meldon for menigi: antdrêd that sie manno barn
lîƀu binâmin.   Sô uuas *than* thero liudeo thau

---

279 skimon *Krogmann, Nd. Jb.* 79, 17] skîmon *Heyne, Rückert, Kauffmann, PBB* 12, 292, *Sehrt, MLN* 65, 89.
281 thesan *C.* eft *fehlt C.*
283 than c *M.*
285 thes *C.*
290 loƀon *C.*
291 uuarth thuo *C.*
292 on *C.* forstôd] stuod *C.*
296 giuuorrid *(C)*] gidrobid *M;* giwôrit *Rückert,* gimerrid *Holthausen, PBB* 44, 338; *Sievers, ZfdPh* 16, 110, *PBB* 44, 501, *Krogmann, ZfdPh* 66, 5.
298 that] that that *C.*
299 neua that *C, Behaghel, Gm.* 27, 416.
300 uuarlico *C u. M* 1. *Hand.* uuisse hie *C.*
302 an is *C.*
303 thuo *C.* uuiht *fehlt C.*
304 arƀedies *C, für dies Schröder, AfdA* 43, 30.
306 than *fehlt C.*

thurh then aldon êu,   Ebreo folkes,
sô huilik sô thar an unreht   idis gihîuuida,
that siu simbla thana bedskepi   buggean scolda,
310 frî mid ira ferhu: ni uuas gio thiu fêmea sô gôd,
that siu *mid* them liudiun leng   libbien môsti,
uuesan undar them uueroda.   *Bigan* im the uuîso mann,
suîðo gôd gumo,   Ioseph an is môda
thenkean thero thingo,   huô he thea thiornun thô
315 listiun forlêti.   Thô ni uuas lang te thiu,
that im thar an drôma quam   drohtines engil,
hebancuninges bodo,   endi hêt sie ina haldan uuel,
minnion sie an is môde: 'Ni uuis thu', quað he, 'Mariun uureð,
thiornun thînaro;   siu is *githungan* uuîf;
320 ne forhugi thu sie te hardo;   thu scalt sie haldan uuel,
uuardon ira an thesaro uueroldi.   Lêsti *thu* inca uuinitreuua
forð sô thu dâdi,   *endi hald* incan friundskepi uuel!
Ne lât thu sie thi thiu lêðaron,   thoh siu *undar* ira liðon êgi,
barn an ira bôsma.   It cumid thurh gibod godes,
325 hêlages gêstes   fon hebanuuanga:
that is *Iesu* Krist,   godes êgan barn,
uualdandes sunu.   Thu scalt sie uuel *haldan*,
hêlaglîco.   Ne lât thu *thi* thînan hugi tuîflien,
merrean thîna môdgithâht.'   Thô uuarð eft thes mannes hugi
330 *giuuendid* aftar them uuordun,   that he im te them uuîba genam,
te thera magað minnea: antkenda maht godes,
uualdandes gibod.   Uuas im uuilleo mikil,
that he *sia* sô hêlaglîco   haldan môsti:
bisorgoda sie an is *gisîðea*,   endi *siu* sô *sûbro drôg*
335 al te huldi godes   hêlagna gêst,

---

308 Bruckner, D. as. Gen. S. 20.
310ff. *Über die Neumierung dieser Stelle* vgl. Taeger, ZfdA 107, 184.
311 gio mid *C*.
312 thuo bigan *C*.
314 Krogmann, Nd. Jb. 80, 31, tho, urspr. so.
319 githuungan *M*.
321 thu *fehlt M*.
322 endi hald *fehlt C*.
323 undar *fehlt C*.

326 Iesus *C*.
327 uuel bisorgon, haldan *Grein*, *Gm.* 11, 211; *die Conjectur von Grein auch verworfen von A. Veltman, Die politischen Gedichte Muskatbluts, Diss. Bonn 1902, These 11.*
328 †hi *fehlt C*.
330 giuuend *C*.
333 sia *fehlt M*.
334 githa *C*.   sea *C*.   duog *C*.

gôdlîcan gumon, antthat sie *godes* giscapu
mahtig gimanodun, that *siu ina* an manno lioht,
allaro barno bezt, brengean scolda.

V.

Thô uuarð fon Rûmuburg rîkes mannes
340 obar alla thesa irminthiod Octauiânas
ban endi bodskepi obar thea is brêdon giuuald
cuman fon them kêsure cuningo gihuilicun,
hêmsitteandiun, sô uuîdo sô is heritogon
obar al that landskepi *liudio* giuueldun.
345 *Hiet man* that *alla* thea elilendiun man iro ôðil sôhtin,
heliðos iro handmahal angegen iro hêrron bodon,
quâmi te them cnôsla gihue, thanan he cunneas uuas,
giboran fon them burgiun. That gibod uuarð gilêstid
obar thesa uuîdon uuerold. Uuerod samnoda
350 *te* allaro burgeo gihuuem. Fôrun thea bodon obar all,
thea fon them kêsura cumana uuâ*run,
bôkspâha uueros, *endi* an brêf scribun
suîðo niudlîco namono *gihuilican*,
ia land ia liudi, that im ni *mahti alettean* mann
355 gumono sulica gambra, sô *im* scolda geldan gihue
heliðo fon is hôbda. Thô giuuêt im ôc *mid* is hîuuisca
Ioseph the gôdo, sô it god mahtig,
uualdand uuelda: sôhta im *thiu uuânamon* hêm,
thea burg an Bethleem, thar iro beiðero uuas,
360 thes heliðes handmahal* endi ôc thera hêlagun thiornun,
Mariun thera gôdun. Thar uuas thes mâreon stôl
an êrdagun, aðalcuninges,
Dauides thes gôdon, than *langa* the he thana druhtskepi thar,

---

336 godes *fehlt C.*
337 sia *C.* ina *fehlt C.*
344 liudi *(rad.) M.*
345 Hiet man *streicht Wackernagel.*
  all *C.*
346 elithos *C.*
350 to *C.*
351 Von ⟨uua⟩run *bis* 360 handmal *tritt*
  S *ein.*

352 endi *fehlt C.*
353 tulgo *S.* gehuilikne *S.*
354 mahta atellien *C.*
355 imo *C,* imu *S.*
356 nid *(?) S.*
358 thia uuanamo *C.*
359 *vgl. Kock, ZfdA* 48, 193.
363 lang *C.*

	erl undar Ebreon êgan môsta,
365	haldan hôhgisetu. Sie uuârun is hîuuiscas,
	cuman fon is cnôsla, cunneas gôdes,
	bêðiu bi giburdiun. Thar gifragn ic, that sie *thiu* berhtun giscapu,
	Mariun gimanodun *endi maht godes,
	that iru an *them* sîða sunu ôdan uuarð,
370	giboran an Bethleem barno strangost,
	allaro cuningo craftigost: cuman *uuarð* the mâreo,
	mahtig an manno lioht, sô is êr managan dag
	biliði uuârun endi *bôcno* filu
	giuuorðen an thesero uueroldi. Thô uuas it all giuuârod sô,
375	sô it êr spâha man gisprocan habdun,
	thurh huilic ôdmôdi he thit erðrîki herod
	thurh is selbes craft sôkean uuelda,
	managaro mundboro. Thô ina thiu môdar nam,
	biuuand ina mid *uuâdiu* uuîbo scôniost,
380	fagaron *fratahun*, endi ina mid *iro* folmon tuuêm
	legda lioblîco luttilna man,
	that kind an êna *cribbiun*, thoh he habdi craft godes,
	manno drohtin. Thar *sat* thiu môdar biforan,
	uuîf uuacogeandi, uuar*doda selbo,
385	held that hêlaga barn: ni uuas *ira* hugi tuuîfli,
	thera magað ira môdsebo. Thô uuarð *that* managun cûð
	obar thesa uuîdon uuerold, *uuardos* antfundun,
	thea thar ehuscalcos ûta uuârun,
	uueros an uuahtu, uuiggeo *gômean*,
390	fehas aftar felda: gisâhun finistri an tuuê

---

365 sea C, sie *aus* siu M.
367 thu C.
368 *Von* endi *bis* 384 uu⟨a⟩r⟨doda⟩ *tritt wieder* S *ein.*
369 themu S.   sunu odan uuarð *vgl.* Taeger, PBB (Tüb.) 101, 192.
371 uuarð *fehlt* C.
372 m(ahtig) *in* S a. R. *nachgetragen, bis auf* m- *durch Beschneiden verloren.* on C.   er *fehlt* C.
373 bogno M.
379 uuadi C, giuuadie (giuua- *unsicher*) S.   scoinosta C.
380 fratohon C, frahtun S.   iru C, ire S.
382 krebbian S.
383 sat *fehlt* C.
385 ira *vgl.* Heinrichs, Studien 39.
386 that *fehlt* MC.
387 that uuardos *Piper.*
389 gômean *nom. agentis nach* Kock, ZfdA 48, 194, Basler, Alts. S. 54, *verbal,* Behaghel, Literaturblatt 46, 155; Sehrt.

Tat. 6, 1–4

telâtan an lufte,   endi quam lioht godes
uuânum thurh thiu uuolcan   endi thea uuardos thar
bifeng an them fel*da.   Sie *uurðun* an forhtun thô,
thea *man* an ira môda: gisâhun thar mahtigna
395 godes engil cuman,   the im *tegegnes* sprac,
hêt that im thea uuardos   uuiht ne antdrêdin
lêðes fon *them* liohta: 'ic scal eu', *quað he*, 'liobora thing,
suîðo uuârlîco   uuilleon seggean,
cûðean craft mikil: nu is Krist geboran
400 an theser*o selbun naht,   sâlig barn godes,
an *thera* Dauides burg,   drohtin the gôdo.
That is mendislo   manno cunneas,
allaro firiho fruma.   Thar gi ina fîðan mugun,
an *Bethlemaburg*   barno rîkiost:
405 hebbiad that te *têcna*,   that ic *eu gi*tellean mag
uuârun uuordun,   that he thar biuundan ligid,
that kind an ênera cribbiun,   thoh he sî cuning obar al
erðun endi himiles   endi obar *eldeo barn,*
uueroldes uualdand'.   Reht sô he thô that uuord gisprac,
410 sô uuarð thar engilo te them ênun   unrîm cuman,
hêlag heriskepi   fon hebanuuanga,
fagar folc godes,   endi filu sprâkun,
lofuuord manag   liudeo hêrron.
Afhôbun thô *hêlagna* sang,   thô sie eft te hebanuuanga
415 uundun thurh thiu uuolcan.   Thea uuardos hôrdun,
huô thiu engilo craft   alomahtigna god
suîðo *uuerðlîco*   uuordun lobodun:
'diuriða sî nu', quâðun sie,   'drohtine selbun
an them hôhoston   himilo rîkea
420 endi friðu an erðu   firiho barnun,
gôduuilligun gumun,   *them the* god antkennead
thurh *hluttran* hugi.'   Thea hirdios forstôdun,

---

393 Von ⟨fel⟩de bis 400 theser⟨u⟩ tritt   404 bethleemburg C.
wieder S ein.   uuardun C.   405 thegne C.   eu gi- *fehlt* C.
394 man *fehlt* C.   408 eldibarn C.
395 tigene S.   414 helagan C.
397 themu S.   quad he *fehlt* S.   417 uuarlico C.
398 tulgo S.   421 thie thia C.
401 thesaro C.   422 huttran C.

that sie mahtig thing   gimanod habda,
blîðlîc bodskepi: giuuitun im te Bethleem thanan
425 nahtes sîðon;   uuas im niud mikil,
that sie selbon Krist   gisehan môstin.

VI.

Habda im the engil godes   al giuuîsid
torhtun têcnun,   that sie im tô selbun,
te them godes barne   gangan mahtun,
430 endi fundun sân   folco drohtin,
liudeo hêrron.   Sagdun thô lof goda,
uualdande mid iro uuordun   endi uuîdo cûðdun
oƀar thea berhtun burg,   huilic im thar biliði uuarð
fon hebanuuanga   hêlag gitôgit,
435 fagar an felde.   That frî al biheld
an ira hugiskeftiun,   hêlag thiorna,
thiu magað an ira môde,   sô huat sô siu gihôrda thea mann sprecan.
Fôdda ina thô fagaro   frîho scâniosta,
thiu môdar thurh minnea   managaro drohtin,
440 hêlag himilisc barn.   Heliðos gisprâcun
an them ahtodon daga   erlos managa,
suîðo glauua gumon   mid thera godes thiornun,
that he Hêleand te namon   hebbean scoldi,
sô it the godes engil   Gabriel gisprac
445 uuâron uuordun   endi them uuîbe gibôd,
bodo drohtines,   thô siu êrist that barn antfeng
uuânum te thesero uueroldi.   Uuas iru uuilleo mikil,
that siu ina sô hêlaglîco   haldan môsti,
fulgeng im thô sô gerno.   That gêr furðor skrêd,
450 untthat that friðubarn godes   fiartig habda
dago endi nahto.   Thô scoldun sie thar êna dâd frummean,

---

424 blithi C. gibod- C.
426 selban C. muostun C.
428 tuo im C, vgl. Kock, ZfdA 48, 196.
429 to C.
431 Vor hêrron steht in C drohtin, durchstrichen.
432 cuthdin C.
433 blithi C.
435 firi C.
436 thiorno C.
447 vgl. Schumann, Gm. 30, 68; Sievers, PBB 10, 588.
448 helagna M.

that sie ina te Hierusalem   *forgeban* scoldun
uualdanda te them uuîha.   Sô uuas iro uuîsa than,
thero liudeo landsidu,   that that ni môsta forlâtan negên
455 idis undar Ebreon,   ef iru *at êrist* uuarð
sunu afôdit,   ne siu ina simbla *tharod*
te them godes uuîha   forgeban scolda.
Giuuitun im thô thiu gôdun tuuê,   Ioseph endi Maria
bêðiu fon Bethleem: habdun that barn mid im,
460 hêlagna Krist,   sôhtun im hûs godes
an Hierusalem;   thar scoldun sie is geld frummean
uualdanda *at* them uuîha   uuîsa lêstean
Iudeo folkes.   Thar fundun sea ênna gôdan man
aldan *at* them alaha,   aðalboranan,
465 *the* habda *at* them uuîha sô filu   uuintro endi sumaro
gilibd an them liohta: oft uuarhta he thar lof goda
mid hluttru hugi;   habda im hêlagna gêst,
sâliglîcan sebon;   Simeon uuas he hêtan.
Im habda giuuîsid   uualdandas craft
470 langa huîla,   that he ni môsta *êr* thit lioht ageban,
uuendean af thesero uueroldi,   êr than im the uuilleo gistôdi,
that he *selban* Krist   gisehan môsti,
hêlagna hebancuning.   Thô uuarð im is hugi suîðo
blîði an is briostun,   thô he gisah that *barn* cuman
475 an thena uuîh innan.   Thuo sagda hie uualdande thanc,
almahtigon gode,   thes he ina mid is ôgun gisah.
Geng im thô tegegnes   endi ina gerno antfeng
ald mid is armun: al antkende
bôcan endi biliði   endi ôc that barn godes,
480 hêlagna hebancuning.   'Nu ic thi, *hêrro,* scal', quað he
'gerno biddean,   nu ic sus gigamalod bium,
that thu thînan holdan *scalc   nu* hinan huerban lâtas,

---

452 folgeban C.
453 thuo C.
455 at êrist] odan C.
456 tharot M.
462 an C.
464 an C.
465 thea M.   an C.
468 saligan C.

470 êr *fehlt* C.
472 selbon C.
474 barn godes C.
475 *und Beginn v.* 476 (alma-) *ausrad.*
   M.
480 hier C.
482 scalc nu hinan | *Rieger, Roediger*
   284.

an *thîna friðuuuâra* faran, thar êr mîna forðrun dedun,
uueros fon thesero uueroldi, nu mi the uuilleo gistôd,
485 dago liobosto, that ic mînan drohtin gisah,
holdan hêrron, sô mi gihêtan uuas
langa huîla. Thu bist lioht mikil
allun elithiodun, thea êr thes alouualdon
craft ne antkendun. Thîna cumi sindun
490 te dôma endi te diurðon, drohtin frô mîn,
abarun Israhelas, êganumu folke,
thînun liobun *liudiun.' Listiun talde thô
the aldo man an *them* alaha *idis* thero gôdun,
sagda sôðlîco, huô iro sunu scolda
495 obar thesan middilgard managun uuerðan
sumun te falle, sumun te frôbru firiho *barnun*,
them liudiun te leoba, the is lêrun gihôrdin,
endi them te harma, the hôrien ni *uueldin*
Kristas lêron. 'Thu scalt noh', quað he, 'cara thiggean,
500 harm *an thînun* herton, than ina helið barn
uuâpnun uuîtnod. That uuirðid thi uuerk mikil,
thrim te githolonna.' Thiu thiorna al forstôd
uuîsas mannas uuord. Thô quam thar ôc ên uuîf gangan
ald innan *them* alaha: Anna uuas siu hêtan,
505 dohtar Fanueles; siu habde ira drohtine uuel
githionod te thanca, uuas iru *githungan* uuîf.
Siu môsta aftar ira magaðhêdi, sîðor siu mannes uuarð,
erles *an êhti* eðili thiorne,
sô môsta siu mid ira brûdigumon *bôdlo* giuualdan
510 sibun uuintar *saman*. Thô gifragn ic that iru thar sorga gistôd
that *sie* thiu mikila maht metodes tedêlda,
uurêð *uurdigiscapu*. Thô uuas siu uuidouua aftar thiu

---

483 so Rückert, Roediger, -warun Heyne, thinan fridu uuarun (-on C) MC, vgl. Sievers, ZfdPh 16, 112; Kauffmann, PBB 12, 344.
492 Von liudiun bis 582 giuuarð tritt wieder S ein.
493 themu S. idisiu S.
496 barnon C, barno S. 498 uueldun C.
500 on C. thinun (-on C) CS] thinumu M.
504 themu S.
506 githuungan MC; vgl. Taeger, PBB (Tüb.) 101, 188.
508 anthehti M, antheti S; vgl. Taeger, ebd., 197.
509 bodlu C.
510 somen S, samad M.
511 sia C, siu S.
512 uurdie giskapu S.

at *them* friðuuuîha   fior endi *antahtoda*
uuintro an iro uueroldi,   sô siu nia thana uuîh ni forlêt,
515   ac siu thar ira drohtine *uuel*   dages endi nahtes,
gode thionode.   Siu quam thar ôc gangan tô
an thea selbun tîd: sân antkende
that *hêlage* barn godes   endi them *heliðon* cûðde,
them uueroda aftar *them* uuîha   uuilspel mikil,
520   quað that im neriandas ginist   ginâhid uuâri,
helpa hebencuninges: 'nu is the hêlago Krist,
uualdand selbo   an thesan uuîh cuman
te *alôsienne* thea liudi,   the hêr nu lango *bidun*
an thesara middilgard,   managa huuîla,
525   *thurftig* thioda,   sô nu thes thinges mugun
mendian *mancunni.*'   Manag fagonoda
uuerod aftar *them* uuîha: gihôrdun uuilspel mikil
fon gode seggean.   That geld habde thô gilêstid
thiu idis an *them* alaha,   al sô it im an ira êuua gibôd
530   endi *an* thera *berhtun* burg   *bôk* giuuîsdun,
hêlagaro handgiuuerk.   Giuuitun im thô te hûs thanan
fon Hierusalem   Ioseph endi Maria,
hêlag hîuuiski: habdun im hebenkuning
simbla te gisîða,   sunu drohtines,
535   managaro mundboron,   sô it gio mâri ni uuarð
than uuîdor an thesaro uueroldi,   *bûtan* sô is uuilleo geng,
hebencuninges hugi.

---

513 An *C.*   themu *S.*   hunahtuðe *S,* ahtoda *C.*
515 uuel *fehlt C.*
516 siu *korr., zu* sia *?M.*
518 helage *fehlt C.*   helitho *C.*
519 themu *S.*
523 alasianne *S,* alosannea *C.*   bidadun *S.*
525–27 *die Abteilung nach* Grein, *Gm.* 11, 211.
525 thurhftig *C,* thurtiga *S.*

526 monna kunni *S.*
527 themu *S.*
529 themu *S.*   al *fehlt C.*
530 ændi *M.*   at *M.*   berehtig *C.*   buoki *C.*
534 simlun *S.*
535 *Rückert setzt Punkt nach* 535a; *ebenso* Roediger 284.
536 neuan *C,* nebon *S; vgl.* Taeger, *PBB (Tüb.)* 101, 208; *ebd. 103, 403.*

VII.*

          Thoh thar than *gihuilic* hêlag man
Krist antkendi,   thoh ni uuarð it gio te thes kuninges hoƀe
them mannun gimârid,   thea im an iro môdseƀon
540 holde ni uuârun,   ac uuas im sô bihalden forð
mid uuordun endi mid uuerkun,   antthat thar uueros ôstan,
suîðo glauua gumon   gangan quâmun
threa te thero thiodu,   thegnos snelle,
an langan uueg   oƀar that land tharod:
545 folgodun ênun ƀerhtun *bôkne*   endi sôhtun that ƀarn godes
mid hluttru hugi: uueldun im hnîgan tô,
gehan im te iungrun: driƀun im godes giscapu.
Thô sie Erodesan thar   rîkean fundun
an is seli sittien,   *slîðuurdean* kuning,
550 môdagna mid is mannun: – *simbla* uuas he *morðes* gern –
thô quaddun sie ina cûsco   an cunin*guuîsun*,
fagaro an is flettie,   endi he frâgoda sân,
huilic sie ârundi   ûta *gibrâhti,*
uueros an thana uuracsîð: 'huueðer lêdiad gi *uundan* gold
555 te geƀu huilicun gumuno?   te huî gi *thus* an ganga kumad,
gifaran an *fôðiu*?   Huat, gi *nêthuuanan* ferran sind
erlos fon ôðrun thiodun.   Ic *gisihu* that gi sind eðili*giburdiun*
cunnies fon cnôsle gôdun: nio hêr êr sulica cumana ni uurðun
êri fon ôðrun thiodun,   sîðor ik môsta thesas erlo folkes,
560 giuualdan *thesas* uuîdon rîkeas.   Gi sculun mi te uuârun seggean
for thesun liudio folke,   ƀihuuî gi sîn te thesun lande *cumana*'.
Thô sprâcun im eft *tegegnes*   gumon ôstronea,
uuordspâhe uueros: 'uui thi te uuârun mugun', quâðun sie,

---

537 VII *in* C *nach* drohtines *in* 534; *entsprechend* Monegera S 535 *mit Initiale. Vgl. Taeger ebd.,* 204.
537 huilic (-k C) MCS; *vgl. Taeger ebd.,* 193.
542 tulgo S.
544 an] an oƀar C.
545 bogne M.
546–47 *vgl.* Schumann, *Gm.* 30, 68.
546 hugiu C.
547 gean M, gan C.
549 sliđuuardan C, sliđuurdiene S.
550 simlun S.   muodes C.
551 -uuisu C, -uuisan S.
553 brahti C.
554 giuunden S.
555 sus C.
556 fathie C, fađi S.   netuuanan M.
557 gisiu M.   -giburdion C, -giburdie S; *vgl.* Taeger, *PBB (Tüb.)* 101, 219.
559 er S.
560 thes S.
561 bi huon S.   cuman C.
562 tigene S.

'ûse ârundi   ôðo *gitellien*,
565 giseggean sôðlîco,   bihuuî uui quâmun an thesan sið herod
fon *ôstan te* thesaro erðu.   Giu uuârun thar aðalies man,
gôdsprâkea gumon,   thea ûs gôdes sô filu,
helpa gihêtun   fon hebencuninge
uuârum uuordun.   Than uuas thar ên *giuuittig* man,
570 frôd endi filuuuîs   — forn uuas that giu —,
ûse aldiro ôstar hinan,   — thar ni uuarð sîðor ênig man
sprâkono sô *spâhi* —;   *he* mahte rekkien spel godes,
huuand im habde forliuuan   liudio hêrro,
that he mahte fon erðu   up gihôrean
575 uualdandes uuord: bithiu uuas is giuuit mikil,
thes *thegnes* githâhti.   Thô he thanan scolda,
ageben gardos,   gadulingo gimang,
forlâten liudio drôm,   sôkien lioht ôðar,
thô *he is* iungron hêt   gangan nâhor,
580 erbiuuardos,   endi is erlun thô
sagde sôðlîco: — that al sîðor quam,
giuuard* an thesaro uueroldi —:   *thô sagda he* that hêr scoldi cuman
mâri endi mahtig   an thesan middilgard   ⌊ên uuîscuning
thes bezton giburdies;   quað that *it* scoldi uuesan barn godes,
585 quað that he thesero *uueroldes*   uualdan scoldi
gio te êuuandaga,   erðun endi himiles.
He quað that an them selbon daga,   the ina sâligna
an thesan middilgard   môdar gidrôgi,
sô quað he that ôstana   *ên* scoldi skînan
590 himiltungal huît,   sulic sô uui hêr ne habdin êr
undartuisc *erða* endi himil   ôðar huerigin,
ne sulic barn ne sulic bôcan.   Hêt that thar te bedu fôrin
threa man fon thero thiodu,   hêt sie thenkean uuel,
huan êr sie gisâuuin ôstana   up *sîðogean*,

---

564 gitellien *fehlt C.*
565 bi huon *S.*
566 te *fehlt MS; vgl.* Taeger ebd., 199.
569 uuittig *M.*
572 spahi hie *C;* spe *(so)* huonde he *S.* he *fehlt M; vgl.* Stübiger, Nd. Jb. 76, 8, *Anm.;* Taeger, PBB (Tüb.) 101, 202.
573 huonde he mahte im *S (so); vgl.* Taeger ebd.

576 tegnes *C.*
577 afgeben *M.*
579 he im is *M.*
582 tho sagda he *getilgt von* Heyne, Rückert, Kauffmann, PBB 12, 333; *dagegen* Bruckner, D. as. Gen. S. 58.
584 *Zu* thes *vgl.* Braune zu Gen. 269. hie *C.*
585 uueroldi *C.*
589 ên *fehlt M.*
591 erthu *C.*   594 sithion *C.*

595	that godes bôcan gangan, hêt sie garuuuian sân,
	hêt that uui im folgodin, sô it furi uurði,
	uuestar obar thesa *uueroldi*. Nu is it al giuuârod sô,
	cuman thurh craft godes: the cuning is gifôdit,
	giboran bald endi strang: uui gisâhun is bôcan skînan
600	hêdro fon himiles tunglun, sô ic uuêt, that it hêlag drohtin,
	marcoda *mahtig* selbo. Uui gisâhun morgno gihuilikes
	blîcan thana berhton sterron, endi uui gengun aftar them bôcna ⌊herod
	uuegas endi uualdas huuîlon. That *uuâri ûs* allaro uuilleono mêsta,
	that uui ina *selbon gisehan môstin,* uuissin, huar uui *ina* sôkean ⌊scoldin,
605	thana cuning *an* thesumu kêsurdôma. Saga ûs, undar huilicumu he
	Thô uuarð Erodesa innan briostun ⌊sî thesaro cunneo afôdit.'
	harm uuið herta, bigan *im* is hugi uuallan,
	sebo mid sorgun: gihôrde seggean thô,
	that he thar *obarhôbdon* êgan *scoldi,*
610	*craftagoron* cuning cunnies gôdes,
	sâligoron undar them gisîðea. Thô he samnon hêt,
	sô huuat sô an Hierusalem gôdaro manno
	allaro spâhoston sprâcono uuârun
	endi an iro brioston bôkcraftes mêst
615	uuissun te uuârun, endi he sie mid *uuordun* fragn,
	suîðo niudlîco nîðhugdig man,
	cuning thero liudio, huar Krist giboran
	an uueroldrîkea uuerðan scoldi,
	friðugumono bezt. Thô sprak im eft *that folc* angegin,
620	that uuerod uuârlîco, quâðun that sie uuissin garo,
	that he scoldi an Bethleem giboran uuerðan: 'sô is an *ûsun* bôkun
	uuîslîco giuuritan, sô it uuârsagon, ⌊giscriban,
	suuîðo glauua gumon bi godes crafta

597 uuerold *M.*
601 mahtig *subst. Sehrt S.* 357.
603 uuari us that *C.*
604 selban gisauuin *C.* ina] ina selbon *C.*
605 an] undar *C, vgl. Schumann, Gm.* 30, 68.
607 im *fehlt C.*

609 obar hobd on *Müllenhoff.* scolda *C.*
610 craftigron *C, dazu Steinger, Nd. Jb.* 51, 5.
611 saligro *C.*
615 is uuorðon *C.*
619 that folc *fehlt C.*
621 usso *C.*

filuuuîse man　　furn gisprâcun,
625　that scoldi fon Bethleem　　burgo hirdi,
　　liof landes uuard　　an thit lioht cuman,
　　rîki râdgebo,　　the rihtien scal
　　Iudeono gumskepi　　endi *is geba uuesan*
　　mildi obar middilgard　　managun thiodun.'

VIII.

630　*Thô* gifragn ic that sân aftar thiu　　slîðmôd cuning
　　thero uuârsagono uuord　　them uurekkiun sagda,
　　thea thar an *elilendi*　　erlos uuârun
　　ferran gifarana,　　endi he frâgoda aftar thiu,
　　huan sie an ôstaruuegun　　êrist *gisâhin*
635　thana cuningsterron *cuman,*　　cumbal liuhtien
　　hêdro fon himile.　　Sie ni uueldun is im thô helen *eouuiht,*
　　ac sagdun it im sôðlîco.　　Thô hêt he sie an thana sîð faran,
　　hêt that sie ira ârundi　　al undarfundin
　　umbi thes kindes cumi,　　endi the cuning selbo gibôd
640　suîðo hardlico,　　hêrro Iudeono,
　　them uuîsun mannun,　　êr than sie fôrin *uuestan* forð,
　　that sie im eft gicûðdin,　　huar he thana cuning scoldi
　　sôkean *at* is *selðon;*　　quað that he thar uueldi mid is gisîðun tô,
　　bedan *te them* barne.　　Than hogda he im te banon uuerðan
645　uuâpnes eggiun.　　Than eft uualdand god
　　thâhte uuið them thinga:　　*he* mahta *athengean* mêr,
　　gilêstean an thesum liohte:　　that is noh lango skîn,
　　gicûðid craft godes.　　Thô gengun eft thiu *cumbal* forð
　　uuânum undar *uuolcnun.*　　Thô uuârun thea uuîson man
650　fûsa te faranne:　　giuuitun *im* forð thanan

---

624 filouuiso *C.*
628 *so Müllenhoff,*　uuesan is geba *MC, vgl. Grein, Gm.* 11, 211.
630 Tho, *Initiale* T *fehlt M.*
632 elilendie *M.*
634 gisahun *C.*
635 cuman *fehlt C.*
636 eouuiht] uuiht *M, dazu Heusler, Versgeschichte* I 176.
641 uuestan *Martin, ZfdA* 40, 127] uuestar *M,* uuester *C.*
643 f. *Abteilung nach Grein, Gm.* 11, 211.
643 an *M.*　seldo *M.*
644 to than *C.*
646 he] endi *C.*　githenkean *C.*
648 cumbl *M,* kumbal *C, vgl. Hofmann I 51.*
649 uuolcnun] thiu uuolcan *C.*
650 im] im eft *C.*

balda an bodskepi: uueldun that barn godes
selbon sôkean. Sie ni habdun thanan gisîðeas mêr,
bûtan that sie thrie uuârun: uuissun im thingo giskêd,
uuârun im glauue gumon, the thea geba lêddun.
655 Than sâhun sie sô uuîslîco undar thana uuolcnes skion,
up te them hôhon himile, huô fôrun thea huuîton sterron
– antkendun sie *that* cumbal godes –, *thiu* uuârun thurh Krista
giuuarht te thesero uueroldi. Thea uueros aftar gengun, ⌊herod
folgodun ferahtlîco – sie frumide the mahte –
660 antthat *sie* gisâhun, sîðuuôrige man,
berht bôcan godes, blêc an himile
stillo gistanden. The *sterro* liohto skên
huuît obar them hûse, thar that hêlage barn
uuonode an uuilleon endi ina that uuîf biheld,
665 thiu thiorne githiudo. Thô uuarð *thero* thegno hugi
blîði an iro briostun: bi them bôcna forstôdun,
that sie that friðubarn godes funden habdun,
hêlagna hebencuning. Thô sie an that hûs innan
mid iro gebun gengun, gumon ôstronea,
670 sîðuuôrige man: sân antkendun
thea uueros uualdand Krist. Thea uurekkion fellun
te them kinde an kneobeda endi ina an cuninguuîsa
gôdan grôttun endi im thea geba drôgun,
gold endi *uuîhrôc* bi godes têcnun
675 *endi *myrra* thar *mid*. Thea man stôdun garouua,
holde for iro hêrron, thea it mid iro handun sân
fagaro *antfengun*. Thô giuuitun im thea *ferahton* man,
seggi te selðon sîðuuôrige,
gumon an gastseli. Thar im godes engil
680 slâpandiun an naht *suueban* gitôgde,
gidrog *im* an drôme, al so it drohtin self,

---

652 selban *C.*   653 neuan *C.*
657 that] thiu *C.*   thiu] tha *C; vgl.*
   Schwab, Quaedam ..., S. 57, A.
   32.   Crist *C, vgl.* 991.
660 sia thuo *C.*
662 steorra *C, dazu Karg, PBB* 50, 311.
665 thero *fehlt C.*
674 *vgl. Jellinek, AfdA* 21, 215; 29, 34;

Behaghel, *H. u. G., S.* 37.   uuihrog
M.
675 *Von* endi *bis* 683 *im* tritt *wieder S*
   ein.   myrran *S.*   midi *C.*
677 atfengun *S.*   ferhaton *M.*
680 suebn *S,* seban *C.*
681 im *(ü. d. Z. einkorr. S) CS, in M;*
   vgl. Taeger, PBB (Tüb.) 101, 195.

Tat. 8, 8; 9, 1–2

uualdand uuelde, *that im thûhte* that man im mid uuordun gibudi,
that sie im* thanan ôðran uueg, erlos fôrin,
liðodin sie te lande endi thana lêðan man,
685 Erodesan eft ni sôhtin,
môdagna cuning. Thô uuarđ morgan cuman
uuânum te thesero uueroldi. Thô bigunnun thea uuîson man
seggean iro suebanos; selbon antkendun
uualdandes uuord, huuand sie giuuit mikil
690 bârun an iro briostun: bâdun alouualdon,
hêron hebencuning, that sie môstin is huldi forð,
giuuirkean is uuilleon, quâðun that sea *ti* im habdin giuuendit hugi,
*iro môd *morgan gihuuem.* Thô fôrun eft thie man thanan,
erlos ôstronie, al sô im the engil godes
695 uuordun giuuîsde: nâmun im uueg ôðran,
fulgengun godes lêrun: ni uueldun *them Iudeono* cuninge
umbi thes barnes giburd bodon ôstronie,
sîðuuôrige man seggian *giouuiht,*
ac uuendun im eft an iro uuillion.

IX.*

Thô uuarð sân aftar thiu uualdandes,
700 godes engil cumen Iosepe te *sprâcun,*
sagde im an suuefne slâpandium *an* naht,
bodo drohtines, that that barn godes
slîðmôd cuning sôkean uuelda,
âhtean is aldres; 'nu *scaltu* ine an Aegypteo
705 land *antlêdean* endi undar them liudiun uuesan

---

682 *Nach* uualdand *zwei unlesb. Buchst.* S. uuelde. That *Roediger;* that im th. *streichen Heyne u. Rückert; Grein zieht dies zu* 682a, *Gm.* 11, 212; *vgl. Roediger* 280; *Behaghel, Gm.* 27, 416.
691 heran *C.*
692 ti *fehlt M.*
693 *Von* ira *bis* 706 thior⟨nan⟩ *tritt wieder S ein.* Endi iro *C.* morgno *Roediger;* huuem *M.* morgana gihuilikes *S. Vgl. Taeger, PBB (Tüb.)* 101, 196. for:: *(zwei Buchst. unlesb.) im S.*
696 themu *M.* Iuđeono *C,* Giudeona *S*] Iudeo *M.*
698 niouuiht *M.*
699 VIIII *in C nach* thanan 693; *in S* ⟨T⟩ho 693 *mit Initiale vorgesehen (nicht ausgeführt). Vgl. Taeger ebd.,* 206.
700 spraku *S.*
701 on *C.*
704 scalt thu *CS.* 705 aledean *C.*

mid thiu godes barnu   endi mid theru gôdan thior*nan,
uunon undar themu uuerode,   untthat thi uuord *cume*
hêrron thînes,   that thu that hêlage barn
eft te thesum landscepi   lêdian môtis,
710 drohtin thînen.'   Thô fon them drôma ansprang
Ioseph an is gestseli,   endi that godes gibod
sân antkenda: giuuêt im an *thana* sîð thanen
the thegan mid theru thiornon,   sôhta im thiod ôðra
obar brêdan berg: uuelda that barn godes
715 fiundun antfôrian.   *Thô gifrang aftar thiu
Erodes the cuning,   thar he an is rîkea sat,
that uuârun thea uuîson man   uuestan gihuuorban
ôstar an iro ôðil   endi fôrun im ôðran uueg:
uuisse *that* sie *im* that ârundi   eft ni uueldun
720 seggian an is selðon.   Thô uuarð im *thes* an sorgun hugi,
môd mornondi,   quað that it *im* thie man dedin,
heliðos* te hônðun.   Thô he sô hriuuig sat,
balg ina an is briostun,   quað that he is mahti *betaron* râd,
ôðran githenkien: 'nu ic is aldar can,
725 uuêt is *uuintergitalu:*   nu ic giuuinnan mag,
that he *io* obar thesaro erðu   ald ni uuirðit,
hêr undar thesum heriscepi.'   Thô he sô hardo gibôd,
Erodes obar is riki,   hêt thô is rinkos faran
cuning thero liudio,   hêt that sie kinda sô filo
730 thurh iro handmagen   hôbdu binâmin,
sô manag barn umbi Bethleem,   sô filo sô thar giboran uurði,
an tuêm *gêrun* atogan.   Tionon frumidon
thes cuninges gisîðos.   Thô scolda thar sô manag kindisc man
sueltan sundiono lôs.   Ni uuarð sið *noh* êr
735 giâmarlîcara forgang   iungaro manno,

---

707 cumæ *M.*
712 than *M.*
715 Von Th⟨o⟩ bis 722 heliðas *tritt wieder S ein.*
717 tha *C.*
719 that ti uuaran that *S.*   im *fehlt C.*
720 uuas *C. Zu* thes *Bruckner, D. as. Gen. S.* 12.
721 imu *S.*

722 *Mit* heliðas *endet S.*   sô *fehlt C.*
723 beteran *C,* oðran *M.*
724 oðran] betaron *M.*
725 uuintro gitalu *C.*
726 io *fehlt M.*
727 herr *C.*
732 jaro gitogen *C.*
733 thes *fehlt C.*
734 sueltan *fehlt M.*   nog *M.*

armlîcara dôð.   Idisi uuiopun,
môdar managa,   gisâhun iro megi spildian:
ni mahte siu im *nio* giformon,   thoh siu mid iro faðmon tuêm
iro êgan barn   armun bifengi,
740 liof endi luttil,   thoh scolda it *simbla* that lîf *geban,*
the magu for theru môdar.   Mênes ni sâhun,
uuîties thie uuamscaðon: uuâpnes eggiun
fremidun *firin*uuerc mikil.   Fellun managa
maguiunge man.   Thia môdar uuiopun
745 kindiungaro qualm.   Cara uuas an Bethleem,
hofno hlûdost: thoh man *im* iro herton an tuê
sniði mid suerdu,   thoh ni mohta im gio sêrara dâd
uuerðan an thesaro uueroldi,   uuîbun managun,
brûdiun an Bethleem: gisâhun iro barn biforan,
750 kindiunge man,   qualmu sueltan
blôdag an iro barmun.   Thie banon uuîtnodun
unsculdige scole: ni biscribun giouuiht
thea man umbi mênuuerk: uueldun mahtigna,
Krist selbon aquellian.   Than habde ina craftag god
755 *gineridan* uuið iro nîðe,   that inan nahtes thanan
an Aegypteo land   erlos *antlêddun,*
gumon mid Iosepe   an thana *grôneon* uuang,
an erðono beztun,   thar ên aha fliutid,
Nîlstrôm mikil   norð te sêuua,
760 flôdo fagorosta.   Thar that friðubarn *godes*
uuonoda an uuilleon,   antthat uurd fornam
Erodes thana cuning,   that he forlêt eldeo barn,
môdag manno drôm.   Thô scolda thero marca giuuald
êgan is erbiuuard: the uuas Archelâus
765 hêtan, heritogo   helmberandero:
the scolda umbi Hierusalem   Iudeono folkes,
uuerodes giuualdan.   Thô uuard uuord cuman

---

738 nio *fehlt C.*
740 simblon *C.*   ageban *C; vgl.* Roediger 284.
743 furin- *C.*
746 im *fehlt C.*
751 blodaga *C.*
755 ginerid *C.*

756 aleddun *C.*   757 gruonean *C.*
760 godes *fehlt C.*
764–65 *die Abteilung nach* Grein, Gm. 11, 212; Archelaus hetan | Müllenhoff, Rückert; *vgl.* Kauffmann, PBB 12, 349; Roediger 285.

```
         thar an Egypti    eðiliun manne,
         that he thar te Iosepe,    godes engil sprac,
770      bodo drohtines,    hêt ina eft that barn thanan
         lêdien te lande.    'nu habad thit lioht afgeben', quað he,
         'Erodes the cuning;    he uuelde is âhtien giu,
         frêson is ferahas.    Nu maht thu an friðu lêdien
         that kind undar euua cunni,    nu the cuning ni libod,
775      erl obarmôdig.'    Al antkende
         Iosep godes têcan:    geriuuide ina sniumo
         the thegan mit thera thiornun,    thô sie thanan uueldun
         bêðiu mid thiu barnu:    lêstun thiu berhton giscapu,
         uualdandes uuillion,    al sô he im êr mid is uuordun gibôd.
```

X.

```
780      Giuuitun im thô eft an Galilealand    Ioseph endi Maria,
         hêlag hiuuiski    hebencuninges,
         uuârun im an Nazarethburg.    Thar the neriondio Krist
         uuôhs undar them uuerode,    uuarð giuuitties ful,
         an uuas imu anst godes,    he uuas allun liof
785      môdarmâgun:    he ni uuas ôðrun mannun gilîc,
         the gumo an sînera gôdi.    Thô he gêrtalo
         tuuelibi habde,    thô uuarð thiu tîd cuman,
         that sie thar te Hierusalem,    Iuðeo liudi
         iro thiodgode    thionon scoldun,
790      uuirkean is uuilleon.    Thô uuarð thar an thana uuîh innan
         thar te Hierusalem    Iudeono gisamnod
         mancraft mikil.    Thar Maria uuas
         self an gisîðea    endi iru sunu habda,
         godes êgan barn.    Thô sie that geld habdun,
795      erlos an them alaha,    sô it an iro êuua gibôd,
         gilêstid te iro landuuîsun,    thô fôrun im eft thie liudi thanan,
         uueros an iro uuillion    endi thar an them uuîha afstôd
```

---

769 he fehlt C.
771 ageban C.
772 se C.
773 an friðu fehlt C.
779 err C, than M.
780 galileo land C.

783 uuas C.
785 gilih M.
786 The fehlt C.   jartalu C.
788 sie fehlt C.
794 enag M.
795 fehlt C.

```
        mahtig barn godes,    sô ina thiu môdar thar
        ni uuissa te uuâron;   ac siu uuânda that he mid them uueroda forð,
800     fôri mit iro friundun.    Gifrang aftar thiu
        eft an ôðrun daga     aðalcunnies uuîf,
        sâlig thiorna,    that he undar them gisîðia ni uuas.
        Uuarð Mariun thô     môd an sorgun,
        hriuuig umbi iro herta,    thô siu that hêlaga barn
805     ni fand undar them folca:    filu gornoda
        thiu godes thiorna.    Giuuitun im thô eft te Hierusalem
        iro sunu sôkean,    fundun ina sittean thar
        an them uuîha innan,    thar the uuîsa man,
        suuîðo glauuua gumon    an godes êuua
810     lâsun ende lînodun,    huô sie lof scoldin
        uuirkean mid iro uuordun    them, the thesa uuerold giscôp.
        Thar sat undar middiun    mahtig barn godes,
        Krist alouualdo,    sô is thea ni mahtun antkennian uuiht,
        the thes uuîhes thar    uuardon scoldun,
815     endi frâgoda sie    firiuuitlîco
        uuîsera uuordo.    Sie uundradun alle,
        bihuuî gio sô kindisc man    sulica quidi mahti
        mid is mûðu gimênean.    Thar ina thiu môdar fand
        sittean under them gisîðea    endi iro sunu grôtta,
820     uuîsan undar them uueroda,    sprac im mid ira uuordun tô:
        'huuî uueldes thu thînera môdar,    manno liobosto,
        gisidon sulica sorga,    that ic thi sô sêragmôd,
        idis armhugdig    êscon scolda
        undar thesun burgliudiun?'    Thô sprac iru eft that barn angegin
825     uuîsun uuordun:    'huuat, thu uuêst garo', quað he,
        'that ic thar girîsu,    thar ic bi rehton scal
        uuonon an uuilleon,    thar giuuald habad
        mîn mahtig fader.'    Thie man ni forstôdun,
        thie uueros an them uuîha,    bihuuî he sô that uuord gisprac,
```

---

801 an fehlt C.
805 grornoda C, vgl. zu 1685.
808 uuisun C.
809 bi C.
814 uuihæs M.
815 firouuitlico M.
817 Huo C.   mohtig C.

818 gimahlean mid is muðu C.
819 gisithon C.   grohta M.
820 im thuo mid C.   tho M.
822 vgl. Grein, Gm. 11, 212 und Steig, ZfdPh 16, 475.   sulica sorgo M, succa sorga C.
825 quað he fehlt C.

830 gimênda mid is mûðu: Maria al biheld,
gibarg an ira breostun,   sô huuat sô siu gihôrda ira barn sprecan
uuisaro uuordo.   Giuuitun im thô eft *thanan*
fon Hierusalem   Ioseph endi Maria,
habdun im te gisîðea   sunu drohtines,
835 allaro barno *bezta,*   thero the io *giboran* uurði
magu fon môdar: habdun im thar minnea tô
thurh *hluttran* hugi,   endi he sô gihôrig uuas,
godes êgan barn   gadulingmâgun
thurh is ôdmôdi,   aldron sînun:
840 ni uuelda an is kindiski thô noh   is craft mikil
mannun mârean,   that he sulic megin êhta,
giuuald an thesaro uueroldi,   ac he im an is uuilleon bêd
githiudo undar thero thiodu   thrîtig gêro,
êr than he thar têcan ênig   tôgean uueldi,
845 seggean them gisîðea,   that he selbo uuas
an thesaro middilgard   manno drohtin.
Habda *im* sô *bihalden*   hêlag barn godes
uuord endi uuîsdôm   ende allaro giuuitteo mêst,
tulgo spâhan hugi: ni mahta *man is* an is sprâcun uuerðan,
850 an is uuordun *giuuar,*   that he sulic giuuit êhta,
thegan sulica githâhti,   ac he im sô githiudo bêd
torhtaro têcno.   Ni uuas noh than thiu tîd cuman,
that he ina obar thesan middilgard   mârean *scolda,*
lêrian thie liudi,   huuô sie *scoldin* iro gilôbon haldan,
855 uuirkean uuilleon godes.   Uuissun that thoh managa
liudi aftar them landa,   that he uuas an thit lioht cuman,
thoh sie ina cûðlîco   ankennian ni mahtin,
êr than he ina selbo   seggean uuelda.

---

831 gibarg *z. T. rad. M.*
832 thanan *fehlt C.*
835 best *C.*   gibaranero *C.*
837 hlutran *M.*
847 im *fehlt C.*   bihalden] biholonan *C.*
849 man *nach* spracun *MC, die Umstellung nach Sievers, ZfdA 19, 54.*   is *fehlt C.*
850 giuuaro *C.*
851 Thie thegan *C;* vgl. Behaghel, Gm. 27, 416; Schlüter, Nd. Jb. 40, 153.
852 *vgl.* Roediger 285.
853 scoldi *C.*
854 scoldi *C.*

XI.

Than uuas im Iohannes   fon is iuguðhêdi
860 auuahsan an ênero uuôstunni;   thar ni uuas uuerodes than mêr,
bûtan that he thar êncora   alouualdon gode,
thegan thionoda: forlêt thioda gimang,
manno *gimêndon*.   *Thar* uuarð im mahtig cuman
an thero uuôstunni   uuord fon himila,
865 gôdlîc stemna *godes,*   endi Johanne gibôd,
that he Cristes cumi   endi is craft mikil
obar thesan middilgard   mârean scoldi;
hêt ina uuârlîco   uuordun seggean,
that uuâri hebanriki   helido barnun
870 an them landscepi,   liudiun ginâhid,
uuelono uunsamost.   Im uuas thô uuilleo mikil,
that *he* fon sulicun sâldun   seggean môsti.
Giuuêt im thô gangan,   al sô Jordan flôt,
uuatar an uuilleon,   endi them uueroda allan dag,
875 aftar them landscepi   them liudiun cûðda,
that sie mid fastunniu   firinuuerc manag,
iro *selboro*   sundia bôttin,
'that gi uuerðan hrênea', quað he.   'Hebanrîki *is ginâhid*
manno *barnun*.   Nu lâtad *eu* an euuan môdsebon
880 *euuar selboro*   sundea hreuuan,
lêðas that gi an thesun liohta *fremidun,*   endi mînun lêrun hôread,
uuendeat aftar mînun uuordun.   Ic eu an uuatara scal
gidôpean diurlîco,   thoh ic euua dâdi ne mugi,
euuar selbaro   sundea alâtan,
885 that gi thurh mîn handgiuuerc   hluttra uuerðan
lêðaro gilêsto: ac the is an thit lioht cuman,
mahtig te mannun   endi undar eu middiun stêd,
— thoh gi ina selbun   gisehan ni *uuillean* —,

---

861 neuuan *C.*
863 gim. th. *in M rad.*
865 gode *C.*
872 he *fehlt C.*
877 sebaro *C.*
878 is ginâhid ‖ *Hofmann I 51f. (mit der älteren Literatur).*
879 barn *C.* eu *fehlt MC.*
880 iuuuera selban *C; vgl. Schumann, Gm.* 30, 68.
881 lêd *Behaghel, Gm.* 21, 144; *vgl. Kock, Streifzüge* 24; *Colliander* 473. gifrumidun *C.*
884 iuuero *C.*
888 uuelleat *C.*

the eu *gidôpean* scal an euues drohtines namon
890 an thana *hâlagon* gêst.   That is hêrro obar al:
he mag allaro manno gihuuena mêngithâhteo,
sundeono sicoron, sô huene sô sô sâlig môt
uuerðen an thesaro uueroldi, that thes uuilleon habad,
that he sô gilêstea, sô he thesun liudiun uuili,
895 gibioden barn godes. Ic bium an is *bods*kepi herod
an thesa uuerold cumen endi scal im thana uueg rûmien,
lêrean thesa liudi, huuô sea *sculin* iro gilôbon haldan
thurh hluttran hugi, endi that sie an hellea ni thurbin,
faran an fern that hêta. Thes uuirðid sô fagan an is môde
900 man te sô managaro *stundu,* sô huue sô that mên forlâtid,
gerno thes gramon anbusni, – sô mag im thes gôdon giuuirkean,
huldi hebencuninges, – sô huue sô habad hluttra treuua
up te them alomahtigon gode.' Erlos managa
bi them lêrun thô, liudi uuândun,
905 uueros uuârlîco, that that uualdand Krist
selbo uuâri, huuanda he sô filu sôðes gisprac,
uuâroro uuordo. Thô uuarð that sô uuîdo cûð
obar that forgebana land gumono gihuuilicum,
seggiun *at* iro selðun: thô quâmun ina sôkean tharod
910 fon Hierusalem Iudeo *liudio*
bodon fon theru *burgi* endi *frâgodun,* ef he uuâri that barn godes,
'that hêr lango giu', quâðun sie, 'liudi sagdun,
uueros uuârlîco, that he scoldi an thesa uuerold cuman'.
Iohannes thô gimahalde endi tegegnes sprac
915 them bodun baldlîco: 'ni bium ic', quað he, 'that barn godes,
uuâr uualdand Krist, ac ic scal im thana uueg rûmien,
hêrron mînumu.' Thea heliðos frugnun,
thea thar an them ârundie erlos uuârun,
bodon fon *thero burgi*: 'ef thu *nu* ni bist that barn godes,
920 bist thu than thoh Elias, the hêr an êrdagun

---

889 dopan *C.*
890 helagan *C.*
895 gibod- *C.*
897–98 die Abteilung nach Grein, *Gm.* 11, 212.
897 sculun *C.*
900 stunduo *C.*

909 an *C.*
910 liudi *C.*
911 burg *M; vgl.* Behaghel, *Gm.* 27, 417. endi fragodun *tilgt* Roediger.
919 thero burgi] Hierusalem *M.* nu fehlt *M.*

uuas undar thesumu uuerode?   He is *uuiscumo*
eft an thesan middilgard.   Saga ûs huuat thu manno sîs!
Bist thu ênig *thero*,   the hêr *êr* uuâri
uuîsaro uuârsaguno?   Huuat sculun uui them uuerode fon thi
925 seggean te sôðon?   Neo hêr *êr sulic* ni uuarð
an *thesun* middilgard   man *ôðar* cuman
dâdiun sô mâri.   Bihuuî thu hêr *dôpisli*
fremis undar thesumu folke,   ef thu tharo forasagono
ênhuuilic *ni* bist?'   Thô habde eft garo
930 Iohannes the gôdo   glau anduuordi:
'Ic bium forabodo   frâon mînes,
liobes hêrron;   ic scal thit land recon,
thit *uuerod* aftar is uuillion.   Ic hebbiu fon is uuorde mid mi
stranga stemna,   thoh sie hêr ni uuillie forstandan filo
935 uuerodes an thesaro uuôstunni.   Ni bium ic mid uuihti *gilîc*
drohtine mînumu: he is mid is dâdiun sô strang,
sô mâri endi sô mahtig – that uuirðid managun cûð,
uuerun aftar thesaro uueroldi – that ic thes uuirðig ni bium,
that ic môti an is giscuoha,   thoh ic sî is *scalc êgan,*
940 an sô *rîkiumu* drohtine   thea reomon antbindan:
sô mikilu is he betara than ic.   Nis thes *bodon* gimaco
ênig obar erðu,   ne nu aftar ni scal
uuerðan an thesaro uueroldi.   Hebbiad euuan uuillion tharod,
liudi euuan gilôbon: than eu *lango scal uuesan*
945 euua hugi hrômag;   *than gi helligithuuing,*
forlâtad lêðaro drôm   endi sôkead eu lioht godes,
upôdes hêm,   *êuuig* rîki,
hôhan hebenuuang.   Ne lâtad euuan hugi tuuîflien!'

---

921 u. 22 uuiscumo eft ‖ an *Heyne, Rückert*.
923 thero *fehlt M.*   êr *fehlt M.*
924 uuissaro *C.*
925 êr *fehlt C.*   sulig *M.*
926 thesan *C.*   obar *C.*
927–28 dopisli fremis | *Heyne, Rückert, Piper.*
928 frumis *C.*
929 ni] thu *C.*
933 uuord *C.*
935 gilih *M.*

937 u. 38 *die Gedankenstriche nach Heusler, ZfdA 57, 20.*
939 egan scalc *M.*
940 rikeo *C.*   941 bodo *C.*
944 f. so *M; Abteilung nach Schmeller und Hofmann I 52*] lango uuesan scal *C;* lango scal ‖ uuesan *Sievers, ZfdA 19, 57, Piper, Behaghel;* scal iu lango uuesan *Sievers, Ausg. (s. Anm.).* that *C.* hellea githuing *C.*
946 endi *fehlt C.*
947 egan, *korr. aus* h- *M.*

XII.

Sô sprac thô iung gumo   bi godes lêrun
950 mannun te mârðu.   Manag *samnoda*
thar te Bethania   barn Israheles;
quâmun thar te Iohannese   cuningo gisîðos,
liudi te lêrun   endi iro gilôbon antfengun.
He dôpte sie dago gihuuilikes   endi im iro dâdi lôg,
955 uurêðaro uuillion,   endi lobode im uuord godes,
hêrron sînes: 'Hebenrîki uuirðid', quað he,
'garu gumono sô huuem,   sô ti gode thenkid
endi an thana *hêleand* *uuili   hluttro *gilôbean,*
lêstean is lêra'.   Thô ni uuas lang *te* thiu,
960 that im fon Galilea giuuêt   godes êgan barn,
*diurlîc drohtines sunu,   dôpi suokean.
Uuas im thuo an is uuastme   uualdandes barn*,
al sô he mid thero thiodu   thrîtig habdi
uuintro an is uueroldi.   Thô he an is uuilleon *quam,*
965 thar Iohannes   an *Iordana* strôme
allan *langan* dag   liudi manage
dôpte diurlîco.   *Reht* sô he thô is drohtin gisah,
holden hêrron,   sô uuarð im is hugi blîði,
thes im *the* uuilleo gistôd,   endi sprac *im thô* mid is uuordun *tô,*
970 *suuîðo gôd gumo,*   *Iohannes te Kriste:*
'nu cumis thu te mînero dôpi,   drohtin frô mîn,
thiod*gumono bezto:*   sô scolde ic te thînero duan,
huuand thu bist allaro cuningo craftigost.'   Krist selbo gibôd,
uualdand uuârlico,   that he ni sprâki thero uuordo than mêr:

950–51 samnoda thar *Rückert.*
955 *vgl. Schumann, Gm.* 30, 89; *Sievers, PBB* 10, 588; *Colliander* 476.
958 heleand *fehlt C;* heleand | uuili *Rükkert. Mit* uuili *tritt P ein.* gilobon *P.*
959 aftar *P.*
961 u. 62 *fehlen M.*
964 quam *fehlt C.*
965 iordanes *M, dazu Steinger, Nd. Jb.* 51, 2.
966 langana *P, Steinger S.* 7.

967 rehto *M, vgl. Martin, ZfdA* 40, 127, *Steinger S.* 2, 6.
969 thea *M.*   im thuo *(?;* im t *fast völlig abgerieben) üb. d. Z. einkorr. P*   tuo *(unsicher) P.*
970 *fehlt P, nach Martin, ZfdA* 40, 127 *unecht, nach Behaghel, Piper, Steinger S.* 2 *echt*
972 -gumo:o bez:: *P (vgl. Piper, Nd. Jb.* 21, 54), -gumo best *C, dazu Steinger S.* 3, 5, 7.

975 'uuêst thu, that ûs sô girîsid', quað he,   'allaro rehto *gihuuilik*
    te gifulleanne   *forð*uuardes nu
    an godes uuilleon'.   Iohannes stôd,
    dôpte allan dag   druhtfolc mikil,
    uuerod an uuatere   endi ôk uualdand Krist,
980 *hêran* hebencuning   handun sînun
    an allaro *baðo* them *bezton*   endi im thar te bedu gihnêg
    an cneo craftag.   Krist up giuuêt
    fagar fon them flôde,   friðubarn godes,
    liof liudio uuard.   Sô he thô that land *afstôp*,
985 sô anthlidun thô himiles doru,   endi quam the hêlago gêst
    fon them alouualdon   obane te Kriste:
    − uuas im an gilîcnissie   *lungras* fugles,
    diurlîcara dûbun − endi sat im uppan ûses drohtines *ahslu*,
    uuonoda im oƀar them uualdandes barne.   Aftar quam thar uuord
                                                               [fon himile,
990 hlûd fon them *hôhon* radura   *en* grôtta thane hêleand selƀon,
    Krist, allaro cuningo bezton,   quað that he ina gicoranan habdi
    selƀo fon sînun rîkea,   quað that im the sunu *lîcodi*
    bezt allaro giboranaro manno,   quað that he im uuâri allaro barno
    That môste Iohannes thô,   al sô it god uuelde,   [liobost.
995 *gisehan* endi gihôrean.   He gideda it sân aftar thiu
    mannun *mâri*,   that sie thar mahtigna
    hêrron habdun: 'thit is', quað he, 'hebencuninges sunu,
    ên alouualdand: thesas uuilleo ic urcundeo
    uuesan an thesaro uueroldi,   huuand it sagda mi uuord godes,

---

975 sô *fehlt C.*   gihuilig *M.*
976 for- *C.*
979 og *M, dazu Steinger S.* 6.
980 herran *P,* herren *C; vgl. S.* XXII, Anm. 17.
981 bethuo *C.*   beztom *P,* beston *C, dazu Steinger S.* 2, 10.
984 ofstuop *C;* atstop *Behaghel, Gm.* 21, 144, astop *Gallée, Tijdschr. v. ndl. Taal- en Letterk.* 1, 258, *vgl. Vinkkers ebda.* 2, 1, *Steinger S.* 5.
987 iungres *M, dazu Steinger S.* 2, *in P überschrieben* gitalas, *dazu Steinger ebda.*
988 ahsla *C,* ahslon *P.*
990 hohom *P, dazu Steinger S.* 2.   endi *PC.*
991 Crista *P; vgl. Gallée, Gramm.* § 297, *Anm. 1; van Helten, PBB* 36, 441f.; *Hofmann I* 52; *anders Steinger, Nd. Jb.* 51, 7.
992 licode *C.*
994 thô *fehlt C.*
995 gisahan *C.*
996 gimarid *P.*
997 that *C.*

	drohtines stemne,	thô he mi dôpean hêt
1000	drohtines stemne,	thô he mi dôpean hêt
	uueros an uuatare,	sô huuar sô ic gisâhi uuârlîco
	thana *hêlagon* gêst	*fan hebanuuange
	an *thesan* middilgard	ênigan man uuaron,
	cuman mid craftu;	that quað, *that* scoldi Crist uuesan,
1005	diurlîc drohtines suno.	Hie dôpean scal
	an thana* hêlagan gêst*	endi hêlean managa
	manno mêndâdi.	He habad *maht* fon gode,
	that he alâtan mag	liudeo gihuuilicun
	saca endi sundea.	Thit is selbo Krist,
1010	godes êgan barn,	gumono bezto,
	friðu uuið fiundun.	Uuala that eu thes mag frâhmôd hugi
	uuesan an thesaro uueroldi,	thes eu the uuilleo gistôd,
	that gi sô *libbeanda*	thana landes uuard
	selbon gisâhun.	Nu môt *sliumo* sundeono lôs
1015	manag gêst faran	an godes uuilleon
	tionon atômid,	the mid treuuon uuili
	uuið is uuini uuirkean	endi an uualdand Krist
	fasto gilôbean.	That scal te *frumun* uuerðen
	gumono sô huuilicun,	sô that gerno dôt'.

XIII.

1020	Sô gefragn ic that *Iohannes thô*	gumono gihuuilicun,
	loboda them liudiun	lêra Kristes,
	hêrron sines,	endi hebenrîki
	te giuuinnanne,	uuelono thane mêston,
	sâlig sinlîf.	Thô he *im* selbo giuuêt
1025	aftar them dôpislea,	drohtin the gôdo,
	an êna uuôstunnea,	uualdandes sunu;
	uuas im thar an thero ênôdi	erlo drohtin
	lange huuîla;	ne habda liudeo than mêr,

1002a helagna *C*.
1002b–1006a einschl. *fehlt M.*
1003 thesaro *P, dazu Steinger S.* 2.
1004 *das zweite* that *fehlt C; vgl. Behaghel, Gm.* 27, 417.
1006 *Mit* thana *endet P.*
1007 tha maht *C.*

1013 libbeandi *C, dazu Steinger S.* 51.
1014 sniumo *C.*
1018 frumi *C.*
1020 Iohannes | tho *Rückert.*
1024 im *fehlt C.*
1025 *fehlt C, nach Martin unecht, ZfdA* 40, 127. them] the:: *(rad.) M.*

seggeo te gisîðun, al sô he im selbo gicôs:
1030 uuelda is thar lâtan *coston* craftiga uuihti,
selbon *Satanasan,* the gio an sundea spenit,
man an mênuuerk: he consta is môdsebon,
uurêðan uuilleon, huuô he thesa uuerold êrist,
an them anginnea irminthioda
1035 bisuêc mit sundiun, thô he thiu *sinhîun* tuuê,
Âdaman endi Êuan, thurh untreuua
forlêdda *mid* luginun, that liudio barn
aftar iro hinferdi hellea sôhtun,
gumono gêstos. Thô uuelda that god mahtig,
1040 uualdand uuendean endi uuelda thesum uuerode forgeben
hôh himilrîki: bethiu he herod hêlagna bodon,
is sunu *senda.* That uuas *Satanase*
tulgo harm an is hugi: afonsta hebanrîkies
manno cunnie: uuelda thô mahtigna
1045 mid them selbon sacun sunu drohtines,
them he Âdaman an êrdagun
darnungo bidrôg, that he uuarð is drohtine lêð,
bisuuêc ina mid sundiun — sô uuelda he thô selban dôn
hêlandean Krist. Than habda he is hugi fasto
1050 uuið thana uuamscaðon, uualdandes barn,
herte sô giherdid: uuelda hebenrîki
liudiun gilêstean. Uuas im the landes uuard
an *fastunnea* fiortig nahto,
manno drohtin, sô he thar *mates* ni *antbêt;*
1055 than *langa* ni gidorstun im dernea uuihti,
nîðhugdig fîund, nâhor gangan,
grôtean ina geginuuardan: uuânde that he *god* ênfald,
forûtar mancunnies uuiht mahtig uuâri,
hêleg himiles uuard. Sô he ina thô gehungrean lêt,

1030 costan *M.*
1031 Satanase *C.*
1035 siniun *M.*
1036 Adam *C.*
1037 mid is *C.*
1042 sanda *C.*
1042–43 Satanase tulgo ‖ harm *Heyne, Rückert, Rieger, Leseb.* 8, 15.
1044 mancunnie *M.*
1045 vgl. *Jellinek, AfdA* 23, 33.
1046 them the *C.* Adame *C.*
1049 suno drohtines helandan *C.*
1053 fastun *M.*
1054 muoses *C. Interpunktion nach Rieger, Leseb.* 8, *Kock, Jaunts and Jottings* 44.
1055 lang *C.*
1057 god *fehlt C.*

1060 that ina bigan bi thero menniski   môses lustean
aftar them fiuuartig dagun,   the fîund nâhor geng,
mirki mênscaðo: uuânda that he man ênfald
uuâri uuissungo,   sprac im thô mid is uuordun tô,
grôtta ina the gêrfîund: 'ef thu sîs godes sunu', quað he,
1065 'behuuî ni hêtis thu than uuerðan,   ef thu giuuald habes,
allaro barno bezt,   brôd *af* thesun stênun?
Gehêli thînna hungar.'   Thô sprac *eft* the hêlago Crist:
'ni mugun *eldibarn*', quað he,   'ênfaldes brôdes,
liudi libbien,   ac sie sculun thurh lêra godes
1070 uuesan an thesero uueroldi   endi sculun thiu uuerc frummien,
thea thar uuerðad ahlûdid   fon thero hêlogun tungun,
fon them galme godes: that is gumono lîf
liudeo sô *huilicon,*   sô that lêstean uuili,
that fon uualdandes   uuorde gebiudid.'
1075 Thô bigan eft niuson   endi nâhor geng
unhiuri fîund   *ôðru* sîðu,
fandoda is frôhan.   That friðubarn tholode
uurêðes uuilleon   endi *im* giuuald forgaf,
that he umbi is craft mikil   coston *môsti,*
1080 lêt ina thô lêdean   thana liudscaðon,
that he *ina* an Hierusalem   te them godes uuîha,
alles obanuuardan,   *up* gisetta
an allaro hûso hôhost,   endi hoscuuordun sprac,
the gramo thurh gelp mikil: 'ef thu sîs godes sunu', quað he,
1085 'scrîd *thi te* erðu hinan.   Gescriban uuas it giu lango,
an bôcun geuuriten,   huuô giboden habad
is engilun   alomahtig fader,
that sie thi at *uuege* gehuuem   uuardos sindun,
haldad thi undar iro handun.   Huuat, thu huuargin ni tharft
1090 mid thînun fôtun   an felis bespurnan,

1062 enuald *M,* euuald *C.*
1065 vgl. Behaghel, *Gm.* 27, 417.
1066 of *C.*
1067 **gihelis** Rieger, *Leseb. 9.* im eft *C.*
1068 eldiu barn *C.*   enualdes *M,* en-
   uualdes *C.*
1073 huuilikes *M.*
1076 othar *C.*

1078 im thia *C.*
1079 muosta *C.*
1081 ina *fehlt MC.*
1082 uppan *C.*
1085 ti te *M,* the ti (ti *üb. d. Z. einkorr.*)
   C.
1088 uuigo *C. Vgl. Braune zu Gen. 255.*

an hardan stên.'   *Thô* sprac eft the hêlago Crist,
allaro barno bezt: 'sô is ôc an bôcun gescriban', quað he,
'that thu te hardo ni scalt   hêrran thînes,
fandon thînes frôhan: that nis thi allaro frumono *negên*.'
1095 Lêt ina thô an thana thriddean sîð   thana thiodscaðon
gibrengen uppan *ênan berg then* hôhon: thar ina the *balouuîso lêt
al* oɓarsehan   irminthiode,
uuonodsaman uuelon   endi uueroldrîki
endi all sulic ôdes,   sô thius erða *bihabad*
1100 fagororo frumono,   endi sprac im thô the fîund angegin,
quað that he im that al sô gôdlîc   forgeɓen uueldi,
hôha heridômos,   'ef thu *uuilt* hnîgan te mi,
fallan te mînun fôtun   endi mi *for* frôhan habas,
bedos te mînun barma.   Than lâtu ic thi brûcan uuel
1105 alles *thes* ôduuelon,   thes ic thi hebbiu giôgit hîr.'
Thô ni uuelda thes lêðan uuord   lengeron huuîle
hôrean the hêlago Crist,   ac he ina *fon* is huldi fordrêf,
Satanasan forsuuêp,   endi sân aftar sprac
allaro barno *bezt*,   quað that man bedon scoldi
1110 *up* te them alomahtigon gode   endi *im ênum thionon*
suuîðo thiolico   thegnos managa,
heliðos aftar is huldi: 'thar is thiu helpa gelang
manno gehuuilicun.'   Thô giuuêt im the *mênscaðo*,
suuîðo sêragmôd   Satanas thanan,
1115 fîund undar *fern*dalu.   Uuarð thar folc mikil
fon them alouualdan   obana te Criste
godes engilo cumen,   thie im sîðor iungardôm,
scoldun ambahtscepi   aftar lêstien,

1091 To, T *radiert, M.*
1094 neg:: *(rad.) M.*
1096 enon berage them *C.*
1096–97 *so Sievers, ZfdA 19, 54 und Ausg., Text (Anm. hierzu fehlerhaft); Hofmann I 52]* balouuîso ‖ lêt al *übrige Hg., Kauffmann, PBB 12, 349.*
1098 uuonot- *M,* -samna *C.*
1099 birid *C.*
1102 uuili *C.*
1103 for *fehlt C.*
1105 thieses *C.*
1107 fon *fehlt C.*
1108 Satanase *C.*
1109 betz *M.*
1110 up *fehlt C.* im *fehlt C.* im enum ‖ thionon *Rieger, Leseb.* 10, enum im ‖ thionon *Heyne, Rückert; vgl. Sievers, ZfdA 19, 54.*
1113 menn- *C.*
1115 farn- *C.*
1117–18 *Verse nach Hirt, Gm. 36, 289, Sievers, PBB 10, 540, Kauffmann, PBB 12, 315.*

thionon thiolîco: sô *scal* man thiodgode,
1120 hêrron *aftar* huldi, hebancuninge.

XIV.

Uuas im *an* them sinuueldi sâlig barn godes
lange huîle, untthat im thô *liobora* uuarð,
that he is craft mikil cûðien uuolda
uueroda te uuillion. Thô forlêt he uualdes hleo,
1125 ênôdies ard endi sôhte im eft erlo gemang,
mâri meginthiode endi manno drôm,
geng im thô bi *Iordanes* staðe: thar ina Iohannes antfand,
that friðubarn godes, frôhan sînan,
hêlagana hebencuning, endi them heliðun sagda,
1130 Iohannes is iungurun, thô he ina gangan gesah:
'thit is that lamb godes, that thar lôsean scal
af thesaro uuîdon uuerold uurêða sundea,
mancunneas mên, mâri drohtin,
cuningo craftigost.' Krist im forð giuuêt
1135 an Galileo land, godes êgan barn,
fôr im te them friundun, thar he afôdit uuas,
tîrlîco atogan, endi talda mid uuordun
Krist undar is cunnie, cuningo rîkeost,
huuô sie scoldin iro selboro sundea bôtean,
1140 hêt that sie im iro harmuuerc manag hreuuan lêtin,
feldin iro firindâdi: 'nu is it all *gefullot* sô,
sô hîr alde man êr huuanna sprâcun,
gehêtun eu te helpu *hebenrîki:*
nu is it *giu* ginâhid thurh thes neriandan craft: thes môtun gi neotan
1145 sô huue sô gerno uuili gode theonogean, ⌊forð,

1119 scal *nach* man Rückert, *nach* -gode Heyne.
1120 after is *C.*
1121 an *fehlt* M, *in* C *einkorrigiert.*
1122 lioboro *M.*
1127 iordana *C, dazu* Steinger, *Nd. Jb.* 51, 3.
1129 helagan *C.*
1141 feldi *C.* gifullid *C.*
1143 himilo riki *oder* hebanes riki Kauffmann, *PBB* 12, 348, that hebenriki Holthausen (briefl.), *s. aber* Behaghel, *Syntax S.* 18.
1144 iu *C.*

uuirkean aftar is uuilleon.' Thô uuarð thes uuerodes *filu*,
thero liudeo an lustun: uurðun im thea lêra Cristes,
sô suôtea them gisîðea. He began im samnon thô
gumono te iungoron, gôdoro manno,
1150 uuordspâha uueros. Geng im thô bi ênes uuatares staðe,
thar *thar* habda Iordan aneban Galileo land
ênna sê geuuarhtan. Thar he sittean fand
Andreas endi Petrus bi them ahastrôme,
bêðea thea gebrôðar, thar sie an brêd uuatar
1155 suuîðo *niudlîco* netti thenidun,
fiscodun im an them flôde. Thar sie that friðubarn godes
bi thes sêes staðe selbo *grôtta*,
hêt that sie im folgodin, quað that he *im* sô filu uuoldi
godes rîkeas forgeben; 'al sô git hîr an *Iordanes* strôme
1160 fiscos *fâhat*, sô sculun git noh firiho barn
halon te incun handun, that sie an hebenrîki
thurh inca lêra lîðan môtin,
faran folc manag.' Thô uuarð frômôd hugi
bêðiun them gibrôðrun: antkendun that barn godes,
1165 lioban hêrron: forlêtun al *saman*
Andreas endi Petrus, sô huuat sô sie bi theru ahu habdun,
geuunstes bi them uuatare: uuas im uuilleo mikil,
that sie mid them godes barne gangan môstin,
samad an is gisîðea, scoldun sâliglîco
1170 lôn antfâhan: sô dôt liudeo so huuilic,
sô thes hêrran uuili *huldi* githionon,
geuuirkean is uuilleon. Thô sie bi thes uuatares staðe
furðor quâmun, thô fundun sie *thar* ênna frôdan man
sittean bi them sêuua endi is suni tuuêne,
1175 Iacobus endi Iohannes: uuârun im iunga man.
Sâtun im thâ gesunfader an ênumu sande uppen,
brugdun endi bôttun *bêðium* handun

1146 so filo C.
1149 gumon C.
1151 thie C.
1155 niutlico M.
1157 gigruotta C.
1158 im fehlt C.
1159 al fehlt C. iordana C.

1160 gifahad C.
1164 bithion C; Sarauw I, 165.
1165 samod C.
1167 giuunnanes C.
1171 huld C.
1173 Cäsur nach thar Rückert.
1177 bithiun C vgl. 1164.

thiu netti niudlîco, thea sie habdun nahtes êr
forsliten an them sêuua. Thar sprac im selbo tô
1180 sâlig barn godes, hêt that sie an thana sîð mid im,
Iacobus endi Iohannes, gengin bêðie,
kindiunge man. Thô uuârun im Kristes uuord
sô *uuirđig* an thesaro uueroldi, that sie bi thes uuatares staðe
iro aldan fader ênna forlêtun,
1185 frôdan bi them flôde, endi al that sie thar fehas êhtun,
nettiu endi *neglitskipu*, *gecurun im* thana neriandan Krist,
hêlagna te hêrron, uuas im *is helpono* tharf
te githiononne: sô is allaro thegno gehuuem,
uuero an thesero uueroldi. Thô giuuêt im the uualdandes sunu
1190 mid them fiuuariun forð, endi im thô thana fîfton gicôs
Krist an ênero côpstedi, cuninges iungoron,
môdspâhana man: Mattheus uuas he hêtan,
uuas im ambahteo eðilero manno,
scolda thar te is hêrron handun antfâhan
1195 tins endi *tolna;* treuua habda he gôda,
âðalandbâri: forlêt al *saman*
gold endi silubar endi geba managa,
diurie mêðmos, endi uuarđ im ûses drohtines man;
côs im the cuninges *thegn* Crist te hêrran,
1200 *milderan* mêðomgebon, than êr is *mandrohtin*
uuâri an thesero uueroldi: feng im uuôðera thing,
langsamoron râd. Thô uuarð it allun them liudiun cûð,
fon allaro burgo gihuuem, huuô that barn godes
samnode gesîðos endi selbo gesprac
1205 sô manag uuîslîc uuord endi uuâres sô filu,
torhtes gitôgde endi têcan manag
geuuarhte an thesero uueroldi. Uuas that an is uuordun scîn
iac an is dâdiun sô same, that he drohtin uuas,

1181 Iacob C.
1182 tuo C.
1183 giuuirđiga C, *vgl. Sparnaay, PBB* 60, 385.
1186 neglitscipu *Sievers*] neglit skipu *die übrigen Herausgeber.* gicuran C. im *fehlt* C.
1187 is huldi helpono C.
1188 is huldi te githiononne *Rückert.*
1195 tol M.
1196 samod C.
1199 man C.
1200 melderon C. med- M.
1200f. man uuari drohtin C.

himilisc hêrro   endi te helpu quam
1210 an thesan middilgard   manno barnun,
liudiun te thesun liohta.

XV.*

Oft gededa he that an them lande scîn,
than he thar *torhtlîc sô manag*   têcan giuuarhte,
thar he hêlde mid is handun   halte endi *blinde*,
lôsde af theru lêfhêdi   liudi manage,
1215 af sulicun suhtiun,   sô than allaro suâroston
an firiho *barn*   fîund biuurpun,
tulgo langsam legar.   Thô fôrun thar thie liudi tô
allaro dago *gehuuilikes*,   thar ûsa drohtin uuas
selbo undar them gisîðie,   untthat thar gesamnod uuarð
1220 meginfolc mikil   managaro thiodo,
thoh sie thar *alle be gelîcumu*   gelôbon ni quâmin,
uueros thurh ênan uuilleon: sume sôhtun sie that uualdandes barn,
armoro manno filu — uuas *im* âtes tharf —,
that sie im thar *at* theru menigi   *mates* endi drankes,
1225 *thigidin at* theru thiodu;   huuand thar uuas manag thegan sô gôd,
thie ira alamosnie   armun mannun
gerno gâbun.   Sume uuârun sie im eft Iudeono cunnies,
fêgni folcskepi: uuârun *thar gefarana* te thiu,
that sie ûses drohtines   dâdio endi uuordo
1230 fâron *uuoldun*,   habdun im *fêgnien* hugi,
uurêðen uuillion: uuoldun uualdand Crist
alêdien them liudiun,   that sie is lêron ni hôrdin,
ne *uuendin* aftar is uuillion.   Suma uuârun sie im eft sô uuîse man,

---

1211 XV nach 1210 C; Bruckner, ZfdPh 35, 533.
1212 torhlic M, torohlic C; torhtliko | Rückert, danach Behaghel.   so manag | Sievers, Piper, Hofmann I 52; anders Roediger, S. 285, vgl. Behaghel, Gm. 27, 417.
1213 blindan C.   1216 barnun M.
1218 gehuikes C.
1221 alla gilico gebula (geluba Köne, lubiga Rückert) ni qu. C; vgl. Behaghel, Gm. 27, 417.
1223 vgl. Jellinek, ZfdPh 36, 543.   im thar C.
1224 an C.   metes C.
1225 thigidun an C.
1228 im thar C.   geuarana M.
1230 weldin Schröder, ZfdA 46, 112.   freknean C.
1233 uuendien C.

uuârun *im* glauuue gumon   endi gode uuerðe,
1235 alesane undar them liudiun,   quâmun im *tharod* be them lêron Cristes,
that sie is hêlag uuord   *hôrien* môstin,
lînon endi lêstien: habdun mid iro gelôbon te im
fasto *gefangen,*   habdun im ferhten hugi,
uuurðun is thegnos te thiu,   that he sie an thioduuelon
1240 aftar iro êndagon   up gebrâhti,
an godes *rîki.*   He sô gerno antfeng
mancunnies manag   endi mundburd gihêt
te langaru huîlu,   *endi* mahta sô gilêstien uuel.
Thô uuarð thar megin sô mikil   umbi thana *mârion* Crist,
1245 liudio gesamnod: thô *gisah he* fon allun landun cuman,
fon allun uuîdun uuegun   uuerod tesamne
lungro liudio: is lof uuas sô uuîdo
managun gemârid.   Thô giuuêt im mahtig self
an ênna berg uppan,   barno rîkiost,
1250 sundar gesittien,   endi im selbo gecôs
tuuelibi getalda,   treuuafta man,
gôdoro gumono,   thea he im te iungoron forð
allaro dago gehuuilikes,   drohtin uuelda
an is gesîðskepea   simblon hebbean.
1255 Nemnida sie thô bi naman   endi hêt sie *im thô* nâhor gangan,
Andreas endi Petrus   êrist sâna,
gebrôðar tuuêne,   endi bêðie mid im,
Iacobus endi Iohannes: sie uuârun gode *uuerðe*;
mildi uuas he *im* an is môde;   sie uuârun ênes mannes suni
1260 bêðie bi geburdiun;   sie *côs* that barn godes
gôde te iungoron   endi gumono filu,
mâriero manno: Mattheus endi Thomas,
Iudasas tuuêna   endi Iacob ôðran,
is selbes suuiri: sie uuârun fon *gisustruonion* tuuêm

1234 im *fehlt* C.
1235 thar C.
1236 herreon C.
1238 bifangan C.
1241 rikie C.
1243 endi hie C.
1244 marean C.
1245 gisahe M.

1247 lungraro *Rieger, ZfdPh* 7, 20] iungaro M, *vgl. Steinger, Nd. Jb.* 51, 2.
1255 im thô *fehlt* C.
1258 lioba C.
1259 im *fehlt* C.
1260 gicos C.
1264 suuestron M.

1265 cnôsles cumana, Krist endi Iacob,
gôde gadulingos. Thô habda thero gumono thar
the neriendo Krist niguni getalde,
treuuafte man: thô hêt he ôc thana tehandon gangan
selbo mid them gisîðun: Sîmon uuas he hêtan;
1270 hêt ôc Bartholomeus an thana berg uppan
faran *fan* them folke âðrum endi Philippus mid im,
treuuafte man. Thô gengun sie tuuelibi samad,
rincos te theru rûnu, thar *the* râdand sat,
managoro mundboro, the allumu mancunnie
1275 uuið hellie gethuuing helpan uuelde,
formon uuið them ferne, sô huuem sô frummien uuili
sô lioblîka lêra, sô he them liudiun thar
thurh is giuuit mikil *uuîsean* hogda.

XVI.

*Thô umbi thana *neriendon* Krist nâhor gengun
1280 sulike gesîðos, sô he im selbo gecôs,
uualdand undar them uuerode. Stôdun uuîsa man,
gumon umbi thana godes sunu gerno suuîðo,
uueros an uuilleon: uuas im thero uuordo *niud*,
thâhtun endi thagodun, huuat im *thero* thiodo drohtin,
1285 uueldi uualdand self uuordun cûðien
thesum liudiun te *liobe*. Than sat im the landes hirdi
geginuuard for them gumun, godes êgan barn:
uuelda mid is sprâcun spâhuuord manag
lêrean thea liudi, *huuô* sie lof gode
1290 an thesum uueroldrîkea uuirkean scoldin.
Sat im thô endi suuîgoda endi sah sie an lango,
uuas im hold an is hugi hêlag drohtin,
mildi an is môde, endi thô *is mund* antlôc,

1269 selbon C.
1271 far M.
1273 hie C; vgl. Roediger 285; Colliander 181.
1278 uuesan C.
1279 *Hier beginnt V.* neriendan C.
1283 niut M.

1284 thesoro M.
1286 lioua V, lobe M.
1288 uuolda C.
1289 hu V.
1293 is *fehlt* V. mund MV, muđ C; Foerste, DPhiA I 1743, s. Hel. 1903.

uuîsde *mid* uuordun   uualdandes sunu
1295 manag mârlîc thing   endi them *mannum sagde*
spâhun uuordun,   them the he te theru sprâcu *tharod,*
Krist alouualdo,   gecoran habda,
huuilike uuârin allaro   irminmanno
gode uuerðoston   gumono cunnies;
1300 sagde im thô te *sôðan,*   quað that thie sâlige uuârin,
man an thesoro middil*gardun,*   thie hêr an iro *môde* uuârin
arme thurh *ôdmôdi:* 'them is that *êuuana* rîki,
suuîðo hêlaglîc   an hebanuuange
sinlîf fargeben.'   Quað that ôc sâlige uuârin
1305 mâdmundie man: 'thie môtun thie mârion erðe,
ofsittien that selbe rîki.'   Quað *that* ôc sâlige uuârin,
thie hîr *uuiopin* iro uuammun dâdi; 'thie môtun eft uuillion gebîdan,
frôfre *an iro frâhon rîkia.*   Sâlige sind ôc, the sie hîr frumono *gilustid,*
rincos, that *sie* rehto adômien.   Thes môtun sie uuerðan an them
⌊rîkia drohtines
1310 gifullit thurh iro ferhton dâdi: sulîcoro môtun sie frumono *bicnêgan,*
thie rincos, thie hîr rehto *adômiad,*   ne uuilliad an *rûnun* besuuîcan
man, thar sie *at* mahle *sittiad.*   Sâlige sind ôc them hîr mildi uuirðit
hugi an helðo briostun: them uuirðit the hêlego drohtin,
mildi mahtig selbo.   Sâlige sind ôc undar thesaro managon thiodu,
1315 *thie* hebbiad iro herta *gihrênod:*   thie môtun thane hebenes uualdand
sehan an sînum rîkea.'   Quað *that* ôc sâlige uuârin,

1294 mid is *C.*
1295 *die Abteilung nach Grein, Gm.* 11, 212; mannun ‖ sagda *Rückert.*
1296 tharod *fehlt M.*
1300 sode *M; zu* suoðan *V,* suothen *C vgl. Bretschneider, Heliandh. S.* 47.
1301 -gard *M;* thesun middilgardun *Schlüter, Nd. Jb.* 20, 117, *Steinger, Nd. Jb.* 51, 3.   muodi *V.*
1302 oðmuodig *C.*   euuiga *M, dazu Steinger S.* 3.
1306 afsittean *V.*   that *fehlt V, dazu Steinger S.* 4.
1307 uuiopun *C,* uuiopin *VM, dazu Steinger S.* 4.
1308 an iro rikia *M,* an them selbon rikie *C,* an iro frâhon rikea *V, dazu Braune S.* 240f., *Steinger S.* 3.
gilustin *C, dazu Steinger S.* 4.
1309 sia hier *C, dazu Steinger S.* 4.
1310 bicnegan ([-kn- *V, korr., C] MVC)*] bikriegan *Krogmann, Nd. Jb.* 80, 40.
1311 duomeat *V.*   runu *C, dazu Steinger S.* 4
1312 an *VC; vgl. S.* XXII, *Anm.* 17. sittean *C.*
1315 thie *fehlt C, dazu Steinger S.* 4.
gihrinid (-hren- *V) CV, dazu Steinger S.* 6.
1316 ok that *V, dazu Steinger S.* 4.

'thie *the* friðu*samo* undar thesumu *folke libbiod* endi ni uuilliad
　　　　　　　　　　　　　　　　　　　　　　　　　　　[êniga fehta geuuirken,
saca mid iro selboro *dâdiun:*　　thie môtun uuesan suni drohtines
genemnide, huuande he im *uuil* genâdig uuerðen;　　*thes* môtun sie
　　　　　　　　　　　　　　　　　　　　　　　　　　　[niotan lango
1320　selbon *thes* sînes rîkies.'　　Quað that ôc sâlige uuârin
thie rincos, the rehto uueldin,　　'endi thurh that tholod rîkioro manno
heti endi harmquidi:　　them is ôc an himile *eft*
godes uuang forgeben　　endi gèstlîc lîf
aftar te êuuandage,　　sô *is* io endi ni cumit,
1325　*uuelan uunsames.'*　　Sô habde thô uualdand Crist
for them erlon thar　　ahto getalda
sâlda gesagda;　　mid them scal simbla gihuue
himilrîki gehalon,　　ef he it hebbien uuili,
ettho he scal te êuuandaga　　aftar tharbon
1330　uuelon endi uuillion,　　sîðor he these uuerold agibid,
erðlîbigiscapu,　　endi sôkit im ôðar lioht
sô liof sô lêð,　　sô he mid thesun liudiun hêr
giuuercod an thesoro uueroldi,　　al sô it thar thô mid is uuordun
Crist alouualdo,　　cuningo rîkiost　　　　　　　　　　　　　　[sagde
1335　godes êgen barn　　iungorun sînun:
'Ge uuerðat ôc sô sâlige', quað he,　　'thes iu saca *biodat*
liudi aftar theson lande　　endi lêð *sprecat,*
hebbiad iu te *hosca*　　endi harmes filu
geuuirkiad an thesoro uueroldi　　endi uuîti gefrummiad,
1340　felgiad iu firinsprâka　　endi fiundscepi,
lâgniad iuuua lêra,　　dôt iu lêðes *filu,*

1317　hier C, *dazu Steinger ebda.*　-sa-
　　　mu V, -sama C.　folku V.　lib-
　　　biod M, *vgl. Gallée, Gramm.* § 412.
1318　gidadeon C, *dazu Steinger S. 4. Ab-
　　　teilung nach Franck, ZfdA 38, 241;
　　　Hofmann I 52.*
1319　uuili VC, *dazu Steinger, Nd. Jb.* 51,
　　　7.
1319, 20　thas V.
1322　eft *ergänzt von Roediger.*
1323　goda C, *dazu Steinger S. 4.*

1324　thes C, *dazu Steinger ebda.*
1325　uuelono uunsamost C, *dazu Stein-
　　　ger ebda.*
1329　ettho M, eftha (-o V) CV, *dazu
　　　Steinger S.* 6, 24.
1336　sô *fehlt* C.　beodon V; *zum Kon-
　　　junktiv Steinger S. 4.*
1337　sprecan M.
1338　husca V, *dazu Steinger S. 6.*
1341　*zu* lagniad M, *Steinger S.* 7, 40.
　　　so filu M.

harmes thurh *iuuuen* hêrron.   Thes lâtad gi euuan hugi *simbla*,
lîf an lustun,   huuand iu that lôn stendit
an godes rîkia garu,   gôdo gehuuilikes,
1345 mikil endi managfald: that is iu te mêdu fargeben,
huuand gi hêr êr biforan   arbid tholodun,
uuîti an thesoro uueroldi.   Uuirs is them ôðrun,
gibidig grimmora thing,   them the hêr gôd êgun,
uuîdan uuorolduuelon: thie forslîtat iro uunnia hêr;
1350 geniudot sie genôges,   sculun eft narouuaro thing
aftar iro hinferdi   heliðos *tholoian*.
Than *uuôpian* thar uuanscefti,   thie hêr êr an uunnion sîn,
libbiad an *allon* lustun,   ne uuilliad thes farlâtan uuiht,
mêngithâhtio,   thes sie an iro môd spenit,
1355 lêðoro gilêstio.   Than im that lôn cumid,
ubil arbetsam,   than sie is thane endi sculun
sorgondi gesehan.   Than uuirðid im sêr hugi,
thes sie* thesero uueroldes sô filu   uuillean fulgengun,
man an iro môdsebon.   Nu sculun gi im that mên lahan,
1360 uuerean mid uuordun,   al sô ic giu nu geuuîsean mag,
seggean sôðlîco,   gesîðos mîne,
uuârun uuordun,   that gi thesoro uueroldes nu *forð*
sculun salt uuesan,   *sundigero manno*,
bêtien iro baludâdi,   that sie *an* betara thing,
1365 folc farfâhan   endi *forlâtan* fîundes giuuerk,
diubales gedâdi,   endi sôkean iro drohtines rîki.
Sô sculun gi mid iuuuon lêrun   liudfolc manag
uuendean aftar mînon uuilleon.   Ef iuuuar than auuirðid huuilic,
farlâtid thea lêra,   thea he lêstean scal,

1342 iuuaron C, dazu Steinger S. 4.
 simlon V, sinnon C, dazu Steinger
 ebda.
1348 gibidat M.
1349 uuidon C, uuidana V, dazu Steinger, Nd. Jb. 51, 7.
1351 tholian V.
1352 uuopiat MC, uuopan V. sind VC, die Konjunktive wohl ursprünglich, Steinger S. 4.
1353 allon fehlt M, dazu Steinger S. 3.
1354 vgl. Schumann, Gm. 30, 70; Behaghel, Gm. 27, 417.
1358 Mit thes sie schließt V.
1362–63 fordh sculun ‖ salt uuesan sundigaro manno | mit fehlendem zweitem Halbvers Rieger, ZfdPh 7, 46.
1364 betien M, vgl. Gallée, Gramm. § 87, Anm.; buotean C. an that M.
1365 forlatean C.
1366 diubules M.

1370 than is im sô them salte,   *the* man bi sêes staðe
uuîdo teuuirpit: than it te uuihti ni dôg,
ac it firiho barn   fôtun spurnat,
gumon an greote.   Sô uuirðid them, the that godes uuord *scal*
mannum mârean: ef he im than lâtid is môd tuuehon,
1375 *that hi ne uuillea mid hluttro hugi*   te hebenrîkea
spanen mid is sprâcu   endi seggean spel godes,
ac uuenkid thero uuordo,   than uuirðid im uualdand gram,
mahtig môdag,   endi sô samo manno barn;
uuirðid allun *than*   irminthiodun,
1380 liudiun alêðid,   ef *is* lêra ni *dugun.*'

XVII.

So sprac he *thô* spâhlîco   endi sagda spel godes,
lêrde the landes uuard   liudi sîne
mid hluttru hugi.   Heliðos stôdun,
gumon umbi thana godes sunu   gerno suîðo,
1385 uueros an uuilleon: uuas im thero uuordo *niud,*
thâhtun endi thagodun,   gihôrdun *thero* thiodo drohtin
seggean êu godes   eldibarnun;
gihêt im hebenrîki   endi te them heliðun sprac:
'ôc mag ic iu seggean,   gesîðos mîna,
1390 uuârun uuordun,   that gi thesoro uueroldes nu forð
sculun lioht uuesan   liudio barnun,
fagar mid firihun   obar folc manag,
uulitig endi uunsam: ni mugun iuuua uuerk mikil
biholan uuerðan,   mid huuilico gi sea hugi cûðeat:
1395 than mêr the thiu burg ni mag,   thiu an berge stâð,
hôh *holmklibu*   biholen uuerðen,
uurisilîc giuuerc,   ni mugun iuuua uuord than mêr
an thesoro middilgard   mannum uuerðen,

1370 the] them *C*, them the *Wilhelmy S.* 37.
1373 scal *fehlt C.*
1375 that he mit hlutru hugiu | ni uuillie te *Rückert.*
1379 them *C.*
1380 hie is *C.*   dog *C.*
1381 thô *fehlt C.*
1382 *Colliander* 183.
1385 niut *M.*
1386 thesoro *M;* vgl. 1284.
1396 ho *M.*   hoh an holmklibe *Heyne[1]*; vgl. *Grein, Gm.* 11, 212; *Schumann, Gm.* 30, 70.

        iuuua dâdi bidernit.   Dôt, sô ic iu lêriu:
1400 lâtad iuuua lioht mikil   liudiun skînan,
     manno barnun,   that sie farstandan iuuuan môdsebon,
     iuuua uuerc endi iuuuan uuilleon,   endi thes uualdand god
     mit hluttro hugi,   himiliscan fader,
     lobon an *thesumu* liohte,   thes he iu sulica lêra fargaf.
1405 Ni scal neoman lioht, the it habad,   liudiun dernean,
     te hardo *behuuelbean*,   ac he it hôho scal
     an seli settean,   that thea gesehan mugin
     alla *gelico*,   thea thar inna sind,
     heliðos an hallu.   Than *hald* ni sculun gi iuuua hêlag uuord
1410 an thesumu landskepea   liudiun dernien,
     heliðcunnie farhelan,   ac ge it hôho sculun
     brêdean, that gibod godes,   that it allaro barno gehuuilic,
     obar *al* thit landscepi   liudi farstanden
     endi sô gefrummien,   sô it an forndagun
1415 tulgo uuîse man   uuordun gesprâcun,
     than sie thana aldan êuu   erlos heldun,
     endi ôc sulicu suuîðor,   sô ic iu nu seggean mag,
     alloro gumono gehuuilic   gode thionoian,
     than it thar an them aldom   êuua gebeode.
1420 Ni uuâniat gi thes mit uuihtiu,   that ic bi thiu an thesa uuerold
     that ic thana aldan êu   irrien uuillie,   ⌊quâmi,
     fellean *undar* thesumu folke   eftho thero forasagono
     uuord uuiðaruuerpen,   thea hêr sô giuuârea man
     barlîco gebudun.   Êr scal bêðiu tefaran,
1425 himil endi erðe,   thiu nu bihlidan standat,
     êr than thero uuordo   uuiht *bilîba*
     unlêstid an thesumu liohte,   thea sie thesum liudiun hêr
     uuârlîco gebudun.   Ni quam ic an thesa uuerold te thiu,
     that ic feldi thero forasagono uuord,   ac ic siu fullien scal,
1430 *ôkion* endi nîgean   eldibarnum,

1404 thesan *C*.
1406 bihullean *C*.
1408 gihuilica *C*.
1409 halt *M*.
1413 al *fehlt C*.
1419 that *C*.
1422 an *C*.

1426–27 unlestid ‖ biliba *Heyne*; vgl. Grein, Gm. 11, 212.
1427 unlestero *C*.
1428 uuarlic *C*.
1430 okion *M*, vgl. Gallée, Gramm. § 412.

thesumu folke te frumu.   That uuas forn gescriban
an them aldon êo   — *ge hôrdun* it oft sprecan
uuorduuîse man —:   sô huue sô that an thesoro uueroldi gidôt,
that he âdrana   aldru bineote,
1435 lîbu bilôsie,   them sculun liudio barn
dôð adêlean.   Than uuilleo ic *it* iu diopor nu,
furður bifâhan: sô huue sô ina thurh fîundskepi,
man uuiðar ôðrana   an is môdsebon
bilgit an is breostun   — huuand sie alle gebrôðar sint,
1440 sâlig folc godes,   sibbeon bitengea,
man mid mâgskepi —,   than uuirðit thoh huue ôðrumu an is môde sô
lîbes uueldi ina *bilôsien*,   of he mahti gilêstien sô: ⌊gram,
than is he sân afêhit   endi is thes ferahas scolo,
al sulikes urdêlies   sô the *ôðar* uuas,
1445 the thurh is handmegin   *hôbdo* bilôsde
erl ôðarna.   Ôc is an them êo gescriban
uuârun uuordun,   sô gi uuiton alle,
that man is nâhiston   *niudlîco scal*
minnian an is môde,   uuesen is mâgun hold,
1450 gadulingun gôd,   *uuesen* is geba mildi,
frâhon is friunda gehuuane,   endi scal is fîund hatan,
uuiðerstanden them mid strîdu   endi mid starcu hugi,
uuerean uuiðar uurêðun.   Than seggeo ic iu *te uuâron nu*,
fullîcur for thesumu folke,   that gi iuuua fîund sculun
1455 minneon an iuuuomu môde,   sô samo sô gi iuuua mâgos dôt,
an godes namon.   Dôt im gôdes filu,
tôgeat im hluttran hugi,   holda treuua,
liof uuiðar ira lêðe.   That is langsam râd
manno sô *huuilicumu*,   sô is môd te thiu
1460 *geflîhit* uuiðar *is* fîunde.   Than môtun gi thea fruma êgan,
that gi môtun hêten   hebencuninges suni,

1432 gihordun *C*.
1433 uuordun uuisa *C*.
1436 it *fehlt C*.
1437ff. *vgl.* Kock, ZfdA 48, 199.   bilgil *C*.
1442 losien *M*.
1444 ôðar] thar *M*.
1445 hobda *C*.

1446 *vgl.* Kock, ZfdA 48, 199.
1448 scal niutlico *M*.
1450 endi uuesan *C*.
1451 friehan *C*.
1453 nu te uuaron *M; vgl.* Grein, *Gm.* 11, 212.
1459 gihuilicon *C*.
1460 gifliit *M*.   if *C*.

is blîði barn.   Ne mugun gi iu betaran râd
geuuinnan an thesoro uueroldi.   Than seggio ic iu te uuâron ôc,
barno gehuilicum,   that gi ne mugun *mid* gibolgono hugi
1465 iuuuas gôdes uuiht   te godes hûsun
uualdande fargeban,   that it imu uuirðig sî
te antfâhanne,   sô lango sô thu fîundskepies *uuiht,*
uuider ôðran man   inuuid hugis.
Êr scalt thu thi simbla gesônien   uuið thana sacuualdand,
1470 gemôdi gimahlean: sîðor maht thu mêðmos thîna
te them godes altere *ageban:*   than sind sie themu gôdan uuerðe,
hebencuninge.   Mêr sculun gi aftar is huldi thionon,
godes uuilleon *fulgân,*   than *ôðra* Iudeon duon,
ef gi uuilleat êgan   êuuan rîki,
1475 sinlîf sehan.   Ôc scal *ic* iu seggean noh,
huuô it thar an them aldon   êo gebiudid,
that ênig erl ôðres   idis ni bisuuîca,
uuîf mid uuammu.   Than seggio ic iu te uuâron ôc,
that thar man is siuni mugun   suuîðo farlêdean
1480 an mirki *mên,*   ef hi *ina lâtid* is môd spanen,
that *he* beginna thero girnean,   thiu imu gegangan ni scal.
Than habed he an imu selbon sân   sundea geuuarhta,
geheftid an is hertan   helliuuîti.
Ef than thana man is *siun* uuili   ettha is *suîðare* hand,
1485 farlêdien is lið huuilic   an lêðan uueg,
than is erlo gehuuem   ôðar betara,
firiho barno,   that he ina fram uuerpa
endi thana lið lôsie   af is lîchamon
endi ina âno cuma   up te himile,
1490 than he *sô* mid allun   te them inferne,
huuerbe mid sô hêlun   an helligrund.

1464 mid fehlt C.
1467 uuith C.
1468 Uuider M, fehlt C; vgl. Behaghel, Gm. 27, 417.   Oðron manne C. Wiðar oðron manne Rückert. inuuiht M.
1471 giban C.
1473 fulgangan C.   ôðra fehlt C.

1474 euuanriki Heyne, Rückert.
1475 ic fehlt M.
1478 uuid C.
1480 menn C.   latit ina C.
1481 hie hit C.
1484 siun uuliti C, Sehrt S. 468.   siuðra C.
1490 sô fehlt C.

Than mênid thiu *lêfhêd,*   that ênig liudeo ni scal
farfolgan is friunde,   ef he ina an firina spanit,
suâs man an saca: than ne sî he imu eo sô suuîðo an sibbiun bilang,
1495 *ne* iro mâgskepi sô mikil,   ef he ina an morð spenit,
bêdid baluuuerco;   betera is imu than ôðar,
that he thana friund fan imu   fer faruuerpa,
mîðe thes mâges   endi ni hebbea thar êniga *minnea* tô,
that he môti êno   up gestîgan
1500 *hôh* himilrîki,   than sie *helligethuing,*
brêd baluuuîti   bêðea gisôkean,
ubil arbidi.

XVIII.*

Ôc is an them êo gescriban
uuârun uuordun,   sô gi uuitun alle,
that *mîðe mênêdos*   mancunnies gehuuilic,
1505 ni forsuerie ina selbon,   *huuand* that is sundie te mikil,
farlêdid *liudi*   an lêðan uueg.
Than uuilleo ic iu *eft* seggean,   that sân ni suerea neoman
ênigan êðstaf   eldibarno,
ne bi himile themu hôhon,   huuand that is thes hêrron stôl,
1510 ne bi erðu thar undar,   huuand that is thes alouualdon
fagar fôtscamel,   nec ênig firiho barno
ne suuerea bi is selbes hôbde,   huuand he ni mag thar ne suuart ne huuît
ênig hâr geuuirkean,   bûtan sô it the hêlago god,
gemarcode *mahtig;*   bethiu sculun *mîðan* filu
1515 erlos êðuuordo.   Sô huue sô it ofto dôt,
sô uuirðid is simbla uuirsa,   huuand he *imu* giuuardon ni mag.

1492 lefhedi C; vgl. Behaghel, Gm. 21, 146; 27, 418.
1494 than ne sî he imu ‖ eo so suiðo | an sibbiun bilang Heyne, Rückert.
1495 nec C.
1498 mannea C.
1499 vgl. Kunze, Bindung S. 75.
1500 ho M.   hella githuing C.
1502 XVIII nach 1501 C.
1504 mi thæ men hedos M; m. menn ethos C.
1505 huuand fehlt C.
1506 liudeo te filo C.
1507 ef C.
1513 neuuan C.
1514 mahtig subst. Sehrt S. 357, magti C.   gimithan C, Sehrt, MLN 54, 284.
1516 imu an M.

Bithiu scal ic iu nu te uuârun uuordun gibeodan,
that gi neo ne suerien suuîðoron êðos,
mêron met mannun, bûtan sô ic iu mid mînun hêr
1520 suuîðo *uuârlico* uuordun *gebiudu:*
ef man huuemu saca sôkea, *biseggea* that uuâre,
queðe iâ, gef it sî, *geha* thes thar uuâr is,
queðe nên, af it nis, *lâta* im genôg an thiu;
sô huat sô is mêr obar that man gefrummiad,
1525 sô cumid it *al* fan ubile eldibarnun,
that erl thurh untreuua ôðres ni *uuili*
uuordo gelôbian. Than seggio ic iu te uuâron ôc,
huuâ it thar an them aldon êo gebiudit:
sô hue sô ôgon genimid ôðres mannes,
1530 lôsid af is lîchaman, ettha is *liðo huilican,*
that he it eft mid is selbes scal sân antgelden
mid gelîcun liðion. Than uuillio ic iu lêrian nu,
that gi sô ni *uurecan* uurêða dâdi,
ac *that* gi thurh ôdmôdi al gethologian
1535 uuîties endi uuammes, sô huat sô man iu an thesoro uueroldi gedôe.
Dôe alloro *erlo* gehuilic ôðrom manne
frume endi gefôri, sô he uuillie, that im *firiho* barn
gôdes angegin dôen. Than uuirðit im god mildi,
liudio sô huilicum, sô that lêstien uuili.
1540 Êrod gi *arme man,* dêliad iuuan ôduuelon [*thanc antfâhan*
undar thero thurftigon thiodu; ne rôkead, huueðar gi *is* ênigan
eftho *lôn an thesoro lêhneon uueroldi, ac huggeat te iuuuomu*
thero gebono te gelde, that sie iu god lôno, [*leobon hêrran*
mahtig mundboro, sô huuat sô gi is thurh is minnea *gidôt.*
1545 Ef thu than gebogean uuili gôdun mannun

1519 neuan *C.*
1520 uuarlico scal *M.* gebeodan *M.*
1521 hie seggie *C.*
1522 gea *M.*
1523 latan *M.*
1525 al *fehlt M.*
1526 uili *M.*
1527 uuordu *C.*
1530 lidu *M.* hulican *C.*
1533 uuerkean *C.*
1534 that *fehlt C.*

1536 manno *C.*
1537 firio *M.*
1540 arman man *C,* arman *Rückert.*
1541 is] thes *C.* antfaan *M.*
1542–43 *Abteilung nach Grein, Gm.* 11, 212, is thank enigan ‖ antfahan eftho lon | an thesoro lehneon uueroldi ‖ ac huggiat te iuwomu | herron leobon *Heyne, Rückert.*
1544 duat *C.*

fagare fehoscattos,   thar thu *eft* frumono hugis
mêr antfâhan,   te huuî habas thu thes êniga mêda fon gode
ettha lôn an *themu* is liohte?   huuand *that* is lêhni feho.
Sô is thes alles gehuuat,   *the* thu ôðrun geduos
1550 *liudeon* te leobe,   thar *thu* hugis eft gelîc neman
thero uuordo endi thero uuerco: te huuî uuêt thi thes *ûsa* uualdand
thes thu thîn sô bifilhis   endi *antfâhis* eft than thu uuili?   ⌊thanc,
Iuuuan ôduuelon   geban gi them armun mannun,
the ina iu an thesoro uueroldi ne lônon   endi rômot te iuuues uual-
⌊dandes rîkea.
1555 Te hlûd ni dô thu *it*,   than thu mid thînun handun *bifelhas*   ⌈hugi,
thîna alamosna themu armon manne,   ac *dô* im thurh ôdmôdien
gerno thurh godes thanc: than môst thu *eft geld niman*,
suuîðo lioflîc lôn,   thar thu is lango bitharft,
fagaroro frumono.   Sô huuat sô thu is sô thurh ferhtan hugi
1560 darno *gedêleas*, — sô is ûsumu drohtine uuerð —
ne *galpo* thu far thînun gebun te suuîðo,   noh ênig gumono ne scal,
that siu im thurh that îdale hrôm   eft ni uuerðe
lêðlîco farloren.   *Thanna* thu scalt lôn nemen
fora godes ôgun   gôdero uuerco.
1565 Ôc scal ic iu gebeodan,   than gi uuilliad te bedu hnîgan
endi uuilliad te iuuuomu hêrron   helpono biddean,
that he iu alâte   lêðes thinges,
thero sacono endi thero *sundeono*,   thea gi iu selbon hîr
uurêða geuuirkead,   that gi it than for ôðrumu *uuerode* ni duad:

1546 thie eft *C*.
1548 theson *C*.   thit *C*.
1549 so *C*.
1550 lithun *M*.   thu thi *C*.
1551 ûsa fehlt *C*.
1552 antfais *M*.
1553 uuelon *M*.   gibat *C*.   armun fehlt *MC*, ergänzt von Rieger, ZfdPh 7, 7.   Abteilung nach Rieger; nach Heyne, Rückert, Sievers und Roediger lautet der Vers: iuuuan uuelon geban gi them mannum | the ina iu an thesoro uueroldi ne lonon.
1554 an] a *C*.   rumeat *M*, dazu Steinger, Nd. Jb. 51, 26; uuirkeat Roediger; nach Heyne und Rückert lautet der Vers: endi romod te iuwes ‖ waldandes rikea; nach Sievers ebenso, doch ohne Cäsur.
1555 ut *M*.   befeleas *M*.
1556 do fehlt *M*.
1557f. eft g. n. suuiðo radiert (z. T. erkennbar) *M*.
1560 gidelis *C*; vgl. Behaghel, Gm. 21, 145.
1561 galbo *M*.   nec *C*.
1563 than *C*.
1568 sundea *C*.
1569 uuerodo *C*.

      ni mâread it far menigi,   that iu *thes* man ni lobon,
      ni diurean thero *dâdeo,*   that gi iuuues drohtines gibed
      thurh that îdala hrôm   al ne farleosan.
      Ac than *gi* uuillean te iuuuomo hêrron   helpono biddean,
      thiggean theolîco,   — thes iu is tharf mikil —
1575 that iu sigidrohtin   sundeono tômea,
      than *dôt* gi that sô darno: *thoh* uuêt it iuuue drohtin self
      hêlag an himile,   huuand imu nis biholan *neouuiht*
      ne uuordo ne uuerco.   He lâtid it than *al* geuuerðan sô,
      sô gi ina than biddiad,   than gi te *thero* bedo hnîgad
1580 mid hluttru hugi.'   Heliðos stôdun,
      gumon umbi thana godes sunu   gerno suuîðo,
      uueros an uuilleon: uuas im thero uuordo *niud,*
      thâhtun endi thagodun,   uuas im tharf mikil,
      that sie that eft gehogdin,   *that* im that hêlaga barn
1585 an thana forman sið   filu mid uuordun
      torhtes getalde.   Thô sprac im *eft* ên thero tuuelibio angegin,
      glauuuoro gumono,   te *them* godes barne:

XIX.

      'Hêrro the gôdo', quað he,   'ûs is thînoro huldi tharf,
      te giuuirkenne *thînna* uuilleon,   endi ôc thînoro uuordo sô self,
1590 alloro barno bezt,   that thu ûs bedon lêres,
      iungoron thîne,   sô Iohannes duot,
      diurlîc dôperi,   dago gehuuilicas
      is uuerod *mid* uuordun,   huuô sie uualdand sculun,
      gôdan grôtean.   Dô *thîna* iungorun sô self:
1595 gerihti ûs that gerûni'.   Thô habda eft the rîkeo garu
      sân aftar thiu,   sunu drohtines,

1570 these *M.*
1571 dadi *C.*
1573 gi *fehlt M.*
1574 *vgl.* Roediger 286.
1576 dôt *fehlt C.*   theh *C.*
1577 eouuiht *C.*
1578 al *fehlt M.*
1579 thero *fehlt C.*
1582 niut *M.*

1584 huuat *M.*
1586 eft *fehlt C.*
1587 the *M.*
1589 *vgl.* Kock, ZfdA 48, 200, *Colliander*
     487.   thinan *C.*   ôc *fehlt C.*
1591 iugoron *M.*
1593 mid is *C.*
1594 thinun *M.*

gôd uuord angegin: 'Than gi *god* uuillean', *quað he,*
'uueros mid iuuuon uuordun   uualdand grôtean,
allaro cuningo craftigostan,   than queðad gi, sô ic iu lêriu:
1600 *Fadar ûsa*   firiho barno,
thu bist an them hôhon   himila rîkea,
geuuîhid sî thîn namo   *uuordo gehuuilico.*
Cuma thîn   *craftag* rîki.
Uuerða thîn uuilleo   obar thesa uuerold *alla,*
1605 sô sama an erðo,   sô thar uppa ist
an them hôhon   *himilo rîkea.*
Gef ûs dago gehuuilikes râd,   drohtin the gôdo,
thîna hêlaga *helpa,*   endi alât ûs, hebenes uuard,
managoro *mên*sculdio,   al sô uue ôðrum mannum dôan.
1610 Ne lât ûs farlêdean   lêða uuihti
sô forð an iro uuilleon,   sô uui uuirðige sind,
ac help ûs uuiðar allun   ubilon dâdiun.
Sô sculun *gi* biddean,   than gi te bede hnîgad
uueros mid iuuuom uuordun,   that iu uualdand god
1615 lêðes alâte   an leutcunnea.
Ef gi than uuilliad alâtan   liudeo gehuuilicun
thero sacono endi thero sundeono,   the sie uuið iu selbon hîr
uurêða geuuirkeat,   than alâtid iu uualdand god,
fadar alamahtig   firinuuerk mikil,
1620 managoro *mên*sculdeo.   Ef iu than uuirðid iuuua môd te starc,
that gi ne uuilleat ôðrun   erlun alâtan,
uueron uuamdâdi,   than ne uuil iu ôc uualdand god
grimuuerc fargeban,   ac gi sculun is geld niman,
suîðo lêðlic lôn   te languru huuîlu,
1625 alles thes unrehtes,   thes gi ôðrum hîr
gilêstead an thesumu liohte   endi than uuið liudeo barn

1597 gôd uuord] god uuood *M*, goduuord *Heyne, Rückert.*   god *fehlt C.*
   quað he *fehlt M.*
1600 Pater noster. Fader *C.*   ûsa *Rückert*] is (ist *C*) usa *MC.*
1601 the is *M,* the thu bist *Rückert.*
1602 uuordu gihuilicu *C.*
1603 Cuma] cuma us to *Heyne, Rückert, Kauffmann, PBB* 12, 349; vgl.

Franck, *AfdA* 25, 26. *Nach Sievers*
S. 516 *ohne Cäsur.*   craftiga *C.*
1604 al *M.*
1606 himilrikea *M.*
1608 helpu *C.*
1609 menn- *C.*
1613 gi *fehlt M.*
1620 menn- *C.*

       thea saca ne *gisônead*,   êr gi an thana sîð faran,
       uueros fon thesoro uueroldi.   Oc scal *ic* iu te uuârun seggean,
       huuô gi lêstean sculun   lêra mîna:
1630   than gi iuuua fastonnea   frummean uuillean,
       minson iuuua mêndâdi,   than ni duad gi that te managom cûð,
       ac mîðad is far ôðrun mannun: thoh uuêt mahtig god,
       uualdand iuuuan uuillean,   thoh iu uuerod ôðar,
       liudio barn ne lobon.   He gildid *is* iu lôn aftar thiu,
1635   iuuua hêlag fadar   an himilrîkea,
       thes ge im mid sulicum ôdmôdea,   erlos theonod,
       sô ferhtlîco undar thesumu folke.   Ne uuilleat feho uuinnan
       erlos an unreht,   ac uuirkead up te gode
       man aftar mêdu: that is mêra thing,
1640   than man hîr an erðu   *ôdag* libbea,
       uueroldscattes geuuono.   Ef gi uuilliad mînun *uuordun* hôrean,
       than ne samnod gi hîr sinc mikil   silobres ne goldes
       an thesoro middilgard,   mêðomhordes,
       huuand it rotat hîr an roste,   endi regintheobos farstelad,
1645   uurmi auuardiad,   uuirðid that giuuâdi farslitan,
       tigangid the *golduuelo*.   Lêstead iuuua gôdon uuerc,
       samnod iu an himile   hord that mêra,
       fagara fehoscattos: that ni mag iu ênig fîund beniman,
       neuuiht anuuendean,   huuand the uuelo standid
1650   garu *iu* tegegnes,   sô *huat* sô gi gôdes tharod,
       an that himilrîki   hordes gesamnod,
       heliðos thurh iuuua handgeba,   endi hebbead tharod iuuuan hugi
       huuand thar ist alloro manno gihuues   môdgethâhti,   ⌊fasto;
       hugi endi herta,   thar is hord ligid,
1655   sinc gesamnod.   Nis eo sô sâlig man,
       that mugi an thesoro brêdon uuerold   bêðiu *anthengean*,
       ge that hi an thesoro erðo   *ôdag* libbea,
       an allun uueroldlustun uuesa,   ge *thoh* uualdand gode
       te thanke getheono: ac he scal alloro thingo gihuues

1627 suoniat C.
1628 ic *fehlt* C.
1634 is *fehlt* C.
1640 odoc M.
1641 leron C.
1646 glotuuelo M.

1649 neouuiht C.
1650 iu *fehlt* C.   hues C.
1656 athengian C; *vgl.* Kock, Nd. Jb. 30, 151.
1657 odog M.
1658 oc C.

1660 simbla *ôðarhuueðar*   ên farlâtan,
ettho *lusta* thes lîchamon   ettho lîf êuuig.
Bethiu ni gornot gi umbi iuuua gegaruuui,   ac huggead te gode fasto,
ne *mornont* an iuuuomu môde,   huuat gi eft an morgan sculin
etan eftho drinkan   ettho an hebbean
1665 uueros te geuuêdea: it uuêt al uualdand god,
huues thea bithurbun,   thea im hîr thionod uuel,
folgod iro frôhan uuilleon.   Huuat, gi that bi thesun fuglun mugun
uuârlîco undaruuitan,   thea hîr an thesoro uueroldi sint,
farad an feðarhamun: sie ni cunnun ênig feho uuinnan,
1670 thoh gibid im drohtin god   dago gehuuilikes
helpa uuiðar hungre.   Ôc mugun gi an iuuuom hugi marcon,
uueros umbi iuuua geuuâdi,   huuô *thie* uurti sint
fagoro *gefratohot*,   thea hîr an felde stâd,
berhtlîco geblôid: ne mahta the *burges* uuard,
1675 Salomon the cuning,   the habda sinc mikil,
mêðomhordas mêst,   thero the *ênig* man êhti,
uuelono geuunnan   endi allaro geuuâdeo cust, –
thoh ni mohte he an is lîbe,   thoh he habdi alles theses landes
auuinnan sulic geuuâdi,   sô thiu uurt habad,   ⌊geuuald,
1680 thiu hîr an felde stâd   fagoro gegariuuit,
lilli mid sô lioflîcu blômon: ina uuâdit the landes uualdand
hêr fan hebenes uuange.   Mêr is im thoh umbi thit helið cunni,
liudi sint im lioboron mikilu,   thea he im an *thesumu* lande geuuarhte,
uualdand an uuilleon sînan.   Bethiu ne thurbon gi umbi iuuua
⌊geuuâdi sorgon,
1685 ne *gornot gi* umbi iuuua gegariuui te suuîðo: god *uuili* is alles
⌊râdan,
helpan fan hebenes uuange,   ef gi uuilliad aftar is *huldi* theonon.
Gerot gi simbla êrist thes godes rîkeas,   endi than duat aftar them is
⌊gôdun uuercun,

1660 oðar huuedar (oðer hueder C) MC;
  vgl. 3628.   ênfarlatan Jellinek,
  ZfdA 40, 332.
1661 lusti C.
1663 mornot C, vgl. Steinger, Nd. Jb. 51,
  45.
1672 thar C.
1673 gefratoot M.
1674 burgo C.

1676 gio C.
1679 auunnan M.
1683 them C.
1685 grornot C, wohl Einfluß von ags.
  grornian, vgl. Basler, Alts. S. 106,
  Sehrt S. 207.   gi fehlt M.   uuilit
  C.
1686 uuillion M.

rômod gi rehtoro thingo: than *uuili* iu the rîkeo drohtin
gebon mid alloro *gôdo* gehuuilicu,   ef gi im thus fulgangan uuillead,
1690 sô ic iu te uuârun hîr   uuordun seggeo.

XX.

Ne sculun gi ênigumu manne   unrehtes uuiht,
derbies adêlean,   huuand the dôm eft cumid
obar thana selbon man,   thar *it* im te sorgon scal,
uuerðan them te uuîtea,   the hîr mid is uuordun gesprikid
1695 unreht ôðrum.   Neo that iuuuar ênig ne dua
gumono an thesom gardon   geldes ettho côpes,
that hi unreht gimet   ôðrumu manne
mênful maco,   huuand it simbla môtean scal
erlo gehuuilicomu,   *sulic sô he* it ôðrumu gedôd,
1700 sô cumid it *im* eft tegegnes,   thar he gerno ne uuili
gesehan is sundeon.   Ôc scal ic iu seggean noh,
huuar gi iu uuardon sculun   *uuîteo* mêsta,
mênuuerc manag: te huuî scalt thu ênigan man besprekan,
brôðar thînan,   that thu undar is brâhon gesehas
1705 halm an is ôgon,   endi gehuggean ni uuili
thana suâran balcon,   the thu an thînoro siuni habas,
hard *trio* endi hebig.   Lât thi that an thînan hugi fallan,
huuô thu thana êrist alôseas: than skînid thi lioht beforan,
ôgun uuerðad *thi* geoponot;   than maht thu aftar thiu
1710 suâses mannes gesiun   sîðor gebôtean,
gehêlean an is hôbde.   Sô mag that *an* is hugi mêra
an thesoro middilgard   manno gehuuilicumu,
uuesan an thesoro uueroldi,   that hi hîr uuammas geduot,
than hi *ahtogea*   ôðres mannes
1715 saca endi sundea,   endi habad im selbo mêr
firinuuerco gefrumid.   Ef hi uuili is fruma lêstean,
than scal hi ina selbon êr   sundeono *atômean*,

1688 uuil *C.*   1689 godu *M*, guodo *C.*   1702 uuiti *C.*
1690 *vgl.* Sievers, *PBB* 12, 501.   1707 trio *fehlt M.*
1693 siu *M.*   1709 thi *fehlt C.*
1699 sulic | so *Rückert.*   he *fehlt M; vgl.*   1711 an *fehlt C.*
    Behaghel, *Gm.* 27, 418.   1714 hatogea *M.*
1700 im *fehlt M.*   1717 tuomian *C.*

	lêðuuerco lôson:	sîðor mag hi mid is lêrun uuerðan
	heliðun te helpu,	sîðor hi ina hluttran uuêt,
1720	sundeono sicoran.	Ne sculun gi suînum teforan
	iuuua meregrîton macon	ettho mêðmo gestriuni,
	hêlag halsmeni,	huuand siu it an horu spurnat,
	suluuiad an sande:	ne uuitun sûbreas geskêđ,
	fagaroro fratoho.	Sulic sint hîr folc manag,
1725	the iuuua hêlag uuord	hôrean ne uuillead,
	fulgangan godes lêrun:	ne uuitun gôdes geskêđ,
	ac sind im *lâri* uuord	*leoboron* mikilu,
	umbitharbi thing,	thanna theotgodes
	uuerc endi *uuilleo*.	Ne sind sie uuirðige than, ⌈thenkean,
1730	that sie gehôrean iuuua hêlag uuord,	ef sie is ne uuillead an iro hugi
	ne lînon ne lêstean.	Them ni seggean *gi iuuuoro* lêron uuiht,
	that gi *thea* sprâca godes	endi spel *managu*
	ne *farleosan* an them liudiun,	*thea* thar ne *uuillean* gilôbean tô,
	uuâroro uuordo.	Ôc sculun gi iu uuardon filu
1735	listiun undar thesun liudiun,	thar gi aftar thesumu lande farad,
	that iu thea luggeon ne mugin	*lêron* besuîcan
	ni mid uuordun ni mid uuercun.	Sie cumad an sulicom geuuâdeon
	fagoron *fratohon*:	thoh hebbead sie fêcnan hugi; ⌈te iu,
	thea mugun *gi* sân antkennean,	sô gi sie cuman *gesehad*:
1740	sie sprecad uuîslîc uuord,	thoh iro uuerc ne dugin,
	thero thegno gethâhti.	Huuand gi uuitun, that eo an thorniun ne
	uuînberi uuesan	eftha uuelon eouuiht, ⌈sculun
	fagororo fruhteo,	nec ôc fîgun ne lesad
	heliðos an hiopon.	That mugun gi undarhuggean uuel,
1745	that eo the ubilo bôm,	thar he an erðu stâd,
	gôden uuastum ne gibid,	nec it *ôc* god ni gescôp,
	that the gôdo bôm	gumono barnun

1718 Lethero uuerco *C*.
1723 suiliuuat *C*, suliad *M*.   it an *C*.
1724 fagaro *M*.   fratoo *M*.
1727 laria *C*.   liobara *C*.
1729 uuilleon *C*.
1731 giuuaro *C*.
1732 thea *fehlt C*.   managa *C*.
1733 barleosan *M*, farliesat *C*.   the *C*. uuelleat *C*.
1736 lerand *C*.
1737, 1738 Behaghel, *Gm*. 27, 318; Schumann, *Gm*. 30, 70.
1738 fratoon *M*.
1739 gi *fehlt C*.   gesead *M*.
1746 ôc *fehlt C*.

bâri bittres uuiht, ac cumid fan alloro bâmo gehuilicumu
sulic uuastom te thesero uueroldi, sô im fan is uurteon gedregid,
1750 ettha berht ettha bittar. *That* mênid thoh breosthugi,
managoro môdsebon manno cunnies,
huuô alloro erlo gehuilic ôgit selbo,
meldod mid is mûðu, huilican he môd habad,
hugi umbi is herte: thes ni mag he farhelan eouuiht,
1755 ac *cumad* fan them ubilan man *inuuid*râdos,
bittara balusprâca, sulic sô hi an is breostun habad
geheftid umbi is herte: simbla is hugi cûðid,
is uuilleon mid is uuordun, endi *farad* is uuerc aftar thiu.
Sô *cumad* fan themu gôdan manne glau anduuordi,
1760 uuîslîc *fan* is geuuittea, that hi simbla mid is uuordu gesprikid,
man mid is mûðu sulic, sô he an is môde habad
hord umbi is herte. Thanan cumad thea hêlagan lêra,
suuîðo uunsam uuord, endi sculun is uuerc aftar thiu
theodu gethîhan, thegnun managun
1765 uuerðan te uuilleon, al sô it uualdand self
gôdun mannun fargibid, god alomahtig,
himilisc hêrro, huand sie âno is helpa ni mugun
ne mid uuordun ne mid uuercun uuiht athengean
gôdes an thesun gardun. Bethiu sculun gumono barn
1770 an is ênes craft alle gilôbean.

XXI.

Ôc scal ic iu *uuîsean*, huuô hîr uuegos tuêna
liggead an thesumu liohte, thea farad *liudeo barn*,
al irminthiod. Thero is ôðar sân
uuîd strâta endi brêd, – farid sie uuerodes filu,
1775 mancunnies manag, huand sie tharod iro môd spenit,

1750 than *M;* Behaghel, *Gm.* 21, 145,
    Colliander 490.
1751 mancunnies *M.*
1755 cumit *C.* inuuit- *M.*
1756 bara *M.*
1758 farad] oc *C.*
1759 cumit *C,* vgl. Sievers, *ZfdA* 19, 67.

1760 an *M.*
1764 thioda *C.*
1771 uuesan *C.*
1772 Darunter (l. Z. d. Bl.) oc scal ic
    (vgl. 1771) *M.* liudeo barn *fehlt*
    C.

```
       uueroldlusta uueros —    thiu an thea uuirson hand
       liudi lêdid,    thar sie te farlora uuerðad,
       heliðos an helliu,    thar is hêt endi suart,
       egislîc an innan:    ôði ist tharod te faranne
1780   eldibarnun,    thoh it im at themu endie ni dugi.
       Than ligid eft ôðar    engira mikilu
       uueg an thesoro uueroldi,    ferid ina uuerodes lût,
       fâho folcskepi:    ni uuilliad ina firiho barn
       gerno gangan,    thoh he te godes rîkea,
1785   an that êuuiga lîf,    erlos lêdea.
       Than nimad gi iu thana engean:    thoh he sô ôði ne sî
       firihon te faranne,    thoh scal hi te frumu uuerðan
       sô huuemu sô ina thurhgengid,    sô scal is geld niman,
       suuîðo langsam lôn    endi lîf êuuig,
1790   diurlîcan drôm.    Eo gi thes drohtin sculun,
       uualdand biddien,    that gi thana uueg môtin
       fan foran antfâhan    endi forð thurh gigangan
       an that godes rîki.    He ist garu simbla
       uuiðar thiu te gebanne,    the man ina gerno bidid,
1795   fergot firiho barn.    Sôkead fadar iuuuan
       up te themu êuuinom rîkea:    than môtun gi ina aftar thiu
       te iuuuoru frumu fîðan.    Cûðead iuuua fard tharod
       at iuuuas drohtines durun:    than uuerðad iu andôn aftar thiu,
       himilportun anthlidan,    that gi an that hêlage lioht,
1800   an that godes rîki    gangan môtun,
       sinlîf sehan.    Ôc scal ic iu seggean noh
       far thesumu uuerode allun    uuârlîc biliði,
       that alloro liudeo sô huilic,    sô thesa mîna lêra uuili
       gehaldan an is herton    endi uuil iro an is hugi athenkean,
```

1776 Piper setzt nach uueros einen Punkt.
1778 hellia C.
1779 ist fehlt M.
1780 an C.
1782 liut C.
1785 liedie C.
1788 hue C.
1790 sculun drohtin M.
1792 thurugangan C.
1796 Uppan M.   te fehlt M.   euuigon M.
1798 drohtine C.
1799 himiliportun C.
1801 Odes C.
1801b Daneben a. R. mit Griffel grob eingeritzt Oc scal, ebenso a. unteren R. des Bl. scal ic iu segggean (!) M.
1804 thenkian C.

1805 lêstean sea an thesumu lande, the gilîco duot
uuîsumu manne, the giuuit habad,
horsca hugiskefti, endi hûsstedi kiusid
an fastoro foldun endi an *felisa* uppan
uuêgos uuirkid, thar im uuind ni mag,
1810 ne uuâg ne uuatares strôm *uuihtiu* getiunean,
ac mag im thar uuið ungiuuidereon allun standan
an themu *felise* uppan, huand it sô fasto uuarð
gistellit an themu stêne: anthabad it thiu stedi niðana,
uureðid uuiðar uuinde, that it uuîcan ni mag.
1815 Sô duot eft manno sô huilic, sô thesun mînun ni uuili
lêrun hôrien *ne* thero lêstien uuiht,
sô duot *the* unuuîson erla gelîco,
ungeuuittigon uuere, *the* im be uuatares staðe
an sande uuili selihûs uuirkean,
1820 *thar* it uuestrani uuind endi *uuâgo* strôm,
sêes ûðeon teslâhad; ne mag im sand endi greot
geuureðien uuið themu uuinde, ac uuirðid teuuorpan *than*,
tefallen an themu flôde, huand it an *fastoro nis*
erðu getimbrod. Sô scal allaro *erlo gehues*
1825 uuerc gethîhan uuiðar thiu, *the* hi *thius mîn* uuord frumid,
haldid hêlag gebod.' Thô bigunnun an iro hugi uundron
meginfolc mikil: gehôrdun mahtiges godes
lioflîca lêra; ne uuârun an themu lande geuuno,
that sie eo fan sulicun êr seggean gehôrdin
1830 uuordun ettho uuercun. Farstôdun uuîse man,
that he sô lêrde, liudeo drohtin,
uuârun uuordun, sô he geuuald habde,
allun them ungelîco, the thar an êrdagun

1808 felis *C*.
1810 uuiht *C*.
1812 filisa *C*.
1816 nec *C*.
1817ff. *die Abteilung nach Lachmann, Kl. Schriften I, 376*; So duot he unuison erla geliko | ungeuuitigon uuere ‖ the im be uuatares staðe an sande | uuili selihus uuirkean *Heyne, Rückert*.
1817 hie *C*.

1818 ungiuuitgon *C*. uueron thea *M*.
1820 That *C*. uuagos *M*.
1821 Seouthion *C*. teslaad *M*.
1822 thanan *C*.
1823 Tefellit *C*.
1823—24 fastoro erðu ni uuas *M*. getimbrid *C*.
1824 erlo *fehlt M*. gihuilikes *C*.
1825 Cäsur nach thiu *Heyne, Rückert*. the *fehlt C*. thesa mina *C*.
1826 helith *C*.

    undar them liudskepea   *lêreon* uuârun
1835 acoran undar themu cunnie: ne habdun thiu Cristes uuord
    gemacon mid mannun,   the he far thero menigi *sprac,*
    gebôd uppan themu berge.

XXII.*

                          He im thô bêðiu *befalh*
    ge te seggennea   sînom uuordun,
    huuô man himilrîki   gehalon scoldi,
1840 uuîdbrêdan uuelan,   gia he im geuuald fargaf,
    that sie môstin hêlean   *halte* endi blinde,
    liudeo lêfhêdi,   legarbed manag,
    suâra suhti,   giac he im selbo gebôd,
    that sie at ênigumu manne   mêde ne nâmin,   ⌈cuman,
1845 diurie mêðmos: 'gehuggead gi', quað he, – 'huand iu is thiu dâd
    that geuuit endi *the* uuîsdôm,   endi iu thea geuuald fargibid
    alloro firiho fadar,   sô gi sie ni thurbun mid *ênigo* feho côpon,
    mêdean mid ênigun mêðmun, – sô uuesat gi iro mannun forð
    an iuuuon hugiskeftiun   helpono mildea,
1850 lêread gi liudio barn   langsamna râd,
    fruma forðuuardes;   firinuuerc lahad,
    suâra *sundeon.*   Ne lâtad iu silobar *nec* gold
    uuihti thes uuirðig,   that it *eo* an iuuua geuuald cuma,
    fagara fehoscattos: it ni mag iu te ênigoro frumu huuergin,
1855 uuerðan te ênigumu uuilleon.   Ne sculun gi geuuâdeas than mêr
    erlos êgan,   *bûtan* sô gi than an hebbean,
    gumon te *gareuuea,*   than gi gangan sculun
    an that gimang *innan.*   Neo *gi* umbi *iuuuan* meti *ni* sorgot,
    leng umbi iuuua lîfnare,   huand thene lêreand sculun
1860 fôdean that folcskepi: *thes sint thea fruma* uuerða,

1834 lerand *C.*
1836 gisprak *C.*
1837 XXII *nach* 1836 *C.*   befal *M.*
1838 Te giseggeanne *C.*
1841 helta *C.*
1846 that *C.*
1847 enigon *C.*
1852 sundeo *M,* sundea *C.*   ni *C.*

1853 eo *fehlt C.*
1856 neuuan *C.*
1857 gigereuue *C.*
1858 innan *fehlt M.*   gi *fehlt C.*
        iuuuana *C.*   ni *fehlt M.*
1860 thes hie im te frumu *C; vgl.* Beha-
        ghel, *Gm.* 21, 146.

> leoblîkes lônes, the *hi* them liudiun sagad.
> Uuirðig is the uurhteo, that man ina uuel fôdea,
> thana man mid môsu, the sô managoro scal
> seola bisorgan endi an thana sîð spanen,
> 1865 gêstos an godes uuang. That is grôtara thing,
> that man bisorgon scal *seolun* managa,
> huô man thea *gehalde* te hebenrîkea,
> than man thene lîchamon *liudibarno*
> môsu bimorna. Bethiu man *sculun*
> 1870 haldan thene holdlîco, the im te hebenrîkea
> thene uueg uuîsit endi *sie* uuamscaðun,
> feondun uuitfâhit endi firinuuerc lahid,
> *suâra* sundeon. Nu ic iu sendean scal
> aftar thesumu landskepie sô lamb undar uulbos:
> 1875 sô sculun gi undar iuuua fîund faren, undar filu theodo,
> undar mislîke man. Hebbead iuuuan môd uuiðar them
> sô glauuan tegegnes, sô samo *sô* the *gelouuo* uurm,
> nâdra thiu fêha, thar siu iro *nîðskepies,*
> *uuitodes* uuânit, that man iu undar themu uuerode ne mugi
> 1880 besuîcan an themu sîðe. Far thiu *gi* sorgon *sculun,*
> that iu thea man ni mugin môdgethâhti,
> uuillean *auuardien.* Uuesat iu so *uuara* uuiðar thiu,
> uuið iro fêcneon dâdiun, sô man uuiðar fîundun scal.
> Than uuesat gi eft an iuuuon dâdiun dûbon gelîca,
> 1885 hebbead uuið erlo gehuene ênfaldan hugi,
> mildean môdsebon, *that* thar man negên
> thurh iuuua *dâdi* bedrogan ne uuerðe,
> besuican thurh iuuua sundea. *Nu* sculun gi an thana sîð faran,

---

1861 hi *fehlt C.*
1864 *vgl.* Peters, Quellen *S.* 12.
1866 seola *C.*
1867 bihalde *C.*
1868 liudeo b. *C.*
1869 scal *C.*
1871 ina *C.*
1873 Suara suuara *C.*
1877 sô *fehlt C.* glauuo *M.*
1878 nihtscipies *C.*
1879 Uuitodes (-as *C*) *MC* (*vgl. Sehrt S.* 712)] uurêðes Behaghel *in den frü-*
heren Auflagen dieser Ausgabe, wi-
ties Holthausen (*private Mitteilung*).
1880 gi *fehlt C.* sculu *C.*
1882 auuendan *C.* giuuara *C.*
1883 fecnon *C.* dâdiun Behaghel, Gm. 27, 418] *fehlt M,* thar *C;* wercon Roediger, wordon Piper.
1886 tat *C.*
1887 gidadi *C.*
1888 ne *M.*

an that ârundi: thar sculun gi arbidies *sô* filu
1890 **getholon undar theru** *thioda* endi gethuing sô samo
manag endi mislîc, huand gi an mînumu namon
thea liudi lêreat. Bethiu sculun gi thar lêðes filu
fora uueroldcuningun, uuîteas antfâhan.
Oft sculun gi thar for rîkea thurh thius mîn rehtun uuord
1895 gebundane standen endi bêðiu *gethologean,*
ge hosc ge harmquidi: umbi that ne lâtad gi iuuuan hugi *tuîflon,*
sebon *suîcandean:* gi ni thurbun an ênigun sorgun uuesan
an *iuuuomu* hugi huergin, than *man iu* for *thea* hêri forð
an thene gastseli gangan hêtid,
1900 huat gi im than tegegnes *sculin* gôdoro uuordo,
spâhlîcoro gesprecan, huand iu thiu *spôd* cumid,
helpe fon himile, endi sprikid the hêlogo gêst, ⌈nîð
mahtig fon iuuuomu *munde.* Bethiu *ne andrâdad* gi iu thero manno
ne forhteat iro fîundskepi: thoh sie hebbean iuuuas ferahes geuuald,
1905 that sie mugin thene lîchamon lîbu beneotan,
aslahan mid suerdu, thoh sie theru seolun ne mugun
uuiht auuardean. Antdrâdad iu uualdand god,
forhtead fader iuuuan, frummiad gerno
is gebodskepi, huuand hi habad bêðies giuuald,
1910 liudio lîbes endi ôc iro lîchamon
gec thero seolon sô self: ef gi iuuua an them sîðe *tharod*
farliosat thurh thesa lêra, than môtun gi sie eft an themu liohte
beforan fîðan, huuand sie fader iuuua, ⌊godes
haldid hêlag god an himilrîkea.

XXIII.

1915 Ne cumat thea alle te himile, thea *the* hîr hrôpat te mi
manno te mundburd. Managa sind *thero,*

1889 sô *fehlt C.*
1890 thiod *M, vgl. Hofmann I 52.*
1895 githolon *C.* 1896 tuiflean *C.*
1897 siucandian *C.*
1898 iuuuomu *fehlt C.* iu man *C.*
thiu *C.*
1899 u. 1900 *von Heyne und Rückert in einem Vers zusammengefaßt.*
1900 sculun *C.*

1901 Spahlico *C.* spot *M,* spahed *C.*
1903 munde *M,* muthe *C, s. 1293 und Foerste dazu.* mandradat *C.*
1906 aslaan *M.*
1911 tharot *M.*
1915 the *fehlt C.*
1916 Mann *C.* thero *zum folgenden Vers Horn, PBB 5, 188.*

thea uuilliad alloro dago gehuilikes te drohtine hnîgan,
hrôpad thar te helpu endi huggead an ôðar,
uuirkead uuamdâdi: ne sind im than thiu uuord fruma,
1920 ac thea môtun huerban an that himiles lioht,
gangan an that godes rîki, thea thes gerne sint,
that sie hîr gefrummien fader alauualdan
uuerc endi uuilleon. Thea ni thurbun mid uuordun sô filu
hrôpan te helpu, huanda the hêlogo god
1925 uuêt alloro manno gehues môdgethâhti,
uuord endi uuilleon, endi gildid im is uuerco lôn.
Bethiu sculun gi sorgon, than gi an thene sîð farad,
huô gi that ârundi *ti endea bebrengen.*
Than gi lîðan sculun aftar thesumu landskepea,
1930 uuîdo aftar thesoro uueroldi, al sô iu uuegos lêdiad,
brêd strâta te burg, simbla *sôkiad* gi iu thene bezton *sân*
man undar theru menegi endi cûðead imu iuuuan môðsebon
uuârun uuordun. Ef sie than thes uuirðige sint,
that sie iuuua gôdun uuerc gerno *gelêstien*
1935 mid hluttru hugi, *than* gi an themu hûse mid im
uuonod an uuilleon endi *im uuel* lônod,
geldad im mid gôdu endi sie te gode selbon
uuordun geuuîhad endi seggead im uuissan friðu,
hêlaga helpa hebencuninges.
1940 Ef sie than sô sâliga thurh iro selboro dâd
uuerðan ni môtun, that sie iuuua uuerc frummien,
lêstien iuuua lêra, than gi fan them liudiun sân,
farad fan themu folke, — *the iuuua friðu huuirbid
eft* an *iuuuoro* selboro sîð, — endi lâtad sie mid sundiun forð,
1945 mid baluu*uercun* bûan endi sôkiad iu burg ôðra,
mikil *manuuerod*, endi ne lâtad thes melmes uuiht
folgan an iuuuom fôtun, thanan *the* man iu antfâhan ne uuili,

---

1927 faran C.
1928 ti *fehlt MC.* endea] an thia *C;
vgl. Grein, Gm.* 11, 213. hebrengen *M,* bebrengiat *C.*
1931 kiosat *C.* sân *fehlt C.*
1934 Than *M.* lestean *C.*
1935 thanne *C.*
1936 imu *M.* uuela *C.*

1943b endi the fridu *M.* huuirbid *fehlt M.*
1944 eft *zur vorhergehenden Zeile gezogen Heyne, Rückert.* iuuuer *C.*
1945 -uuercu *C.*
1946 manuuerot *M,* manno uuerod *C.*
1947 *Cäsur nach* thanan *Heyne.* the *fehlt M.*

  ac scuddiat it fan iuuuon scôhun, that it im eft te scamu uuerðe,
  themu uuerode te geuuitskepie, that iro uuillio ne dôg.
1950 Than seggeo ic iu te uuârun, sô huan sô thius uuerold endiad
  endi the mâreo dag obar man farid,
  that than Sodomoburg, thiu hîr thurh sundeon uuarð
  an afgrundi êldes craftu,
  fiuru bifallen, that thiu than habad friðu mêran,
1955 mildiran mundburd, than thea man êgin,
  the iu hîr uuiðaruuerpat endi ne uuilliad iuuua uuord frummien.
  Sô hue sô iu than antfâhit thurh ferhtan hugi,
  thurh mildean môd, sô habad mînan forð
  uuilleon geuuarhten endi ôc uualdand god,
1960 antfangan fader iuuuan, firiho drohtin,
  rîkean râdgebon, thene the al reht bican.
  Uuêt uualdand self, endi uuillean lônot
  gumono gehuilicumu, sô huat sô hi hîr gôdes geduot,
  thoh hi thurh minnea godes manno huilicumu
1965 uuilleandi fargebe uuateres drinkan,
  that hi thurftigumu manne thurst gehêlie,
  caldes brunnan. Thesa quidi uuerðad uuâra,
  that eo ne bilîbid, ne hi thes lôn sculi,
  fora godes ôgun geld antfâhan,
1970 mêda managfalde, sô huat sô hi is thurh mîna minnea geduot.
  Sô hue sô mîn than farlôgnid liudibarno,
  heliðo for thesoro heriu, sô dôm ic is an himile sô self
  thar uppe far them alouualdan fader endi for allumu is engilo crafte,
  far theru mikilon menigi. Sô huilic sô than eft manno barno
1975 an thesoro uueroldi ne uuili uuordun mîðan,
  ac gihit far gumskepi, that he mîn iungoro sî,
  thene uuilliu ic eft ôgean far ôgun godes,
  fora alloro firiho fader, thar folc manag
  for thene alouualdon alla gangad
1980 reðinon uuið thene rîkeon. Thar uuilliu ic imu an reht uuesan

---

1953 An grundiun C.
1954 than C.
1955 -boron C. than fehlt C.
1957 than fehlt C.
1959 ôc fehlt M.
1966 thust C.

1971 mi C. liudo barno C; vgl. Behaghel, Gm. 27, 418.
1972 is fehlt C.
1976 giit M.
1977 ogun godes Sievers] godes ogun MC.

mildi mundboro, sô huemu sô mînun hîr
uuordun hôrid endi thiu uuerc frumid,
thea ic hîr an thesumu berge uppan geboden hebbiu.'
Habda thô te uuârun uualdandes sunu
1985 gelêrid thea liudi, huô sie lof gode
uuirkean scoldin. Thô lêt hi that uuerod thanan
an alloro *halba* gehuilica, heriskepi manno
sîðon te selðon. Habdun selbes *uuord,*
gehôrid hebencuninges hêlaga lêra,
1990 sô eo te uueroldi sint *uuordo endi dâdeo,*
mancunnies manag obar thesan middilgard
sprâcono thiu spâhiron, sô hue sô thiu spel gefrang,
thea thar an themu berge *gesprac* barno rîkeast.

XXIV.

Geuuêt imu thô umbi threa naht aftar thiu thesoro thiodo drohtin
1995 an *Galileo land,* thar he te ênum gômun uuarð,
gebedan that barn godes: thar scolda man êna brûd geban,
munalîca *magað.* Thar Maria uuas
mid iro suni selbo, sâlig thiorna,
mahtiges môder. Managoro drohtin
2000 geng imu thô mid is iungoron, godes êgan barn,
an that hôha hûs, thar *thiu hêri* dranc,
thea Iudeon an themu gastseli: he im ôc at them gômun uuas,
giac hi thar gecûðde, *that* hi habda craft godes,
helpa fan himilfader, hêlagna gêst,
2005 uualdandes uuîsdôm. Uuerod blîðode,
uuârun thar an luston liudi atsamne,
gumon gladmôdie. Gengun ambahtman,
skenkeon mid scâlun, drôgun *skîriane* uuîn
mid orcun endi mid alofatun; uuas thar erlo drôm
2010 fagar an flettea, thô thar folc undar im

1987 halba *vgl. Henrici, PBB* 5, 56; Braune *S.* 262.
1988 uuord *fehlt C.*
1990 uuordon endi dadean *C.*
1992 Spraconon spahirun *C.*
1993 sprac *C.*

1995 galilealand *C.*
1997 magat *M.*
2001 the *M, vgl.* 2014. hêri *Kauffmann, PBB 12, 349, Piper, Hofmann I 52.*
2003 that *tilgt Trautmann S.* 127.
2008 skirianne *M.*

	an them benkeon sô bezt	blîðsea afhôbun,
	uuârun thar an uunneun.	Thô im thes uuînes brast,
	them liudiun thes lîðes:	is ni uuas farlêbid uuiht
	huergin an themu hûse,	that for *thia hêri* forð
2015	skenkeon drôgin,	ac thiu scapu uuârun
	lîðes alârid.	Thô ni uuas lang te thiu,
	that it sân antfunda	*frîo* scôniosta,
	Cristes môder:	geng uuið iro kind sprecan,
	uuið iro sunu selbon,	sagda im mid uuordun,
2020	that thea uuerdos thô mêr	uuînes ne habdun
	them gestiun te *gômun.*	Siu thô gerno bad,
	that is the hêlogo Crist	helpa geriedi
	themu uuerode te uuilleon.	Thô habda *eft* is uuord garu
	mahtig barn godes	endi uuið is môder sprac:
2025	'huat ist mi endi thi', quað he,	'umbi thesoro manno lið,
	umbi theses uuerodes uuîn?	Te huî sprikis thu thes, uuîf, sô filu,
	manos mi far thesoro menigi?	Ne sint mîna noh
	tîdi cumana.'	Than thoh *gitrûoda siu uuel*
	an iro hugiskeftiun,	hêlag thiorne,
2030	that is aftar them uuordun	uualdandes barn,
	hêleandoro bezt	helpan uueldi.
	Hêt thô thea ambahtman	idiso scôniost,
	skenkeon endi scapuuardos,	thea thar scoldun thero scolu thionon,
	that sie thes ne uuord ne uuerc	uuiht ne farlêtin,
2035	thes sie the hêlogo Crist	hêtan uueldi
	lêstean far them liudiun.	Lârea stôdun thar
	stênfatu sehsi.	Thô sô stillo gebôd
	mahtig barn godes,	sô it thar manno filu
	ne uuissa te uuârun,	huô he it mid *is* uuordu gesprac;
2040	he hêt thea skenkeon thô	skîreas uuatares
	thiu fatu fullien,	endi hi thar mid is fingrun thô,
	segnade selbo	sînun handun,
	uuarhte it te uuîne	endi hêt is an ên uuêgi hlaðen,

2012 So *C.*
2014 thene heri *M*; zu thia h. *C* vgl. Kauffmann, Piper, Hofmann (s. zu 2001), Holthausen, PBB 13, 375, Anm.; anders Specht, ZfvglSpr 60, 134.
2017 firio *C.*   2021 gomu *M.*

2023 eft *fehlt C.*
2025 vgl. Jellinek, ZfdPh 36, 543.
2028 Tida *C.*   gitrooda siu uuel *M*, gi-truoda so uuel *C*; s. uu. getilgt von Rückert.
2039 is *fehlt M*; vgl. Roediger 286.

skeppien mid ênoro scâlon,   endi thô te them skenkeon sprac,
2045 hêt *is* thero gesteo,   the at them gômun uuas
themu hêroston   an hand geban,
ful mid folmun,   themu the thes folkes thar
geuueld aftar themu *uuerde.*   Reht sô *hi* thes uuînes gedranc,
sô ni mahte he bemîðan,   ne hi far theru menigi sprac
2050 te themu brûdigumon,   quað that simbla that bezte lîð
alloro erlo gehuilic   êrist scoldi
geban at is gômun: 'undar thiu uuirðid *thero* gumono hugi
auuekid mid uuînu,   that sie uuel blîðod,
druncan drômead.   Than mag man thar dragan aftar thiu
2055 *lîhtlîcora* lîð: sô ist thesoro liudeo thau.
Than habas thu nu uunderlîco   uuerdskepi thînan
gemarcod far thesoro menigi: hêtis far thit manno folc
alles thînes uuînes   that uuirsiste
thîne ambahtman   êrist brengean,
2060 geban *at* thînun gômun.   Nu sint thîna gesti sade,
sint thîne druhtingos   druncane suîðo,
is thit folc *frômôd*:   nu hêtis thu hîr forð dragan
alloro lîðo lofsamost,   thero *the ic eo an thesumu liohte gesah*
huergin hebbean.   Mid thius scoldis thu ûs hindag êr
2065 gebon endi gômean: than it alloro gumono gehuilic
gethigedi te thanke.'   Thô uuarð thar thegan manag
geuuar aftar them uuordun,   sîðor sie thes uuînes gedruncun,
that *thar* the hêlogo Crist   an themu hûse innan
têcan uuarhte: trûodun sie sîðor
2070 thiu mêr an is mundburd,   that hi *habdi* maht godes,
geuuald an thesoro uueroldi.   Thô uuarð that sô uuîdo cûð
obar *Galileo land*   Iudeo liudiun,
huô thar selbo gededa   sunu drohtines
uuater te uuîne: that uuarð thar uundro êrist,
2075 thero *the* hi thar an Galilea   Iudeo *liudeon,*

2045 it *C.*
2048 uuerode *C.*   hi thuo *C.*
2052 thesaro *C.*
2055 lîhtlîcora *Heyne, Rückert*] lihdlîco-
ra *M,* lithlicora *C, Rieger, Leseb. S.*
15, *Grein, Gm.* 11, 213.
2060 an *M.*

2062 fruomod *M.*
2063 the *fehlt M.*   ik gio gio sah *C.*
2068 thar *nach* Crist *C.*
2070 habda *C.*
2072 galilealand *C.*
2075 the *fehlt M; auch von Neckel, Relativsätze S.* 59 *getilgt.*   liudeo *M.*

têcno getôgdi.   Ne mag *that* getellean man,
geseggean te sôðan,   huat thar sîðor uuarð
uundres undar themu uuerode,   thar uualdand Crist
an godes namon   Iudeo liudeon
2080 allan langan dag   lêra sagde,
gihêt im *hebenrîki*   endi helleo gethuing
uueride mid uuordun,   hêt sie uuara godes,
sinlîf sôkean: thar is seolono lioht,
drôm drohtines   endi dagskîmon,
2085 gôd*lîcnissea* godes;   thar gêst manag
uunod an uuillean,   the hîr uuel thenkid,
that he hîr bihalde   hebencuninges gebod.

XXV.

Geuuêt imu thô mid is iungoron   fan them gômun *forð*
Kristus te Capharnaum,   cuningo rîkeost,
2090 te theru mâreon burg.   Megin samnode,
gumon imu tegegnes,   gôdoro *manno*
sâlig gesîði: uueldun thiu *is* suôtean uuord
hêlag *hôrien*.   *Thar* im ên hunno quam,
ên gôd man angegin   endi ina gerno bad
2095 helpan hêlagne,   quað that hi undar is hîuuiskea
ênna lêfna *lamon*   lango habdi,
seocan an is selðon: 'sô ina ênig seggeo ne mag
handun gehêlien.   Nu is im thînoro helpono tharf,
frô mîn the gôdo.'   Thô sprac im eft that friðubarn godes
2100 sân aftar thiu   selbo tegegnes,
quað that he thar quâmi   endi that kind *uueldi*
nerean *af* theru nôdi.   Thô im nâhor geng
the man far theru menigi   uuid sô mahtigna
uuordun uuehslan: 'ic thes uuirðig ne bium,' quað he,
2105 'hêrro the gôdo,   that thu an mîn hûs cumes,

2076 that *fehlt C.*
2081 himilriki *C*, hebanes riki *Piper.*
2085 -licnissi *C.*
2088 forð *fehlt C.*
2091 *nach* manno *setzen Sievers und Piper ein Komma.*

2092 is *fehlt M.*
2093 *vgl. Jellinek, ZfdA* 36, 541.   gihorian *C.*   than *M.*
2096 *vgl. Roediger* 286.   man *M.*
2101 uueldi *fehlt C.*
2102 after *C.*

sôkeas mîna seliða, huand ic bium sô sundig man
mid uuordun endi mid uuercun. Ic gelôbiu that thu geuuald habas,
that thu ina *hinana* maht hêlan geuuirkean,
uualdand frô mîn: ef thu it mid *thînun uuordun* gesprikis,
than is sân thiu lêfhêd lôsot endi uuirðid is lîchamo
hêl endi hrêni, ef thu im thîna helpa fargibis.
Ic bium mi ambahtman, hebbiu mi ôdes genôg,
uuelono geuunnen: thoh ic undar geuueldi sî
aðalcuninges, *thoh* hebbiu ic erlo getrôst,
holde heririncos, thea mi sô gehôriga sint,
that sie thes ne uuord ne uuerc uuiht ne farlâtad,
thes ic sie an thesumu landskepie lêstean *hête*,
ac sie farad endi frummiad endi eft te iro frôhan cumad,
holde te iro hêrron. Thoh ic at mînumu hûs êgi
uuîdbrêdene uuelon endi uuerodes genôg,
heliðos hugiderbie, *thoh* ni gidar ic thi sô hêlagna
biddien, barn godes, that thu an mîn bû gangas,
sôkeas mîna seliða, huand ic sô sundig bium,
uuêt mîna faruurhti.' Thô sprac eft uualdand Crist,
the gumo uuið is iungoron, quað that hi an Iudeon huergin
undar Israheles aboron ne fundi
gemacon thes mannes, the io mêr te gode
an themu landskepi gelôbon habdi,
than hluttron te himile: 'nu lâtu ic iu thar hôrien tô,
thar ic it iu te uuârun hîr uuordun seggeo,
that noh sculun elitheoda *ôstane* endi *uestane*,
mancunnies cuman manag tesamne,
hêlag folc godes an hebenrîki:
thea môtun thar an Abrahames endi an Isaakes sô self
endi ôc an Iacobes, gôdoro manno,
barmun restien endi bêðiu *gethologean*,

2108 hinan *C.*
2109 thinu uuordu *C.*
2114 thoh] bethiu *C.*
2117 hetu *C.*
2121 thoh] bithiu *C.*
2129 than *zum vorhergehenden Vers gezogen von Heyne und Rückert.*

2131 ostan *C.* uuestan *C.*
2133 fehlt *C, nach Martin, ZfdA* 40, 127
unecht.
2135 ôc *fehlt C.*
2136 githolon *C.*

uuelon endi uuilleon   endi *uuonodsam* lîf,
gôd lioht mid gode.   Than scal *Iudeono* filu,
theses rîkeas suni   berôbode uuerðen,
2140 *bedêlide* sulicoro diurðo,   endi sculun an dalun thiustron
an themu alloro ferristan   ferne liggen.
Thar mag man gehôrien   heliðos quîðean,
thar sie iro torn manag   tandon bîtad;
thar ist *gristgrimmo*   endi grâdag fiur,
2145 hard *helleo gethuing*,   hêt endi thiustri,
suart sinnahti   sundea te lône,
uurêðoro geuurhteo,   sô huemu sô thes uuilleon ne habad,
that he *ina* alôsie,   êr hi thit lioht agebe,
uuendie fan thesoro uueroldi.   Nu maht thu thi an thînan uuilleon
2150 sîðon te selðun;   than findis thu *gesund* at hûs   ⌊forð
magoiungan man: môd is imu an luston,
that barn is gehêlid,   sô thu bêdi te mi:
it uuirðid al sô gelêstid,   sô thu gelôbon habas
an thînumu hugi hardo.'   Thô sagde hebencuninge,
2155 the ambahtman   alouualdon gode
thanc for thero thioda,   *thes* he imu at sulicun tharbun halp.
Habda tho *giârundid*,   al sô he uuelde,
sâliglîco: giuuêt imu an thana sîð thanan,
uuende an is uuillean,   thar he uuelon êhte,
2160 bû endi bôdlos: fand *that* barn gesund,
kindiungan *man*.   Kristes uuârun thô
uuord *gefullot*:   hi geuuald habda
te *tôgeanna* têcan,   sô that ni mag gitellien man,
geahton obar thesoro erðu,   huat he thurh is ênes craft
2165 an *thesaro* middilgard   mâriða gefrumide,
uundres geuuarhte,   huand al an is geuueldi stâd,
himil endi erðe.

2137 uuonotsam *M.*
2138 iudeo *C.*
2140 biduelida *C.*
2144 gest grimmag *C.*
2145 helligithuing *C.*
2146 suarht *M.*
2148 is *M.*
2150 gisundan *C.*

2156 thas *C.*
2157 giarundeod *C.*
2160 thar *M.*
2161 man *fehlt C.*
2162 gifullid *C.*
2163 gitogianne *C.*
2165 thero *M.*

XXVI.*

Thô geuuêt imu the hêlogo Crist
forðuuardes faren,   fremide alomahtig
alloro dago gehuilikes,   drohtin the gôdo,
2170 liudeo barnum leof,   lêrde mid uuordun
godes uuilleon gumun,   habda imu iungorono filu
simbla te gisîðun,   sâlig folc godes,
manno megincraft,   managoro theodo,
hêlag heriskepi,   uuas is helpono gôd,
2175 mannun mildi.   Thô hi mid theru menigi quam,
mid thiu *brahtmu* that barn godes   te burg theru hôhon,
the neriendo te Naim: thar scolde is namo uuerðen
mannun gemârid.   Thô geng mahtig tô
neriendo Crist,   antat he ginâhid uuas,
2180 *hêleandero bezt:* thô sâhun sie thar ên hrêo dragan,
ênan lîflôsan lîchamon   thea liudi *fôrien,*
beran an ênaru *bâru*   ût at *thera* burges dore,
maguiungan man.   Thiu môder aftar geng
an iro hugi hriuuig   endi handun slôg,
2185 carode endi cûmde   iro kindes dôđ,
idis armscapan;   it uuas ira *ênag* barn:
siu uuas iru uuidouua,   ne habda uunnea than mêr,
biûten te themu ênagun sunie   al *gelâten*
uunnea endi uuillean,   anttat ina iru *uurd* benam,
2190 mâri metodogescapu.   Megin folgode,
burgliudeo gebrac,   thar man ina an *bâru* drôg,
iungan man te grabe.   Thar uuarð imu the godes sunu,
mahtig mildi   endi te theru môder sprac,
hêt that thiu uuidouua   uuôp farlêti,
2195 cara aftar themu kinde: 'thu scalt *hîr* craft sehan,
uualdandes giuuerc: thi scal hîr uuilleo *gestanden,*

2167 XXVI *nach* 2165 C.
2168 frumida C.
2170 lera C.
2176 brathmu M.
2180 helandi crist C.   thô] so C.
2181 Enan *fehlt* C.   fuorun C.
2182 Berun C.   barun C.   them C, thes *Braune zu Genesis* 269.
2186 egan M.
2188 Neuan C.   Komma *nach* gelâten Heyne, Rückert, Sievers, Piper, getilgt von Schumann, Gm. 30, 70.
2189 uurht M, uurth C.
2191 barun C.
2195 craft sehan hir M.
2196 gistan C.

frôfra far thesumu folke: ne tharft thu ferah caron
barnes thînes.' *Thuo hie ti thero bâron geng
iac hie ina selbo anthrên, suno drohtines,
2200 hêlagon handon, endi ti them *heliðe* sprak,
hiet ina sô alaiungan *up* astandan,
arîsan fan theru restun. Thie rinc up asat,
that barn an thero bârun: uuarð im eft an is briost cuman
thie gêst thuru godes craft, endi hie tegegnes sprac,
2205 the man uuið is mâgos. Thuo ina eft thero muoder bifalah
hêlandi Crist an hand: hugi uuarð iro te frôbra,
thes uuîbes an uunneon, huand iro thar sulic uuilleo gistuod.
Fell siu thô te fuotun Cristes endi thena folco drohtin
loboda for thero liudeo menigi, huand hie iro at sô liobes *ferahe*
2210 mundoda uuiðer metodigisceftie: farstuod siu that hie uuas thie
⌊mahtigo drohtin,
thie hêlago, thie himiles giuualdid, endi that hie mahti gihelpan
⌊managon,
allon irminthiedon. Thuo bigunnun that ahton managa,
that uunder, that under them uueroda giburida, quâðun that uual-
⌊dand selbo,
mahtig quâmi tharod is menigi uuîson, endi that hie im sô mârean
⌊sandi
2215 uuârsagon an thero *uueroldes rîki,* thie im thar sulican uuilleon
Uuarð thar thuo erl manag egison bifangan, ⌊frumidi.
that folc uuarð an forohton: gisâhun thena is *ferah* êgan,
dages lioht sehan, thena the *êr* dôð fornam,
an suhtbeddeon sualt: thuo uuas im eft gisund after thiu,
2220 kindiung aquicot. Thuo uuarð that kûð obar all
abaron Israheles. Reht sô thuo âband quam,
sô uuarð thar all gisamnod seokora manno,
haltaro endi hâbaro, sô huat sô thar huergin uuas,
thia lêbun under them liudeon, endi uurðun thar gilêdit tuo,
2225 cumana te Criste, thar hie im thuru is craft mikil
halp endi sie hêlda, endi liet sia eft gihaldana thanan
uuendan an iro uuilleon. Bethiu scal man is uuerc lobon,

2198b-2256 thit *einschl. fehlt M*.   2215 uuerodes rikie C.
2200 helithie C.   2217 fera C.
2201 upp C.   2218 err C.
2209 farahe C.

diuran is dâdi, huand hie is drohtin self,
mahtig mundboro manno kunnie,
2230 liudeo sô huilicon, sô thar gilôbit tuo
an is uuord endi an is uuerc.

XXVII.*

Thuo uuas thar uuerodes sô filo
allaro elithiodo *cuman* *te* them êron Cristes,
te sô mahtiges mundburd. Thuo uuelda hie thar êna meri lîðan,
thie godes suno mid is iungron aneban Galilealand,
2235 uualdand ênna *uuâgo strôm*. Thuo hiet hie that uuerod ôðar
forðuuerdes faran, endi hie giuuêt im fahora sum
an ênna nacon innan, neriendi Crist,
slâpan sîðuuôrig. Segel *up* dâdun
uuederuuîsa uueros, lietun uuind after
2240 manon obar thena meristrôm, unthat hie te middean quam,
uualdand mid is uuerodu. Thuo bigan thes uuedares craft,
ûst up stîgan, ûðiun uuahsan;
suang gisuerc an gimang: thie sêu uuarð an hruoru,
uuan uuind endi uuater; uueros sorogodun,
2245 thiu meri uuarð sô muodag, ni uuânda thero manno nigên
lengron lîbes. Thuo *sia* landes uuard
uuekidun mid iro uuordon endi sagdun im thes uuedares craft,
bâdun that im ginâðig neriendi Crist
uurði uuið them uuatare: 'eftha uui sculun hier te uunderquâlu
2250 sueltan an theson sêuue.' Self *up* arês
thie guodo godes suno endi te is iungron sprak,
hiet that sia im uuedares giuuin uuiht ni *andrêdin:*
'te huî sind gi sô forhta?' quathie. 'Nis iu noh fast hugi,
gilôbo is iu te luttil. Nis nu lang te thiu,
2255 that thia strômos sculun stilrun uuerðan

2231 XXVII *nach* 2230 C.
2232 cuman | te *Rückert*] | cuman te Schmeller, Rieger, Heyne, Müllenhoff².
2233 the C.
2235 uuagostrom *Rieger, Leseb. S.* 19, *Rückert.*

2238 upp C.
2246 sia thana *Piper.*
2250 upp aræs C.
2252 andrædin C.

gi thit *uuedar uunsam.'   Tho hi te *them* uuinde sprac
ge te themu sêuua sô self   endi sie smultro hêt
bêðea gebârean.   Sie gibod lêstun,
    uualdandes uuord: uueder stillodun,
2260 fagar uuarð an flôde.   Thô *bigan* that folc undar im,
uuerod uundraian,   endi suma mid *iro* uuordun sprâkun,
huilic that sô mahtigoro   manno uuâri,
that imu sô the uuind endi the uuâg   uuordu hôrdin,
bêðea is gibodskepies.   Thô habda sie that barn godes
2265 ginerid fan theru nôdi: the naco furðor skreid,
hôh hurnidskip;   heliðos *quâmun,*
liudi te lande,   sagdun lof gode,
mâridun is megincraft.   Quam thar manno filu
angegin *themu* godes *sunie;*   he sie gerno antfeng,
2270 sô huene sô thar mid *hluttru hugi*   helpa sôhte;
lêrde sie iro gilôbon   endi iro lîchamon
handun hêlde: nio the man sô hardo ni uuas
gisêrit mid suhtiun: thoh ina Satanases
fêknea iungoron   fîundes craftu
2275 habdin undar handun   endi is hugiskefti,
giuuit auuardid,   that he uuôdiendi
fôri undar themu folke,   thoh im simbla *ferh fargaf*
hêlandeo Crist,   ef he te is handun quam,
drêf thea diuƀlas thanan   drohtines craftu,
2280 uuârun uuordun,   endi im is geuuit fargaf,
lêt ina than hêlan   uuiðer hetteandun,
gaf im uuið thie fîund friðu,   endi im forð giuuêt
an sô *huilic* thero lando,   sô im *than* leobost uuas.

2256 *Mit* uuedar *setzt M wieder ein.*
    them *fehlt M.*
2258 Bethiu *C.*   gibareon *C.*
2260 an them *C.*   bigan *fehlt C.*
2261 Uueroda uundroda *C.*   iro *fehlt C.*
2264 bethiu *C.*
2266 *Sievers*] hô hurnid skip *Rieger, Leseb.* 20, *Grein, Gm.* 11, 213, hoh-hurnid skip *Heyne, Müllenhoff, Rückert.*   quamum *C.*
2267 Thia liudi *C.*
2269 thena *C.*   suno *C.*
2270 hluttru | hugi *Müllenhoff*[2].
2273 Gisenit *M.*
2276 Geuuiht *M.*
2277 fargab ferh *M.*
2283 huilicon *C.*   than *fehlt M.*

XXVIII.

    Sô deda the drohtines sunu   dago gehuilikes
2285 *gôd uuerk* mid is iungeron,   sô neo Iudeon umbi that
an thea is *mikilun craft*   thiu mêr ne gelôbdun,
that he alouualdo   alles uuâri,
landes endi liudio: thes sie noh lôn nimat,
uuîdana uuracsîð,   thes sie thar that geuuin dribun
2290 uuið *selban* thene *sunu drohtines*.   Thô he *im* mid is gesîðon giuuêt
eft an *Galilæo land,*   godes êgan barn,
fôr im te them friundun,   thar he afôdid uuas
endi al undar is cunnie   kindiung auuôhs,
the hêlago hêleand.   Umbi ina heriskepi,
2295 theoda thrungun;   thar uuas thegan manag
sô sâlig undar them gesîðe.   Thar drôgun ênna seocan man
erlos *an* iro armun: uueldun ina for ôgun Kristes,
brengean for that barn godes –   uuas im bôtono tharf,
that ina gehêldi   hebenes uualdand,
2300 manno mundboro –,   the uuas êr sô managan dag
liðuuuastmon bilamod,   ni mahte is lîchamon
uuiht geuualdan.   Than uuas thar uuerodes sô filu,
that sie ina fora that barn godes   brengean ni mahtun,
gethringan thurh thea thioda,   that sie *sô* thurftiges
2305 sunnea gesagdin.   Thô giuuêt imu an ênna seli innan
hêleando Crist;   *huarf* uuarð thar umbi,
megintheodo gemang.   Thô bigunnun thea man spreken,
the thene lêfna lamon   lango fôrdun,
bârun mid is beddiu,   huô sie ina gedrôgin fora that *barn godes*,
2310 *an* that uuerod innan,   thar ina uualdand Crist
selbo gisâuui.   Thô gengun thea gesîðos tô,
hôbun ina mid iro handun   endi uppan that hûs stigun,
slitun thene seli obana   endi *ina* mid sêlun lêtun

2285 goduuerk *Heyne.*
2286 miklun maht *C.*
2290 selbon *C.*   drohtines sunu *M.*
    im *fehlt C.*
2291 Galilaealand *C.*
2297 undar *C.*
2302 uuihti *C.*

2304 sô *fehlt C.*
2306 helandi *C.*   huarf *vgl. Krogmann,*
    Nd. Jb. 80, 36.
2309 godes barn *M.*
2310 Ant *C.*
2313 ina *fehlt C.*

an thene rakud innan,   thar the rîkeo uuas,
2315 cuningo craftigost.   Reht sô he ina *thô* kuman gisah
thurh thes hûses hrôst,   sô he thô an iro hugi farstôd,
an thero manno môdsebon,   that sie *mikilana* te imu
gelôbon habdun,   thô he for then liudiun sprak,
quað that he thene siakon man   sundeono tômean
2320 lâtan uueldi.   Thô sprâkun im eft thea liudi angegin,
gramharde Iudeon,   thea thes godes barnes
uuord *aftaruuarodun*,   quâðun that that ni mahti *giuuerðen* sô,
grimuuerc fargeben,   *biûtan* god êno,
uualdand thesaro uueroldes.   Thô habda eft is uuord garu
2325 mahtig barn godes: 'ik gidôn that', quað he, 'an thesumu *manne*
the hîr sô siak ligid   an thesumu seli innan,   ⌊skîn,
te uundron giuuêgid,   that ik geuuald hebbiu
sundea te fargebanne   endi ôc seokan man
te gehêleanne,   sô ik ina hrînan ni tharf.'
2330 Manoda ina thô   the mâreo drohtin,
liggeandean lamon,   hêt ina far them liudiun astandan
up alohêlan   endi hêt ina an is ahslun niman,
is bedgiuuâdi te baka;   he that gibod lêste
sniumo for *themu gisîðea*   endi geng imu eft gesund thanan,
2335 hêl fan themu hûse.   Thô thes sô manag hêðin man,
uueros uundradun,   quâðun that imu uualdand self,
god alomahtig   fargeban habdi
mêron mahti   than elcor ênigumu mannes sunie,
craft endi cûsti;   sie ni uueldun antkennean thoh,
2340 Iudeo liudi,   that he god uuâri,
ne gelôbdun is lêran,   ac habdun im lêðan strîd,
uunnun uuiðar is uuordun: thes sie uuerk hlutun,
lêðlîc lôngeld,   endi sô noh lango sculun,
thes sie ni uueldun hôrien   heben*cuninges*,
2345 Cristes lêrun,   thea he cûðde obar al,
uuîdo aftar thesaro uueroldi,   endi lêt sie is uuerk sehan

2315 thoh *M.*
2317 mikilan *C.*
2321 gramherta *C.*
2322 afterfardun *C.*   giwerðon *Kock,*
  ZfdA 48, 194; *vgl. Schlüter, Nd. Jb.*
  40, 153.

2323 neuuan *C.*
2325 manno *C.*
2327 Te *fehlt C.*
2334 them gisithon *C.*
2343 lehtlic *C.*
2344 -cuninge *M.*

allaro dago gehuilikes, is dâdi scauuon,
hôrien is hêlag uuord, the he te helpu gesprak
manno barnun, endi sô manag mahtiglîc
2350 têcan getôgda, that sie *gitrûodin* thiu bet,
gilôbdin *an* is *lêra.* He sô managan lîchamon
balusuhteo *antband* endi bôta geskeride,
fargaf fêgiun ferah, them the *fûsid* uuas
heliđ an helsîđ: *than gideda ina the* hêland self,
2355 Crist thurh is craft mikil quican aftar dôđa,
lêt ina an thesaro uueroldi forđ uunneono neotan.

XXIX.*

Sô hêlde he thea haltun man endi thea hâbon sô self,
bôtta, them thar blinde uuârun, lêt sie *that* berhte lioht,
sinscôni *sehan,* sundea lôsda,
2360 gumono grimuuerk. Ni uuas gio *Iudeono* bethiu,
lêđes liudskepies gilôbo thiu betara
an thene hêlagon Crist, ac habdun im *hardene* môd,
suîđo starkan strîd, farstandan ni uueldun,
that sie habdun *forfangan* fiundun an uuillean,
2365 liudi mid iro gelôbun. Ni uuas gio thiu latoro bethiu
sunu drohtines, ac he sagde mid uuordun,
huô sie *scoldin gehalon* himiles rîki,
lêrde aftar themu lande, habde imu thero liudio sô filu
giuuenid mid is uuordun, that im uuerod mikil,
2370 folc folgoda, endi he im filu sagda, ⌈farstandan,
be biliđiun that barn godes, thes sie ni mahtun an iro breostun
undarhuggean an iro herton, êr it im the hêlago Crist
obar that erlo folc oponun uuordun
thurh is selbes craft seggean uuelda,
2375 mârean huat he mênde. Thar ina megin umbi,

2350 truodin *C.*
2351 an *fehlt C.* lerun *C.*
2352 an hand *C.* endi *fehlt C.*
2353 fisid *C.*
2354 thena gideda thie *C.*
2356/57 XXVIIII *in C nach* 2361, *vgl.* Bruckner, *ZfdPh* 35, 533.
2358 thit *C.*
2359 sean *M.*
2360 iudeo *C.*
2362 hardon *C.*
2364 forgangan *M.*
2367 gehalon scoldin Holthausen (*briefl.*).

thioda thrungun: uuas im *tharf* mikil
te gihôrienne   hebencuninges
uuârfastun uuord.   He stôd imu thô bi ênes uuatares staðe,
ni uuelde thô bi themu gethringe   obar that thegno folc
2380 an themu lande uppan   thea lêra cûðean,
ac geng imu thô the gôdo   endi is iungaron mid imu,
friðubarn godes,   themu flôde nâhor
an ên skip innan,   endi it scalden hêt
lande rûmur,   that ina thea liudi sô filu,
2385 thioda ni thrungi.   Stôd thegan manag,
uuerod bi themu uuatare,   thar uualdand Crist
obar that liudio folc   lêra sagde:
'huat, ik iu seggean mag', quað he,   'gesîðos mîne,
huô imu ên erl bigan   an erðu sâian
2390 *hrêncorni* mid is handun.   Sum it an *hardan* stên
*oban*uuardan fel,   erðon ni habda,
that it *thar* mahti uuahsan   eftha *uurteo* gifâhan,
kînan eftha biclîben,   ac uuarð that corn farloren,
that thar an theru lêian gilag.   Sum it eft an land bifel,
2395 an erðun aðalcunnies: bigan imu aftar thiu
uuahsen uuânlîco   endi uurteo fâhan,
lôd an lustun: uuas that land sô gôd,
frânisco gifehod.   Sum it eft bifallen uuarð
an êna starca strâtun,   thar stôpon gengun,
2400 hrosso hôfslaga   endi heliðo *trâda;*
uuarð imu thar an erðu   endi eft up gigeng,
bigan imu an themu uuege uuahsen;   thô it eft thes uuerodes farnam,
thes folkes fard mikil   endi fuglos alâsun,
that *is* themu êcsan uuiht   aftar ni môste

2376 thaf C.
2389 sehan M.
2390 hrên corni *Heyne, Müllenhoff*² 49, *Rückert.* herda C.
2391 obar- C.
2392 thar ni C.   uurti C; *vgl.* 2396 *und Behaghel, Syntax S.* 168.
2394 That – gilag] Lioblic feldes fruht C; *Heyne drei Halbzeilen:* lioblik feldes fruht, that thar an felisa uppan, an theru leiun gilag. Zu leia *(vgl.* 4077*) Krogmann, Heimatfrage, Frings, Germ. Rom.* 216, *Bretschneider, ZfMda* 14, 136, *Jungandreas, Nd. Jb.* 81, 23.
2397 hlod M.
2400 strada C.
2401 *fehlt* C.
2403 *vgl. Behaghel, Gm.* 21, 147.
2404 it C.

2405 uuerðan te uuillean, thes thar an thene uueg bifel.
Sum uuarð it than bifallen, thar sô filu stôdun
thiccero thorno an themu dage;
uuarð imu thar an erðu endi eft up gigeng,
kên imu thar endi *clibode.* Thô slôgun thar eft crûd an gimang,
2410 uueridun imu thene uuastom: habda it thes uualdes hlea
forana *obarfangan,* that it ni *mahte* te ênigaro frumu uuerðen,
ef *it* thea thornos sô thringan *môstun.*'
Thô sâtun endi suîgodun gesîðos Cristes,
uuordspâha uueros: uuas im uundar mikil,
2415 be huilicun biliðiun that barn godes
sulic sôðlîc spel seggean bigunni.
Thô bigan is thero erlo ên frâgoian
holdan hêrron, hnêg imu tegegnes
tulgo uuerðlico: 'huat, thu geuuald habas', *quað he,*
2420 'ia an *himile ia an erðu,* hêlag drohtin,
uppa endi niðara, bist thu alouualdo
gumono gêsto, endi uui thîne iungaron sind,
an *ûsumu* hugi holde. Hêrro the gôdo,
ef it thîn uuilleo sî, lât ûs thînaro uuordo thar
2425 endi gihôrien, that uui it aftar thi
obar al cristinfolc cûðean môtin.
Uui uuitun that thînun uuordun uuârlîc biliði
forð folgoiad, endi ûs is firinun tharf,
that uui thîn uuord endi thîn uuerk, — huand *it* fan sulicumu geuuit-
2430 that uui it an thesumu *lande at thi* lînon môtin.' ⌊tea cumid —

2407 thicchero *M.*
2409 bicliboda *C.* sluggun *M, dazu Steinger, Nd. Jb.* 51, 26, slungun *Roediger.* thar *fehlt C.*
2410 vgl. *Schumann, Gm.* 30, 71; *Sievers, PBB* 10, 589.
2411 forgangan *M.* muosta *C.*
2412 it *fehlt C.* mostin (muo- *C*) *MC.*
2419 quað he *fehlt M.*
2420 erthu ge an himile *C.*
2421 uppa endi nidara *zieht Colliander zum Folgenden.*
2423 huson *C.*
2426 obar *fehlt MC; vgl. Grein, Gm.* 11, 213. *Heyne und Rückert lesen* 2425f.: aftar thi al ‖ kristinfolke; aftar thi ‖ allumu kristinfolke *Rieger, ZfdPh* 7, 10, *ebenso Sievers.*
2429 it all *C.*
2430 lande | at thi *Heyne, Rückert.*

XXX.

Thô im eft tegegnes   gumono bezta
anduuordi gesprak: 'ni mênde ik elcor uuiht', *quað he,*
'te bidernienne   dâdio mînaro,
uuordo eftha uuerco;   thit sculun gi *uuitan* alle,
2435 iungaron mîne,   huand iu fargeben habad
uualdand thesaro uueroldes,   that gi uuitan môtun
an iuuuom hugiskeftiun   *himilisc* gerûni;
them ôðrun scal man be biliðiun   that gibod godes
uuordun uuîsien.   Nu uuilliu ik iu te uuârun hier
2440 mârien, huat ik mênde,   that gi mîna thiu bet
obar al thit landskepi   lêra farstandan.
That sâd, that ik iu sagda,   that is selbes uuord,
thiu hêlaga lêra   hebencuninges,
huô man thea mârien scal   obar *thene* middilgard,
2445 uuîdo aftar thesaro uueroldi.   Uueros sind im gihugide,
man mislîco: sum *sulican* môd dregid,
harda hugiskefti   endi hrêan sebon,
that ina ni geuuerðod,   that he it be iuuuon uuordun *due,*
that he *thesa* mîna lêra forð   lêstien uuillie,
2450 ac uuerðad thar sô farlorana   lêra mîna,
godes ambusni   endi iuuuaro gumono uuord
an themu ubilon manne,   sô ik iu êr sagda,
that that korn faruuarð,   that thar mid kîðun ni mahte
an themu stêne uppan   stedihaft uuerðan.
2455 Sô uuirðid al farloran   eðilero sprâka,
ârundi godes,   sô huat sô man themu ubilon manne
uuordun geuuîsid,   endi *he* an thea uuirson hand,
undar fîundo folc   fard gekiusid,
an godes unuuillean   endi an gramono hrôm
2460 endi an fiures *farm.*   Forð scal he *hêtean*
mid is breosthugi   brêda logna.

2432 quað he *fehlt M.*
2434 uuitun *MC.*
2437 himilic *C.*
2444 thesan *C.*
2446 suncan *M, vgl. Heyne*[4] *151.*
2448 duæ *M.*

2449 thia *C.*
2457 he it *MC.*
2460 farm] *ae.* fæþm *(„Umarmung")
Trautmann 131, vgl. Grau 207.*
    hêtean] *ae.* hentan *(„erja-
gen") Trautmann ebda.*

Nio gi an thesumu lande thiu lês   lêra mîna
uuordun ni uuîsiad: is theses uuerodes sô filu,
erlo aftar thesaro erðun: bistêd thar ôðar man,
2465 the is *imu iung* endi glau, —   endi habad imu gôdan môd —,
sprâkono spâhi   endi uuêt iuuuaro spello giskêd,
hugid is than an is herton   endi hôrid thar mid is ôrun tô
suîðo niudlîco   endi nâhor stêd,
an is breost hledid   that gibod godes,
2470 lînod endi lêstid: is is gilôbo sô gôd,
talod imu, huô he ôðrana   eft gihuerbie
*mên*dâdigan man,   that is môd draga
hluttra treuua   te hebencuninge.
Than brêdid an thes breostun   that gibod godes,
2475 thie lubigo gilôbo,   sô an themu lande duod
that korn mid kîðun,   thar it *gikund* habad
endi imu thiu *uurð* bihagod   endi uuederes gang,
regin endi sunne,   that it is reht habad.
Sô duod thiu godes lêra   an themu gôdun manne
2480 dages endi nahtes,   endi *gangid* imu *diubal* fer,
uurêða uuihti   endi the uuard godes
nâhor mikilu   *nahtes endi dages,*
anttat sie ina brengead,   that thar bêðiu uuirðid
ia thiu lêra te frumu   liudio barnun,
2485 *the* fan is mûðe cumid,   *iac* uuirðid the man gode;
habad sô *giuuehslod*   te *thesaro uueroldstundu
mid is hugiskeftiun   himilrîkeas gidêl,
uuelono *thene* mêstan: farid imu an giuuald godes,

2465 imu tilgt *Rückert*. iung] ae.
   georn (= as. gern) *Trautmann* 131.
2467 tô *zu streichen? Kauffmann, PBB*
   12, 304.
2472 menn- *C*.
2476 gikund *Sievers u. Kern*, vgl. *ZfdPh*
   16, 111] gikrund *M, Wadstein S*.
   221, gegrund *C*; gikrud *Grein, Gm*.
   11, 213, kruma *Behaghel, Gm*. 21,
   151, kingrund *Cosijn, Tijdschr. v*.
   ndl. Taal- en Letterk. 1, 41.
2477 uurð *dazu Metzenthin, JEGP* 21,
460; *Thomas, AL* 12, 35; *anders
   Delbono, Teoresi* 22, 345.
2477b *fehlt C*.
2480 gangat *C*.   diubal] diublas? *Holt-
   hausen (private Mitteilung)*.
2482 dages endi nahtes *C*; is im niud mi-
   kil *Holthausen, ZfdPh* 28, 1; *Piper*.
2485 thiu *C*.   ge oc *C*.
2486 giuueshlot *C*.   thesaro *fehlt M*.
   uuerod- *C*.
2488 them *C*.

tionuno tômig. Treuua sind sô gôda
gumono gehuilicumu,   sô nis *goldes* hord
gelîk sulicumu gilôbon.   Uuesad iuuuaro lêrono forð
mancunnie mildie;   sie sind sô mislîka,
heliðos gehugda: sum habad iro hardan strîd,
uurêðan uuillean,   uuancolna hugi,
is imu fêknes ful   endi firinuuerko.
Than biginnid imu thunkean,   than he undar theru thiodu stâd
endi thar gihôrid   obar hlust *mikil*
thea godes lêra,   than thunkid imu, that he sie *gerno forð*
lêstien uuillie;   than biginnid imu thiu *lêra godes*
an is hugi hafton,   anttat imu *than* eft an hand cumid
feho te gifôrea   endi fremiði scat.
Than farlêdead ina   lêða uuihti,
than he imu farfâhid   an fehogiri,
aleskid thene gilôbon: than uuas imu that luttil fruma,
that he it gio an is hertan *gehugda,*   ef he it halden ne uuili.
That is sô the uuastom,   the an themu uuege began,
liodan an themu lande: thô farnam ina eft thero liudio fard.
Sô duot *thea* meginsundeon   an *thes* mannes hugi
thea godes lêra,   ef he is ni gômid uuel;
elcor bifelliad sia ina   ferne te boðme,
an thene hêtan hel,   thar he *hebencuninge*
ni uuirðid furður te frumu,   ac ina fiund sculun
uuîtiu giuuaragean. Simla gi mid uuordun forð
lêread an thesumu lande: *ik can thesaro liudio hugi,
sô mislîcan muodsebon   manno cunnies,
sô uuanda uuîsa . . . .
Sum habit all te thiu is muod gilâtan   endi *mêr* sorogot,

2489 Tionuno temig C, thanon atomid M.
2490 godes M.
2497 sprecan C.
2498 ford gerno M.
2499 godes lera M.
2500 than *fehlt* C.
2505 gehugda *vgl. Behaghel, Modi* § 14; gihugdi *Roediger, Piper*] gehugid M, gihugit C, *Franck, ZfdA* 31, 203, *Hofmann I 53.*
2507 thoh C.
2508 sia C.   them C.
2511 that C.
2511–12 *Abteilung nach Kauffmann, PBB* 12, 326.
2513 Uuitoga uuaragean M, Sehrt, MLN 54, 285.
2514b–2575 *fehlt M.*
2516 Heyne *ergänzt als zweite Hälfte:* so uuerold habit; *so auch Piper.*
2517 merr C.

huô hie that *hord bihalde,*   *than* huô hie heƀancuninges
uuilleon giuuirkie.   Bethiu thar uuahsan ni mag
2520   that hêlaga giƀod godes,   thoh it thar ahafton mugi,
uurtion biuuerpan,   huand it thie uuelo thringit.
Sô samo sô that crûd endi thie thorn   that corn antfâhat,
uueriat im thena *uuastom,*   sô duot thie uuelo manne:
giheftid is herta,   that hie it gihuggian ni muot,
2525   thie man an is muode,   thes hie mêst bitharf,
huô hie that giuuirkie,   than lang thie hie an thesaro uueroldi sî,
that hie ti êuuondage   after muoti
hebbian thuru is hêrren thanc   himiles rîki,
sô endilôsan uuelon,   sô that ni *mag* ênig man
2530   uuitan an thesaro uueroldi.   Nio hie sô uuîdo ni can
te githenkeanne,   thegan an is muode,
that it bihaldan mugi   herta thes mannes,
that hie that ti uuâron uuiti,   huat uualdand *god*
haƀit guodes gigereuuid,   that all geginuuerd stêð
2535   manno sô huilicon,   sô ina hier minniot uuel
endi selƀo te thiu   is seola gihaldit,
that hie an lioht godes   lîðan muoti.'

XXXI.

Sô uuîsda hie thuo mid uuordon,   stuod uuerod mikil
umbi that barn godes,   gehôrdun ina bi biliðon filo
2540   umbi thesaro uueroldes giuuand   uuordon tellian;
quat that im ôc ên aðales man   an is acker sâidi
hluttar hrêncorni   handon sînon:
uuolda im thar sô uunsames   uuastmes tilian,
fagares fruhtes.   Thuo geng thar is fîond aftar
2545   thuru dernian hugi,   endi it all mid durðu oƀarsêu,
mid uueodo *uuirsiston.*   Thuo uuôhsun sia bêðiu,
ge that corn ge that crûd.   Sô quâmun gangan
is hagastoldos te hûs,   iro hêrren sagdun,
thegnos iro thiodne   thrîstion uuordon:

2518 hord *fehlt C, ergänzt von Heyne.*   2525 *Interpunktion nach Roediger.*
bihaldæ *C.*   than *fehlt C, ergänzt*   2529 mah *C.*
von Schmeller.   2533–34 *so Hofmann I 53]* haƀit || guo-
2523 uuaston *C.*   des *alle Hg.*   2546 uuiriston *C.*

'huat, thu sâidos hluttar corn,   hêrro thie guodo,
ênfald an thînon accar: nu ni gisihit ênig erlo than mêr
uueodes uuahsan.   Huî mohta that *giuuerðan* sô?'
Thuo sprak eft thie aðales man   them erlon tegegnes,
thiodan uuið is thegnos,   quat that hie it *mahti* undarthenkian uuel,
that im thar unhold man   aftar sâida,
fîond fêcni crûd: 'ne *gionsta* mi thero fruhtio uuel,
auuerda mi thena uuastom.'   Thuo thar eft uuini sprâkun,
is iungron tegegnes,   quâðun that sia thar uueldin gangan tuo,
cuman mid craftu   endi lôsian that crûd thanan,
halon it mid iro handon.   Thuo sprac im eft iro hêrro angegin:
'ne uuelleo ik, that gi it uuiodon', quathie,   'huand gi biuuardon ni
gigômean an iuuuon gange,   thoh gi it gerno ni duan,   ⌊mugun,
ni gi thes cornes te filo,   kîðo auuerdiat,
felliat under iuuua fuoti.   Lâte man sia forð hinan
bêðiu uuahsan,   und êr beuuod cume
endi an them felde sind   fruhti rîpia,
aroa an them accare: than faran uui thar alla tuo,
halon it mid ûssan handon   endi that hrêncurni lesan
sûbro tesamne   endi it an mînon seli duoian,
hebbean it thar gihaldan,   that it huergin ni mugi
uuiht auuerdian,   endi that uuiod niman,
bindan it te burðinnion   endi uuerpan it an *bittar* fiur,
lâton it thar haloian   hêta lôgna,
êld unfuodi.'   Thuo stuod erl manag,
thegnos thagiandi,   huat thiodgomo,
*mâri mahtig Crist   mênean uueldi,
bôknien mid thiu biliðiu   barno rîkeost.
Bâdun thô sô gerno   gôdan drohtin
antlûcan thea lêra,   that sia môstin thea liudi forð,
hêlaga hôrean.   Thô sprak *im* eft iro hêrro angegin,
mâri mahtig Crist: 'that is', quað he, 'mannes sunu:
ik selbo *bium, that thar* sâiu,   endi sind thesa sâliga man

---

2551 enuuald *C*; vgl. Kolb, PBB (Tüb.) 83, 1.
2552 giuuirthan *C*.
2554 magti *C*.
2556 gi onsto *C*.
2569 vgl. Kauffmann, ZfdPh 39, 283.

2572 bitar *C*.
2576 *Mit* mari *setzt M wieder ein.*
2579 sie *M*.
2580 im *fehlt C*.
2581 mareo *M*.
2582 bium that, thar *Piper*.

```
              that hluttra hrêncorni,    thea mi hêr hôread uuel,
              uuirkiad mînan uuillean;   thius uuerold is the akkar,
       2585   thit brêda bûland      barno mancunnies;
              Satanas selbo     is, that thar sâid aftar
              sô lêðlîca lêra:     habad thesaro liudeo sô filu,
              uuerodes auuardid,     that sie uuam frummead,
              uuirkead aftar is uuilleon;    thoh sculun sie hêr uuahsen forð,
       2590   thea forgriponon gumon,    sô samo sô thea gôdun man,
              anttat mûdspelles megin    obar man ferid,
              endi thesaro uueroldes.    Than is allaro accaro gehuilic
              gerîpod an thesumu rîkea:    sculun iro regangiscapu
              frummien firiho barn.    Than tefarid erða:
       2595   that is allaro beuuo brêdost;    than kumid the berhto drohtin
              obana mid is engilo craftu,    endi cumad alle tesamne
              liudi, the io thit lioht gisâun,    endi sculun than lôn antfâhan
              ubiles endi gôdes.    Than gangad engilos godes,
              hêlage hebenuuardos,    endi lesat thea hluttron man
       2600   sundor tesamne,    endi duat sie an sinscôni,
              hôh himiles lioht,    endi thea ôðra an hellia grund,
              uuerpad thea faruuarhton    an uuallandi fiur;
              thar sculun sie gibundene    bittra logna,
              thrâuuerk tholon,    endi thea ôðra thioduuelon
       2605   an hebenrîkea,    huîtaro sunnon
              liohtean gelîco.   Sulic lôn nimad
              uueros uualdâdeo.    Sô hue sô giuuit êgi,
              gehugdi an is hertan,    ettha gihôrien mugi,
              erl mid is ôrun,    sô lâta imu thit an innan sorga,
```

2586 Sievers; Piper (is that, thar)] selbo is | that Rückert.
2587 sô fehlt C.
2588 frummien M.
2592 uueroldes giuuand, danach Lücke v. 2 Halbzeilen Rieger, Leseb. 22. uuocaro? Scherer bei Müllenhoff² 49. Für die Überlieferung Schothorst, Het Dialect der Nord-West-Veluwe, Diss. Utrecht 1904, These 6.
2596 crafta M.   all C.
2599 losiat C.
2601 helligrund C.

2604 Bruckner, D. as. Gen. 12.
2606 Luhtian C.
2607 uualdadeo (Wissmann bei Ilkow 398, Anm. 24: vgl. uuala M 1011) M, uuel dadio (uueld. Piper) C; ‚Wohltaten, -verhalten‘ Ilkow ebd., vgl. Genzmer] uuald. ‚Mordtaten‘ die Übrigen, außer Rückert: zu uuala ‚freie Wahl‘.
2609 thit an innan sorga ‖ Rieger, Leseb. S. 22, Sievers Anm.] thit an innan ‖ sorga Schmeller, Müllenhoff², Rückert, Sievers im Text, an innan thit ‖ sorga Heyne.

an is môdsebon,   huô he scal an themu mâreon dage
uuið thene rîkeon god   an reðiu standen
uuordo endi uuerko   allaro, the he an thesaro uueroldi giduod.
That is egislîcost   allaro thingo,
forhtlîcost firiho barnun,   that sie sculun uuið iro frâhon mahlien,
gumon uuið thene gôdan drohtin: than uueldi gerno gehue,
uuesan allaro manno gehuilic   mênes tômig,
slîðero sacono.   Aftar thiu scal sorgon êr
allaro liudeo gehuilic,   êr he thit lioht afgebe,
the than êgan uuili   alungan tîr,
hôh hebenrîki   endi huldi godes.'

XXXII.

Sô gifragn ik that thô selbo   sunu drohtines,
allaro barno bezt   bilið̃eo sagda,
huilic thero uuâri   an uueroldrîkea
undar heliðcunnie   himilrîkie gelîc;
quað that oft luttiles huat   liohtora uurði,
sô hôho afhuobi,   'so duot himilrîki:
that is simla mêra,   than is man ênig
uuânie an thesaro uueroldi.   Ôk is imu that uuerk gelîc,
that man an sêo innan   segina uuirpit,
fisknet an flôd   endi fâhit bêðiu,
ubile endi gôde,   tiuhid up te staðe,
liðod sie te lande,   lisit aftar thiu
thea gôdun an greote   endi lâtid thea ôðra eft an grund faran,
an uuîdan uuâg.   Sô duod uualdand god
an themu mâreon dage   menniscono barn:
brengid irminthiod,   alle tesamne,
lisit imu than thea hluttron   an hebenrîki,

2611 rehtiu *Piper.*
2612 allaro | the *die Hg. vor Sievers.*
2615 tha *C.*
2615-16 *so Sievers; Hofmann I 53*] uuesan ‖ allaro *übrige Hg., Sievers, Anm.*
2618 agebe *C.*

2619 tha *C.*   aldarlangen *C,* allungan Holthausen, PBB 44, 339; *vgl.* Sievers *ebd.* 503.
2622 bilithi *C.*
2624 gelich *M.*
2625 uuirthi *C.*
2627 mira *C.*
2628 gelich *M.*   2636 all *C.*

lâtid thea fargriponon   an grund faren
hellie fiures.   Ni uuêt heliðo *man*
2640 thes uuîties uuiðarlâga,   thes thar uueros *thiggeat*,
an themu inferne   irminthioda.
Than hald ni mag thera mêdan man   gimacon fîðen,
ni thes *uuelon ni thes* uuilleon,   thes thar uualdand skerid,
gildid god selbo   gumono sô *huilicumu*,
2645 sô ina hêr gihaldid,   that he an hebenrîki,
an that langsame lioht   lîðan môti.'
Sô lêrda he thô mid listiun.   Than fôrun thar thea liudi tô
obar al *Galilæo land*   that godes barn sehan:
dâdun it bi themu uundre,   huanen imu *mahti sulic* uuord cumen,
2650 sô spâhlîco gisprokan,   that he spel *godes*
gio sô sôðlîco   seggean consti,
sô *craftlîco* giqueðen: 'he is theses kunnies hinen', quâðun sie,
'the man thurh mâgskepi: hêr is is môder mid ûs,
uuîf undar thesumu uuerode.   Huat, uui the hêr uuitun alle,
2655 sô kûð is ûs is *kuni*burd   endi is knôsles *gehuat;*
auuôhs al undar thesumu *uuerode:*   huanen *scoldi* imu sulic geuuit
mêron mahti,   than hêr ôðra *man* êgin?'   ⌊cuman,
Sô farmunste ina that manno folc   endi *sprâkun* im gimêdlic uuord,
farhogdun ina sô hêlagna,   hôrien ni uueldun
2660 is *gibodskepies*.   Ni he thar ôk biliðeo filu
thurh iro ungilôbon   ôgean ni uuelde,
torhtero têcno,   huand he uuisse iro tuîflean hugi,
iro uurêðan uuillean,   that ni uuârun uueros ôðra
sô grimme under Iudeon,   sô uuârun umbi *Galilæo land*,
2665 sô hardo gehugide: sô *thar* uuas the hêlago Krist,
giboren that barn godes,   si ni uueldun is *gibodskepi thoh*
antfâhan ferhtlîco,   ac bigan that folc undar im,

2639 hellifiures *C*.   nan *(rad.) C*.
2640 thingiat *C*.
2643 uuelon ni thes *fehlt C*.
2644 hulicon *C*.
2648 galilæaland *C*.
2649 sulic mahti *M*.
2650 godes gio ‖ sô *Heyne, Rückert*.
2652 craftiglico *M; vgl. Hofmann I 53*.
2655 cunni- *C*.   gehuati *M*.
2656 uuerodæ *M*.   scolde *M*.
2657 manna *C*.
2658 gispracun *C*.
2660 gibodscipi *C*.
2663 Iro *fehlt C*.
2664 galilæaland *C*.
2665 thar thar *C*.
2666 gibodskepi ‖ thoh *Rückert*.

rincos râdan, huô sie *thene* rîkeon Krist
uuêgdin te uundron. Hêtun thô iro uuerod *cumen*,
2670 gesîði tesamne: sundea uueldun
an thene godes sunu gerno *gitellien*
uurêðes uuilleon; ni uuas im is uuordo niud,
spâharo *spello,* *ac* sie bigunnun sprekan undar im,
huô sie ina sô craftagne *fan* ênumu clibe uurpin,
2675 obar ênna *berges* uual: uueldun that barn godes
libu bilôsien. Thô he imu mid them liudiun samad
frôlîco fôr: ni uuas imu *foraht* hugi,
— uuisse that imu ni mahtun menniscono barn,
bi theru godcundi Iudeo liudi
2680 êr is tîdiun uuiht teonon gifrummien,
lêðaro gilêsto —, ac he imu mid them liudiun samad
stêg uppen thene stênholm, antthat sie te theru stedi quâmun,
thar sie ine *fan* themu *uualle niðer* uuerpen hugdun,
fellien te foldu, that he uurði is ferhes lôs,
2685 is aldres at endie. Thô uuarð thero erlo hugi,
an themu berge uppen *bittra* githâhti
Iuðeono tegangen, that iro ênig ni habde sô grimmon sebon
ni sô uurêðen uuilleon, *that sie mahtin thene uualdandes sunu,*
Krist antkennien; he ni uuas iro cûð ênigumu,
2690 that sie ina thô undaruuissin. Sô mahte he undar ira uuerode
endi an iro gimange middiumu gangen, |standen
faren undar iro folke. He dede imu thene friðu selbo,
mundburd uuið theru menegi endi giuuêt imu thurh middi thanan
thes fîundo folkes, fôr imu thô, thar he uuelde,
2695 an êne uuôstunnie uualdandes sunu,
cuningo craftigost: habde thero *custes* giuuald,
huar *imu* an themu lande leobost uuâri
te uuesanne an thesaru uueroldi.

2668 thæne *M.*
2669 cumæn *M.*
2671 tellian *C.*
2672 uurethan *C.*
2673 splello *(korr.) C.* ac *fehlt C.*
2674 for *C.*
2675 burges *M.*
2677 forhe *C.*
2683 for *C.* uualle | niðar *Rückert.*

2685–90 *vgl. Schumann, Gm.* 30, 71.
2686 bittar *M.*
2688b u. 2689 *fehlt C.*
2689 iro] iro er *M,* er *getilgt von Roediger.*
2696 custeo *C; vgl. van Helten, PBB* 20, 513.
2697 im than *C.*

XXXIII*.

         Than fôr imu an uueg ôðran
Iohannes mid is iungarun, godes ambahtman,
2700 lêrde thea liudi langsamane râd,
hêt that sie frume fremidin, firina farlêtin,
mên endi morðuuerk. He uuas thar managumu *liof*
gôdaro gumono. He sôhte imu thô thene Iudeono cuning,
thene heritogon at hûs, the hêten *uuas*
2705 Erodes *aftar* is eldiron, obarmôdig man:
bûide imu be theru brûdi, thiu êr sînes brôðer uuas,
idis *an êhti*, anttat he ellior skôc,
uuerold uueslode. Thô imu that uuîf ginam
the cuning te quenun; êr uuârun iro kind *ôdan*,
2710 barn be is brôðer. Thô *bigan* imu thea brûd lahan
Iohannes the gôdo, quað that it gode uuâri,
uualdande uuiðermôd, that it ênig uuero frumidi,
that brôðer brûd an is bed nâmi,
hebbie sie imu te hîuun. 'Ef thu mi hôrien uuili,
2715 gilôbien mînun lêrun, ni scalt thu sie leng êgan,
ac mîð ire an thînumu môde: ni haba *thar* sulica minnea tô,
ni sundeo thi te suîðo.' Thô uuarð an sorgun hugi
thes uuîbes aftar them uuordun; andrêd that he thene uueroldcuning
sprâcono gespôni endi spâhun uuordun,
2720 that he sie farlêti. Began siu imu thô lêðes filu
râden an rûnon, endi ine rinkos hêt,
unsundigane erlos fâhan
endi *ine an ênumu* karkerea klûstarbendiun,
*liðo*cospun *bilûcan:* *be them liudiun ne* gidorstun
2725 *ine* ferahu bilôsien, huand sie uuârun imu friund alle,
uuissun ine sô gôden endi gode uuerðen,

2698 XXXIII *nach* 2697 *C.* Thann *M.*
2702 lef *(korr.) C.*
2704 uuas Erodes ‖ aftar *Wackernagel.*
2707 antehti *M.*
2709 odana *C; vgl.* Jellinek, ZfdA 36, 177.
2710 bigunnan *C.*
2716 thu that *C.*

2719 sprâcono, *instrum. Genitiv nach* Sturtevant, *MLN* 40, 402.
2723 ine an ênumu] innan enon *C.*
2724 lotho- *C.* bilûcan *fehlt M.* bilukan be them liudiun. ‖ Ne *Rükkert.*
2725 ine *zieht Wackernagel noch zum vorhergehenden Vers,* Leseb. I[5], 53.

habdun ina for uuârsagon,   sô sia uuela mahtun.
Thô uurðun an themu gêrtale   Iudeo cuninges
tîdi cumana,   sô thar gitald habdun
2730 frôde folcuueros,   thô he gifôdid uuas,
an lioht cuman.   Sô uuas thero liudio thau,
that that *erlo* gehuilic   ôbean scolde,
Iudeono mid gômun.   Thô uuarð thar an thene gastseli
megincraft mikil   manno gesamnod,
2735 *heritogono* an that hûs,   thar iro hêrro uuas
an is kuningstôle.   Quâmun managa
Iudeon an thene gastseli;   uuarð im thar gladmôd hugi,
blîði an iro breostun: gisâhun iro bâggebon
uuesen an uunneon.   Drôg man uuîn an flet
2740 skîri mid scâlun,   skenkeon huurbun,
gengun mid goldfatun: gaman uuas thar inne
hlûd an thero hallu,   heliðos drunkun.
Uuas thes an lustun   landes hirdi,
huat he themu uuerode mêst   te uunniun *gifremidi*.
2745 Hêt he thô gangen forð   gêla thiornun,
is brôðer barn,   thar he an is benki sat
uuînu giuulenkid,   endi thô te themu uuîbe sprac;
grôtte sie fora themu gumskepie   endi gerno bad,
that siu thar fora them gastiun   gaman afhôbi
2750 fagar an flettie: 'lât thit folc sehan,
huô *thu* gelînod habas   liudio menegi
te *blîðseanne an* benkiun;   ef thu *mi thera* bede *tugiðos*,
mîn uuord for thesumu uuerode,   than uuilliu ik it hêr te uuârun
liahto fora thesun liudiun   endi ôk gilêstien sô,   ⌊*gequeðen*,
2755 that ik thi than aftar thiu   êron uuilliu,
sô hues sô thu mi bidis   for thesun mînun bâguuiniun:
thoh thu mi thesaro heridômo   halbaro fergos,
rîkeas mînes,   *thoh gidôn ik*, that it ênig rinko ni mag

2727 fehlt *M, nach Martin unecht, ZfdA* 40, 127.
2728 iudeono *C; vgl. Grein, Gm.* 11, 213.
2730 huo *MC.*
2732 er: *(rad.) M.*
2735 Heritogo *C.*
2744 gifrumidi *C.*
2751 thiu *C.*
2752 blidzeanne *M,* blizzenna *C.*   obar *C.*   mithro *C.*   tuithos *C.*
2753 quethan *C.*
2754 lioht *C.*
2758 thoh gidôn ik *streicht Wackernagel, Leseb.* I⁵, 55.

uuordun giuuendien,   endi it scal giuuerðen sô.'
2760 Thô uuarð thera magað aftar thiu   môd gihuorben,
hugi aftar iro hêrron,   that siu an themu hûse innen,
an themu gastseli   gamen up ahuof,
al sô thero liudio   landuuîse gidrôg,
thero thiodo thau.   Thiu thiorne spilode
2765 hrôr aftar themu hûse: hugi uuas an lustun,
 managaro môdsebo.   Thô thiu magað habda
githionod te thanke   thiodcuninge
endi allumu themu erlskepie,   *the* thar inne uuas
gôdaro gumono,   siu uuelde thô ira geba êgan,
2770 thiu magað for theru menegi: geng thô uuið iro môdar sprekan
endi frâgode sie   firiuuitlîco,
hues siu thene *burges* uuard   biddien scoldi.
Thô uuîsde siu aftar iro uuilleon,   hêt that siu uuihtes than êr
ni gerodi for themu gumskepie,   *biûtan* that man iru Iohannes
2775 an theru hallu innan   hôbid gâbi
alôsid *af* is lîchamon.   That uuas allun them liudiun harm,
them mannun an iro môde,   thô sie *that* gihôrdun thea magað
sô uuas it ôk themu kuninge: he ni mahte is quidi liagan,   ⌊sprekan;
is uuord uuendien: hêt thô is uuêpanberand
2780 gangen fan themu gastseli   endi hêt thene godes man
lîbu bilôsien.   Thô ni uuas lang te thiu,
that man an thea halla   hôbid brâhte
thes thiodgumon,   endi it thar theru thiornun fargaf,
magað for theru menegi: siu drôg it theru môder forð.
2785 Thô uuas êndago   allaro manno
thes uuîsoston,   *thero the gio* an thesa uuerold *quâmi,*
thero the quene ênig   kind *gibâri,*
idis fan erle,   lêt man simla then *ênon* biforan,
the thiu thiorne *gidrôg,*   *the* gio thegnes ni uuarð

2766 Managaro] thero manno *C.*
2768 them *C,* them the *Wilhelmy S.* 37.
2772 berges *C.*
2774 neuan *C.*
2776 fan *C.*
2777 it *C.*
2780b vgl. Heusler, Versgeschichte I 175; „ist in godes das besonders beliebte gôdo zu suchen?" Kauffmann, PBB 12, 348; godes ambahtman Holthausen, Beiblatt z. Anglia 45, 130.
2786 thero | the gio Heyne, Wackernagel, Leseb. I⁵, 55, thero the gio | Müllenhoff², Rückert.   quam *C.*
2787 gidruogi *C.*
2788 enna *C.*
2789 gibar *C.*   thiu *C.*

2790 uuîs an iro uueroldi,   biûtan sô ine uualdand god
fan heḃenuuange   hêlages gêstes
gimarcode mahtig: the ni habde ênigan gimacon huergin
êr nec aftar.   Erlos huurḃun,
gumon umbi *Iohannen,*   is iungaron managa,
2795 sâlig gesîði,   endi ine an sande bigrôḃun,
leoḃes lîchamon: uuissun that he lioht godes,
diurlîcan *drôm*   mid is drohtine *samad,*
upôdas hêm   êgan môste,
sâlig sôkean.

XXXIV*.

Thô geuuitun im thea gesîðos thanen,
2800 *Iohannes* giungaron   giâmermôde,
hêlagferaha: uuas im iro hêrron dôđ
suîðo an sorgun.   Geuuitun im *sôkean thô*
an theru uuôstunni   uualdandes sunu,
craftigana Crist   endi imu kûð gidedun
2805 gôdes mannes forgang,   huô habde the Iudeono kuning
manno thene mâreostan   mâkeas eggiun
hôḃdu bihauuuan: he ni uuelde *is ênigen* harm spreken,
sunu drohtines;   he uuisse that thiu seole uuas
hêlag gihalden   uuiðer hettiandeon,
2810 an friðe uuiðer fîundun.   Thô *sô* gifrâgi uuarð
aftar them *landskepiun*   lêreandero bezt
an theru uuôstunni: uuerod samnode,
fôr folcun tô: uuas im firiuuit mikil
uuîsaro uuordo;   imu uuas ôk uuilleo *sô samo,*
2815 *sunie* drohtines,   that he sulic gesîðo folc

2790 neuan *C.*
2792 ênigan *tilgt Wackernagel, Leseb.*
   I⁵, 57, *nach* gimacon *Rückert.*
2794 Iohannesse *C.*
2797 dron *C.*   saman *C.*
2798 upodashem *Müllenhoff.*
2799 XXXIIII *in C nach 2798.*
2800 Johanneses *C.*
2802 tho sokean *M.*

2806 Manno thene *fehlt M.*
2807 es tho enig *C.*
2810 sô *fehlt C.*
2811 landscipie *C.*
2813 Fuorun *C.*   folk untô *Heyne,*
   Rückert; folc im to *Thorissen,*
   ABäG 6, 2.
2814 so samo] mikil *C.*
2815 Sunu *M.*

           an that lioht godes   *laðoian* môsti,
           uuennien mid uuilleon.   Uualdand lêrde
           allan langan dag   liudi managa,
           elitheodige man,   anttat an âband sêg
2820 sunne te sedle.   Thô gengun is gesîðos tuelibi,
           gumon te themu godes barne   endi sagdun iro gôdumu hêrron,
           mid huilicu arbediu thar *thea* erlos *libdin*,   quâðun that sie is êra
                                                                                                            ⌊bithorftin,
           uueros an themu uuôsteon lande: 'sie ni mugun sie hêr mid uuihti
                                                                                                            ⌊anthebbien,
           helioðs bi *hungres* gethuinge.   Nu lât thu sie, hêrro the gôdo,
2825 sîðon, thar sie seliða fîðen.   Nâh sind hêr gesetana burgi
           managa mid meginthiodun: thar fîðad sie meti te kôpe,
           uueros aftar them uuîkeon.'   Thô sprak eft uualdand Crist,
           thioda drohtin,   quað that thes êniga thurufti ni uuârin,
           'that sie thurh metilôsi   mîna farlâtan
2830 leoblîca lêra.   Gebad gi thesun liudiun ginôg,
           uuenniad sie hêr mid uuilleon.'   Thô habde *eft* is uuord garu
           Philippus frôd gumo,   quað that thar sô filu uuâri
           manno menigi: 'thoh uui hêr te meti habdin
           garu im te gebanne,   sô uui mahtin fargelden mêst,
2835 ef uui hêr gisaldin   siluberscatto
           tuê hund samad,   tueho uuâri is noh than,
           that iro ênig thar   ênes ginâmi:
           sô luttic uuâri that thesun liudiun.'   Thô sprak eft the landes uuard
           endi frâgode sie   firiuuitlîco,
2840 manno drohtin,   *huat* sie thar te meti habdin
           uuistes geuunnin.   Thô sprak imu eft mid is uuordun angegin
           Andreas fora them erlun   endi themu alouualdon
           selbumu sagde,   that sie an iro gisîðie than mêr
           garouues ni habdin,   'biûtan girstin brôd
2845 fîbi an ûsaru ferdi   endi fiscos tuêne.

2816 lathian *C*.
2822 thea *fehlt C*.   lebdin *M*.
2824 ungres *C*.
2828 thiodo *C*.
2831 eft *fehlt M*.

2837 *Vgl. zu* enes *Sehrt* 96, *Anm*. 3.
2840 huand *M*.
2841 uuisses *MC; vgl.* Schlüter *bei Die-
           ter, Laut- u. Formenlehre S.* 284.
2844 nouan *C*.

Huat mag that thoh thesaru menigi?'   Thô sprac *imu* eft mahtig
the gôdo godes sunu,   endi hêt that gumono folc   ⌊Krist,
skerien endi skêðen   endi hêt thea scola settien,
erlos aftar theru *erðu*,   irminthioda
2850 an grase gruonimu,   endi thô te is iungarun sprak,
allaro barno bezt,   hêt imu thiu brôd halon
endi thea fiscos forð.   That folc stillo bêd,
sat gesîði mikil;   undar thiu he thurh is selbes craft,
manno drohtin,   thene meti uuîhide,
2855 hêlag hebencuning,   *endi* mid is handun brak,
gaf it is iungarun forð,   endi *it* sie undar themu gumskepie *hêt*
dragan endi dêlien.   Sie lêstun iro drohtines uuord:
is geba *gerno*,   *drôgun* gumono gihuemu
hêlaga helpa.   *It* undar iro handun uuôhs,
2860 meti manno gihuemu: theru meginthiodu uuarð
lîf an lustun,   thea liudi uurðun alle,
sade sâlig folc,   sô huat sô thar gisamnod uuas
fan allun uuîdun uuegun.   Thô hêt uualdand Krist
gangen is iungaron   endi hêt sie gômien uuel,
2865 that thiu lêba thar   farloren ni uurði;
hêt sie thô samnon,   thô thar sade uuârun
mankunnies manag.   Thar môses uuarð,
brôdes te lêbu,   that man birilos gilas
tuelibi fulle: that uuas têcan mikil,
2870 grôt craft godes,   huand thar uuas gumono gitald
âno uuîf endi kind,   *uuerodes* atsamme
fîf thûsundig.   That folc al farstôd,
thea man an iro môde,   that sie thar mahtigna
hêrron habdun.   Thô sie hebencuning,
2875 thea liudi lobodun,   quâðun that gio ni uurði an thit lioht cuman
uuîsaro uuârsago,   eftha *that* he giuuald mid gode
an thesaru middilgard   mêron habdi,

2846 imu *fehlt C*.
2849 erthun *C*.
2855 endi *fehlt C*.
2856 it *fehlt C*. hiet *in C nach* endi.
2858 gerno, | *Hofmann I 53, vgl. Sievers, Anm., Holthausen, Beiblatt z. Anglia 45, 131*] gerno drogun |

Schmeller u. a. Hg., Behaghel[fT]*,
vgl. Roediger, S. 286f., Kock,
Streifzüge S. 26.*
2859 it *fehlt C*.
2871 uueros *C*.
2876 that *fehlt C*.

ênfaldaran hugi.   Alle gisprâkun,
that he uuâri uuirðig   uuelono gehuilikes,
2880 that he erðrîki   êgan môsti,
uuîdene *uueroldstôl,*   'nu he sulic geuuit habad,
sô grôte craft mid gode.'   Thea gumon alle giuuarð,
that sie ine gihôbin   te hêrosten,
gikurin ine te cuninge: that Kriste ni uuas
2885 uuihtes uuirðig,   huand he thit uueroldrîki,
erðe endi uphimil   thurh is ênes craft
selbo giuuarhte   endi sîðor *giheld,*
land endi *liudskepi,*   − thoh thes ênigan gilôbon ni dedin
uurêðe uuiðersacon −   that al an is giuualde stâd,
2890 cuningrîkeo craft   endi kêsurdômes,
meginthiodo mahal.   Bethiu ni uuelde he *thurh* thero manno sprâka
hebbian ênigan hêrdôm,   hêlag drohtin,
uueroldkuninges namon;   ni *he* thô mid uuordun *strîd*
ni afhôf uuið that folc furður,   ac fôr imu thô, *thar he uuelde,*
2895 an ên gebirgi uppan: flôh that barn godes
gêlaro gelpquidi   endi is iungaron hêt
obar ênne sêo sîðon   endi im selbo gibôd,
huar sie im eft tegegnes   gangen scoldin.

XXXV.

Thô telêt that liuduuerod   aftar themu lande allumu,
2900 tefôr folc mikil,   sîðor iro frâho giuuêt
an that gebirgi uppan,   barno rîkeost,
uualdand an is uuilleon.   Thô te thes uuatares staðe
samnodun thea gesîðos Cristes,   the he imu habde selbo gicorane,
sie tuelibi thurh iro treuua gôda: ni uuas im tueho nigiean,
2905 nebu sie an *that* godes thionost   gerno uueldin
obar thene sêo sîðon.   Thô lêtun *sie suîðean* strôm,

2878 enualdaran *M,* enuualdan *C,* an-
 wealdran, *zu ae.* anweald („mäch-
 tig"), *Trautmann* 134, *vgl. Grau*
 209.
2881 uuerolduuelon *M.*
2887 biheld *C.*
2888 liud *C.*

2891 th:r:h *(rad.) M.*
2893 he *fehlt M.*   stritta *Roediger.*
2894 ni afhôf *fehlt M.*   thar he uuelde
 von Heyne und Rückert getilgt.
2905 thia *C.*
2906 sie an *C.*   suide an strom *Müllen-
 hoff.*

hôh hurnidskip   hluttron ûðeon,
skêðan skîr uuater.   Skrêd lioht dages,
sunne uuarð an sedle;   the sêolîdandean
2910 naht nebulo biuuarp;   nâðidun erlos
forðuuardes an flôd;   uuarð thiu fiorðe tid
thera nahtes cuman   — neriendo Crist
uuarode thea uuâglîðand —:   thô uuarð uuind mikil,
hôh uueder afhaben: hlamodun ûðeon,
2915 strôm an stamne;   strîdiun feridun
thea uueros uuiðer uuinde,   uuas im uurêð hugi,
sebo sorgono ful: selbon ni uuândun
lagulîðandea   an land cumen
thurh thes uuederes geuuin.   Thô gisâhun sie uualdand Krist
2920 an themu sêe uppan   selbun gangan,
faran an fâðion: ni mahte an thene flôd innan,
an thene sêo sincan,   huand ine is selbes craft
hêlag anthabde.   Hugi uuarð an forhtun,
thero manno môdsebo: andrêdun that it im mahtig fîund
2925 te gidroge dâdi.   Thô sprak im iro drohtin tô,
hêlag hebencuning,   endi sagde im that he iro hêrro uuas
mâri endi mahtig: 'nu gi môdes sculun
fastes fâhen;   ne sî iu forht hugi,
gibâriad gi baldlîco: ik bium that barn godes,
2930 is selbes sunu,   the iu uuið thesumu sêe scal,
mundon uuið thesan meristrôm.'   Thô sprac imu ên thero manno
obar bord skipes,   baruuirðig gumo,   ⌊angegin
Petrus the gôdo   — ni uuelde pîne tholon,
uuatares uuîti —:   'ef thu it uualdand sîs', quað he,
2935 'hêrro the gôdo,   sô mi an mînumu hugi thunkit,
hêt mi than tharod gangan te thi   obar thesen gebenes strôm,

---

2907 Lesarten wie 2266.
2908 scirana C.
2909 sunno C.   seo lithandiun Piper.
2910 neslu C.
2912 neriendi C.
2913 thiu C.   uuag lithand Piper.
2914 ahaban C.
2915 storm M.   stamne] strome M.

2918 lagu lithandea Piper.
2924 manno fehlt C.
2925 gidruogi C.
2926 it C.
2929 gibariod C.
2932 baruurdig C.
2933 se C.
2936 Hiet C.

drokno oƀar diap uuater, ef thu mîn drohtin sîs,
managoro mundboro.' Thô hêt ine mahtig Crist
gangan imu tegegnes. He uuarð garu sâno,
2940 stôp *af* themu stamne endi strîdiun geng
forð te is *frôian*. *Thiu* flôd anthaƀde
thene man thurh maht godes, antat he *imu* an is môde bigan
andrâden diap uuater, thô he drîƀen gisah
thene uuêg mid uuindu: uundun ina *ûðeon*,
2945 *hôh* strôm umbihring. Reht sô he thô an is hugi tuehode,
sô uuêk imu that uuater under, endi he an thene uuâg innan,
sank an thene sêostrôm, endi *he* hriop sân aftar thiu
gâhon te themu godes sunie endi gerno bad,
that he ine thô *generidi*, thô he an *nôdiun* uuas,
2950 thegan an gethuinge. Thiodo drohtin
antfeng ine *mid* is faðmun endi frâgode sâna,
te huî he thô *getuehodi*: 'huat, thu *mahtes* getrûoian uuel,
uuiten that te uuârun, that *thi* uuatares *craft*
an themu sêe innen thînes sîdes ni mahte,
2955 lagustrôm *gilettien*, sô lango sô thu *habdes* gelôƀon te mi
an thînumu *hugi* hardo. Nu uuilliu ik thi an helpun uuesen,
nerien thi an thesaru nôdi'. Thô nam ine alomahtig,
hêlag bi handun: thô uuarð imu eft hlutter uuater
fast under fôtun, endi sie an fâði samad
2960 bêðea gengun, antat sie oƀar bord skipes
stôpun *fan* themu strôme, *endi* an themu stamne gesat
allaro barno bezt. Thô *uuarð* brêd uuater,
strômos gestillid, endi sie te staðe quâmun,
lagulîðandea an land *samen*

2937 drucno *C*.
2940 fan *C*.
2941 froiaen *M*. the *C*.
2942 imu *fehlt C*.
2944 udeon umbi *M*, umbi *tilgt Heusler, Versgeschichte* I 196.
2945 ho *M*.
2947 he *fehlt C*.
2948 gagahom *M*.
2949 generidi thô *fehlt M*. nodi *C*.
2951 thuo mid *C*.

2952 thô *fehlt C*. gituedodi *C*. mahtis *C*, maht es *Müllenhoff*.
2953 the *M*, thi the *Rieger, Leseb. S.* 27, *Wackernagel, Leseb.* I^5, 61.
2955 gilestian *C*. habis *C*.
2956 hugi *fehlt C*.
2957 Niman *C*. thi *fehlt C*.
2961 for *C*. endi *fehlt C*.
2962 uuath *C*.
2964 samad *C*.

₂₉₆₅ thurh *thes* uuateres geuuin.   *Thô sagdun sie* uualdande thanc,
diurdun *iro* drohtin   dâdiun endi uuordun,
fellun imu te fôtun   endi filu sprâkun
uuîsaro uuordo,   quâðun that sie uuissin garo,
that he uuâri selbo   sunu drohtines
₂₉₇₀ uuâr an thesaru uueroldi   endi geuuald habdi
obar middilgard,   endi that he mahti allaro manno gihues
ferahe giformon,   al sô he *im* an themu flôde dede
uuið thes uuatares geuuin.

XXXVI.*

Thô giuuêt imu uualdand Crist
sîðon fan themu sêe,   sunu drohtines,
₂₉₇₅ ênag barn godes.   *Elithioda quam,*
imu gumon tegegnes: uuârun is gôdun uuerk
ferran gefrâgi,   that he sô filu sagde
uuâroro uuordo: *imu uuas* uuillio mikil,
that he sulic folcskepi   frummien môsti,
₂₉₈₀ that sie simla gerno   gode thionodin,
uuârin gehôrige   hebencuninge
mankunnies manag.   Thô giuuêt he imu ober thea marka Iudeono,
sôhte imu Sidono burg,   habde *gesîðos* mid imu,
gôde iungaron.   Thar imu tegegnes quam
₂₉₈₅ ên idis fan âðrom thiodun;   siu uuas iru aðaligeburdeo,
cunnies fan Cananeo lande;   siu bad thene *craftagan* drohtin,
hêlagna, that he iru helpe gerêdi,   quað that iru uuâri *harm* gi-
⸤standen,
soroga *at* iru selbaru dohter,   quað that siu uuâri mid suhtiun bi-
⸤fangen:
'bedrogan habbiad sie dernea uuihti.   Nu is iro dôð at *hendi,*

₂₉₆₅ thes *fehlt C.*   sagdun thuo *C;*
vgl. Hofmann I 53.
₂₉₆₆ usan *C.*
₂₉₇₂ al *fehlt C.*   imu *M.*
₂₉₇₃ XXXVI *in C nach* 2972.
₂₉₇₅ elitheodo *C.*
₂₉₇₅f. *so Hofmann I 53]* quam imu, ‖
   alle Hg.; vgl. Sievers, Anm.

₂₉₇₆ gumono *M.*
₂₉₇₈ uuas im *C.*
₂₉₈₃ gesido *M.*
₂₉₈₅ *vgl. Behaghel, Gm.* 21, 147.
₂₉₈₆ craftina *C.*
₂₉₈₇ harmo *M.*
₂₉₈₈ an *C.*
₂₉₈₉ endi *M.*

2990 thea uurêðon habbiad sie geuuitteu benumane.   Nu biddiu ik thi,
⌊uualdand frô min,
selbo sunu Dauides,   *that thu* sie af sulicum suhtiun atômies,
that thu sie sô arma   êgrohtfullo
uuamscaðon biuueri.'   Ni gaf iru thô noh uualdand Crist
ênig anduuordi;   siu *imu* aftar geng,
2995 folgode fruokno,   antat siu te is fôtun quam,
grôtte ina greatandi.   Giungaron Cristes
bâdun iro hêrron,   that he an is hugea mildi
uurði themu uuîbe.   Thô habde eft is uuord garu
sunu drohtines   endi *te* is gesîðun sprak:
3000 „êrist scal ik Israheles   aboron uuerðen,
folcskepi te *frumu*,   that sie ferhtan hugi
hebbian te iro hêrron: im is helpono tharf,
thea liudi sind farlorane,   farlâten habbiad
uualdandes uuord,   that uuerod is getuîflid,
3005 drîbad im dernean hugi,   ne uuilliad iro drohtine hôrien
Israhelo erlskepi,   ungilôbiga sind
heliðos iro hêrron: thoh scal thanen helpe cumen
allun elithiodun.'   Agalêto bad
that uuîf mid iro uuordun,   that iru uualdand Krist
3010 an is môdsebon   mildi uurði,
that siu iro barnes forð   brûkan môsti,
hebbian sie hêle.   Thô sprak iru hêrro angegin,
mâri *endi* mahtig: 'nis that', quað he, 'mannes reht,
gumono nigênum   gôd te gifrummienne
3015 that he is barnun   brôdes aftîhe,
uuernie *im* obar uuilleon,   lâte sie uuîti *tholean*,
hungar hetigrimmen,   endi fôdie is hundos mid thiu.'
'Uuâr is that, uualdand', quað siu,   'that thu mid thînun uuordun
sôðlîco sagis: huat, thoh oft an seli innen   ⌊sprikis,
3020 undar iro hêrron diske   huelpos huerbad
brosmono fulle   *thero* fan *themu* biode niðer

2991 that thu C, Hg. bis Behaghel¹, Hofmann I 53] that M, Behaghel²ff.
2994 imu fehlt C.
2999 te fehlt C.
3001 froman C.
3013 endi fehlt M.
3016 imu M; vgl. Behaghel, Gm. 21, 148;
Schlüter, Untersuchungen 123; Nd. Jb. 40, 153.   lati C.   tholon C.
3020 vgl. Rieger, ZfdPh 7, 9; Krogmann, Nd. Jb. 80, 35 f.
3021 the C, thero the Wilhelmy S. 37. themu fehlt C.

antfallat iro frôian.'   Thô gihôrde that friðubarn godes
   uuillean thes uuîbes   endi sprak iru mid is uuordun tô:
   'uuela that thu uuîf haɓes   uuillean gôden!
3025 Mikil is thîn gilôbo   an thea maht godes,
   an thene liudio drohtin.   Al *uuirðid* gilêstid sô
   umbi thînes barnes lîf,   sô thu bâdi te mi.'
   Thô uuarð siu sân gihêlid,   sô it the hêlago gesprac
   uuordun uuârfastun: that uuîf fagonode,
3030 thes siu iro barnes forð   brûkan môste;
   habde *iru* giholpen   hêleando Crist,
   habde sie farfangane   fîundo *craftu,*
   uuamscaðun biuuerid.   Thô giuuêt imu uualdand forð,
   barno that bezte,   sôhte imu burg ôðre,
3035 thiu sô thicco uuas   mid theru thiodu Iudeono,
   mid sûðarliudiun giseten.   Thar gifragn ik that he is gesîðos grôtte,
   the iungaron the he imu habde be is gôde gicorane,   that sie mid imu
                          ⌊gerno *geuunodun,*
   uueros thurh *is* uuîson sprâka: '*alle* skal ik iu', quað he, 'mid uuordun
   iungaron mîne: huat queðat these Iudeo liudi,   ⌊frâgon,
3040 mâri meginthioda,   huat ik manno sî?'
   Imu anduuordidun frôlîco   is friund angegin,
   iungaron sîne: 'nis thit Iudeono folc,
   erlos ênuuordie: sum sagad that thu Elias sîs,
   uuîs uuârsago,   the hêr *giu uuas lango,*
3045 gôd undar thesumu gumskepie,   sum sagad that thu Iohannes sîs,
   diurlîc drohtines bodo,   the hêr dôpte *iu*
   uuerod an *uuatere;*   alle sie mid uuordun sprekad,
   that thu ênhuilic sîs   eðilero manno,
   thero uuârsagono,   the hêr mid uuordun *giu*
3050 lêrdun these liudi,   endi that thu sîs eft an thit lioht cumen
   te *uuîseanne* thesumu uuerode.'   Thô sprak eft uualdand Krist:
   'hue queðad gi, *that* ik sî', quað he,   'iungaron mîne,

3022 Antfallan *M.*
3026 giuuirðit *C.*
3031 iro thuo *C.*
3032 crafte *C; vgl. Colliander* 514f.
3037 giuuonodin *C.*
3038 thea is *Heyne.*   all *C.*
3044 giu lango uuas *C,* was giu lango

Rückert, uuonoda *Heyne*[1], *vgl.*
Grein, Gm. 11, 214.
3046 iuu *M.*
3047 uuatære *M.*
3049 giuu *M.*
3051 uuisonne *C.*
3052 huat *C.*   quað he *fehlt C.*

liobon liuduueros?'   Thô te lat ni uuarð
Sîmon Petrus: sprak sân angegin
3055 êno for im allun   — habde imu ellien gôd,
thrîstea githâhti,   uuas is theodone hold —:

XXXVII.

'thu bist the *uuâro*   uualdandes sunu,
libbiendes godes,   the thit lioht giscôp,
Crist cuning êuuig: sô uuilliad uui queðen alle,
3060 iungaron thîne,   that thu sîs god selbo,
hêleandero bezt.'   Thô sprac imu eft is hêrro angegin:
'sâlig bist thu Sîmon', quað he, 'sunu *Ionases*;   ni mahtes thu that
⌊selbo gehuggean,
gimarcon an thînun môdgithâhtiun,   ne it ni mahte thi mannes tunge
uuordun geuuîsien,   ac dede it thi uualdand selbo,
3065 fader allaro firiho barno,   that thu sô forð gisprâki,
sô diapo bi drohtin thînen.   *Diurlîco* scalt thu thes lôn antfâhen,
hluttro habas thu an thînan hêrron gilôbon,   hugiskefti sind thîne
⌊stêne gelîca,
sô fast bist thu sô felis the hardo;   hêten sculun *thi* firiho barn
sancte Pêter: obar themu *stêne* scal man mînen seli uuirkean,
3070 hêlag hûs godes;   thar scal is hîuuiski tô
sâlig samnon: ni mugun uuið them thînun suîðeun *crafte*
anthebbien *hellie portun*.   Ik fargibu thi *himilrîceas slutilas,*
that thu môst aftar mi   allun *giuualdan*
kristinum folke;   kumad alle te thi
3075 gumono gêstos.   Thu habe *grôte* giuuald:
huene thu hêr an erðu   eldibarno
gebinden uuillies,   themu is bêðiu giduan,

3057 uuaro quat petrus C.
3062 nach Krogmann, Absicht S. 60 in 2 Verse zu zerlegen, hinter selbo zu ergänzen an thinon sebon; dazu Rathofer, AfdA 75, 168; Wolff, GRM NF 15, 101.   iohanneses M.
3065 sô fehlt C; vgl. Schumann, Gm. 30, 71.
3066 diurlic C.
3068 thi fehlt C.

3069 Cäsur nach stêne Heyne, Rückert; stêne getilgt von Rieger, ZfdPh 7, 34.
3071 craftæ M.
3072 helliportun C; vgl. Behaghel, Gm. 27, 418.   himiles M.   slutila C.
3073 uualdan C.
3075 grotan C; vgl. Behaghel, Gm. 27, 419.

himilrîki biloken,   endi hellie sind imu *opana*,
brinnandi fiur;   sô huene sô thu eft antbinden uuili,
3080 antheftien is hendi,   themu is himilrîki,
antloken liohto mêst   endi lîf êuuig,
grôni godes uuang.   Mid sulicaru ik thi geḃu uuilliu
lônon thînen gilôbon.   Ni uuilliu ik, that gi thesun liudiun noh,
mârien thesaru menigi,   that ik bium mahtig Crist,
3085 godes *êgan* barn.   Mi sculun *Iudeon* noh,
unsculdigna   erlos binden,
uuêgean mi te uundrun   — *dôt mi uuîties filo* —
innan Hierusalem   gêres ordun,
âhtien mînes aldres   eggiun scarpun,
3090 bilôsien mi lîḃu.   Ik an thesumu *liohte* scal
thurh ûses drohtines craft   fan dôðe astanden
an thriddiumu dage'.   Thô uuarð thegno bezt
suîðo an sorgun,   Sîmon Petrus,
uuarð imu hugi *hriuuig*,   endi te is hêrron sprak
3095 rink an rûnun: 'ni scal that rîki god', quað he,
'uualdand uuillien,   that thu eo sulic uuîti mikil
githolos undar *thesaru thioda:*   nis thes tharf nigiean,
hêlag drohtin.'   Thô sprak imu eft is hêrro angegin,
mâri mahtig Crist   — uuas imu an is môde hold —:
3100 'huat, thu nu uuiðeruuard bist', quað he,   'uuilleon mînes,
thegno bezto!   Huat, thu thesaro thiodo canst
menniscan *sidu:*   thu ni uuêst *the* maht godes,
the ik gifrummien scal.   Ik mag thi filu seggean
uuârun uuordun,   *that hêr undar thesumu uuerode standad*
3105 gesîðos mîne,   thea ni môtun suelten êr,
huerḃen an hinenfard,   êr sie himiles lioht,
godes rîki sehat.'   Côs imu *iungarono* thô
sân aftar thiu   Sîmon Petrus,

3078 opana *Kauffmann mit C, PBB* 12, 304] open *M.*
3085 enag *C.*   iudeono *C.*
3087 uuapnes eggiun *M.*
3090 liohte *fehlt C.*
3092 An them *C.*
3094 hreuuuog *C.*
3097 theson *C.*   thiod *M, vgl. Hofmann I 52.*   3101 bicanst *C.*
3102 sidon *C.*   thia *C.*
3103 Thia *C.*
3104 that undar thesumu uuerode her ‖ *Heyne, Rückert.*   standan *C.*
3107 iungron *C.*

                Iacob endi Iohannes,   *thea* gumon tuêne,
3110   bêðea thea gibrôðer,   endi imu thô uppen thene berg giuuêt
        sunder mid them gesîðun,   sâlig barn godes,
        mid them thegnun thrim,   thiodo drohtin,
        uualdand thesaro uueroldes: uuelde im thar uundres filu,
        têcno tôgean,   that sie *gitrûodin* thiu bet,
3115   that he selbo uuas   sunu drohtines,
        hêlag hebencuning.   Thô sie *an* hôhan uuall
        stigun stên endi berg,   antat sie te theru stedi quâmun,
        uueros uuiðer uuolcan,   thar uualdand Krist,
        cuningo craftigost   gicoren habde,
3120   that he is godkundi   iungarun sînun
        thurh is ênes craft   ôgean uuelde,
        berhtlîc biliði.

XXXVIII.*

                Thô imu thar te bedu gihnêg,
        thô uuarð imu thar uppe   ôðarlîcora
        uuliti endi giuuâdi: uurðun imu is uuangun liohte,
3125   blîcandi sô *thiu berhte sunne:*   sô skên that barn godes,
        liuhte is lîchamo: liomon stôdun
        uuânamo fan themu uualdandes barne;   uuarð is geuuâdi sô huît
        sô snêu te sehanne.   Thô uuarð thar seldlîc thing
        giôgid aftar thiu: Elias endi Moyses
3130   quâmun thar te Criste   uuið sô craftagne
        uuordun uuehslean.   Thar uuarð sô uunsam sprâka,
        sô gôd uuord undar gumon,   thar the godes sunu
        uuið thea mârean man   mahlien uuelde,
        sô blîði uuarð uppan themu berge: skên that berhte lioht,
3135   uuas thar gard gôdlic   endi grôni *uuang,*
        paradise gelîc.   Petrus thô gimahalde,
        helið hardmôdig   endi te is hêrron sprac,
        grôtte thene godes sunu: 'gôd is *it* hêr te uuesanne,

---

3109 thea *Kauffmann, PBB* 12, 349] *fehlt*
MC.
3114 truodin *C.*
3116 an thena *C.*
3122 XXXVIII *in C nach* 3121.

3125 thie berahto sunno *C.*
3135 *Kein Komma bei Heyne und Rük-*
kert.
3138 it *fehlt C.*

ef thu it gikiosan uuili,   Crist alouualdo,
3140 that man thi hêr an thesaru hôhe   ên hûs geuuirkea,
mârlîco gemaco   endi Moysese ôðer
endi Eliase thriddea: thit is ôdas hêm,
uuelono uunsamost.'   Reht sô he thô that uuord gesprak,
sô *tilêt* thiu luft an tuê: lioht uuolcan *skên*,
3145 glîtandi glîmo,   endi thea gôdun man
uulitiscôni beuuarp.   Thô fan themu uuolcne quam
hêlag stemne godes,   endi them heliðun thar
selbo sagde,   that that is sunu uuâri,
libbiendero liobost: 'an themu mi lîcod uuel
3150 an mînun hugiskeftiun.   Themu gi hôrien sculun,
fulgangad imu gerno.'   Thô ni mahtun thea iungaron Cristes
thes uuolcnes uuliti   endi uuord godes,
thea is mikilon maht   thea man antstanden,
ac sie bifellun thô forðuuardes: ferhes ni uuândun,
3155 lengiron lîbes.   Thô geng im tô the landes uuard,
behrên sie mid is handun   hêleandero bezt,
hêt that sie im ni andrêdin: 'ni scal iu hêr derien eouuiht,
thes gi hêr seldlîkes   *gisehen* habbiad,
mêriaro thingo.'   Thô eft them mannun uuarð
3160 hugi at iro herton   endi gihêlid môd,
gibade an iro breostun: gisâhun that barn godes
ênna standen,   uuas that ôðer thô,
behliden himiles lioht.   Thô giuuêt imu the hêlago Crist
fan themu berge niðer;   gibôd aftar thiu
3165 iungarun sînun,   that sie obar Iudeono folc
ni sagdin thea gisioni: 'êr than ik selbo *hêr*
suîðo diurlîco   fan dôðe astande,
arîse fan theru restu: sîðor mugun gi it rekkien forð,
mârien obar middilgard   managun thiodun
3170 uuîdo aftar thesaru uueroldi.'

3144 liet C.   scan C.
3150 u. 3159 *Daneben a. R.* lux *bzw.* dixit,
  neben *v.* 3170a sopita LUX *v. e.*
  Hd. d. 10. *(B. Bischoff mdl.) Jh. M.*
3158 giseen *M.*
3159 *s. zu* 3150.

3160 *vgl. Roediger* 287; *Schumann, Gm.*
  30, 71.
3161–62 *vgl. Colliander* 516.
3166 hêr *fehlt MC, sidor Roediger, Piper; vgl. Behaghel, Gm.* 27, 419.
3170a *s. zu* 3150.

XXXIX.*

                                        Thô giuuêt imu uualdand Crist
eft an Galileo land,   sôhte is gadulingos,
mahtig is mâgo hêm,   sagde thar manages huat
berhtero biliðeo,   endi that barn godes
them is sâligun gesîðun   sorgspell ni forhal,
3175 ac he im openlîco   allun sagde,
them is gôdun iungarun,   huô ine scolde that Iudeono folc
uuêgean te uundrun.   Thes uurðun thar uuîse man
suuîðo an sorgun,   uuarð im sêr hugi,
hriuuig umbi iro herte: gihôrdun *iro hêrron* thô,
3180 uualdandes sunu   uuordun tellien,
huat he undar *theru* thiodu   *tholoian* scolde,
uuilliendi undar themu uuerode.   Thô giuuêt imu uualdand Crist,
gumo fan Galilea,   sôhte imu Iudeono burg,
quâmun im te Cafarnaum.   Thar fundun sie *ênan* kuninges *thegan*
3185 uulankan undar *themu* uuerode: quað that he uuâri giuueldig bodo
aðalkêsures;   he grôtte aftar thiu
Sîmon Petrusen,   quað that he uuâri gisendid tharod,
that he thar gimanodi   manno gehuiliken
thero hôbidscatto,   the sie te themu hobe scoldin
3190 tinsi gelden: 'nis thes tueho ênig
gumono nigiênumu,   ne sie *ina fargelden* sân
mêðmo kusteon,   *biûten* iuuue mêster *êno*
habad it farlâten.   Ni scal that lîcon uuel
mînumu hêrron,   sô man it imu at is hobe kûðid,
3195 aðalkêsure.'   Thô geng aftar thiu
Sîmon Petrus,   uuelde it seggian thô
hêrron sînumu: he uuas is an is hugi *iu than*,
giuuaro uualdand Crist: — imu ni mahte uuord ênig
biholen uuerðen,   he uuisse hugiskefti
3200 manno gehuilikes —:   hêt thô thene is mârean thegan,
Sîmon Petrus   an thene sêo innen

3170 XXXVIIII *in C nach* 3169.
3173 bærhtero *M.*
3179 iro hêrron *fehlt C.*
3181 theru *fehlt C.*   tholian *C.*
3184 enna *C.*   thegn *M.*
3185 tham *C.*

3191 ina *fehlt C.*   forguldin *C.*
3192 neban *C.*   enn *C.*
3193 He habad *M.*
3194 saman *C.*
3197 giu ‖ than *Rückert.*

angul uuerpen: 'suliken sô thu thar êrist mugis
fisk gifâhen', quað he, 'sô teoh thu thene fan themu flôde te thi,
antklemmi imu thea kinni: thar maht thu undar them kaflon nimen
3205 guldine scattos, that thu fargelden maht
themu manne te gimôdea mînen endi thînen
tinseo sô huilican, sô he ûs tô sôkid.'
He ni thorfte imu thô aftar thiu ôðaru uuordu
furður gibioden: geng fiscari gôd,
3210 Sîmon Petrus, uuarp an thene sêo innen
angul an ûðeon endi up gitôh
fisk an flôde mid is folmun tuêm,
teklôf imu thea kinni endi undar them kaflun nam
guldine scattos: dede al, sô imu the godes sunu
3215 uuordun geuuîsde. Thar uuas thô uualdandes
megincraft gimârid, huô scal allaro manno gehuilic
suîðo uuilliendi is uueroldhêrron
sculdi endi scattos, thea imu giskeride sind,
gerno gelden: ni scal ine fargûmon eouuiht,
3220 ni farmuni ine an is môde, ac uuese imu mildi an is hugi,
thiono imu thiolîco: an thiu mag he thiodgodes
uuillean geuuirkean endi ôk is uueroldhêrron
huldi habbien.

XL.

Sô lêrde the hêlago Crist
thea is gôdon iungaron: 'ef ênig gumono uuið iu', quað he,
3225 'sundea geuuirkea, than nim thu ina sundar te thi,
thene rink an rûna endi imu is râd saga,
uuîsi imu mid uuordun. Ef imu than thes uuerð ne sî,
that he thi gihôrie, hala thi thar ôðara tô

3202 succan C. mugi C.
3203 quað he fehlt C.
3204 thiu C.
3208 im ni C.
3212 af C.
3213 thiu C. an C.
3216 allaro fehlt M.
3218 imi C, dazu Dal, NTS 7, 153 (= Untersuchungen S. 56).

3220 an is huge mildi C.
3226 rada C.
3227 ef] ef it Behrmann, Pronomina S. 20; Behaghel, Gm. 27, 419; Schumann, Gm. 30, 71. than fehlt C. wirdig C.
3228 thi fehlt M. oðran C.

gôdaro gumono,   endi lah imu is grimmun uuerc,
3230 sak ina sôðuuordun.   Ef imu than is sundea aftar thiu,
lôsuuerc ni lêðon,   giduo it ôðrun liudiun cûð,
mâri it than for menegi   endi lât manno filu
uuiten is faruurhti: ôðo *beginnad* imu than is uuerk tregan,
an *is* hugi hreuuen,   than *he* it gihôrid heliðo filu,
3235 *ahton* eldibarn   endi imu is ubilon dâd
uueread mid uuordun.   Ef he than ôk uuendien ne *uuili,*
ac *farmôdat* sulica menegi,   than lât thu thene man faren,
haba ina than far hêðinen   endi lât ina thi an thînumu hugi lêðen,
mîð is an thînumu môde,   ne sî that imu eft mildi god,
3240 hêr hebencuning   helpe farlîhe,
fader allaro *firiho* barno.'   Thô frâgode Petrus,
allaro thegno bezt   theodan sînan:
'huô oft scal ik them mannun,   the uuið mi habbiad
lêðuuerk giduan,   leobo drohtin,
3245 scal ik im sibun sîðun   iro sundea *alâten,*
uurêðaro uuerko,   êr *than* ik is êniga uurêka frummie,
lêðes te lône?'   Thô sprak eft the landes uuard,
angegin the godes sunu   gôdumu thegne:
'ni seggiu ik thi fan sibuniun,   sô thu selbo sprikis,
3250 mahlis mid thînu môdu,   ik duom thi mêra thar tô:
sibun sîðun sibuntig   sô scalt thu sundea gehuemu,
lêðes alâten: sô uuilliu ik thi te lêrun geben
uuordun uuârfastun.   Nu ik thi sulica giuuald fargaf,
that thu mînes hîuuiskes   hêrost uuâris,
3255 manages mannkunnies,   nu scalt thu im mildi uuesan,
liudiun lîði.'   Thô thar te themu lêreande quam
ên iung man angegin   endi frâgode *Iesu* Crist:
'mêster the gôdo', quað he,   'huat scal ik *manages* duan,

3231 Lethuuerc *C.*   than giduo *C.*
3233 beginnid *C.*
3234 is *fehlt C.*   · he *tilgt Behaghel, Gm.* 27, 419.
3235 ahton] ahtid *Behaghel, Gm.* 27, 419.
3236 werean *Colliander* 518: *vgl. Schlüter, Nd. Jb.* 40, 135.   *Krogmann, Nd. Jb.* 80, 35: uuili *für urspr.* scal.
3237 formuodit *C.*
3241 firoho *C.*
3245 latan *C.*
3246 than *fehlt C.*
3247–48 *Roediger* 281 *zieht* angegin *zum Schluß des vorhergehenden Verses.*
3247 *vgl. Roediger* 287.
3257 iesum *C,* thene iesu *M.*
3258 mines *C.*

an thiu the ik hebenrîki   gehalan môti?'
3260 Habde imu ôduuelon   allen geuunnen,
mêðomhord manag,   thoh he mildean hugi
bâri an is breostun.   Thô sprak imu that barn godes:
'huat quiðis thu umbi *gôdon?*   nis that gumono ênig
biûtan the êno,   the thar al gescôp,
3265 uuerold endi uunnea.   Ef thu is uuillean habas,
that thu an lioht godes   lîðan môtis,
than scalt thu bihalden   thea hêlagon lêra,
the thar an themu aldon   êuua gebiudid,
that thu man ni slah,   ni thu mênes ni sueri,
3270 *farlegarnessi* farlât   endi luggi geuuitskepi,
strîd endi stulina;   ne uuis thu te stark an hugi,
ne nîðin ne hatul,   ni nôdrôf ni *fremi;*
abunst alla farlât;   uuis thînun eldirun gôd,
fader endi môder,   endi thînun *friundun* hold,
3275 them nâhistun ginâðig.   Than thu *thi* giniodon môst
himilo rîkeas,   ef thu it bihalden uuili,
fulgangan godes lêrun.'   Thô sprak eft the iungo man
'al hebbiu ik sô gilêstid', quað he,   'sô thu mi lêris nu,
uuordun uuîsis,   sô ik is eo uuiht ni farlêt
3280 fan mînero kindiski.'   Thô bigan ina Crist sehan
an mid is ôgun: 'ên is thar noh nu', quað he,
'uuan thero uuerko: ef thu is uuilleon habas,
that thu *thurhfremid*   thionon môtis
hêrron thînumu,   than scalt *thu* that thîn hord nimen,
3285 scalt thînan ôduuelon   allan farcôpien,
diurie mêðmos,   endi dêlien hêt
armun mannun: than habas *thu* aftar thiu
hord an himile;   cum thi than gihalden te mi,
folgo thi mînaro ferdi: than habas thu friðu sîður.'

3259 That ik C, dazu Bruckner, D. as. Gen. 19. hebbean C.	3276 Himilrikeas M, vgl. Kauffmann, PBB 12, 348.
3263 godi C.	3283 thurhfremid] thionon thiodne C.
3268 thia C.	*Bei Heyne und Rückert lautet die Zeile:* that thu thurhfremid thionon	thiodne motis.
3270 forlegarnissia C.	
3272 frumi C.	
3274 friund C.	3284 thu thu M.
3275 thi *fehlt* M.	3287 thi C.

3290 Thô uurðun Kristes *uuord*　kindiungumu manne
　　　suîðo an sorgun,　uuas imu sêr hugi,
　　　môd umbi herte:　habde mêðmo filu,
　　　uuelono geuunnen;　uuende imu eft thanen,
　　　uuas imu unôðo　*innan* breostun,
3295 an is sebon suâro.　Sah imu aftar thô
　　　Krist alouualdo,　quað it thô, thar he uuelde,
　　　te them *is* iungarun geginuuardun,　that uuâri an godes rîki
　　　unôði ôdagumu manne　up te cumanne:
　　　'ôður mag man olbundeon,　thoh he sî unmet grôt,
3300 thurh nâðlan gat,　thoh *it* sî naru suîðo,
　　　sâftur thurhslôpien,　than mugi cuman thiu siole te himile
　　　thes *ôdagan* mannes,　the hêr al habad
　　　giuuendid an thene uueroldscat　uuilleon sînen,
　　　môdgithâhti,　endi ni hugid umbi thie maht godes.'

XLI.

3305 Imu *anduuordiade*　êrthungan gumo,
　　　Sîmon Petrus,　endi seggean bad
　　　leoban hêrron:　'huat sculun uui thes te lône nimen', quað he,
　　　'gôdes te gelde,　thes uui thurh thîn iungardôm
　　　êgan endi erbi　al farlêtun,
3310 hobos endi hîuuiski,　endi thi te hêrron gicurun,
　　　folgodun thînaru ferdi:　huat scal ûs *thes* te frumu uuerðen,
　　　langes te lône?'　Liudeo drohtin
　　　sagde im thô *selbo:*　'than ik sittien kumu', quað he,
　　　'an thie *mikilan* maht　an themu mârean dage,
3315 thar ik allun scal　irminthiodun
　　　dômos adêlien,　than môtun gi mid iuuuomu drohtine thar
　　　selbon sittien　endi môtun thera saca uualdan:
　　　môtun gi Israhelo　eðilifolcun

3290 uuord *fehlt M.*
3294 innan] an is *M.*
3297 is godun *M.*
3300 hie *C.*
3302 odages *C.*
3305 anuuordeda thuo *C.*　erthuungan *MC.*

3311 thes *fehlt C.*
3312 langes] lores, *zu ae.* lor *("Verlust"), Trautmann 133; vgl. Klaeber, MLN 22, 252, Grau 208.*
3313 selbo] selbo suno drohtines *C.*
3314 mikulun *C.*
3316 Domes *M.*

adêlien aftar iro dâdiun: sô môtun gi thar gidiuride uuesen.
Than seggiu ik iu te uuâran: sô hue sô that an thesaru uueroldi
that he thurh mîna minnea   mâgo gesidli   ⌊giduot,
liof farlêtid,   thes scal hi hêr lôn niman
tehan sîðun tehinfald,   ef he it mid treuuon duot,
mid hluttru hugi.   Obar that habad he ôk himiles lioht,
open êuuig lîf.'   Bigan imu thô aftar thiu
allaro barno bezt   ên biliði seggian,
quað that thar ên ôdag man   an êrdagun
uuâri undar themu uuerode: 'the habde uuelono genôg,
sinkas gisamnod   endi imu *simlun* uuas
garu mid goldu   endi mid godouuebbiu,
fagarun fratahun   endi imu so filu habde
gôdes an is gardun   endi imu *at* gômun sat
allaro dago gehuilikes: habde imu diurlîc lîf,
blîðsea an is *benkiun*.   Than uuas thar eft ên biddiendi man,
gilêbod an is lîchamon,   Lazarus uuas he hêten,
lag imu dago gehuilikes   at them durun foren,
thar he thene ôdagan man   inne uuisse
an is gestseli   gôme thiggean,
sittien *at* sumble,   endi he *simlun* bêd
giarmod thar ûte: ni môste thar in cuman,
ne he ni mahte gebiddien,   that man imu thes brôdes tharod
gidragan uueldi,   thes thar fan themu diske niðer
antfel undar iro fôti: ni mahte imu thar ênig *fruma* uuerðen
fan themu hêroston, *the* thes hûses giuueld,   biûtan that thar gengun
likkodun is lîkuundon,   thar he liggiandi   ⌊*is hundos tô,*
hungar tholode;   ni quam imu thar te helpu uuiht
fan themu rîkeon manne.   Thô gifragn ik that ina *is* reganogiscapu,
thene armon man   is êndago
gimanoda mahtiun suîð,   that he manno drôm
ageben scolde.   Godes engilos
antfengun is ferh   endi lêddun ine forð thanen,

3328 uuari *zur vorhergehenden Zeile Rückert.* the] hie *C*.
3329 sinnon *C*.
3332 at is *C*.
3334 blitzea *M*.   benki *C*.
3339 at is *C*.   sinnon *C*.
3343 frumu *M*.
3344 them *C*, them the *Wilhelmy S. 37.*
neuan *C*.   to is hundos *M*.
3347 is *fehlt C*.
3349 Gimanodun *M*, Gimanoda magtig mahtiom suith suht *C*.

that sie an Abrahames barm   thes armon mannes
siole gisettun: thar môste he simlun forð
uuesen an uunniun.   Thô quâmun ôk uurdegiscapu,
3355 themu ôdagan man   orlaghuîle,
that he thit lioht farlêt: lêða uuihti
besinkodun is siole   an thene suarton hel,
an that fern innen   fiundun te uuillean,
begrôbun ine an gramono hêm.   Thanen mahte he thene gôdan
3360 Abraham gesehen,   thar he uppe uuas   ⌊scauuon,
lîbes an lustun,   endi Lazarus sat
blîði an is barme,   berht lôn antfeng
allaro is *armôdio*,   endi lag the ôdago man
hêto an theru helliu,   hriop up thanen:
3365 'fader Abraham', quað he,   'mi is firinun tharf,
that thu mi an thînumu môdsebon   mildi uuerðes,
lîði an thesaru lognu: sendi mi *Lazarus* herod,
that he mî gefôrea   an thit fern innan
caldes uuateres.   Ik hêr quic brinnu
3370 hêto an thesaru helliu: nu is mi thînaro helpono tharf,
that he mi aleskie   mid is lutticon fingru
tungon mîne,   nu siu têkan habad,
ubil arbedi.   *Inuuidrâdo*,
lêðaro sprâka,   alles is mi nu thes lôn cumen.'
3375 Imu *anduuordiade* thô Abraham   — that uuas aldfader —:
'gehugi thu an thînumu herton', quað he,   'huat thu habdes iu
uuelono an uueroldi.   Huat, thu thar alle thîne uunnea farsliti,
gôdes an gardun,   sô huat sô thi gibiðig forð
uuerðen *scolde*.   Uuîti tholode
3380 Lazarus an themu liohte,   habde thar lêðes filu,
uuîteas an uueroldi.   Bethiu scal he nu *uuelon* êgan,
libbien an lustun: thu scalt thea logna tholan,

3357 bisenkidun *C*.
3358 Ant *C*.
3363 armmodio *M*.
3367 lazarusan *C*.
3372 *vgl. Roediger* 281; *Behaghel, Gm.* 27, 419; *Schumann, Gm.* 30, 72.
3372–74 *Die früheren Herausgeber, Schumann, Gm.* 30, 72, *Kock, Jaunts and Jottings S.* 45, *Colliander* 520 *ziehen* inuuidrado, leðaro spraka *zum Vorhergehenden, so daß* 72 *bis* 74 *ein Satz.*
3375 anduuordia *C*.
3379 scoldi *C*.
3381 uuelono *C*.

```
       brinnendi fiur:    ni mag is thi ênig bôte kumen
       hinana te helliu:   it habad the hêlago god
3385   sô gifastnod mid is faðmun:    ni mag thar faren ênig
       thegno thurh that thiustri:    it is hêr sô thikki undar ûs.'
       Thô sprac eft Abrahame    the erl tegegnes
       fan theru hêtan hell    endi helpono bad,
       that he Lazarus    an liudio drôm
3390   selbon sandi:    'that he geseggea thar
       brôðarun mînun,    huô ik hêr brinnendi
       thrâuuerk tholon;    si thar undar theru thiodu sind,
       si fîbi undar themu folke:    ik an forhtun bium,
       that sie im thar faruuirkien,    that sie sculin ôk an thit uuîti te mi,
3395   an sô grâdag fiur.'    Thô imu eft tegegnes sprak
       Abraham aldfader,    quað that sie thar êo godes
       an themu landskepi,    liudi habdin,
       Moyseses gibod    endi thar managaro tô
       uuârsaguno uuord:    'ef sie is uuillige sind,
3400   that sie that bihalden,    than ni thurbun sie an thea hell innen,
       an that fern faren,    ef sie gefrummiad sô,
       sô thea gebiodad,    the thea bôk lesat
       them liudiun te lêrun.    Ef sie thes than ni uuilliad lêstien uuiht,
       thanne ni hôriad sie ôk    themu the hinan astâd,
3405   man fan dôðe.    Lâte man sie an iro môdsebon
       selbon keosen,    hueðer im suôtiera thunkie
       te giuuinnanne,    sô lango sô sie an thesaru uueroldi sind,
       that sie eft ubil ettha gôd    aftar habbien.''
```

XLII.

```
       Sô lêrde he thô thea liudi    liohton uuordon,
3410   allaro barno bezt,    endi biliði sagde
```

3385 fastnot C.
3386 thiustria C.
3392 thar fehlt C.   thiod M, thieda C, dazu Heusler, Versgeschichte I, 176.
3400 thena C.
3401 gefrummien M, frummian C; vgl. Behaghel, Modi § 35.

3402 the thea] thia the C.
3403 leru C.
3404 hinan fehlt M.
3409 Gegen Krogmanns Versuch, Fitte 42 als Interpolation auszuscheiden, zusammenfassend Rathofer, ZfdA 93, 266 (= WdF 321, 390).

manag mankunnie   mahtig drohtin,
quað that imu ên sâlig gumo   samnon bigunni
man an morgen,   'endi im mêda gihêt,
the hêrosto thes hîuuiskeas,   suîðo *holdlîc lôn,
3415 quat that hie iro allaro gihuem   ênna gâbi
silobrinna scat.   Thuo samnodun managa
uueros an is uuîngardon,   endi hie im uuerc bifalah
âdro an ûhtan.   Sum quam thar ôc an undorn tuo,
sum quam thar an middian dag,   man te them uuerke,
3420 sum quam thar te nônu,   thuo uuas thiu niguða tîd
sumarlanges dages;   sum thar ôc sîðor quam
an thia elliftun tîd.   Thuo geng thar âband tuo,
sunna ti sedle.   Thuo hie selbo gibôd
is ambahtion,   erlo drohtin,
3425 that man thero manno gihuem   is meoda forguldi,
them erlon arbidlôn;   hiet thiem at êrist geban.
thia thar at lezt uuârun,   liudi cumana,
uueros te them uuerke,   endi mid is uuordon gibôd,
that man them mannon   iro mieda forguldi
3430 alles at aftan,   them thar quâmun at êrist tuo
uuillendi te them uuerke.   Uuândun sia suîðo,
that man im mêra lôn   gimacod habdi
uuið iro arabedie: than man im allon gaf,
them liudeon gilîco.   Lêð uuas that suîðo,
3435 allon them ando,   them thar quâmun at êrist tuo:
'uui quâmun hier an moragan', quâðun sia,   'endi tholodun hier
arabiduuerco,   huîlon unmet hêt,   ⌊manag te dage
scînandia sunna: nu ni gibis thu ûs scattes than mêr,
thie thu them ôðron duos,   thia hier êna huîla
3440 uuâron an thînon uuerke.'   Thuo habda eft is uuord garo   ⌈mêr
thie hêrosto thes hîuuiskes,   quat that hie im ni habdi gihêtan than

---

3411 *Roediger 282 schließt den Vers mit Punkt.*
3412 en *fehlt* C.
3414 holdlîc *bis* 3490 man⟨nun⟩ *fehlt* M.
3416 silofrina C.
3425 mannes C.
3427 thar at *Kock, ZfdA 48, 202*] that C, thar *Roediger,* at *Schmeller.*
3428 uuirke C, giuuirke *Sievers, Anm.*
3432 gimacon C, gimarcod *Schröder, ZfdA 46, 359.*
3433–34 *vgl. Roediger 282.*
3437 *vgl. Behaghel, Gm. 21, 148.*
3441 herrosto C.   that *fehlt* C.

uuerðes uuið iro uuerke: 'huat, ik giuuald hebbiu', quathie,
'that ik iu allon gilîco muot   lôn forgeldan,
iuues uuerkes uuerð."   Than uualdandi Crist
3445 mênda im thoh mêra thing,   thoh hie obar that manno folc
fan them uuîngardon sô   uuordon sprâki,
huô thar unefno   erlos quâmun,
uueros te them uuerke.   Sô sculun fan thero uueroldi duon
mancunnies barn   an that mârio lioht,
3450 gumon an godes uuang: sum biginnit ina giriuuan sân
an is kindiski,   habit im *gicoranan* muod,
uuilleon guodan,   uueroldsaca mîðit,
farlâtit is lusta;   ni mag ina is lîkhamo
an unspuod forspanan: spâhiða lînot,
3455 *godes* êu,   gramono forlâtit,
uurêðaro uuillion,   duot im sô te is uueroldi forð,
lêstit sô an theson liohte,   *antthat* im is lîbes cumit,
aldres âband;   giuuîtit im than *upuuegos:*
thar uuirðit im is arabedi   all gilônot,
3460 fargoldan mid guodu   an godes rîkie.
That mêndun thia uuuruhteon,   thia an them uuîngardon
âdro an ûhta   arbidlîco
uuerc bigunnun   endi thuruuuonodun forð,
erlos unt âband.   Sum thar ôc an undern quam,
3465 habda thuo farmerrid,   *thia* moraganstunda
thes daguuerkes forduolon;   sô duot doloro filo,
gimêdaro manno: drîbit im mislîc thing
gerno an is iuguði,   — habit im gelpquidi
lêða *gilînot*   endi lôsuuord manag —,
3470 antthat is kindiski   farcuman uuirðit,
that ina after is iuguði   godes anst manot
blîði an is brioston;   fâhit im te beteron than
uuordon endi uuercon,   lêdit im is uuerold mid thiu,

3447–48 vgl. Behaghel, Gm. 21, 148.
3451 gicoran an Roediger; die Abteilung nach Grein, Gm. 11, 214; vgl. Roediger 287; Schumann, Gm. 30, 72; Sievers, PBB 10, 89.
3455 godes] lestid godes Kauffmann, PBB 12, 349, Piper.

3457 antthat Sievers] ant C.
3458 uppuuego C.
3459 Thar Sievers] that C.
3465 thi C.
3469 gilinot Rückert] gilonot C.

      is aldar ant thena endi: cumit im alles lôn
3475 an godes rîkie,   gôdaro uuerko.
      Sum mann *than* midfiri   mên farlâtid,
      suâra sundiun,   fâhit im an sâlig thing,
      biginnit im thuru godes craft   guodaro uuerco,
      buotit balosprâka,   lâtit im is *bittrun* dâd
3480 an is hugie hreuuan;   cumit im thiu helpa fon gode,
      that im gilêstid thie gilôbo,   sô lango sô im is lîf uuarod;
      farit im forð mid thiu,   antfâhit is mieda,
      guod lôn at gode;   ni sindun êniga geba beteran.
      Sum biginnit *than* ôc furðor,   than hie ist fruodot mêr,
3485 is aldares afheldit,   — than biginnat im is ubilon uuerc
      lêðon an theson liohte,   than ina lêra godes
      gimanod an is muode: uuirðit im mildera hugi,
      thurugengit im mid guodu   endi geld nimit,
      hôh himilrîki,   than hie hinan uuendit,
3490 uuirðit im is mieda sô sama,   sô them man*nun uuarð,
      thea thar te *nônu* dages,   an thea nigunda tîd,
      an thene uuîngardon   uuirkean quâmun.
      Sum uuirðid than sô suîðo gefrôdot,   sô he ni uuili is sundea bôtien,
      ac he ôkid sie mid ubilu gehuilicu,   antat imu is âband nâhid,
3495 is *uuerold* endi is uunnea farslîtid;   than beginnid he imu *uuîti*
                                                                ⌊*andrêden*,
      is sundeon uuerðad imu sorga an môde: gehugid *huat* he selbo
                                                                ⌊*gefrumide*
      grimmes than *lango*, the he môste is *iugu*ð*eo* neoten;   ni mag than
                                                                ⌊mid ôðru gôdu gibôtien
      thea dâdi, thea he sô derbea gefrumide,   ac he slehit allaro dago
                                                                ⌊gehuilikes
      an is breost mid bêðiun handun   endi uuôpit sie mid bittrun trahnun,
3500 hlûdo he sie mid hofnu kûmid,   bidid thene hêlagon drohtin
      mahtigne, that he imu mildi uuerðe: ni lâtid *imu* sîðor is môd gituîflien;
      sô êgrohtful is, the thar alles geuueldid: he ni uuili ênigumu irmin-
                                                                ⌊manne

---

3476 u. 3484 thann *C*.
3479 bettrun *C*.
3490 Mit ⟨man⟩nun *setzt M wieder ein*.
3491 nŏon *C*.
3495 aldres *C*.   uuiti andrêden *fehlt C*.

3496 Is s. uu. imu *fehlt C*.   that *M*.
3497 lang *C*.   iuguthi *C*.
3501 imu *fehlt C*.
3502 -manno *C; Grein will den Vers in zwei zerlegen, Gm*. 11, 214.

faruuernien uuillean sînes;   fargibid imu uualdand selbo
hêlag *himilo rîki:*   than is imu giholpen sîður.
3505 Alle sculun sie thar êra antfâhen,   thoh sie tharod te ênaru tîdi
ni kumen, that *kunni manno,*   thoh *uuili* imu the craftigo drohtin,
gilônon allaro *liudio sô huilicumu.*   sô hêr is gilôbon antfâhit:
ên himilrîki   gibid he allun theodun,
mannun te mêdu.   That mênde mahtig Krist,
3510 barno that bezte,   thô he that biliði sprak,
huô thar te them uuîngardun   uurhteon quâmin,
man mislîco: thoh nam is mêde gehue
fulle te *is* frôian.   Sô sculun firiho barn
at gode selbumu   geld antfâhen,
3515 suîðo leoblîc lôn,   thoh sie sume *sô late uuerðan.*

XLIII.

Hêt imu thô thea is gôdan   iungaron nâhor
tuelibi gangan   — thea uuârun imu triuuuiston
man obar erðu —,   sagde im mahtig *selbo*
ôðersîðu,   huilic imu *thar arbedi*
3520 tôuuard uuârun: 'thes ni mag ênig tueho uuerðen', quað he.
Quað that sie thô te Hierusalem   an that Iudeono folc
lîðan scoldin: 'thar uuirðid all gilêstid sô,
gefrumid undar themu folke,   sô it an furndagun
uuîse man be mi   uuordun gesprâkun.
3525 Thar sculun mi farcôpon   undar thea craftigon thiod,
heliðos te theru hêri;   thar uuerðat mîna hendi *gebundana,*
faðmos uuerðad mi thar gefastnod;   filu scal ik thar *githoloian,*
hoskes gihôrien   endi harmquidi,
*bismer*sprâka   endi bihêtuuord manag;
3530 sie uuêgeat mi te uundron   uuâpnes eggiun,
bilôsiad mi lîbu: ik te thesumu liohte scal

3504 himilriki *M; vgl. Hofmann I 54.*
3506 *vgl. Kock, ZfdA 48, 302.*   man-
cunni *C.*   uuill *C.*
3507 *so Hg. bis Piper; Hofmann I 54*]
liudio | sô h. sô *Behaghel.*
3508 Endi *C.*
3513 is *fehlt C.*

3515 sô *fehlt C;* so l. uu. *in M z. T. rad.*
3518 self *C.*
3519 othier- *C.*   arbedi thar *Heyne.*
3520 *Der Punkt nach Roediger 282.*
3526 gibunden *C.*
3527 githolon *C.*
3529 bismar- *C.*

thurh drohtines craft   fan dôðe astanden
an thriddeon dage.   Ni quam ik undar thesa theoda *herod
te thiu*, that mîn eldibarn   arbed habdin,
3535 that mi thionodi thius *thiod:*   ni uuilliu ik is sie thiggien nu,
fergon thit folcskepi,   ac ik scal imu te frumu *uuerðen,*
theonon imu theolîco   endi for alla thesa theoda geben
seole mîne.   Ik uuilliu sie selbo nu
lôsien mid mînu lîbu,   thea hêr lango bidun,
3540 mankunnies manag,   *mînara* helpa.'
Fôr imu thô forðuuardes   − habde imu *fasten* hugi,
blîðean an is breostun   barn drohtines −
uuelda im te Hierusalem   Iudeo folkes
uuilleon uuîsan: he conste thes uuerodes sô garo
3545 hetigrimmen hugi   endi *hardan* strîd,
uurêðan uuilleon.   Uuerod *sîðode*
furi Hierichoburg;   uuas the godes sunu,
mahtig undar *thero menigi.*   Thar sâtun *tuênie* man bi uuege,
blinde uuârun sie bêðie: uuas im bôtono tharf,
3550 that sie gehêldi   hebenes uualdand,
huand sie sô lango   liohtes tholodun,
managa huîla.   Sie gihôrdun thô that megin faren
endi frâgodun sân   firiuuitlîco
reginiblindun,   huilic thar rîki man
3555 undar themu folcskepi   furista uuâri,
hêrost an hôbid.   Thô sprac im ên helið angegin,
quað that thar Hiesu Crist   fan *Galilealande,*
hêleandero bezt   hêrost uuâri,
fôri mid is folcu.   Thô uuarð frâhmôd hugi
3560 beðiun them blindun mannun,   thô sie that barn godes
uuissun under themu uuerode: hreopun im thô mid iro uuordun tô,

---

3533−34 herod te thiu ‖ Heyne, Rückert.
3535 vgl. Roediger 282.   theoda C.
3536 uuerthat C.
3540 mira C.
3541 ferhtan C.
3543 Uueldun M.
3545 hardon C.
3546 sidodæ M.
3548 thero m. Th. satun *in M rad. (z. T.*

noch lesbar) *und mit Federprobe
reskribiert.* tuenie M, tuena C;
vgl. Ramat, Gramm. § 98 a 2,
Anm. 1.
3554 reginblindun M,   thea reg. Holthausen, PBB 44, 340. Vgl. Kauffmann, PBB 12, 290, Colliander 524, Sievers, PBB 44, 503, Ilkow S. 333.
3557 galileo lande C.

hlûdo te themu hêlagon Criste, bâdun that he im helpe gerêdi:
'drohtin Dauides sunu: uuis ûs mid thînun dâdiun mildi,
neri ûs af thesaru nôdi, sô thu ginôge dôs
3565 manno kunnies: thu bist managun gôd,
hilpis endi hêlis.' Tho bigan im that heliđo folc
uuerien mid uuordun, that sie an uualdand Krist
sô hlûdo ni hriopin. Si ni uueldun *im* hôrien te thiu,
ac sie simla mêr endi mêr oƀar that manno folc
3570 hlûdo hreopun. Hêleand gestôd,
allaro barno bezt, hêt sie *thô* brengien te imu,
lêdien thurh thea liudi, sprak im listiun tô
mildlîco for theru menegi: 'huat uuilliad *git* mînaro hêr', quađ he,
'helpono *habbien*?' Sie bâdun ina hêlagna,
3575 that he im ira ôgon opana gidâdi,
farliuui theses liohtes, that sie liudio drôm,
suikle sunnun *scîn* gisehen môstin,
uulitiscônie uuerold. Uualdand frumide,
hrên sie thô mid is handun, dede is helpe thar tô,
3580 that them blindun thô bêđium uurđun
ôgon gioponod, that sie erđe endi himil
thurh craft godes *antkiennien* mahtun,
lioht endi liudi. Thô sagdun sie lof gode,
diurdun *ûsan drohtin,* thes sie dages liohtes
3585 brûcan môstun: geuuitun im bêđie mid imu,
folgodun is ferdi: uuas im thiu fruma gibiđig,
endi ôk uualdandes uuerk uuîdo gekûđid,
managun gimârid.

XLIV.*

                Thar uuas sô mahtiglîc
biliđi gibôknid, thar the blindon man

3568 es im *C*.
3571 thô *fehlt C.*
3573 Mildo *C.* gi *C.*
3574 biddean *C.*
3577 lioht *M.*
3582 antkiennien *M,* vgl. Gallée, *Gramm.* § 235.

3584 is dadi *C.*
3588 XLIIII *in C nach 3587. Gegen Krogmanns Versuche, Fitte 44 als Interpolation auszuscheiden, zusammenfassend Rathofer, ZfdA 93, 256 (= WdF 321, 375).*

bi themu uuege sâtun,   uuîti tholodun,
liohtes lôse: that mênid thoh liudio barn,
al mancunni,   huô sie mahtig god
an themu anaginne   thurh is ênes craft
sinhîun tuê   selbo giuuarhte,
Âdam endi Êvan: fargaf im upuuegos,
himilo rîki;   ac thô uuarð im the hatola te nâh,
fîund mid fêknu   endi mid firinuuerkun,
bisuêk sie mid sundiun,   that sie sinscôni,
lioht farlêtun: uurðun an lêðaron stedi,
an thesen middilgard   man faruuorpen,
tholodun hêr an thiustriu   *thiodarbedi,*
uunnun uuracsîðos,   uuelon tharbodun:
fargâtun godes rîkies,   gramon theonodun,
fîundo barnun;   sie guldun is im mid *fiuru* lôn
an theru hêton *helliu.*   Bethiu uuârun siu an iro hugi blinda
an thesaru middilgard,   menniscono barn,
huand siu *ine* ni *antkiendun,*   craftagne god,
himilisken hêrron,   thene *the* sie mid is handun giscôp,
giuuarhte an is uuillion.   Thius uuerold uuas thô sô farhuerbid,
bithuungen an thiustrie,   an thiodarbidi,
an dôðes dalu: sâtun im thô bi theru drohtines strâtun
iâmarmôde,   godes helpe bidun:
siu ni mahte im *thô* êr uuerðen,   êr than uualdand god
an thesan middilgard,   mahtig drohtin,
is selbes sunu   *sendien uueldi*
that he lioht antluki   liudio barnun,
oponodi im êuuig lîf,   that sie thene *alouualdon*
mahtin antkennien uuel,   craftagna *god.*
Ôk mag ik giu *gitellien,*   of gi thar tô uuilliad

3594 sinihun *M.*
3596 himilriki *M; Kauffmann, PBB* 12, 348.
3601 man arbedi *M.*
3604 fiure *M.*
3605 hell *C.*
3607 ine *fehlt C.*   antkiendun *M, vgl. zu* 3582.
3608 the *fehlt C.*
3613 thoh *C.*
3615 sundean *C.*   uuelda *C.*
3617 alouualdon mahtin | *Sievers, Basler, Alts. S. 155, vgl. Kauffmann, PBB* 12, 347.
3618 god *fehlt C.*
3619 tellian *C.*

3620	huggien endi hôrien, that gi thes hêliandes *mugun*
	craft antkennien, huô is kumi uurðun
	an thesaru middilgard managun te *helpu*,
	ia huat he mid them dâdiun drohtin selbo
	manages mênde, ia behuiu thiu mârie burg
3625	Hiericho hêtid, *thiu* thar an Iudeon *stâd*
	gimacod mid mûrun: thiu is aftar themu mânen *ginemnid*,
	aftar themu *torhten* tungle: he ni mag is tîdi bemîðen,
	ac he dago gehuilikes duod *ôðerhueðer*,
	uuanod ohtho uuahsid. Sô dôd an thesaru uueroldi hêr,
3630	an thesaru middilgard menniscono barn:
	farad endi folgod, frôde sterbad,
	uuerðad eft iunga aftar kumane,
	uueros auuahsane, unttat sie eft uurd farnimid.
	That mênde that barn godes, thô he fon theru burgi fôr,
3635	the gôdo fan Hiericho, that ni mahte êr uuerðen gumono barnun
	thiu *blindia* gibôtid, that sie that berhte lioht,
	gisâhin sinscôni, êr than he selbo hêr
	an thesaru middilgard menniski antfeng,
	flêsk *endi* lîchamon. Thô uurðun thes firiho barn
3640	*giuuar* an thesaru uueroldi, the hêr an uuîtie êr,
	sâtun an sundiun gisiunies lôse,
	tholodun an thiustrie, − sie afsôbun that uuas *thesaru thiod* kuman
	hêleand te helpu fan hebenrîkie,
	Crist allaro cuningo best; sie mahtun is antkennien sân,
3645	gifôlien is fardio. Thô sie *sô* filu hriopun,
	the man te themu mahtigon gode, that im mildi aftar thiu
	uualdand uurði. Than uueridun *im* suîðo
	thia suârun sundeon, the sie im êr *selbon* gidâdun,
	lettun sie thes gilôbon. Sie ni mahtun them liudiun *thoh*
3650	biuuerien iro uuilleon, ac sie *an* uualdand god

3620 mugun *zum folgenden Vers gezo-*	3639 an *M*.
gen von Heyne, Rückert.	3640 Giuuaro *C*.
3622 helpon *C*.	3642 siu *C*. thero *C*. thieda *C*.
3625 thui *C*. set *C*.	3645 sô *fehlt C*.
3626 ginamod *C*.	3647 im *fehlt M*.
3627 torhten *fehlt C*.	3648 selbo *C*.
3628 oderuueder *M*, endihueðar *C*.	3649 Lietun *C*. tho *M*.
3636 blindi *C*.	3650 an *fehlt C*.

hlûdo hriopun,   antat he im iro hêli fargaf,
that sie sinlîf   gisehen *môstin,*
open êuuig lioht   endi an faren
an thiu berhtun bû.   That mêndun thea blindun man,
3655 the thar bi Hierichoburg   te themu godes barne
hlûdo hriopun,   that he im iro hêli farlihi,
liohtes an thesumu lƀe: than *im thea liudi* sô filu
uueridun mid uuordun,   thea thar an themu uuege fôrun
biforen endi bihinden: sô dôt thea firinsundeon
3660 an thesaru middilgard   *manno cunnie.*
Hôriad nu huô thie blindun,   sîður im gibôtid uuarð,
that sie sunnun lioht   gesehen môstun,
huô si thô dâdun: geuuitun im *mid iro* drohtine samad,
folgodun is ferdi,   sprâkun filu uuordo
3665 themu landes hirdie *te* loƀe: sô dôd im noh liudio barn
uuîdo aftar thesaru uueroldi,   sîður im uualdand *Crist*
geliuhte mid is lêrun   endi im lîf êuuig,
godes rîki *fargaf*   gôdun mannun,
hôh himiles lioht   endi is helpe thar tô,
3670 sô huemu sô that giuuerkod,   that he môti themu is uuege folgon.

XLV.

Thô nâhide   neriendo Crist,
the gôdo te Hierusalem.   Quam imu thar tegegnes filu
uuerodes an uuilleon   uuel huggendies,
antfengun ina fagaro   endi imu biforen *streidun*
3675 thene uueg mid iro giuuâdiun   endi mid uurtiun sô same,
mid berhtun blômun   endi mid bômo tôgun,
that feld mid fagaron palmun,   al sô is fard geburide,
that the godes sunu   gangan uuelde
te theru mârean burg.   Huarf ina megin umbi
3680 *liudio* an lustun,   endi lofsang *ahôf*

3652 muostun *C.*
3657 im liudeo *C.*
3660 mankunnie *M; vgl. Hofmann I 54.*
3663 mid uson *C.*
3665 to *C.*
3666 god *M.*

3668 gaf *C.*
3671 *Sievers, PBB* 44, 503] tho nahide
selbo *Holthausen, ebd.* 340, nahida
tho *Heyne.*
3674 stroidun *C.*
3680 Liudi *C.*   hof *M.*

that uuerod an uuilleon: sagdun uualdande thank,
thes thar selbo quam   sunu Dauides
uuîson thes uuerodes.   Thô gesah uualdand Krist
the gôdo te Hierusalem,   gumono bezta,
3685 blîcan thene *burges* uual   endi bû Iudeono,
hôha horn*seli*   endi ôk that hûs godes,
allaro uuîho *uunsamost*.   Thô uuel imu an innen
hugi *uuið* is herte: thô ni mahte that hêlage barn
uuôpu auuîsien,   sprak thô uuordo filu
3690 hriuuiglîco — uuas imu is hugi sêreg —:
'uuê uuarð thi, Hierusalem', quað he,   'thes thu te uuârun ni *uuêst*
thea *uurdegiskefti*,   the thi noh giuuerðen sculun,
huô thu noh *uuirðis behabd*   heries craftu
endi thi bisittiad   slîð*môde* man,
3695 fîund mid folcun.   Than ni habas thu friðu huergin,
mundburd mid mannun: lêdiad thi hêr *manage* tô
ordos endi eggia,   orlegas *uuord,*
farfioth thîn folcskepi   fiures liomon,
these *uuîki* auuôstiad,   uuallos hôha
3700 felliad *te foldun:*   ni *afstâd* is felis nigiean,
stên obar ôðrumu,   ak uuerðad thesa stedi uuôstia
umbi Hierusalem   Iudeo liudeo,
huand sie ni antkenniad,   that im kumana sind
iro tîdi tôuuardes,   ac sie habbiad im tuîflien hugi,
3705 ni uuitun that iro uuîsad   uualdandes craft.'
Giuuêt imu thô mid theru menegi   manno drohtin
an thea berhton burg.   Sô thô that barn godes
innan Hierusalem   mid thiu gumono folcu,
sêg mid thiu gesîðu,   thô uuarð *thar* allaro sango mêst,
3710 hlûd stemnie *afhaben*   hêlagun uuordun,

3685 berges *C.*
3686 -selios *C.*
3687 uunsamoste *M.*
3688 um *C.*
3691 canst *Rieger, ZfdPh 7, 10.*
3692 uuurðgiscapu *C.*
3693 behabd wirðis *Holthausen (briefl.).*
3694 -muoddia *C.*
3696 managæ *M.*

3697ff. *Schumann tilgt die Kommata nach* uuord *und* liomon *und setzt Komma nach* folcskepi, *vgl. Sievers, PBB 10, 589.*
3699 uuik *M.*
3700 te *fehlt M.*   foldu *C.*   afset *C.*
3709 segg *C;* steg *Woeste, ZfdPh 6, 343.* thar *fehlt C.*
3710 ahaban *C.*

lobodun thene landes *uuard* liudio menegi,
barno that bezte; thiu burg uuarð an hrôru,
that folc uuarð an forhtun endi frâgodun sân,
hue that uuâri, that thar mid *thiu uuerodu* quam,
3715 mid theru mikilon menegi. Thô sprak im ên man angegin,
quað that thar Hiesu Crist fan Galileo lande,
fan Nazarethburg neriand quâmi,
uuitig uuârsago themu uuerode te helpu.
Thô uuas them Iudiun, the imu êr grame uuârun,
3720 unholde an hugi, harm an môde,
that imu thea *liudi sô filu* lofsang uuarhtun,
diurdun iro drohtin. Thô gengun dolmôde,
that sie uuið uualdand Crist uuordun sprâkun,
bâdun that he that gesîði suîgon hêti,
3725 letti thea liudi, that sie imu lof sô filu
uuordun ni uuarhtin: 'it is thesumu uuerode lêð', quâðun sie,
'thesun burgliudiun.' Thô sprak eft *that* barn godes:
'ef gi sie amerriad', quað he, 'that hêr ni *môtin* manno barn
uualdandes craft uuordun diurien,
3730 than sculun it hrôpen thoh harde stênos
for thesumu folcskepi, felisos starka,
êr than it eo belîbe, *nebo* man is lof *spreke*
uuîdo aftar thesaru *uueroldi.*' Thô he an thene uuîh innen,
geng an that godes hûs: fand thar Iudeono filu,
3735 mislîke man, manage atsamne,
thea im thar côpstedi gikoran habdun,
mangodun im thar mid manages huî: muniterias sâtun
an themu uuîhe innan, habdun iro uuesl gidago
garu te gebanne. That uuas themu godes barne
3740 al an andun: drêf sie ût thanen
rûmo fan themu rakude, quað that uuâri *rehtara* dâd,
that thar te bedu fôrin barn Israheles
'endi an thesumu mînumu hûse helpono *biddean,*

3711 uueard *C.*
3714 themu uuerode *M.*
3721 liudi | so filu *Rückert.*
3727 thet *C.*
3728 motun *C.*

3732 ni *C.* spraka *M.*
3733 uuerold *M, vgl. Kauffmann, PBB* 12, 348.
3741 rehtaro *M.*
3743 badin *C.*

that sia sigidrohtin   sundiono tuomie,
3745 than hêr theobas an   thingstedi halden,
thea faruuarhton uueros   uuehsal drîban,
unreht ênfald.   Ne gi êniga êra ni uuitun
theses godes hûses,   Iudeo liudi.'
Sô rûmde he thô endi rekode,   rîki drohtin,
3750 that hêlaga hûs   endi an helpun uuas
managumu mankunnie,   them the is mikilon craft
ferrene gefrugnun   endi thar gifaran quâmun
obar langan uueg.   Uuarð thar lêf so manag,
halt gihêlid   endi hâf sô same,
3755 blindun gibôtid.   Sô dede that barn godes
uuilliendi themu uuerode,   huand al an is giuueldi stêd
umbi thesaro liudio lîf   endi ôk umbi thit land sô same.

XLVI.

Stôd imu thô fora themu uuîhe   uualdandeo Crist,
liof landes uuard,   endi imu thero liudio hugi,
3760 iro uuilleon aftaruuarode: gisah uuerod mikil
an that mârie hûs   mêðmos fôrien,
gebon mid goldu   endi mid goduuebbiu,
diuriun fratahun.   That al drohtin Crist
uuarode uuîslîco.   Thô quam thar ôk ên uuidouua tô,
3765 idis armscapen,   endi te themu alaha geng
endi siu an that tresurhûs   tuêne legde
êrîne scattos: uuas iru ênfald hugi,
uuillean gôdes.   Thô sprak uualdand Crist,
the gumo uuið is giungaron,   quað that siu thar geba brâhti
3770 mêron mikilu   than elcor ênig mannes sunu:
'ef hêr ôdaga man', quað he,   'êra brâhtun,
mêðomhord manag,   sie lêtun im mêr at hûs

3744 fehlt M.
3745 thon C.   theobos | an Heyne, Rückert; die Abteilung nach Grein, Gm. 11, 214.
3746 uueh:: (rad.) M.
3747 enuuald C.
3752 ferran C.

3756 te them C.
3763 droh C.   Crist fehlt C.
3766 tresu- C; Holthausen (private Mitteilung) schlägt vor trêsurhûs oder tresurhûs innan.
3769 guodo C.   that fehlt C.
3772 mera C.

uelono geuunnen.   Ni dede thius uuidouua sô,
ac siu te thesumu alahe gaf   al that siu habde
3775 uuelono geuunnen,   sô *siu* iru uuiht ni *farlêt*
gôdes an iro gardun.   Bethiu sind ira geba mêron,
uualdande uuerða,   huand siu it mid sulicumu *uuilleon* dede
te thesumu godes hûse.   Thes scal siu geld niman,
suîðo langsam lôn,   thes siu sulican gilôbon habad.'
3780 Sô gifragn ik that thar an themu uuîhe   *uualdandeo* Crist
allaro dago gehuilikes,   drohtin manno,
uuîsde mid uuordun.   Stôd ine uuerod umbi,
grôt folc Iudeono,   gihôrdun is gôdan uuord,
suôtea seggian.   Sum sô sâlig uuarð
3785 manno undar theru menegi,   that it bigan an is môd hladen;
lînodun im thea lêra,   the the landes uuard
al be biliðiun *sprak,*   barn drohtines.
Sumun uuârun eft so lêða   lêra Cristes,
uualdandes uuord: uuas im uuiðermôd hugi
3790 allun them, the an themu heriskepi   *hêrost* uuârun,
furiston an themu folke: fâres hugdun
uurêða mid iro uuordun —   habdun im uuiðersakon
gihaloden te helpu,   thes hêroston man,
Erodeses thegan,   the thar anduuard stôd
3795 uurêðes uuillean,   that he iro uuord oβarhôrdi —
ef sie ina forfengin,   that sie ina than feteros an,
thea liudi liðobendi   leggien môstin,
sundea lôsan.   Thô gengun im thea gesîðos tô
bittra gihugde,   that sie *uuið* that barn godes,
3800 uurêða uuiðersakon   uuordun sprâkun:
'huat, thu bist êosago', quâðun sie, 'allun thiodun,
uuîsis uuâres sô filu: nis thi *uuerð* eouuiht
te bimîðanne   manno niênumu

3775 sui *C.* fargaf *C.*
3777 uuilleon *fehlt M.*
3780 ff. *Hierzu in C a. R. v. etwa gleich alter Hd.:* secundum Lucam: In illo tempore abeuntes Pharisei consilium inierunt, ut caperent Iesum in sermone; et reliqua. *Vgl. S.* XX *mit Anm.* 9, *S.* XXVIII *mit Anm.* 41.

3780 uualdandi *C.*
3787 gisprac *C.*
3790 vgl. Colliander 528.
3799 uuiht *C.*
3802 uureth *C.*

umbi is *ríkidôm*, nebo thu *simlun* that reht sprikis
3805 endi an thene godes uueg   gumono gesîði
lêdis mid thînun lêrun: ni mag thi laster man
fîđan undar *thesumu* folke.   Nu uui thi frâgon sculun,
rîki thiodan,   huilic reht habad
the kêsur fan Rûmu,   the imu te thesumu *kunnie* herod
3810 tinsi sôkid   endi gitald habad,
huat uui imu gelden *sculin*   gêro gehuilikes
hôbidscatto.   Saga huat thi thes an *thînumu* hugi thunkea:
is it reht the nis?   Râd for thînun
landmêgun uuel: ûs is thînaro *lêrono* tharf.'
3815 Sie uueldun that he it antquâði: than mahte he thoh antkennien
iro *uurêðon* uuilleon: 'te huî gi uuârlogon', quað he,   ⌊uuel
'fandot mîn sô frôkno?   Ni scal iu that te frumu uuerðen,
that gi dreogerias   darnungo *nu*
uuilliad mi farfâhen.'   Hêt he thô forð dragan
3820 te scauuonne the scattos,   'the gi sculdige sind
an that geld *geben*.'   Iudeon drôgun
ênna silubrinna forð: sâhun manage tô,
huô he uuas gemunitod: uuas an middien skîn
thes kêsures biliði   − that mahtun sie antkennien uuel −,
3825 iro hêrron hôbidmâl.   Thô frâgode *sie* the hêlago Crist,
aftar huemu thiu gelîcnessi   gilegid uuâri.
Sie quâðun that it uuâri   uueroldkêsures
fan Rûmuburg,   '*thes* the alles theses rîkes habad
geuuald an thesaru uueroldi.'   'Than uuilliu ik iu te uuârun *hêr*', quað
3830 '*selbo* seggian,   that gi imu sîn gebad,   ⌊he,
uueroldhêrron is geuunst,   endi uualdand gode
selliad, that thar sîn ist: that sculun iuuua seolon uuesen,
gumono gêstos.'   Thô uuarð thero Iudeono hugi
geminsod an themu mahle: ni mahtun the mênscaðon

3804 rikiduo *C*.   sinnon *C*.
3807 thesos *C*.
3809 kuninge *C*.
3811 sculun *C*.
3812 hobidscattos *M*.   thînumu *fehlt C*.
3814 lera *C*.
3816 uurethan *C*.
3818 nu *fehlt C*.

3821 te geban *C*.
3822 Enn *C*.
3825 sie *fehlt C*.
3828 thes *fehlt M*.
3829 hêr *Sievers Anm., Horn, PBB* 5, 174] *fehlt MC*.
3830 Selbon *C*.

3835 uuordun geuuinnen, sô iro uuilleo geng,
that sie ina farfengin, huand imu that friðubarn godes
uuardode uuið the uurêðon endi im uuâr angegin,
sôðspel sagde, thoh sie ni uuârin sô sâlige te thiu,
that sie it sô *farfengin,* sô it iro fruma uuâri.

XLVII.

3840 Sie ni uueldun it thoh farlâten, ac hêtun thar lêdien forð
ên uuîf for themu uuerode, thiu habde uuam gefrumid,
unreht *ênfald:* thiu idis uuas bifangen
an farlegarnessi, uuas iro lîbes scolo,
that sie firiho barn ferahu binâmin,
3845 *êhtin* iro aldres: sô uuas an iro êu gescriƀen.
Sie bigunnun ina thô frâgon, fruokne liudi,
uurêða mid iro uuordun, huat sie scoldin themu uuîƀe duan,
hueðer sie sie quelidin, *the* sie sie quica lêtin,
the huat he umbi sulica dâdi adêlien uueldi:
3850 'thu uuêst, huô thesaru menegi', quâðun sie, 'Moyses giƀôd
uuârun uuordun, that allaro uuîƀo gehuilic
an farlegarnessi lîƀes faruuarhti
endi that sie than auurpin uueros mid handun,
starkun stênun: nu maht thu sie sehan standen hêr
3855 an sundiun bifangan: saga huat thu *is* uuillies.'
Uueldun ine *thea* uuiðersakon uuordun farfâhen,
ef he that giquâði, that sie sie quica lêtin,
friðodi ira ferahe, than *uueldi that folc Iudeono
queðen, that he iro aldiron êo uuiðersagdi,*
3860 *thero liudio landreht;* ef he sie than hêti lîƀu binimen,
thea magað fur theru menegi, than uueldin sie queðen, that he sô
⌊*mildiene* hugi
ni bâri an is breostun, sô scoldi habbien barn godes:

3839 fargengin *M.*
3842 enuuald *C.*
3845 ehtin *vgl. Gallée, Gramm.* § 80.
3849 eftha *C.*
3855 thes *C;* is skerian Heyne[1 u. 2]; *vgl.*
 Grein, *Gm.* 11, 214.
3856 thea *fehlt M.*

3858 uueldi *bis* 3861 than *einschl. fehlt C.*
3859 queðen *zur vorigen Zeile Heyne,*
 Rückert.
3861 uueldun *C.* than uueldin sie que-
 ðen *getilgt von Rückert.* mildan
 C.

uueldun sie sô hueðeres   hêlagne Crist
thero uuordo geuuîtnon,   sô he thar for themu uuerode gespráki,
3865 adêldi te dôme.   Than uuisse drohtin Krist
thero manno sô garo   môdgithâhti,
iro uurêðon uuilleon;   thô he te themu uuerode sprak,
te allun them erlun: 'sô huilik sô iuuuar âno sî', quað he,
'slîðea sundeon,   sô *ganga* iru selbo tô
3870 endi sie at êrist   erl mid is handun
stên ana uuerpe.'   Sô stôdun Iudeon,
thâhtun endi thagodun: ni mahte thegan nigiean
uuið them uuordquidi   *uuiðersaca* finden:
gehugde manno gehuilic   *mên*githâhti,
3875 is selbes sundea: ni uuas iro sô sikur ênig,
that he bi *themu uuorde*   themu uuîbe gedorsti
stên an uuerpen,   ac lêtun sie standen thar
ênan thar inne   endi im *ût thanen*
gengun gramharde   Iudeo liudi,
3880 ên aftar ôðrumu,   antat iro thar ênig ni uuas
thes fîundo folkes,   the iro ferhes *thô,*
theru idis aldar*lago*   âhtien uueldi.
Thô gifragn ik that sie frâgode   friðubarn godes,
allaro gumono *bezt:*   'huar *quâmun thit* Iudeono folc', quað he,
3885 'thine uuiðersakon,   thea thi hêr uurôgdun te mi?
Ne sie thi hiudu uuiht   harmes ne *gidâdun,*
thea liudi lêðes,   the thi uueldun lîbu beniman,
uuêgean te uundrun?'   Thô sprak imu eft that uuîf angegin,
quað that iru thar nioman   thurh thes neriandan
3890 hêlaga helpa   harm ne gifrumidi
uuammes te lône.   Thô sprak eft uualdand Crist,
drohtin manno: 'ne ik thi geth *ni* deriu neouuiht', quað he,

---

3864 thie *C.*
3865 thon *C.*
3869 Slidearo *M.*   sundeono *Heyne,*
  Rückert, Sievers Anm.   gangan
  C.
3871 Sten auuerpe *C.*
3873 uidarsac *M.*
3874 menn- *C.*
3876 them uuordon *C.*

3878 Ena *C.*   utt thananan *C.*
3881 thuo *C*] to *M.*
3882 -lagio *C.*
3884 besta *C.*   quam *M.*   that *C.*
3886 gidedun *M; vgl. Kauffmann, PBB*
  12, 348.
3892 ni *fehlt C; vgl. Behaghel, Gm. 27,*
  416.

'ac gang thi hêl hinen,   lât thi an thînumu hugi sorga,
that thu nio sîð aftar thius   *sundig* ni uuerðes.'
3895 Habde iru thô giholpen   hêlag barn godes,
gefriðot iro ferahe.   Than stôd that folc Iudeono
ubiles anmôd   sô fan êristan,
uurêðes uuillean,   huô sie uuordheti
uuið that friðubarn godes   frummien môstin.
3900 Habdun thea liudi an tuê   mid iro gilôbon gifangan:
uuas thiu smale *thioda*   sînes uuillean
gernora mikilu,   thes godes barnes uuord
te gefrummienne,   sô im iro frâho gibôd:
rômodun te rehta   *bet than* thie rîkeon man,
3905 habdun ina far *iro* hêrron   ia far hebencuning,
fulgengun imu gerno.   Thô giuuêt imu the godes sunu
an thene uuîh innan: huarf ina uuerod umbi,
meginthiodo gimang.   He an middien stôd,
lêrde thea liudi   liohtun uuordun,
3910 hlûdero stemnun: uuas hlust mikil,
thagode thegan manag,   endi he theru *thiod* gibôd,
sô hue sô thar mid thursbu   bithuungan uuâri,
'sô ganga imu herod drincan te mi', quað he,   'dago gehuilikes
suôties brunnan.   Ik mag *seggian iu,*
3915 sô hue sô hêr gilôbid te mi   liudio barno
fasto undar thesumu folke,   that imu than flioten sculun
fan is lîchamon   libbiendi flôd,
irnandi uuater,   ahospring mikil,
kumad thanen quica brunnon.   Thesa quidi uuerðad uuâra,
3920 liudiun gilêstid,   sô huemu sô hêr gilôbid te mi.'

3894 so sundig *C; vgl. Behaghel, Gm.* 27, 416.
3901 thiod *M; vgl. Kauffmann, PBB* 12, 326.
3902 *Zur Versteilung vgl. Rieger, ZfdPh* 7, 38, *Sievers S.* 529; *bei Heyne und bei Sievers im Text* word *zum folgenden Vers gezogen.*
3904 Ruomuod *C.* te *fehlt MC, ergänzt von Behaghel, Gm.* 27, 419; *Braune zu Gen.* 198 *schlägt vor:* romodun rehtas *oder* r. rehto.   bet| than *Rückert.*
3905 iro *fehlt C.*
3906 Folgodun *C.*
3911 thieda *C.*
3914 Suotian *C.*   iu seggean filo *C.*
3918 Irnandi *Grein, Gm.* 11, 214 *(gewinnt damit Alliteration); vgl. Krogmann, Nd. Jb.* 81, 11] rinnandi *M,* rinandi *C.*

Than mênde mid thiu uuataru   uualdandeo Crist,
hêr hebencuning   hêlagna gêst,
huô thene firiho barn   antfâhen scoldin,
lioht endi *listi*   *endi* lîf êuuig,
3925 *hôh hebenrîki*   endi huldi godes.

XLVIII.

Uurðun thô thea liudi   umbi thea lêra Cristes,
umbi thiu uuord an geuuinne: stôdun uulanca man,
gêlmôde Iudeon,   sprâkun gelp mikil,
habdun it im te hosca,   quâðun that sie mahtin gihôrien uuel,
3930 that imu mahlidin fram   môdaga uuihti,
unholde ût: 'nu he an *abu* lêrid', quâðun sie,
'uuordu gehuilicu.'   Thô sprak eft that uuerod ôðar:
'ni thurbun gi thene lêriand lahan', quâðun sie: 'kumad lîbes uuord
mahtig fan is mûðe;   he *uuirkid* manages huat,
3935 uundres an thesaru uueroldi: nis that uurêðaro dâd,
fîundo craftes: nio it than te *sulicaru* frumu *ni uurði*,
ac it gegnungo   fan gode alouualdon,
kumid fan is crafte.   That mugun gi antkennien uuel
an them is uuârun uuordun,   that he giuuald habad
3940 alles obar *erðu*.'   Thô uueldun ina the andsacon thar
an stedi fâhen   eftha stên ana uuerpen,
ef sie im thero manno   menigi ni andrêdin,
ni forhtodin that folcskepi.   Thô sprak that friðubarn godes:
'ik *tôgiu* iu gôdes sô filu', quað he,   'fan gode selbumu,
3945 uuordo endi uuerko: nu uuilliad gi mi uuîtnon hêr
thurh iuuuan starkan hugi,   stên ana uuerpen,
bilôsien mi lîbu.'   Thô sprâkun imu eft thea liudi angegin,
uurêða uuiðersakon: 'ne uui it be thînun uuerkun ni duat', *quâðun*
'that uui thi aldres tô   âhtien uuilliad,   ⌊*sia*,
3950 ac uui duat it be thînun uuordun,   huand thu sulik uuâh sprikis,

---

3921 uualdandi C.
3924 listi endi *fehlt* M.
3925 Hohan hebanuuang C.
3931 uuoh C.
3934 Mahtiga C.   sprikit C.

3936 suricero C.   ni *fehlt* M.   uuirthi C.
3940 erthun C.
3944 toiu M.
3948 quathun sia *fehlt* M.

*huand thu thic sô mâris   endi sulic mên sagis,
gihis for theson Iudeon,   that thu sîs god selbo,
mahtig drohtin,   endi bist thi thoh man sô uui,
cuman fan theson cunnie.'   Crist alouualdo
3955 ne uuolda thero Iudeono thuo leng   gelpes hôrian,
uurêðaro uuillion,   ac hie im af them uuîhe fuor
obar Iordanes strôm;   habda iungron mid im,
thia is sâligun gisîðos,   thia im simlon mid im
uuillion uuonodun: suohta uuerod ôðer,
3960 deda thar sô hie giuuonoda,   drohtin selbo,
lêrda thia liudi: gilôbda thie uuolda
an is *hêlagun uuord.*   That scolda *sinnon uuel*
manno sô huilicon,   sô that an is muod ginam.
Thuo gifrang ik that thar te Criste   cumana uurðun
3965 bodon fan Bethaniu   endi sagdun them barne godes,
that sia an that ârundi tharod   idisi sendin,
Maria endi Martha,   magað frîlîca,
suîðo uunsama uuîf;   thia uuissa hie bêðia,
uuârun im gisuester tuâ,   thia hie selbo êr
3970 minnioda an is muode   thuru iro mildian hugi,
thiu uuîf thuru iro uuillion guodan.   *Sia im te uuâron thuo*
anbudun fon Bethaniu,   that iro bruoðer uuas
Lazarus legarfast   endi that sia is lîbes ni uuândun;
bâdun that tharod quâmi   Crist alouualdo
3975 hêlag te helpu.   Reht sô hie sia gihôrda thuo
seggian fan sô siecon,   sô sprak hie sân angegin,
quað that Lazaruses   legar ni uuâri
giduan im te dôðe,   'ac thar scal drohtines lof', quathie,
'gifrumid uuerðan: nis it im te ôðron frêson giduan.'
3980 Uuas im thar thuo selbo   suno drohtines
tuâ naht endi dagas.   Thiu tîd uuas *thuo genâhit,*

3951–4017 thiu *fehlt M.*
3962 hêlagun uuord] uuord helag *Piper,
Franck, AfdA* 25, 27, soðun uuord
Rieger, ZfdPh 7, 20.   sinnon
uuell *C*] wel sinnon *Heyne,* wel sim-
bla *Rückert,* helpan sinnon well
Grein, Gm. 11, 214, helpan sinnon
Sievers Anm., sinnon uuel uuesan
Franck, AfdA 25, 27, simlun uuell
manon *Piper,* hafton uuel *Martin,
ZfdA* 40, 126, herdian wel *Holthau-
sen (briefl.).*
3971 sia im te uuaron thuo *Heyne*] thuo
sia im te uuaron *C.*
3973 *vgl. Roediger* 282.
3981 genahit thuo *Heyne, Rückert.*

that hie eft te Hierusalem   Iudeo liudeo
uuîson uuelda,   sô hie giuuald habda.
Sagda thuo is gisîðon   suno drohtines,
3985 that hie eft oƀar *Iordan*   Iudeo liudi
suokean uuelda.   Thuo sprâcun im sân angegin
iungron sîna: 'te huî *bist* thu sô gern tharod', quâðun sia,
'frô mîn, te faranne?   Ni that nu furn ni uuas,
that sia thik thînero uuordo   uuîtnon hogdun,
3990 uueldun thi mid *stênon* starcan auuerpan?   nu thu eft undar thia
fundos te faranne,   thar ist fîondo ginuog,   ⌊*strîdigun thioda*
erlos oƀarmuoda?'   Thuo ên *thero tueliƀio,*
Thuomas gimâlda   — uuas im githungan mann,   ⌈quathie,
diurlîc drohtines thegan —:   'ne sculun uui im thia dâd lahan,'
3995 'ni uuernian uui im thes uuillien,   ac uuita im uuonian mid,
thuoloian mid *ûsson* thiodne: that ist thegnes cust,
that hie mid is frâhon samad   fasto gistande,
dôie *mid* im thar an duome.   Duan ûs alla sô,
folgon im te thero ferdi: ni lâtan ûse *ferah* uuið thiu
4000 uuihtes uuirðig,   neƀa uui an them uuerode mid im,
dôian mid ûson drohtine.   Than lêƀot ûs thoh duom after,
guod uuord for gumon.'   Sô uurðun thuo iungron Cristes,
erlos aðalƀorana   an *ênfalden* hugie,
hêrren *te* uuillien.   Thuo sagda hêlag Crist
4005 selƀo is gisîðon   that aslâpan uuas
Lazarus fan them legare,   'habit thit lioht ageƀan,
ansueƀit ist an selmon.   Nu uui an thena sîð faran
endi ina auuekkian,   that hie muoti eft thesa uuerold sehan,

---

3985 Iordane *Rückert.*
3987 bist *Rieger, Leseb. S. 29*] fehlt *C.*
3990 *Rieger, Leseb.* 29, setzt Cäsur nach stenon, *beginnt mit* nu *eine neue Langzeile, deren erster Halbvers bis* thioda *reicht; statt des zweiten Lücke.*
3992 ên thero tueliƀio *Heyne*] thero tuelifio en *C;* en thero tueliƀio tho *Rückert,* thero tuelifio en, *davor eine Lücke von zwei Halbversen Rieger, Leseb.* 29.
3994 durlic *C.*

3996 ûson *Heyne*] usses *C.*
3997 vgl. *Kock, ZfdA* 48, 203.
3998 mid *fehlt C.*
3999 fera *C.*
4002 guoduuord *Heyne, Rieger, Rückert.*
4003 enuualden *C.*
4004 te *Rieger, Leseb. S. 30*] fehlt *C,* vgl. *Grein, Gm.* 11, 214; *Schumann, Gm.* 30, 73.
4006 *Sievers Anm. will die direkte Rede bereits mit* Lazarus *beginnen; vgl. Roediger* 287.

  libbiandi lioht: *than* uuirðit iuuua gilôbo after thiu
4010 forðuuerd gifestid.' Thuo giuuêt hie im obar thia fluod thanan,
  thie guodo godes suno, anthat hie mid is iungron quam
  thar te Bithaniu, barn drohtines
  selbo mid is gisîðon, thar thia gisuester tuâ,
  Maria endi Martha an muodkaron
4015 sêraga sâtun. Uuas thar gisamnot filo
  fan Hierusalem Iudeo liudo,
  thia thiu *uuîf uueldun uuordun fruobrean,
  that sie sô ni *karodin* kindiungas dôd,
  Lazaruses farlust. Sô thô the landes uuard
4020 geng an *thiu* gardos, sô uurðun thes *godes* barnes
  kumi thar gikûðid, that he sô craftig uuas
  bi theru burg ûten. Thô im bêðiun uuas,
  them uuîbun sulik uuillio, that sie im uualdand *tô*,
  that friðubarn godes, farandien uuissun.

XLIX.

4025 Thô them uuîbun uuas uuilleono mêsta
  cumi drohtines endi Cristes uuord
  te gihôrienne. Heobandi geng
  Martha *môdkarag* uuið sô mahtigne
  uuordun uuehslan endi uuið uualdand sprak
4030 an iro hugi hriuuig: 'thar thu mi, hêrro mîn', quað siu,
  'neriendero bezt, nâhor uuâris,
  hêleand the gôdo, than ni thorfti ik *nu* sulic harm tholon,
  bittra breostkara, than ni uuâri nu mîn brôðer dôd,
  Lazarus fan thesumu liohte, ac he *imu mahti* libbien forð
4035 ferahes gefullid. Ik thoh, frô mîn, te thi
  liohto gilôbiu, lêriandero bezt,
  sô hues sô thu biddien uuili berhton drohtin,
  that he it thi sân fargibid, god alomahtig,
  giuuerðot thînan uuillean.' Thô sprak eft uualdand Krist

4009 thann *C*.
4017 *Mit* uuif *setzt M wieder ein.*
4018 karodun *C*.
4020 thia *C*. godes *fehlt C*.

4023 tô *Sievers*] krist to (crist tuo *C*) *MC*.
4028 mo:karag *(rad.) M*.
4032 nu *fehlt M*.
4034 mathi im *C*.

| 4040 theru idis *anduuordi:* 'ni lât thu thi an innan thes,' quað he,
'thînan sebon suerkan: ik thi seggian mag
uuârun uuordun, that thes nis giuuand ênig,
nebu thîn brôðer scal thurh gibod godes,
thurh drohtines craft fan dôde astanden
4045 an is lîchamon.' 'All hebbiu ik gilôbon sô', quað siu,
'that it sô giuuerðen scal, sô huan sô thius uuerold endiod
endi the mâreo dag obar man ferid,
that he than fan erðu scal up astanden
an themu *dômes* daga, than uuerðad fan dôde quica
4050 thurh maht godes mankunnies gehuilic,
arîsad fan restu.' Thô sagde *rîkeo* Krist
theru idis alomahtig oponun uuordun,
that he selbo uuas sunu *drohtines,*
bêðiu ia lîf ia lioht liudio *barnon*
4055 te astandanne: 'nio the *sterben* ni scal,
lîf farliosen, the hêr gilôbid te mi:
thoh ina eldibarn erðu bithekkien,
diapo bidelben, nis he dôd thiu mêr:
that flêsk is bifolhen, that ferah is gihalden,
4060 is thiu siola gisund.' Thô sprak imu eft sân angegin
that uuîf mid iro uuordun: 'ik gilôbiu that thu the uuâro bist', quað [siu,
'Krist godes sunu: that mag man antkennien uuel,
uuiten an thînun uuordun, that thu giuuald habes
thurh thiu hêlagon giscapu himiles endi erðun.'
4065 Thô gefragn ik that *thar thero idisio quam* ôðar gangan
Maria môdkarag: gengun iro managa aftar
Iudeo *liudi.* Thô siu themu godes barne
sagde sêragmôd, huat iru te sorgun gistôd
an iro hugi harmes: hofnu kûmde
4070 Lazaruses farlust, liabes mannes,
griat gornundi, antat themu godes barne

4040 anduuirdi C.
4043 Ne C.
4049 domos M.
4051 riki C; Heinrichs, Studien 73.
4053-54 drohtines bediu ‖ Rieger, ZfdPh 7, 30.
4054 ge lioht ge lib C.   barno M.

4055 astereban C.
4062 uualdandes suno, crist alouualdo C;
uualdandes suno Krist Rückert.
4065 thar fehlt C.   theru idisiu M.
idiseo ǀ quam Heyne, Rückert.
4067 liudio C.

hugi uuarð gihrôrid: hête trahni
uuôpu *auuellun,* endi thô te them uuîbun sprac,
hêt ina thô lêdien, thar Lazarus uuas
4075 *foldu* bifolhen. Lag thar ên felis bioban,
hard stên behliden. Thô hêt the hêlago Crist
antlûcan thea *lêia,* that he môsti that lîk sehan,
hrêo scauuoien. Thô ni mahte *an* iro hugi mîðan
Martha for theru menegi, uuið mahtigne sprak:
4080 'frô mîn the gôdo', quað siu, 'ef man thene felis nimid,
thene stên antlûkid, than uuâniu ik that thanen stank kume,
unsuôti suek, huand ik thi seggian mag
uuârun uuordun, that thes nis giuuand ênig,
that he thar nu bifolhen uuas fiuuuar naht endi dagos
4085 an themu erðgrabe.' Anduuordi gaf
uualdand themu uuîbe: 'huat, *ni* sagde ik thi te uuârun êr', quað he,
'ef thu gilôbien uuili, than nis nu lang te thiu,
that thu hêr antkennien scalt craft drohtines,
the mikilon maht godes?' Thô gengun manage tô,
4090 afhôbun harden stên. Thô sah the hêlago Crist
up mid is ôgun, ôlat sagde
themu the these uuerold giscôp, 'thes thu mîn uuord gihôris', *quað he,*
'sigidrohtin selbo; ik uuêt that thu sô simlun duos,
ac ik duom it be thesumu grôton Iudeono folke,
4095 that sie that te uuârun uuitin, that thu mi an *these* uuerold *sendes*
thesun liudiun te lêrun.' Thô he te Lazaruse hriop
starkaru *stemniu* endi hêt ina *standen up*
ia fan themu grabe gangan. Thô uuarð the gêst kumen
an thene lîchamon: *he* bigan is liði hrôrien,

4073 anuuillun *C.*
4075 fuldu *C.*
4077 hlea *C, vgl.* 2394.
4078 an *fehlt C.*
4079 Marthun *C.*
4084 Thar *C.*
4086 ni *fehlt MC, ergänzt von Behaghel, Gm.* 27, 419; *vgl. Schumann, Gm.* 40, 73. êr *fehlt C.*
4088 Huat *C.*
4092 quað he *tilgt Rückert; vgl. Sievers, ZfdA* 19, 46.

4093 ff. *so Sievers]* sigidrohtin! | selbo ik uuet ‖ that thu so simlun duos; | ac ik duom it ‖ be thesumu groton | Iudeono folke *Heyne, Rückert.*
4093 self *C.* sinnon *C.*
4095 thesaro *C.* sandos *C.*
4097 stemnun *C.* up (upp *C*) standan *MC.*
4099 he *fehlt C.*

4100	antuuarp undar themu giuuêdie: uuas imo *sô* beuunden thô noh,
	an hrêobeddion bihelid. Hêt imu helpen thô
	uualdandeo Krist. Uueros gengun tô,
	antuundun that geuuâdi. *Uuânum* up arês
	Lazarus te thesumu liohte: uuas imu is lîf fargeben,
4105	that he is *aldarlagu* êgan *môsti*,
	friðu forðuuardes. Thô fagonadun bêðea,
	Maria endi Martha: ni mag that man ôðrumu
	giseggian te sôðe, huô thea gesuester tuô
	mendiodun an iro môde. Maneg uundrode
4110	Iudeo liudio, thô sie ina fan themu grabe sâhun
	sîðon gesunden, thene the êr suht farnam
	endi sie bidulbun diapo undar *erðu*
	lîbes lôsen: thô môste imu libbien forð
	hêl an hêmun. Sô mag hebenkuninges,
4115	thiu mikile maht godes manno gehuilikes
	ferahe giformon endi *uuið* fîundo *nîd*
	hêlag helpen, sô huemu sô he is huldi fargibid.

L.

	Thô uuarð thar sô managumu manne môd aftar Kriste,
	gihuorben hugiskefti, sîðor sie is hêlagon uuerk
4120	selbon gisâhun, huand eo êr sulic ni uuarð
	uunder an uueroldi. Than uuas eft thes uuerodes sô filu,
	sô môdstarke man: ni uueldon *the* maht godes
	antkennien kûðlîco, ac sie uuið is craft mikil
	uunnun mid iro uuordun: uuârun im uualdandes
4125	lêra sô lêða: sôhtun *im* liudi ôðra
	an Hierusalem, thar Iudeono uuas
	*hêri, hand*mahal endi hôbidstedi,
	grôt gumskepi grimmaro thioda.

4100 so *fehlt C.*
4103 uuanu *M.*
4105 aldargilagu *C.*   muosta *C.*
4109 Mendiodun *M, vgl.* Gallée, *Gramm.* § 412; Menndun *C.*
4112 erthun *C.*

4116 uuið *fehlt C.*   niht *C.*
4122 Sô *fehlt C.*   thia *C.*
4125 im *fehlt M.*
4127 Hereo endi *M; vgl.* Grein, *Gm.* 11, 214, Holthausen, *PBB* 44, 340, Sievers *ebd.* 504.   huand- *C.*

Sie kûðun im *thô* Kristes uuerk, quâðun that sie *quican* sâhin
thene erl mid iro ôgun, the an erðu uuas,
foldu *bifolhen* fiuuuar naht endi dagos,
dôd bidolben, antat he ina mid is dâdiun selbo,
mid is uuordun auuekide, that he *môsti* these uuerold sehan.
Thô uuas that sô *uuiđeruuard* uulankun mannun,
Iudeo liudiun: hêtun iro gumskepi thô,
uuerod *samnoian* endi *uuarbos* fâhen,
meginthioda gimang, an mahtigna Krist
riedun an *rûnun:* 'nis that râd ênig', quâðun sie,
'that uui that githoloian: uuili thesaro thioda te filu
gilôbien aftar is lêrun. Than ûs *liudi* farad,
an eoridfolc, uuerðat ûsa obarhôbdun
rinkos fan *Rûmu*. Than uui theses rîkies sculun
lôse libbien eftha uui sculun ûses lîbes tholon,
heliðos ûsaro hôbdo.' Thô sprak thar ên *gihêrod* man
obar uuarf uuero, the uuas thes uuerodes thô
an theru burg innan biscop thero liudio
— Kaiphas uuas he hêten; habdun ina gicoranen te thiu
an *theru gêrtalu* Iudeo liudi,
that he thes godes hûses gômien *scoldi*,
uuardon thes uuîhes —: 'mi thunkid uunder mikil', quað he,
'mâri thioda, — gi kunnun manages giskêd —
huî gi that te uuârun ni uuitin, uuerod Iudeono,
that hêr is betera râd barno gehuilicumu,
that man hêr ênne man aldru bilôsie
endi that he thurh iuuua dâdi drôreg sterbe,
for *thesumu* folcskepi ferah farlâte,
than al thit liuduuerod farloren uuerðe.'
Ni uuas it thoh is uuillean, that he sô uuâr gesprak,

4129 tho *fehlt* M.   quica *C*.
4131 bifalahan *C*.
4133 muosta *C*.
4134 uuidarmuod *C*.
4136 samnion *C*.   huarauos *C*, huuarbos *M, mit falschem* h: *Holthausen, Beiblatt z. Anglia* 45, 131, *Krogmann, Nd. Jb.* 80, 36.
4138 runu *C*.
4140 gilobon *C*.   liudio *M*.

4141 us *M*.
4142 runu *C*.
4144 gierod *M*.
4145 oboruuard *M*, o. huarf *C, s.* 4136.
4146a *fehlt C*.
4148 them iartale *C*.
4149 scolda *C*.
4150 u. 63 uuardun *C*.
4156 thitt *C*.

sô forð for themu folke,   frume mankunnies
gimênde for theru menegi,   ac it quam imu fan theru maht godes
thurh is hêlagan *hêd*,   huand he that hûs godes
thar an Hierusalem   bigangan scolde,
uuardon thes uuîhes: bethiu he sô uuâr gisprak,
biscop thero liudio,   huô scoldi that barn *godes*
alla irminthiod   mid is ênes *ferhe*,
mid is lîbu alôsien: that uuas allaro thesaro liudio râd,
huand he gihalode mid thiu   *hêðina liudi*,
uueros an is uuilleon   uualdandio Crist.
Thô uurðun *ênuuordie   obarmôdie* man,
uuerod Iudeono,   endi an iro *uuarbe* gisprâkun,
mâri thioda,   that sie im ni lêtin iro môd tuehon:
sô hue sô ina undar themu folke   finden mahti,
that *ina* sân gifengi   endi forð brâhti
an thero thiodo thing;   quâðun that sie ni mahtin *githoloian leng*,
that sie the êno man   *sô alla uueldi*,
uuerod faruuinnen.   Than uuisse uualdand Krist
thero manno sô garo   môdgithâhti,
hetigrimmon hugi,   huand imu ni uuas biholen eouuiht
an thesaru middilgard: he ni uuelde thô an thie *menigi* innen
sîður openlîco,   under that erlo folc,
gangan under thea Iudeon: bêd the godes sunu
thero torohteon *tîd*,   *the* imu tôuuard uuas,
that he far thesa thioda   *tholoian* uuelde,
far thit uuerod uuîti: uuisse imu selbo
that dagthingi garo.   Thô giuuêt imu ûse drohtin forð
endi imu thô an Effrem   alouualdo Krist
an theru hôhon burg   hêlag drohtin
uunode *mid is uuerodu*,   antat he an is uuillean huarf
eft te Bethania   brahtmu thiu mikilun,

4161 heth *C*.
4164 godes *fehlt C*.
4165 ferhu *C*.
4167 heðina liudi] hie theoda *C*.
4168 uuerod *C*.
4169 ennuuundia *C*.   obarmuodiga *C*.
4170 huarbe *M*, huaraue *C*, s. 4136.

4173 hie ina *C*.
4174 githolian *C*.   leng *fehlt M*.
4175 so | alla *Heyne*.   uueldi alla *M*.
4179 megin *M*.
4182 tidio *M*.   thiu *C*.
4183 tholian *C*.
4188 undar themu uuerode *M*.

4190 mid thiu is gôdum gumscepi.   Iudeon bisprâkun that
uuordu gehuilicu,   thô sie imu sulic uuerod mikil
folgon gisâhun: 'nis frume ênig', quâðun sie,
'ûses rîkies girâdi,   thoh uui reht sprekan,
ni *thîhit* ûses thinges uuiht: *thius thiod* uuili
4195 uuendien after is uuillean;   imu all thius uuerold folgot,
liudi bi them is lêrun,   that uui imu lêðes uuiht
for thesumu folcscepi   *gifrummien* ni môtun.'

LI.

Giuuêt imu thô that barn godes   innan Bethania
sehs *nahtun êr*,   than thiu samnunga
4200 thar an Hierusalem   Iudeo liudio
an *them* uuîhdagun   uuerðen *scolde*,
that sie scoldun *haldan*   thea hêlagon tîdi,
Iudeono pascha.   Bêd the godes sunu,
mahtig under theru menegi: uuas thar manno craft,
4205 uuerodes bi them is uuordun.   Thar gengun *ina* tuê uuîf umbi,
Maria endi Martha,   mid mildiu hugi,
thionodun imu theolîco.   Thiodo drohtin
gaf im langsam lôn: *lêt* sea lêðes gihues,
sundeono sikora,   endi selbo gibôd,
4210 that sea an friðe fôrin   uuiðer fîundo nîð,
thea idisa mid is orlobu gôdu: habdun iro ambahtscepi
biuuendid an is uuilleon.   Thô giuuêt imu uualdand Krist
forð mid thiu folcu,   firiho drohtin,
innan Hierusalem,   thar Iudeono uuas
4215 hetelîc hardburi,   thar sie thea hêlagon tîd
uuarodun *at* themu uuîhe.   Uuas thar uuerodes sô filu,

4190 that] that tho (thuo *C*) *MC*; that tho
Iudeon bispr. *Ries* 118, that b.
Holthausen, Beiblatt z. Anglia 45,
131.
4194 thiit *M*.   thiu *C*.   thioda *C*.
4197 Bi them *C*.   frummian *C*.
4199 nahtun | er *Wackernagel*.   êr than]
er biforan *Heyne*[1]; vgl. Grein, Gm.
11, 214.

4201 thei *C*.   scoldi *C*.
4202 haldan *fehlt M*.
4204 mahtig *subst. Sehrt S.* 357.
4205 ina *fehlt M*.
4208 alet *M*.
4216 an *C*.

craftigaro kunnio,   thie ni uueldun Cristes *uuord*
gerno *hôrien*   ni te themu godes barne
an iro môdsebon   minnie *ni* habdun,
4220 ac uuârun im sô uurêða   uulanka *thioda*,
môdeg mankunni,   habdun im morðhugi,
inuuid an innan: an abuh farfengun
Kristes lêre,   uueldun ina craftigna
uuîtnon thero uuordo;   ac uuas thar uuerodes sô filu,
4225 *umbi* erlscepi   antlangana dag,
habde ine thiu smale thiod   thurh is suôtiun uuord
uuerodu biuuorpen,   that ine thie uuiðersakon
under themu folcscepi   fâhen ne gidorstun,
ac miðun is bi theru menegi.   Than stôd mahtig Krist
4230 an themu uuîhe innan,   sagde uuord manag
firiho barnun te frumu.   Uuas thar folc umbi
allan langan dag,   antat *thiu liohte* giuuêt
sunne te sedle.   Thô te seliðun fôr
mancunnies manag.   Than uuas thar ên mâri berg
4235 bi theru burg ûten,   the uuas brêd endi hôh,
grôni endi scôni: hêtun ina Iudeo *liudi*
Oliueti bi namon.   Thar imu up giuuêt
neriendeo Krist,   sô *ina* thiu naht bifeng,
uuas imu thar mid is iungarun,   sô ine thar Iudeono ênig
4240 ni uuisse ti uuârun,   huand he an themu uuîhe stôd,
liudio drohtin,   sô lioht ôstene quam,
antfeng that folcscepi   endi *im* filu sagde
uuâroro uuordo,   sô nis an thesaru uueroldi ênig,
an *thesaru middilgard*   manno sô spâhi,
4245 liudio barno nigên,   that thero lêrono mugi
endi gitellien,   the he thar *an themu* alahe gisprak,

4217 uuord *fehlt C.*
4218 gihorian *C.*
4219 ni *fehlt C.*
4220 thiodo *C.*
4224–25 filu umbi ‖ *Wackernagel.*
4232 hie liohto *C.*
4236 barn *C.*
4238 ina *fehlt MC, ergänzt von Wackernagel.*

4239 negen *C.*
4242 im *fehlt C.*
4244 thasaro *C.*   middilgard *fehlt C.*
4246 enndi *C.*   thi *C; Neckel, Relativsätze, S.* 59.   he *fehlt C.*   an themu *fehlt C.*

uualdand an themu *uuîhe,*   endi *simlun* mid is uuordun *gibôd,*
that sie *sie gereuuidin*   te godes rîkie,
allaro manno gehuilic,   that sie *môstin* an themu mâreon daga
4250 iro drohtines   diuriða antfâhen.
Sagde im huat sie it sundiun frumidun   endi *simlun* gibôd,
that sie thea *aleskidin;*   hêt sie lioht godes
minnion an iro môde,   mên farlâten,
aboh, obarhugdi,   ôdmôdi niman,
4255 hlaðen that an iro *hertan;*   quað that im than uuâri hebenrîki,
garu gôdo *mêst.*   Thô uuarð thar gumono sô filu
giuuendid aftar is uuillion,   sîður sie that uuord godes
hêlag gihôrdun,   hebencuninges,
antkendun craft mikil,   kumi drohtines,
4260 hêrron helpe,   ia that hebenrîki uuas,
neriendi ginâhid   endi nâða godes
manno barnun.   Sum sô môdeg uuas
Iudeo folkes,   habdun grimman hugi,
slîðmôden sebon . . . . ,
4265 ni uueldun is uuorde *gilôbien,*   ac habdun im geuuin mikil
uuið thea Cristes craft: *kumen ni môstun*
thea liudi thurh lêðen strîd,   that sie gilôbon te imu
fasto gifengin;   ni uuas im thiu frume gibiðig,
that sie hebenrîki   habbien môstin.
4270 Geng imu thô the godes sunu   endi is iungaron mid imu,
uualdand fan themu uuîhe,   all sô is uuillio geng,
iac imu uppen thene berg gistêg   barn drohtines:
sat imu thar mid is gesîðun   endi im sagde filu
uuâroro uuordo.   Sie bigunnun im thô umbi thene uuîh sprekan,
4275 thie *gumon* umbi that godes hûs,   quâðun that ni uuâri gôdlîcora

---

4247 uuihie C. sinnon C. gibod fehlt C.
4248 sie fehlt C (radiert). geridin C.
4249 mostin stellen Heyne und Rückert nach drohtines in 4250.
4251 sinnon C.
4252 leskidin M.
4254 aboh, o. asyndetisch Kock, Jaunts and Jottings, S. 46 (so!), Hofmann I 54| anders die Hg., Sehrt (s. Nachtr.)
4255 herta C.   4256 mesta C.
4261 Neriand C.
4264b fehlt MC; slidmuodean | selbon drohtine Piper; ni sorgodun umbi is lera ergänzt Roediger.
4265 gihorian C.
4266 ni uueldun thar tuo cuman C; thar to kuman ni mostun Heyne, Rükkert, ni uueldun kuman thar tuo Wackernagel.
4275 gumo C.

alah oƀar erðu   *thurh* erlo hand,
thurh mannes giuuerk   mid megin*craftu*
rakud arihtid.   Thô the rîkio sprak,
hêr heƀencuning   — hôrdun the ôðra —:
4280 'ik mag iu *gitellien*', quað he,   'that noh uuirðid thiu tîd kumen,
that is afstanden ni scal   stên oƀar ôðrumu,
ac it fallid ti *foldu*   endi *fiur* nimid,
grâdag logna,   thoh it nu sô gôdlîc sî,
sô uuîslîco giuuarht,   endi sô dôd *all* thesaro uueroldes giscapu,
4285 teglîdid grôni *uuang*.'   Thô gengun imu is iungaron tô,
frâgodun ina sô stillo: 'huô lango scal standen noh', quâđun sie,
'thius uuerold an uunniun,   êr than that giuuand kume,
that the lasto dag   liohtes skîne
thurh uuolcanskion,   eftho huan is *thîn eft* uuân kumen
4290 an *thene* middilgard,   manno *cunnie*
te adêlienne,   dôdun endi quikun?
frô mîn the gôdo,   ûs is thes firiuuit mikil,
uualdandeo Krist,   huan *that* giuuerðen sculi.'

LII.

Thô im anduuordi   alouualdo Krist
4295 *gôdlîc* fargaf   them gumun selƀo:
'that haƀad sô biđernid', quað he,   'drohtin the gôdo
iac sô hardo *farholen*   himilrîkies fader,
uualdand thesaro uueroldes,   sô that uuîten ni mag
ênig *mannisc barn*,   huan thiu mârie tîd
4300 giuuirðid an thesaru uueroldi,   ne it ôk te uuâran ni kunnun

---

4276 thie io thuru C.
4277 -craft M; Kauffmann, PBB 12, 348, Heusler, Versgeschichte I, 176.
4280 tellian C.
4282 fodu M. it fiur M.
4284 all ausrad. M.
4285 gang M; Behaghel, Gm. 27, 419.
4289 eft thin M.
4290 thenne M, thesan C. mankunni M; Kauffmann, PBB 12, 348.
4291 te adomienne M. Kauffmann setzt eine Lücke an, PBB 12, 348, vgl. Jellinek, ZfdA 39, 151. Holthausen will lesen: domos te adelienne | an themo dage selbo ‖ Krist alouualdo | quikun endi dodun ZfdPh 28, 2; vgl. noch Schlüter, Nd. Jb. 40, 153. ? hinter gôdo 4292, Holthausen, Beiblatt z. Anglia 45, 131.
4293 than C.
4295 Guodlico C.
4297 faholan C.
4299 mannes suno C.

godes engilos,   thie for imu *geginuuarde*
simlun sindun: sie *it* ôk *giseggian* ni mugun
te uuâran mid iro uuordun,   *huan that* giuuerðen sculi,
that he uuillie an thesan middilgard,   mahtig drohtin,
4305 firiho fandon.   Fader uuêt *it* êno
hêlag *fan* himile: elcur is it biholen allun,
quikun endi dôdun,   huan is kumi uuerðad.
Ik mag iu thoh gitellien,   huilic *hêr* têcan biforan
giuuerðad uunderlîc,   êr *than* he an these uuerold kume
4310 an themu mâreon daga: that uuirðid hêr êr an themu mânon skîn
iac an theru sunnon sô same;   gisuerkad siu bêðiu,
mid *finistre* uuerðad bifangan;   fallad *sterron*,
huît heben*tungal*,   endi hrisid erðe,
bibod *thius* brêde uuerold   — uuirðid sulicaro bôkno filu —:
4315 grimmid the grôto sêo,   uuirkid thie gebenes strôm
egison mid is ûðiun   erðbûandiun.
Than *thorrot* thiu *thiod*   thurh that gethuing mikil,
folc thurh thea forhta: than nis friðu huergin,
ac uuirðid uuîg sô maneg   obar these uuerold alla
4320 hetelîc *afhaben,*   endi heri *lêdid*
kunni obar *ôðar:*   uuirðid kuningo giuuin,
meginfard mikil: uuirðid managoro *qualm,*
open urlagi   — that is egislîc thing,
that io sulik morð sculun   man afhebbien —,
4325 uuirðid uuôl sô mikil   obar these uuerold alle,
mansterbono mêst,   *thero* the gio an thesaru middilgard
suulti thurh suhti: liggiad seoka man,
driosat endi dôiat   *endi* iro dag endiad,

4301 genginuuarda *C.*
4302 sinnon *C.*   it *fehlt C.*   seggian *C.*
4303 huand it *C.*
4305 im *C.*
4306 an *C.*
4308 err *C.*
4309 than *fehlt M.*
4312 finistriu *C.*   steorron *C, vgl.* Karg, *PBB* 50, 311.
4313 -tunglas *C.*
4314 thiu *C.*

4316 ugison *C.*
4317 tharod *C;*   tharron Müllenhoff[4].   theoda *C.*
4320 ahaban *C.*   afhaben hetelîc endi Holthausen, Beiblatt z. Anglia 45, 131.   giledid Schumann, *Gm.* 30, 73, Sievers, *PBB* 10, 590.
4321 oðrer *C.*
4322 quam *C.*
4326 thero *fehlt C.*
4328 endi *fehlt C.*

fulliad mid iro ferahu;   ferid unmet grôt
4330 hungar hetigrim   oƀar heliðo barn,
metigêdeono mêst: nis that minniste
thero uuîteo an thesaru uueroldi,   the *hêr* giuuerðen *sculun*
êr *dômes* dage.   Sô huan sô gi thea dâdi *gisehan*
giuuerðen an thesaru uueroldi,   sô mugun gi *than* te uuâran
4335 that than the lazto dag   liudiun nâhid   ⌊farstanden,
mâri te mannun   endi maht godes,
himilcraftes *hrôri*   endi thes hêlagon kumi,
drohtines mid is diuriðun.   Huat, gi thesaro dâdeo mugun
bi thesun bômun   biliði antkennien:
4340 than sie brustiad endi blôiat   endi bladu tôgeat,
lôf *antlûkad,*   than uuitun liudio barn,
that than is sân after thiu   sumer ginâhid
uuarm endi uunsam   endi uueder scôni.
Sô *uuitin* gi ôk bi thesun têknun,   *the* ik iu talde hêr,
4345 huan the lazto dag   liudiun nâhid.
Than seggio ik iu te uuâran,   that êr thit uuerod ni môt,
tefaran thit folcscepi,   êr than *uuerðe* gefullid sô,
mînu uuord giuuârod.   Noh giuuand kumid
himiles endi erðun,   endi steid mîn hêlag uuord
4350 fast *forðuuardes*   endi uuirðid al *gefullod* sô,
gilêstid an thesumu liohte,   sô ik for thesun liudiun gespriku.
Uuacot gi *uuarlîco:*   iu is uuiscumo
duomdag the mâreo   endi iuuues drohtines craft,
thiu mikilo *meginstrengi*   endi thiu mârie tîd,
4355 giuuand thesaro uueroldes.   Fora thiu gi uuardon sculun,
that he iu slâpandie   an *suefrestu*
fârungo ni bifâhe   an firinuuercun,
mênes fulle.   Mûtspelli cumit
an thiustrea naht,   al sô thiof ferid

4332 err *C*.   scal *C*.
4333 domos *M*.   gisean *M*.
4334 than *fehlt C*.
4337 hruora *C*.
4341 antlûkad *Sievers*] antlukid *MC*.
4344 uuitun *M*.   thia *C*.
4347 uuirðit *C*, *vgl*. Behaghel, *Gm*. 27, 419.
4348 mina *C*.
4350 foruuardes *C*.   gifullid *C*.
4352 uuaralico *C*.
4353 Duomos dag *C*.
4354 meginstrengiu *M; Sievers, PBB* 5, 147.
4356 suefrastu *C*.

4360	darno mid is dâdiun, sô kumid the dag mannun,
	the lazto theses liohtes, sô it êr these liudi ni uuitun,
	sô samo sô thiu flôd deda an furndagun,
	the thar mid lagustrômun liudi farteride
	bi Nôeas tîdiun, *biûtan* that ina neride god
4365	mid is hîuuiskea, hêlag drohtin,
	uuið thes flôdes *farm:* sô uuarð ôk that fiur kuman
	hêt fan himile, that thea hôhon burgi
	umbi *Sodomo land* suart logna bifeng
	grim endi grâdag, that thar *nênig gumono* ni ginas
4370	biûtan Loth êno: ina antlêddun thanen
	drohtines engilos endi is dohter tuâ
	an ênan berg uppen: that *ôðar al* brinnandi fiur,
	ia land ia liudi logna farteride:
	sô fârungo uuarð that fiur kumen, sô uuarð êr *the* flôd sô samo:
4375	sô uuirðid the lazto dag. For thiu scal allaro liudio gehuilic
	thenkean fora themu thinge; thes is tharf mikil
	manno gehuilicumu: bethiu lâtad *iu* an iuuuan môd sorga.

LIII.

Huand sô huan sô that geuuirðid,   that uualdand Krist,
mâri mannes sunu   mid theru maht godes,
4380 kumit mid thiu craftu   kuningo rîkeost
sittean an is selbes maht   endi samod mid imu
alle thea engilos,   the thar uppa sind
hêlaga an himile,   than sculun tharod helið barn,
elitheoda kuman   alla tesamne
4385 libbeandero liudio,   sô *huat sô* io an thesumu liohte uuarð
firiho afôdid.   Thar he themu folke scal,
allumu mankunnie   mâri drohtin
adêlien aftar iro dâdiun.   Than skêðid he thea farduanan man,
thea faruuarhton uueros   an thea uuinistron hand:

4363 thiu *C*.
4364 neuan *C*.
4366 fæþm *Trautmann S*. 131, *vgl. zu* 2460.
4368 sodomaland *C*.
4369 enig *C*.   gumo *C*.

4372 enna *C*.   obar *C*.   al *fehlt C*.
4374 thiu *C*.
4376 Gethenkean *C*.
4377 iu *fehlt C*.
4385 huat sô *fehlt C*.

Tat. 152, 3—5   157

4390 sô duot he ôk thea sâligon   an thea suîðeron half;
     grótid he than thea gôdun   endi im tegegnes sprikid:
     'kumad gi', *quiðid he,* 'thea thar gikorene sindun,   endi antfâhad thit
                                                             ⌊craftiga rîki,
     that gôde, that *thar* gigereuuid stendid,   that thar uuarð gumono
                                                             ⌊barnun
     giuuarht fan thesaro uueroldes endie: iu habad geuuîhid selbo
4395 fader allaro firiho barno: gi môtun *thesaro frumono* neotan,
     geuualdon theses *uuîdon* rîkeas,   huand gi oft mînan uuilleon
                                                             ⌊*frumidun,*
     fulgengun mi gerno   endi uuârun mi iuuuaro gebo mildie,
     than ik bithuungan uuas   thurstu endi hungru,
     frostu bifangan   eftho *an* feteron lag,
4400 biklemmid an karkare: oft uurðun mi *kumana* tharod
     helpa fan iuuun handun: gi uuarun mi an iuuuomu hugi mildie,
     uuîsodun mîn uueróͤlico.'   Than sprikid imu eft that uuerod angegin:
     'frô mîn the gôdo', queðat sie,   'huan uuâri thu bifangan sô,
     bethuungan an sulicun tharabun,   sô thu fora thesaru *thiod* telis,
4405 mahtig mênis?   Huan gisah thi man ênig
     bethuungen an sulicun tharabun?   Huat, thu habes allaro thiodo
     iac sô samo thero mêðmo,   thero the io manno barn   ⌊giuuald
     geuunnun an thesaro uueroldi.'   Than sprikid im eft uualdand god:
     'sô huat sô gi dâdun', quiðit he,   'an iuuues drohtines namon,
4410 gôdes fargâbun   an godes êra
     them mannun, the hêr minniston sindun,   thero nu undar thesaru
     endi thurh ôdmôdi   arme *uuârun*   ⌊menegi *standad*
     uueros, huand sie mînan uuilleon *fremidun* −   sô huat sô gi im
                                                             ⌊iuuuaro uuelono fargâbun,
     gidâdun thurh diuriða *mîna,*   that antfeng iuuua drohtin selbo,
4415 thiu helpe quam te hebencuninge.   Bethiu *uuili* iu the hêlago drohtin

---

4391 Gruote C.
4392 quiðid he *tilgt Heusler, Versgeschichte* I, 186.
4393 Thit C.   hierr C.
4395 thera fruma C.
4396 giuualdan C.   uuidion C.   gifrumidun C.
4399 forstu Krogmann, Nd. Jb. 81, 11.   ik an C.
4400 kumana *fehlt* C.

4404 thieda C.
4411 thia C.   standid M.
4412–13 uuârun uueros ‖ huand Wackernagel.
4413 frumidun C.
4414 mina *C; so Hg. bis Piper; Hofmann* I 54] *fehlt* M; *so Roediger 282, Behaghel.*
4415 uuill C.

lônon *iuuuan* gilôbon: gibid *iu* lîf êuuig.'
Uuendid ina than uualdand   an thea uuinistron hand,
drohtin te them farduanun mannun,   sagad im that sie sculin thea
⌊dâd antgelden,
thea man iro *mêngiuuerk:*   'nu gi fan *mi* sculun', quiðit he.
4420 'faran sô forflôcane   an that fiur êuuig,
that thar gigareuuid uuarð   godes andsacun,
fiundo folke   be firinuuerkun,
huand gi mi ni hulpun,   than mi hunger endi thurst
uuêgde te uundrun   eftha ik geuuâdies lôs
4425 geng iâmermôd,   uuas mi grôtun tharf,
than ni habde ik thar ênige helpe,   than ik geheftid uuas,
an liðokospun bilokan,   eftha mi legar bifeng,
suâra suhti: than ni uueldun gi mîn siokes thar
uuîson mid uuihti: ni uuas iu uuerð eouuiht,
4430 that gi mîn gehugdin.   Bethiu gi an hellie sculun
tholon an thiustre.'   Than sprikid imu eft thiu thiod angegin:
'uuola uualdand god', queðad sie,   'huî *uuilt* thu sô *uuið* thit uuerod
⌊sprekan,
mahlien uuið these menegi?   Huan uuas thi *io* manno tharf,
gumono gôdes?   Huat, sie it al be thînun gebun êgun,
4435 *uuelon an thesaro* uueroldi'.   Than sprikid eft uualdand god:
'than gi thea armostun', quiðid he,   'eldibarno,
manno thea minniston   an iuuuomu môdsebon
heliðos farhugdun,   lêtun sea iu an iuuuomu hugi lêðe,   ⌈sama,
bedêldun sie iuuuaro diurða,   than dâdun gi *iuuuana drohtin* sô
4440 *giuuernidun imu* iuuuaro uuelono: bethiu ni *uuili* iu uualdand god,
antfâhen fader *iuuua*,   ac gi an that fiur sculun,
an thene diopun dôð,   diublun thionon,
uurêðun uuiðersakun,   huand gi sô *uuarhtun* biforan.'

4416 iuuuomu M; vgl. Schumann, Gm. 30, 73. iuu M.
4418 The drohtin M.
4419 menuuerc C. minun M.
4424 Uuegdun C.
4432 uuili C. uuit M.
4433 io fehlt C.
4434 ehtun M.

4435 uuelono C, vgl. Colliander 538.
an thero M.
4439 iuuuomu drohtine M.
4440 Gi wernidun Rieger, Wackernagel.
mi C, vgl. imi C 3218. uuill C.
4441 iuuuer C.
4443 giuuarahtun C.

Than aftar them *uuordun* skêðit that uuerod an tuê,
thea gôdun endi thea ubilon: farad thea fargriponon man
an thea hêtan hel hriuuigmôde,
thea faruuarhton uueros, uuîti antfâhat,
ubil endilôs. Lêdid up thanen
hêr hebencuning thea hluttaron theoda
an that langsame lioht: thar is lîf êuuig,
gigareuuid godes rîki gôdaro *thiado*.'

LIV. PASSIO.

Sô gefragn ik that them rinkun thô rîki drohtin
umbi thesaro uueroldes giuuand uuordun talde,
huô thiu forð ferid, than *lango* the sie firiho barn
ardon môtun, ia huô siu an themu endie scal
teglîden endi tegangen. He sagde ôk is iungarun thar
uuârun uuordun: 'huat, gi uuitun alle', quað he,
'that nu obar tuâ naht sind tîdi kumana,
Giudeono pascha, that sie sculun iro gode thionon,
uueros an themu uuîhe. Thes nis geuuand ênig,
that thar uuirðid mannes sunu te theru meginthiodu
craftag farkôpot endi an *crûce aslagan*,
tholod thiadquâla.' Thô uuarð thar thegan manag
slîðmôd gisamnod, *sûðarliudio*,
Iudeono gumscepi, thar sie scoldun iro gode thionon.
Uurðun êosagon alle kumane,
an *uuarf* uueros, the sie thô uuîsostun
undar theru menegi manno *taldun*,
craftag kuniburd. Thar Caiphas uuas,
biscop thero liudio. Sie rêdun thô an that barn godes,
huô sie ina asluogin sundea lôsan,
quâðun that sie ina an themu hêlagon daga hrînen ni scoldin

4444 uuordun skeðid | *Heyne, Rückert*. skêðit] tefarid *C*.
4451 thioda *C; vgl. Colliander* 539.
4451/52 *Nach* 4451 PASSIO *(in übereinanderstehenden Buchstaben) a. R. M*, PASSIO DOMINI *als Zierzeile C*.
4454 lang *C*, lango *M, dazu Dal, Pronominalkasus* 18.
4461 That *fehlt C*.
4462 cruci *C*. gislagan *C*.
4464 sudarliudi *M*.
4467 huarf *C*, huuarf *M, s.* 4136.
4468 gitaldun *C*.
4472 Quad *M*.

undar thero manno menegi, 'that ni uuerðe thius meginthioda,
heliðos an hrôru, huand ina thit heriscepi uuili
4475 farstanden mid strîdu. Uui sô stillo sculun
frêson is ferahes, that *thit* folc Iudeono
an thesun uuîhdagun uurôht ni afhebbien.'
Thô geng imu thar Iudas forð, iungaro Kristes,
ên thero tuelibio, *thar* that aðali sat,
4480 Iudeono gumscepi; quað that he is im gôdan râd
seggian mahti: 'huat uuilliad gi mi sellien hêr', quað he,
'mêðmo te mêdu, ef ik iu thene man gibu
âno uuîg endi âno uurôht?' Thô uuarð thes uuerodes hugi,
thero liudio an lustun: 'ef thu *uuili* gilêstien sô', quâðun sie,
4485 'thîn uuord giuuâron, than thu giuuald habes,
huat thu at thesaru thiodu thiggean uuillies
gôdaro mêðmo.' Thô gihêt imu that gumscepi thar
an is selbes dôm silubarscatto
thrîtig atsamne, endi he te theru thiodu gisprak
4490 derebeun uuordun, that he gâbi is drohtin *uuið* thiu.
Uuende ina thô fan themu uuerode: uuas im uurêð hugi,
talode im sô treulôs, huan êr uurði imu thiu tîd kuman,
that he ina mahti faruuîsien uurêðaro *thiodo,*
fîundo folke. Than uuisse that friðubarn godes,
4495 uuâr uualdand Krist, that he these uuerold scolde,
ageben these gardos endi sôkien imu godes rîki,
gifaren is *faderôðil.* Thô ni gisah ênig firiho *barno*
mêron minnie, than he thô te them mannun ginam,
te them is gôdun iungaron: gôme uuarhte,
4500 sette sie suâslîco endi im sagde filu
uuâroro uuordo. Skrêd uuester dag,
sunne te sedle. Thô he selbo gibôd,
uualdand mid is uuordun, hêt im uuater dragan
hluttar te handun, endi rês thô the hêlago Crist,
4505 the gôdo *at* them gômun endi thar is iungarono thuôg

4476 that *C.*
4479 that *M.*
4484 uuilld *C.*
4490 te *C.*
4493 thiedi *C.*

4497 fader odil *M,* fader voðil *C, dazu* Schröder, ZfdA 53, 233. barn Rückert.
4505 an *C.*

fôti mid is folmun   endi suarf sie mid is *fanon* aftar,
druknide sie diurlîca.   Thô uuið is *drohtin* sprak
Sîmon Petrus: 'ni thunkid mi thit *sômi* thing', quað he,
'frô mîn the gôdo,   that thu mîne fôti thuahes
4510 mid them thînun hêlagun handun.'   Thô sprak imu eft is hêrro
⌊angegin,
uualdand mid is uuordun: 'ef thu is uuillean ni habes', quað he,
'te antfâhanne,   that ik thîne fôti thuahe
thurh sulica minnea,   sô ik thesun ôðrun mannun hêr
dôm thurh diurða,   than ni habes thu *ênigan* dêl mid mi
4515 an hebenrîkea.'   Hugi uuarð thô giuuendid
Sîmon Petruse: 'thu haba thi selbo giuuald', *quað he*,
'frô mîn the gôdo,   *fôto* endi hando
4517b endi mînes hôbdes sô sama,   *handun thînun,*
thiadan, te *thuahanne*,   te thiu that ik môti thîna forð
huldi hebbian   endi hebenrîkies
4520 sulic gidêli,   sô thu mi, drohtin, uuili
fargeben thurh thîna gôdi.'   Iungaron Kristes,
thene ambahtscepi   erlos tholodun,
thegnos mid *githuldeon*,   sô huat sô im iro *thiodan* dede,
mahtig thurh thea minnea,   endi mênde imu al mêra thing
4525 firihon te gifrummienne.

LV.*

Friðubarn godes
geng imu thô eft gisittien   under that gesîðo folc
endi *im* sagda filu langsamna râd.   Uuarð eft lioht kuman,
morgen te mannun.   Mahtigne Crist
grôttun is iungaron   endi frâgodun, huar sie is gôma thô

4506 famen *C*.
4507 drohtine *Rückert*.
4508 sômi] so metlic *C*.
4514 eniga *C*.
4516 quað he *fehlt M*.
4517 fuoti *C*.
4517b handun thînun *Grein, Gm.* 11, 215] *fehlt MC; Bruckner, D. as. Gen. S. 59, Hofmann I 54.*

4518 thuhanne *C*.
4523 githuldi *M*.   thiodo *M*.
4524 mahtig *subst. Sehrt S.* 357.
4524b-25a *Nach Krogmann, Absicht 77 unecht.*
4525 LV *in C nach* 4524.
4527 im *fehlt C*.

an themu uuîhdage   uuirkien scoldin,
huar he uueldi halden   thea hêlagon tîdi
selbo mid is gesîðun.   Thô he sie sôkien hêt,
thea gumon Hierusalem: 'sô gi than gangan *kumad'*, quað he,
'an thea burg innan   — thar is braht mikil,
meginthiodo gimang —,   thar mugun gi *ênan* man sehan
an is handun dragen   hluttres uuatares
ful mid folmun.   Themu gi folgon sculun
an sô huilike gardos,   sô gi ina gangan *gisehat*,
ia gi than themu hêrron,   the thie hobos êgi,
selbon seggiad,   that ik iu *sende* tharod
te gigaruuuenne mîna gôma.   Than tôgid he iu ên gôdlîc hûs,
hôhan soleri,   the is bihangen al
fagarun fratahun.   Thar gi frummien sculun
uuerdscepi mînan.   Thar bium ik uuiskumo
selbo mid mînun gesîðun.'   Thô uurðun sân aftar thiu
thar te Hierusalem   iungaron Kristes
forðuuard an ferdi,   fundun all sô he sprak
uuordtêcan uuâr: ni uuas thes giuuand ênig.
Thar gereuuidun sie thea gôma.   Uuarð the godes sunu,
hêlag drohtin   an that hûs cuman,
thar sie the landuuîse   lêstien scoldun,
fulgangan godes gibode,   al sô Iudeono uuas
êo endi aldsidu   an êrdagun.
Giuuêt imu thô an themu âbande   *alouualdand* Krist
an thene seli sittien;   hêt thar is gesîðos te imu
tuelibi gangan,   thea im gitriuuiston
an iro môdsebon   manno uuârun
bi uuordun endi bi uuîsun: uuisse imu selbo
iro hugiskefti   hêlag drohtin.
Grôtte sie thô obar them gômun: 'gern bium ik suîðo', quað he,
'that ik samad mid iu   sittien môti,
gômono neoten,   Iudeono pascha
dêlien mid iu sô diuriun.   Nu ik iu *iuuues* drohtines scal

4533 cuman *C*.
4535 enna *C*.
4537 ful *Sievers*] fullien *M*, full fat *C* (*so Kock, Jaunts and Jottings*, 47); ful- fat *Heyne, Rückert*.   mid is *C*.
4538 gesehan *C*.
4540 sanda *C*.
4554 alouualdo *C*.
4563 iuuuæs *aus* -as *M*.

uuilleon seggian, that ik an thesaro uueroldi ni môt
mid mannun mêr môses anbîten
furður mid firihun, êr than *gifullod* uuirðid
himilo rîki. Mi is an handun nu
uuîti endi uunderquâle, thea ik for thesumu uuerode scal,
tholon *for thesaru thiodu.*' Sô he thô sô te them thegnun sprak,
hêlag drohtin, sô uuarð imu is hugi drôbi,
uuarð imu gisuorken sebo, endi eft te *them* gesîðun sprac,
the gôdo te them is iungarun: 'huat, ik iu godes rîki', quað he,
'gihêt himiles lioht, endi gi mi holdlîco
iuuuan theganskepi. Nu ni uuilliat gi *athengean* sô,
ac uuenkeat thero uuordo. Nu seggiu ik iu te uuâran hêr,
that uuili iuuuar tuelibio ên *treuuana suîkan,*
uuili mi farcôpon undar thit kunni Iudeono,
gisellien uuiðer silubre, endi *uuili* imu *thar* sinc niman,
diurie mêðmos, endi geben is drohtin *uuið* thiu,
holdan hêrran. That imu thoh te harme scal,
uuerðan te uuîtie; be that he thea *uurdi farsihit*
endi he thes arbedies endi scauuot,
than uuêt he that te uuâran, that imu uuâri *uuôðiera* thing,
betera mikilu, that he gio giboran ni uurði
libbiendi te thesumu liohte, than he that lôn nimid,
ubil arbedi *inuuidrâdo.*'
Thô bigan thero erlo gehuilic te ôðrumu scauuon,
sorgondi sehan; uuas im sêr hugi,
hriuuig umbi iro herta: gihôrdun iro hêrron thô
gornuuord sprekan. Thea gumon sorgodun,
huilican he thero *tuelibio te thiu* tellien uueldi,
sculdigna *scaðon,* that he habdi thea scattos thar
gethingod *at* theru *thioda.* Ni uuas thero thegno ênigumu

4566 gifullid C.
4569 furi thesa C.   thieda C, thiod M,
 vgl. Kauffmann, PBB 12, 348.
4571 is C.
4574 anthengian C.
4575 ac (?, korr.) M.
4576 treuuon C.   gisuican C.
4578 uuil C.   ther M.
4579 uuit M.
4581 uuurth gisihid C; vgl. Kock, Jaunts
 and Jottings, S. 49, Hagenlocher S.
 175; anders Birkhan S. 33.
4583 oðer C.
4586 inuuiddrado M.
4591 tuelibio | te thiu Piper.
4592 te scathen C; vgl. Kock, Streifzüge
 27.
4593 an C.   thiod M, vgl. Hofmann I 52.

suliges inuuiddies ôðí te *gehanne*,
4595 mê*ngithâhtio* —*antsuok thero* manno gehuilic —,
uurðun alle an forhtun, frâgon ne gidorstun,
êr than thô gebôknide *baruuirðig* gumo,
Sîmon Petrus — ne gidorste it selbo sprekan —
te Iohanne themu gôdon: he uuas themu godes barne
4600 an them dagun thegno liobost,
mêst an minniun endi môste thar *thô* an thes mahtiges Kristes
barme restien endi an is breostun lag,
hlinode mid is *hôbdu:* thar nam he sô manag hêlag gerûni,
diapa githâhti, endi thô te is drohtine sprac,
4605 began ina thô frâgon: 'hue scal that, frô mîn, uuesen', quað he,
'*that* thi farcôpon uuili, cuningo rîkeost,
undar thînaro fîundo folc? Ûs uuâri thes firiuuit mikil,
uualdand, te uuitanne.' Thô habde eft is uuord garu
hêleando Crist: 'seh thi, huemu ik hêr an hand gebe
4610 mînes môses for thesun mannun: the habed mê*ngithâht*,
birid bittran hugi; the scal mi an banono geuuald,
fîundun bifelhen, thar man mînes ferhes scal,
aldres âhtien.' Nam he thô aftar thiu
thes môses for them mannun endi gaf is themu *mên*scaðen,
4615 Iudase an hand endi imu tegegnes sprac
selbo for them is gesîðun endi ina *sniumo* hêt
faran fan themu is folke: 'frumi sô thu thenkis', quað he,
'dô that thu duan scalt: thu ni maht bidernien leng
uuilleon thînan. Thiu uurd is at handun,
4620 thea tîdi sind nu ginâhid.' Sô thô the treulogo
that môs antfeng endi mid is mûðu anbêt,
sô afgaf ina thô thiu godes craft, gramon in geuuitun
an thene lîchamon, lêða uuihti,
uuarð imu Satanas sêro bitengi,
4625 hardo umbi is herte, sîður ine thiu helpe godes

4594–95 gehanne. | Mengithahtio antsuok | thero *Rückert.*
4595 menn- *C.*
4597 baruuurdig *C.*
4601 thô *fehlt C.*
4603 hobde *M.*
4606 thie *C.*
4609 helandi *C.*
4610 -githat *MC.*
4611 Briosthugi bittran *C.*
4614 menn- *C.*
4616 snimo *C.*

farlêt an thesumu liohte.   Sô is *thena* liudio uuê,
the sô undar thesumu *himile scal*   *hêrron* uuehslon.

LVI.

Giuuêt imu thô ût thanen   inuuideas gern
Iudas gangan: habde imu grimmen hugi
4630 thegan uuið is thiodan.   Uuas thô iu thiustri naht,
suîðo gisuorken.   Sunu drohtines
uuas imu *at* them gômun forð   endi is iungarun *thar*
uualdand uuîn *endi* brôd   uuîhide bêðiu,
hêlagode hebencuning,   mid is handun brak,
4635 gaf it undar them is iungarun   endi gode thancode,
sagde them ôlat,   *the* thar al giscôp,
uuerold endi uunnea,   endi sprak uuord manag:
'*gilôbiot* gi thes liohto', *quað he*,   'that thit is mîn lîchamo
endi mîn blôd sô same: gibu ik iu hêr bêðiu samad
4640 etan endi drinkan.   Thit ik an erðu scal
geban endi geotan   endi iu te godes rîkie
lôsien mid mînu lîchamen   an lîf êuuig,
an that himiles lioht.   Gihuggeat gi *simlun*,
that gi *thiu fulgangan*,   thiu ik an thesun gômun dôn;
4645 mâriad thit *for* menegi: thit is mahtig thing,
mid thius sculun gi iuuuomu drohtine   diuriða frummien,
habbiad thit mîn te gihugdiun,   hêlag biliði,
that it eldibarn   aftar lêstien,
uuaron an thesaru uueroldi,   that that uuitin alle,
4650 man obar thesan middilgard,   that it is thurh mîna minnea giduan
hêrron te huldi.   Gehuggiad gi *simlun*,
hueo ik iu hêr gebiudu,   that gi iuuuan brôðerskepi

4626 thena C, vgl. Braune zu Gen. 112; themu M.
4627 himile | scal Heyne, Rückert. herrono C.
4632 an C.   Komma nach thar Rückert.
4633 end C.
4636 them C; them the *Wilhelmy S. 37.*

4638 gilobiot M, vgl. Gallée, Gramm. § 412.   quað he *fehlt M.*
4643 sinnon C.
4644 that C.   fulgangad M.
4645 for thero C; vgl. Behaghel, Gm. 27, 420.
4651 simla C.
4652 huo C.

fasto *frummiad:* habbiad ferhtan hugi,
minniod iu an iuuuomu môde, that that manno barn
4655 obar irminthiod alle farstanden,
that gi *sind* gegnungo iungaron mîne.
Ôk scal ik iu cûðien, huô hêr uuili craftag fîund,
hetteand herugrim, umbi iuuuan hugi niusien,
Satanas selbo: he *cumid* iuuuaro seolono herod
4660 frôkno frêson. Simlun gi fasto te gode
berad iuuua breost*githâht:* ik scal an iuuuaru bedu standen,
that *iu* ni mugi the mênscaðo môd getuîflean;
ik *fullêstiu iu* uuiðer themu fîunde. Ôk quam he herod giu frêson
thoh imu is uuilleon hêr uuiht ne gistôdi, ⌊mîn,
4665 liobes an *themu mînumu* lîchamon. Nu *ni* uuilliu ik iu leng helen,
huat iu hêr nu sniumo scal te sorgu gistanden:
gi sculun mi gesuîkan, gesîðos mîne,
iuuues theganscepies, êr than thius thiustrie naht
liudi farlîða endi eft lioht cume,
4670 morgan te *mannun.*' Thô uuarð môd gumon
suîðo gisuorken endi sêr hugi,
hriuuig umbi iro herte endi iro hêrron uuord
suîðo an sorgun. Sîmon Petrus thô,
thegan uuið is thiodan thrîst*uuordun* sprac
4675 bi huldi *uuið is hêrron: 'thoh thi all thit helið folc', quathie,
'gisuîcan thîna gisîðos, thoh ik sinnon mid thi
at allon tharabon tholoian uuilliu.
Ik biun garo sinnon, ef mi god lâtið,
that ik an thînon fullêstie fasto gistande;
4680 thoh sia thi an carcaries clûstron hardo,
thesa liudi bilûcan, *thoh* ist mi luttil *tueho,*
ne ik an them bendion mid thi bîdan uuillie,
liggian mid thi sô lieben; ef sia thînes lîbes *than*

4653 frummean *C.*
4656 sin *C.*
4659 Satanas selbo he cumid | *Heyne, Rückert.*
4660 sinnon *C.*
4661 -githahti *C.*
4662 iu *fehlt C.*
4663 fullestiu iu] fullest' iu *Rückert.*

4665 theson *C.* minen *C.* ni *fehlt C.*
4670 mannu *M.*
4674 -uuord *C.*
4675 uuið is hêrron *bis* 4740a *einschl. fehlt M.*
4681 thuoh *C.* tueo *C.*
4683 so] sie *C.* thann *C.*

thuru eggia nîð   âhtian *uuilliad*,
4685 *frô* mîn thie guodo,   ik gibu mîn ferah furi thik
an uuâpno spil: nis mi *uuerð* iouuiht
te bimîðanne,   sô lango sô mi mîn uuarod
hugi endi *handcraft.*'   Thuo sprak im eft is hêrro angegin:
'huat, thu thik biuuânis',   *quathie,*   '*uuissaro* treuuono,
4690 thrîstero thingo: thu habis thegnes hugi,
uuillion guodan.   Ik *mag* thi seggian, huô it thoh giuuerðan scal,
that thu uuirðis sô uuêkmuod,   thoh thu nu ni uuânies sô,
that thu thînes thiadnes te naht   thrîuuo farlôgnis
êr hanocrâdi   endi quiðis, that ik thîn hêrro ni sî,
4695 ac thu farmanst mîna mundburd.'   Thuo sprac eft thie man angegin:
'ef it gio an uueroldi', quathie,   'giuuerðan muosti,
that ik samad midi thi   sueltan muosti,
dôian diurlîco,   *than* ne uuurði gio thie dag cuman,
that ik thîn farlôgnidi,   liebo drohtin,
4700 gerno for theson Iuðeon.'   Thuo quâðun alla thia iungron sô,
that sia thar an them *thingon mid im*   tholian uueldin.

LVII.

Thuo im eft mid is uuordon gibôd   uualdand selbo,
hêr hebancuning,   that sia im ni lietin iro hugi tuîflian,
hiet that sia ni *uueldin*...   diopa githâhti:
4705 'ne druobie iuuua herta   thuru iuuues drohtines uuord,
ne forohteat te filo: ic scal fader ûsan
selban suokean   endi iu sendian scal
fan hebanrîkie   hêlagna gêst:
thie scal iu eft gifruofrean   endi te frumu uuerðan,
4710 manon iu thero mahlo,   thie ik iu manag hebbiu
uuordon giuuîsid.   Hie gibit iu giuuit an briost,
lustsama lêra,   that gi lêstian forð

4684 uuillia *C.*
4685 fruo *C.*
4686 uuerh *C.*
4688 handcraf *C.*
4689 quath *C.*   uuissaro *Behaghel, Gm.* 21, 14] uuisaro *C.*
4691 mah *C.*

4698 thann *C.*
4701 thingon | mid im *Heyne, Rückert, Rieger, Leseb. 38.*
4704 uueldin] duelidin *Sievers,* weldin dragan *Heyne,* dragan weldin *Holthausen (briefl. Mitt.); vgl. Schumann, Gm. 30, 73.*

thiu uuord endi thiu uuerc,   thia ik iu an thesaro uueroldi gibôd.'
Arês im thuo the rîkeo   an themo racode innan,
4715 neriendo Crist   endi giuuêt im *nahtes thanan*
selbo mid is gisîðon: *sêrago* gengun
suîðo gornondia   iungron Cristes,
hriuuigmuoda.   Thuo hie im an thena hôhan giuuêt
Oliuetiberg: thar uuas hie *up* giuuno
4720 gangan mid is iungron.   That *uuissa* Iudas *uuel*,
balohugdig man,   huand hie uuas oft an them berege mid im.
Thar gruotta thie godes suno   iûgron sîna:
'gi sind nu sô druobia',   quathie,   'nu gi mînan dôð uuitun;
nu gornonð gi endi griotand,   endi thesa Iuðeon sind an luston,
4725 mendit *thius* menigi,   sindun an iro muode frâha,
thius uuerold ist an uuunnion.   Thes uuirðit thoh giuuand cuman
sniumo tulgo: than uuirðit im sêr hugi,
than morniat sia an iro môde,   endi gi mendian sculun
after te êuuondage,   huand gio endi ni cumið,
4730 iuuues uuellîbes giuuand: bethiu ne thurbun *iu* thius uuerc tregan,
hreuuan mîn hinfard,   huand thanan scal thiu helpa cuman
gumono barnon.'   Thuo hiet hie is iungron thar
bîdan uppan themo berge,   quað that hie ti bedu uueldi
an thiu holmclibu   hôhor stîgan;
4735 hiet thuo thria mid im   thegnos gangan,
Iacobe endi Iohannese   endi thena guodan Petruse,
thrîstmuodian thegan.   Thuo sia mid iro thiedne samad
gerno *gengun*.   Thuo hiet sia thie godes suno
an berge uppan   te bedu hnîgan,
4740 hiet sia god gruotian,   *gerno biddian,
that he im thero costondero   craft farstôdi,
uurêðaro uuilleon,   that im the *uuiðersaco*,
ni mahti the mênscaðo   môd gituîflean,

4715 Versschluß nach *nahtes* Rückert. thanan *Sievers*] forð *Heyne*, fehlt C.
4716 seraga *Colliander* 542.
4719 upp C.
4720 uuisa C.   uuell C.
4721 balohudig C.
4725 thius *Sievers*] thiu C.
4730 iuu C.
4738 gængun C.
4740 *Mit* gerno *setzt M wieder ein.*
4742 uuiðersaco ‖ ni mahti *Hirt, Gm.* 36, 163] uuiðersaco ni mahti ‖ *die übrigen Herausgeber; vgl. Roediger* 287.

iak imu thô selbo gihnêg   sunu drohtines
4745 craftag an kniobeda,   kuningo rîkeost,
forðuuard te foldu: fader alothiado
gôdan grôtte,   gornuuordun sprac
hriuuiglîco: uuas imu is hugi drôbi,
bi theru menniski   môd gihrôrid,
4750 is flêsk uuas an forhtun: fellun imo trahni,
drôp is diurlîc suêt,   al sô drôr kumid
uuallan fan uundun.   Uuas an geuuinne thô
an themu godes barne   the gêst endi the lîchamo:
ôðar uuas *fûsid*   an *forðuuegos*,
4755 the gêst an godes rîki,   ôðar giâmar stôd,
lîchamo Cristes: ni uuelde *thit* lioht ageben,
ac *drôbde* for themu dôðe.   *Simla* he *hreop* te drohtine forð
thiu mêr aftar thiu   mahtigna grôtte,
hôhan himilfader,   hêlagna god,
4760 uualdand mid is uuordun: 'ef nu uuerðen ni mag', quað he,
'mankunni generid,   ne sî that ik mînan gebe
lioban lîchamon   for liudio barn
te uuêgeanne te uundrun,   it sî than thîn uuilleo sô,
ik uuilliu is than gicoston: ik nimu thene kelik an hand,
4765 drinku ina thi te *diurðu*,   drohtin frô mîn,
mahtig mundboro.   Ni seh thu mînes hêr
flêskes gifôries.   Ik *fullon* scal
uuilleon thînen: thu habes geuuald obar al.'
Giuuêt imu thô gangen,   thar he *êr* is iungaron lêt
4770 bîdan uppan themu berge;   fand sie that barn godes
slâpen sorgandie: uuas im sêr hugi,
thes sie fan iro drohtine   dêlien scoldun.
Sô sind that *môdthraca   manno* gehuilicumu,
that he farlâten scal   *liabane* hêrron,
4775 *afgeben* thene sô *gôdene*.   Thô he te is iungarun sprak,

---

4747 -uuord C.
4752 uualla C.
4754 afusid C.   feruuegos C.
4756 thit fehlt C.
4757 druouoda C.   simnon C.   hreop
    Behaghel, Gm. 21, 149] fehlt MC.
4765 diurthun C.

4766-67 vgl. Roediger 282.
4767 fullian C.
4769 êr fehlt C.
4773 modthracu C.   manno fehlt C.
4774 lieban C.
4775 ageban C.   guodan C.

uuahte sie uualdand   endi uuordun grôtte:
'huî uuilliad gi sô slâpen?' quað he;   'ni mugun samad mid mi
uuacon êne tîd?   Thiu uurd is *at* handun,
that it sô gigangen scal,   sô it god fader
4780 *gimarcode* mahtig.   Mi nis an mînumu môde tueho:
mîn gêst is garu   an godes uuillean,
fûs te faranne: mîn flêsk is an sorgun,
letid *mik* mîn lîchamo: lêð is imu suîðo
uuîti te tholonne.   Ik thoh uuillean scal
4785 mînes fader *gefrummien*.   Hebbiad gi fasten hugi.'
Giuuêt imu thô eft thanan   ôðersîðu
an thene berg uppen   te bedu gangan,
mâri drohtin,   endi thar sô manag gisprac
gôdoro uuordo.   Godes engil quam
4790 hêlag fan himile,   is hugi fastnode,
beldide te them bendiun.   He uuas an theru bedu *simla*
forð an flîte   endi is fader grôtte,
uualdand mid is uuordun: 'ef it nu uuesen ni mag', quað he,
'mâri drohtin,   nebu ik for thit manno folc
4795 thiodquâle tholoie,   ik an thînan scal
uuillean *uuonian.*'   Giuuêt imu thô eft thanen
sôkean is gesîðos: fand sie slâpandie,
grôtte sie gâhun.   Geng imu eft thanen
thriddeon sîðu te bedu   endi sprak thiodkuning
4800 al thiu selbon uuord,   sunu drohtines,
te themu alouualdon fader,   sô he êr dede,
manode mahtigna   manno frumana
suîðo *niudlîco   neriando* Crist,
geng imu thô *eft* te them is iungarun,   grôtte sie sâno:
4805 'slâpad gi endi *restiad*', quað he.   'Nu uuirðid sniumo herod
cuman mid craftu,   the mi farcôpot habad,
sundea lôsan gisald.'   Gesîðos Cristes

4776 uuekida *C.*
4778 an *C.*
4780 Marcoda *C.*
4783 mik *M*, mi *C*, *dazu Steinger, Nd. Jb.* 51, 44.
4785 frummean *C.*
4791 simnon *C.*

4796 uunon *M, vgl. Kauffmann, PBB* 12, 348.
4803 niutlico *M.*   neriendi *C.*
4804 eft *fehlt C.*
4805 *Fragezeichen nach* restiad *Heyne, Rückert.*
4807 Sundilosan *C.*

uuacodun thô aftar them uuordun   endi gisâhun thô that uuerod
an thene berg uppen   brahtmu thiu mikilon,   ⌊kuman
4810 uurêða uuâpanberand.

LVIII.*

Uuîsde im Iudas,
gramhugdig man;   Iudeon aftar sigun,
fîundo folcscepi;   drôg man fiur an gimang,
logna an liohtfatun,   lêdde man faklon
brinnandea fan burg,   thar sie an thene berg *uppan*
4815 stigun mid strîdu.   Thea stedi uuisse Judas uuel,
huar he thea liudi tô   lêdean scolde.
Sagde imu thô te têkne,   thô sie thar tô fôrun
themu *folke* biforan,   te thiu that sie ni farfengin thar,
erlos ôðren man: 'ik gangu imu at êrist tô', quað he,
4820 'cussiu ine endi queddiu: that is Crist selbo.
Thene gi fâhen sculun   folco craftu,
binden *ina* uppan themu berge   endi *ina* te burg hinan
lêdien undar thea liudi: he is lîbes habad
mid *is* uuordun faruuerkod.'   Uuerod sîðode thô,
4825 antat sie te Criste   kumane uurðun,
grim folc Iudeono,   thar he mid is iungarun stôd,
mâri drohtin: bêd metodogiscapu,
torhtero tîdeo.   Thô geng imu treulôs man,
Iudas tegegnes   endi te themu godes barne
4830 hnêg mid is hôbdu   endi is hêrron quedde,
custe ina craftagne   endi is quidi lêste,
uuîsde ina themu uuerode,   al sô he êr mid uuordun gehêt.
That tholode al mid githuldiun   thiodo drohtin,
uualdand thesara uueroldes   endi sprak imu mid is uuordun tô,
4835 frâgode ine frôkno: 'behuî kumis thu sô mid thius folcu te mi,
behuî lêdis thu mi sô these liudi tô   endi mi te thesare lêðan *thiode*
farcôpos mid thînu kussu   under thit kunni Iudeono,   ⌊sprekan,
meldos mi te thesaru menegi?'   Geng imu thô uuið thea man

4810 LVIII *in* C *nach* 4809.   4824 is *fehlt* C.
4814 Brinnandi C.   upp C.   4826 grimfolc *Schmeller, Heyne, Rük-*
4818 folcscipe C.   *kert.*
4822 ina *fehlt beidemal* C.   4836 endi mi te *fehlt* M.   thiod C.

uuið that uuerod ôðar   endi sie mid *is* uuordun fragn,
4840 huene sie mid thiu gesîðiu   sôkean quâmin
sô *niudlîco* an naht,   'sô gi *uuillean* nôd frummien
manno huilicumu.'   Thô sprak imu eft thiu *menegi* angegin,
quâðun that im hêleand thar   an themu holme uppan
geuuîsid uuâri,   'the thit giuuer frumid
4845 Iudeo liudiun   endi *ina* godes sunu
selbon hêtid.   Ina quâmun uui sôkean herod,
uueldin ina gerno bigeten: he is fan Galileo lande,
fan Nazarethburg.'   Sô im thô the neriendio Crist
sagde te sôðan,   that he it selbo uuas,
4850 sô uurðun thô an forhtun   folc Iudeono,
uurðun underbadode,   that sie under bac fellun
alle *efno sân*,   erðe gisôhtun,
uuiðer*uuardes* that uuerod: ni *mahte* that uuord godes,
thie stemnie antstandan: uuârun thoh sô strîdige man,
4855 ahliopun eft up an themu holme,   hugi fastnodun,
bundun briostgithâht,   gibolgane gengun
nâhor mid nîðu,   anttat sie thene neriendion Crist
uuerodo biuurpun.   Stôdun uuîse man,
suîðo gornundie   giungaron Kristes
4860 *biforan* theru derebeon dâdi   endi te iro drohtine *sprâkun*:
'uuâri it *nu* thîn uuillio', quâðun sie,   'uualdand frô mîn,
that sie ûs hêr an speres ordun   spildien môstin
uuâpnun uunde,   than ni uuâri ûs uuiht sô gôd,
sô that uui hêr for ûsumu drohtine   dôan môstin
4865 *beniðiun* blêka'.   Thô gibolgan uuarð
snel suerdthegan,   Sîmon Petrus,
uuell imu innan hugi,   that he ni mahte ênig uuord sprekan:
sô harm uuarð imu an is hertan,   that man is hêrron thar

4839 is *fehlt C.*
4841 niutlico *M.*   uuillead *M.*
4842 menig *C.*
4845 in *M.*
4847 uueldun *C.*
4852 efnissi *C.*
4853 -uuard *C.*   mahtun *C.*
4859 *fehlt C.*
4860 Bifara *C.*   hreopun *C.*

4861 nu *streicht Rückert.*
4862 *fehlt C; vgl. Jellinek, ZfdPh* 36, 543.   sie *Behaghel, Gm.* 27, 420]
fehlt M.
4863 *Neckel, ZfdA* 58, 235.
4865 beniðiun *Sievers Anm.*] binithion *C* (*so Wadstein S.* 223), bendiun *M;* beniuundun *Rückert.*
4867 uuel *M.*

         binden *uuelde*.   Thô he gibolgan geng,
4870 suiðo thrîstmôd thegan   for is thiodan *standen*,
     hard for is hêrron: ni uuas imu is hugi tuîfli,
     blôð an is breostun,   ac he is bil atôh,
     suerd bi sîdu,   *slôg* imu tegegnes
     an thene *furiston* fîund   folmo crafto,
4875 that thô Malchus uuarð   mâkeas eggiun,
     an thea suîðaron half   suerdu gimâlod:
     thiu hlust uuarð imu farhauuan,   he uuarð an that hôbid uund,
     that imu herudrôrag   hlear endi ôre
     beniuundun brast: blôd aftar sprang,
4880 uuell fan uundun.   Thô uuas an is uuangun scard
     the furisto thero fîundo.   Thô stôd that folc an rûm:
     andrêdun im thes billes biti.   Thô sprak that barn godes
     selƀo te Sîmon Petruse,   hêt that he is suerd dedi
     skarp an skêđia: 'ef ik uuið thesa scola uueldi', quað he,
4885 'uuið theses uuerodes geuuin   uuîgsaca frummien,
     than manodi ik thene mâreon   mahtigne god,
     hêlagne fader   an himilrîkea,
     that he mi sô managan engil herod   oƀana sandi
     uuîges sô uuîsen,   sô ni *mahtin* iro *uuâpanthreki*
4890 man adôgen: iro ni stôdi gio sulic megin samad,
     folkes *gifastnod*,   that im iro ferh aftar thiu
     uuerðen *mahti*.   Ac it habad uualdand god,
     alomahtig fader   an ôðar gimarkot,
     that uui *githoloian* sculun,   sô huat sô ûs *thius thioda* tô
4895 bittres brengit: ni sculun ûs belgan uuiht,
     uurêđean uuið iro geuuinne;   huand sô hue sô uuâpno nîð,
     grimman *gêrheti*   *uuili* gerno frummien,
     he suiltit imu *eft*   suerdes eggiun,

4869 scolda *C*.
4870 stann *C*.
4872 bluothi *C*.
4873 stop *M*.
4874 firiston *C*.
4889 mahti *C*.   uuapantreki *M*.
4891 gifastnost *M*.
4892 mahtig *C*.

4894 githolian *C*.   thius] thus *C*.
     thiod *M, vgl.* Kauffmann, *PBB* 12, 348.
4897 gerheti uuili | *Sievers, Piper, Kock* (Streifzüge 26).
4898 eft *Behaghel, Gm.* 21, 149] oft *MC*; *s.* Heliand 5192 *C; vgl.* Behaghel, *Jenaer Literaturzeitung* 5, 338.

dôit im *bidrôregan:*   uui mid ûsun dâdiun ni sculun
4900 uuiht auuerdian.'   Geng *he* thô te themu uundon *manne,*
legde mid listiun   lîk tesamne,
hôbiduundon,   that siu sân gihêlid uuarð,
thes billes biti,   endi sprak that barn godes
uuið that uurêðe uuerod: 'mi thunkid uunder mikil,' quað he,
4905 'ef gi mi lêðes uuiht   lêstien uueldun,
huî gi mi *thô* ni *fengun,*   than ik undar iuuuomu folke stôd,
an themu uuîhe innan   endi thar uuord manag
sôðlîc sagde.   Than uuas sunnon skîn,
diurlic *dages lioht,*   than ni uueldun gi mi dôan eouuiht
4910 lêðes an thesumu liohte,   endi nu lêdiad mi *iuuua* liudi tô
an thiustrie naht,   al sô man thiobe dôt,
than man thene fâhan uuili   endi he is ferhes habad
faruuerkot, uuamscaðo.'   Uuerod Iudeono
gripun thô an thene godes sunu,   grimma thioda,
4915 *hettendero* hôp,   huurbun ina umbi
môdag manno folc   – mênes ni sâhun –,
heftun herubendiun   *handi* tesamne,
faðmos mid fitereun.   Im ni uuas *sulicaro* firinquâla
tharf te githolonne,   thiodarbedies,
4920 te uuinnanne sulic uuîti,   ac he it thurh thit uuerod deda,
huand he liudio barn   lôsien uuelda,
halon fan helliu   an himilrîki,
an thene uuîdon uuelon: bethiu he thes uuiht ne bisprak,
thes sie imu thurh inuuidnîð   ôgean uueldun.

LIX.

4925 Thô uurðun thes sô *malsce*   môdag folc Iudeono,
thiu hêri uuarð thes sô hrômeg,   thes sie thena *hêlagon* Krist

---

4899 Dot *M.*   drorag *C,* bidroragondi
  Schumann, *Gm.* 30, 74, bedrôregad
  Holthausen, *Beiblatt z. Anglia* 45,
  131; *vgl. noch* Schlüter, *Nd. Jb.* 40,
  154, Colliander 545.
4900 he] im *C.*   man *C.*
4901 Ledda *C.*
4906 thann *C.*   fengin *C.*
4908 suohtlic *C.*
4909 lioht dages *M, vgl.* Kauffmann,
  PBB 12, 298.   4910 iuuera *C.*
4915 hatandiero *M; vgl.* Hofmann *I 54.*
4917 endi *C;* hendi Müllenhoff[4].
4918 sulic *C.*
4925 malcse *M.*
4926 helagan *C.*

an *liðobendion*   lêdian *muostun*,
fôrian an fitereun.   Thie fîund eft geuuitun
fan themu berge te burg.   Geng that barn godes
4930 undar themu heriscepi   handun gebunden,
drûbondi te dale.   Uuârun imu thea is diurion thô
gesîðos gesuikane,   al sô he im êr selbo gisprak:
ni uuas it thoh be ênigaru blôði,   that sie that barn godes,
lioben farlêtun,   ac it uuas sô lango biforen
4935 uuârsagono uuord,   that it *scoldi* giuuerðen sô:
bethiu ni mahtun sie is bemîðan.   Than aftar theru menegi gengun
Iohannes endi Petrus,   thie gumon tuêne,
folgodun *ferrane:*   uuas im firiuuit mikil,
huat thea grimmon Iudeon   themu godes barne,
4940 *uueldin* iro drohtine dôen.   Thô sie te dale quâmun
fan themu berge te burg,   thar iro biscop uuas,
iro uuîhes uuard,   thar lêddun ina uulanke man,
erlos undar ederos.   Thar uuas êld mikil,
fiur an frîdhobe   themu folke tegegnes,
4945 geuuarht for themu uuerode: thar gengun sie im uuermien tô,
Iudeo liudi,   lêtun thene godes sunu
bîdon an bendiun.   Uuas thar braht mikil,
gêlmôdigaro galm.   Iohannes uuas êr
themu hêroston cûð: bethiu môste he an thene hof innan
4950 thringan mid theru *thioda*.   Stôd allaro thegno bezto,
Petrus thar ûte: ni lêt ina *the* portun uuard
folgon is frôen,   êr it at is friunde abad,
Iohannes at ênumu Iudeon,   that man ina gangan lêt
forð an thene frîdhof.   Thar quam im ên fêkni uuîf
4955 gangan tegegnes,   thiu ênas Iudeon uuas,
iro theodanes thiuu,   endi thô te themu thegne sprac
magað *unuuânlîc:*   'huat, thu mahtis man uuesan', quað siu,
'giungaro fan Galilea,   thes the thar genouuer stêd

4927 *fehlt M.*
4928 fordun *M.*
4932 Gesiðos *fehlt M.*
4934 Leban *C.*
4935 scolda *C.*
4938 ferran *C.*

4940 uueldun *C.*
4946 iudeono *C.*
4950 thiod *M, vgl.* Kauffmann, PBB *12,* 295.
4951 thar *C.*
4957 unuali *C.*

faðmun gifastnod.'   Thô an forhtun uuarð
Sîmon Petrus sân,   *slac* an is môde,
quað that he thes uuîbes   uuord ni bikonsti
ni thes theodanes   thegan ni uuâri:
mêd is thô for theru menegi,   quað that he thena man ni antkendi:
'ni sind mi thîne *quidi* kûðe,' quað he;   uuas imu thiu craft godes,
the herdislo fan themu hertan.   Huarabondi geng
forð undar themu folke,   antat he te themu fiure quam;
giuuêt ina thô uuarmien.   Thar im ôk ên uuîf bigan
felgian firinsprâka: 'hêr mugun gi', quað siu, 'an iuuuan fîund
thit is gegnungo   giungaro Kristes,   ⌊sehan:
is selbes gesîð.'   Thô gengun imu sân aftar thiu
nâhor nîðhuata   endi ina niudlîco
frâgodun fîundo barn,   huilikes he folkes uuâri:
'ni bist thu thesoro burgliudio,' *quâðun sie;*   'that mugun uui *an*
 ⌊*thînumu gibârie gisehan,*
an thînun uuordun endi an thînaru uuîson,   that thu theses uuerodes
 ⌊ni bist,
ac thu bist galiléisk man.'   He ni uuelda thes thô gehan eouuiht,
ac stôd thô endi strîdda   endi starkan êð
suîðlîco gesuôr,   that he thes gesîðes ni uuâri.
Ni habda is uuordo geuuald: it scolde giuuerðen sô,
sô it the gemarcode,   the mankunnies
faruuardot an thesaru uueroldi. Thô quam imu ôk an themu *uuarbe* tô
thes mannes mâguuini,   the he êr mid is *mâkeo* giheu,
suerdu thiu scarpon,   quað that he ina sâhi thar
an themu berge uppan,   'thar uui an themu bômgardon
hêrron *thînumu*   hendi bundun,
fastnodun is folmos.'   He thô thurh forhtan hugi
forlôgnide thes is *liobes* hêrron,   quað that he uueldi uuesan thes
ef it mahti ênig thar   irminmanno   ⌊lîbes scolo,
giseggian te sôðan,   that he thes gesîðes uuâri,
folgodi theru ferdi.   Thô uuarð an thena formon sîð

4960 sleu *C.*
4964 sidi *M.*
4965 thea h. *M,* thiu herdisli *C.*
4967 Geng *C.*
4973 quâðun sie *fehlt M.*   an *bis* gi--
sehan *fehlt C.*

4980 huarabe *C,* huuarbe *M, s.* 4136.
4981 gimakie *C;* makie *Piper.*
4984 thines *C.*
4986 libes *C.*

4990 hanocrâd *afhaben.* Thô sah the hêlago Crist,
barno that bezte, thar he gebunden stôð,
selbo te Sîmon Petruse, sunu drohtines
te themu erle obar is ahsla. Thô uuarð imu an innan sân,
Sîmon Petruse sêr an is môde,
4995 harm an is hertan endi is hugi drôbi,
suîðo uuarð imu an sorgun, that he êr selbo gesprak:
gihugde thero uuordo thô, the imu *êr* uualdand Krist
selbo sagda, that he an theru suartan naht
êr hanocrâdi is hêrron *scoldi*
5000 thrîuuo farlôgnien. Thes thram imu *an* innan môd
bittro an is breostun, endi geng imu thô gibolgan thanen
the man fan theru menigi an môdkaru,
suîðo an sorgun, endi is selbes uuord,
*uuam*scefti uueop, antat imu uuallan quâmun
5005 thurh thea hertcara hête trahni,
blôdage fan is breostun. He ni uuânde that he is mahti gibôtien
firin*uuerco* furður eftha te is frâhon kuman, ⌊uuiht,
hêrron huldi: nis ênig heliðo *sô* ald,
that *io* mannes sunu mêr gisâhi
5010 is selbes uuord sêrur hreuuan,
karon eftha kûmien: 'uuola crafteg god,' quað he,
'that ik hebbiu mi sô foruuerkot, sô ik mînaro uueroldes ni tharf
ôlat seggean. Ef ik nu te aldre scal
huldeo thînaro endi hebenrîkeas,
5015 theoden, tholoian, than ni tharf mi thes ênig thanc uuesan,
liobo drohtin, *that* ik io te thesumu liohte *quam.*
Ni bium ik nu thes uuirðig, uualdand frô mîn,
that ik under thîne iungaron gangan môti,
thus sundig under thîne gesîðos: ik iro selbo scal
5020 mîðan an mînumu môde, nu ik mi sulic mên gesprac.'
Sô gornode gumono bezta,
hrau *im* sô hardo, that *he* habde is hêrren thô

4990 ahaban *C.*
4991 fehlt *C.*
4997 êr fehlt *C.*
4999 scoldi fehlt *C.*
5000 an fehlt *M.*
5004 uuan- *C.*

5007 -uuerk *M*, vgl. Kock, ZfdA 48, 203.
5008 sô fehlt *C.*
5009 io fehlt *C.*
5010 vgl. Kock, Jaunts and Jottings S. 50.
5016 thes *C.* biquam *C.*
5022 ina *C.* he fehlt *C.*

leobes farlôgnid. Than ni thurbun thes liudio barn,
uueros uundroian, behuî it uueldi god,
5025 that sô lioben man lêð gistôdi,
that he sô hônlîco hêrron sînes
thurh thera *thiuun* uuord, thegno snellost,
farlôgnide sô liobes: it uuas al bi thesun liudiun giduan,
firiho barnun te *frumu*. He uuelde ina te furiston dôan,
5030 hêrost obar is hîuuiski, hêlag drohtin:
lêt ina gekunnon, huilike craft habet
the mennisca môd âno *the* maht godes;
lêt ina gesundion, that he sîðor thiu bet
liudiun gilôbdi, huô liof is *thar*
5035 manno *gihuilicumu,* than he mên gefrumit,
that man ina alâte lêðes thinges,
sacono endi sundeono, sô im thô selbo dede
hebenrîki god harmgeuurhti.

LX.

Be thiu *nis* mannes bâg *mikilun bitherbi,*
5040 *hagustaldes* hrôm: ef imu thiu helpe godes
gesuîkid thurh is *sundeon,* than is imu sân aftar thiu
breosthugi blôðora, thoh he êr bihêt spreca,
hrômie fan is *hildi* endi fan is handcrafti,
the man fan is megine. That uuarð thar an themu mâreon skîn,
5045 thegno bezton, thô imu is thiodanes gisuêk
hêlag helpe. Bethiu ni scoldi hrômien man
te suîðo fan imu selbon, huand imu thar suîkid oft
uuân endi uuilleo, ef imu uualdand god,
hêr hebenkuning *herte* ni sterkit.
5050 Than bêd allaro barno bezt, bendi tholode

5027 thi *M.*
5029 frumun *C.*
5032 the] thiu *C.*
5034 that *M, vgl. Ries S.* 70.
5035 huilicumu *M.*
5038 hebanrikies *M, dafür Schröder,*
   ZfdA 68, 128, *für C noch Bruckner,*
   D. as. Gen. S. 42.

5039 ist *C.* m. biderbi *M,* mikil um-
   bi|theribi *C.*
5040 hagastuodes *C.*
5041 sundeo *M,* sundion *C.*
5043 huldi *C.*
5049 that herta *C.*

thurh mancunni.   Huurbun ina managa umbi
Iudeono liudi,   sprâcun gelp mikil,
habdun ina te hosca,   thar he giheftid stôd,
tholode mid gethuldiun,   sô huat sô imu thiu thiod deda,
5055 liudi lêðes.   Thô uuarð eft lioht cuman,
morgan te mannun.   Manag samnoda
heri Iudeono: habdun im hugi uulbo,
inuuid an innan.   Uuarð thar êosago
an morgantîd   manag gisamnod
5060 irri endi ênhard,   inuuideas gern,
uurêðes uuillean.   Gengun im an uuarf samad
rinkos an rûna,   bigunnun im râdan thô,
huô sie geuuîsadin   mid uuârlôsun,
mannun mêngeuuitun   an mahtigna Crist
5065 te giseggianne sundea   thurh is selbes uuord,
that sie ina than te uunderquâlu   uuêgean môstin,
adêlien te dôðe.   Sie ni mahtun an themu dage finden
sô uurêð geuuitscepi,   that sie imu uuîti bethiu
adêlien gidorstin   eftha dôð frummien,
5070 lîbu bilôsien.   Thô quâmun thar at laztan forð
an thena uuarf uuero   uuârlôse man
tuêne gangan   endi bigunnun im tellien an,
quâðun that sie ina selbon   seggian gihôrdin,
that he mahti teuuerpen   thena uuîh godes,
5075 allaro hûso hôhost   endi thurh is handmegin,
thurh is ênes craft   up arihtien
an thriddion daga,   sô is elcor ni thorfti bethîhan man.
He thagoda endi tholoda: ni sprak imu io thiu thiod sô filu,
thea liudi mid luginun,   that he it mid lêðun angegin
5080 uuordun uurâki.   Thô thar undar themu uuerode arês

5052 iudeo C.
5053 hafdun M.   gieftid M.
5054 mid fehlt C.   thieda C.
5061 huarf MC, s. 4136.
5063 giuuisodin C; gewercadin Holthausen, PBB 44, 341; Sievers ebda. 504.
5063–64 uuarlosun mannun ‖ Heyne, Rückert, Kock (Streifzüge 28); Kauffmann, PBB 12, 337.

5064 men huaton C.
5069 mostin M.
5070 alezten C.
5071 huarf MC, s. 4136.
5074 mahtig C.
5077 helcor M.
5078 thiudo C.
5080 uurachi M.

         baluhugdig man,   biscop thero liudio,
         the furisto thes folkes   endi frâgode Krist
         iac ina be imu selbon bisuôr   suîðon êðun,
         grôtte ina an godes namon   endi gerno bad,
5085   that he im that gisagdi,   ef he sunu uuâri
         thes libbiendies *godes:*   'thes thit lioht gescôp,
         Krist cuning êuuig.   Uui ni mugun is *antkiennien* uuiht
         ne an thînun uuordun ni an thînun uuerkun.'   Thô sprak imu eft the
                                                            ⌊uuâro angegin,
         the gôdo godes sunu: 'thu quiðis it for thesun Iudeon nu,
5090   sôðlîco segis,   that ik it selbo bium.
         Thes ni gilôbiad mi these liudi: ni uuilliad mi forlâtan bethiu;
         ni sind im *mîn* uuord uuirðig.   Nu seggiu ik iu te uuârun thoh,
         that gi noh sculun sittien gisehan an *the suîðron* half godes
         mârean mannes sunu,   an megincrafte
5095   thes alouualden fader,   endi thanan eft kuman
         an himiluuolcnun herod   endi allumu helið̄o cunnie
         mid is uuordun adêlien,   al sô iro geuurhti sind.'
         Thô balg ina *the* biscop,   habde bittren hugi,
         uurêðida *uuið* themu *uuorde*   endi is giuuâdi slêt,
5100   brak for is breostun: 'nu ni thurbun gi bîdan leng', quað he,
         'thit uuerod geuuitscepies,   nu im *sulic* uuord farad,
         mênsprâca fan is mûðe.   That gihôrid *hêr nu* manno filu,
         rinko an thesumu rakude,   that he ina sô rîkean telit,
         gihid that he god sî.   Huat uuilliad gi Iudeon thes
5105   adêlien te dôme?   Is he dôðes *nu*
         uuirðig be sulicun uuordun?'

LXI.*

                    That uuerod al gesprac,
         folc Iudeono,   that he uuâri *thes* ferhes scolo,

5086 goden godes *M; vgl. Roediger* 282.
5087 antkiennien *M, vgl. zu* 3582.
5092 mina *C.*
5093 thia *C.* suidaron *M,* suithrun *C;*
   vgl. Hofmann I 55.   5098 se *C.*
5099 ina uuið *C.*   uuerode *C.*

5101 sulica *C.*
5102 hêr nu *fehlt C.*
5105 nu] sunu *M.*
5106 LXI *in C nach* 5107, *Fittenanfang in*
   M nach 5107; *vgl. Bruckner, ZfdPh*
   35, 533, *anders Heyne, Rückert,*

uuîties sô uuirðig.　Ni uuas it thoh be is geuurhtiun gidôen,
that ine thar an Hierusalem　　Iudeo liudi,
5110 sunu drohtines　　sundea lôsen
adêldun te dôðe.　Thô uuas thero dâdio hrôm
Iudeo liudiun,　　huat sie *themu* godes *barne*
mahtin sô haftemu mêst　　harmes gefrummien.
Beuurpun ina thô mid *uuerodu*　endi ina an is uuangon slôgun,
5115 an is hleor mid iro handun　　− al uuas imu that te hosce gidôen −,
felgidun imu firinuuord　　fîundo menegi,
*bismer*sprâka.　Stôd that barn godes
fast under fîundun:　uuârun imu *is* faðmos gebundene,
tholode *mid* githuldiun,　sô huat sô imu thiu *thioda* tô
5120 bittres brâhte:　ni balg ina neouuiht
uuið thes uuerodes geuuin.　Thô nâmon ina uurêðe man
sô gibundanan,　that barn godes,
endi ina thô lêddun,　thar *thero* liudio uuas,
there thiade thinghûs.　Thar thegan manag
5125 huurbun umbi iro heritogon.　Thar uuas iro hêrron bodo
fan Rûmuburg,　thes the thô thes rîkeas giuueld:
kumen uuas he fan themu kêsure,　gisendid uuas he undar that cunni
te *rihtienne* that rîki,　uuas thar râdgebo:　　　［Iudeono
Pilatus uuas he hêten;　he uuas fan Ponteo lande
5130 cnôsles kennit.　Habde imu craft mikil,
an themu thinghûse　*thiod* gisamnod,
an *uuarf* uueros;　uuârlôse man
agâbun thô thena godes sunu,　Iudeo liudi,

Sievers, Piper, Kauffmann, ZfdPh
29, 6; *vgl. noch* Rathofer, ZfdA 93,
251 (= WdF 321, 363), *dagegen*
Schröder, Nd. Jb. 88, 181.
5107 tho thes *M*.
5111 *vgl.* Schumann, Gm. 30, 74.
5112 than *C*.　5112–13 barne ‖ mahtin
Hg. bis Rückert; Hofmann I 55]
mahtin ‖ sô *Sievers, Piper, Behaghel*.
5113 haftin *C, dazu Dal, NTS* 7, 149 (= *Untersuchungen S.* 52).

5114 uuerode *M*.
5117 bismar- *C*.
5118 is *fehlt C*.
5119 mid *fehlt C; anders Kauffmann, PBB* 12, 348.　thiod *M, vgl.* Kauffmann, *PBB* 12, 348.
5123 thero *fehlt C*.
5124 thero thiodo *C*.
5128 rihtiene *M*.
5130 *vgl.* Kock, Streifzüge 29.
5131 thiodo *C*.
5132 huarf *MC, s.* 4136.

under fîundo folc, quâðun that he uuâri thes ferhes scolo,
5135 that man ina uuîtnodi uuâpnes eggiun,
scarpun scûrun. Ni uuelde thiu scole Iudeono
thringan an that thinghûs, ac thiu thiod ûte stôd,
mahlidun thanen uuið thea menegi: ni uueldun an that gimang
an elilandige man, that sie thar unreht uuord, ⌊faren,
5140 an themu dage derbies uuiht adêlian ne gihôrdin,
ac quâðun that sie im sô hluttro hêlaga tîdi,
uueldin iro pascha halden. Pilatus antfeng
at them uuamscaðun uualdandes barn,
sundea lôsen. Thô an sorgun uuarð
5145 Iudases hugi, thô he ageban gisah
is drohtin te dôde, thô bigan imu thiu dâd aftar thiu
an is hugea hreuuan, that he habde is hêrron êr
sundea lôsen gisald. Nam imu thô that silubar an hand,
thrîtig scatto, that man imu êr uuið is thiodane gaf,
5150 geng imu thô te them Iudiun endi im is grimmon dâd,
sundeon sagde, endi im that silubar bôd
gerno te agebanne: 'ik hebbiu it sô griolîco', quað he,
'mînes drohtines drôru gicôpot,
sô ik uuêt that it mi ni thîhit.' Thiod Iudeono
5155 ni uueldun it thô antfâhan, ac hêtun ina forð aftar thiu
umbi sulica sundea selbon ahton,
huat he uuið is frâhon gefrumid habdi:
'thu sâhi thi thes selbo', quaðun sie; 'huat uuili thu thes nu sôken te ûs?
Ne uuît thu that thesumu uuerode!' Thô giuuêt imu eft thanan
5160 Iudas gangan te themu godes uuîhe
suîðo an sorgun endi that silubar uuarp
an thena alah innan, ne gidorste it êgan leng;
fôr imu thô sô an forhtun, sô ina fîundo barn

5136 thuo ni C.
5139 An fehlt M.
5140 themu − gihordin in M rad. (z. T. noch erkennbar).
5141 im fehlt C. hluttra MC.
5141–42 helaga tidi ‖ uueldin Holthausen (briefl.); helaga tidi uueldin ‖ Sievers.

5142 iro pascha haldan uueldin C.
5148 Sundilosan C. that is C.
5152 gebanne C. grolico C.
5153 Mid mines M. drore M.
5154 thiit M.
5158 thes selbo C; Hofmann I 55, vgl. Schumann, Gm. 30, 74] s. th. M, Behaghel u. a. uuil C. nu fehlt C.

    môdage manodun: habdun *thes* mannes hugi
5165 gramon under*gripanen*,   uuas imu god abolgan,
    that he imu selbon thô   sîmon uuarhte,
    hnêg thô an herusêl   an hinginna,
    uuarag an uurgil   endi uuîti gecôs,
    hard *hellie gethuing*,   *hêt* endi thiustri,
5170 diap dôđes dalu,   huand he êr umbi is drohtin suêk.

LXII.

    Than bêd that barn godes   — bendi tholode
    an themu thinghûse —,   huan êr thiu *thiod* under im,
    erlos ênuuordie   alle uurđins,
    huat sie imu *than* te ferahquâlu   *frummian uueldin*.
5175 *Thô thar* an them benkiun arês   bodo kêsures
    fan Rûmuburg   endi geng imu uuiđ that rîki Iudeono
    môdag mahlien,   thar thiu menigi stôd
    aftar themu hobe *huarbon:*   ni uueldun an that hûs kuman
    an themu paschadage.   Pilatus bigan
5180 frôkno frâgon   obar that folc Iudeono,
    mid huiu the man habdi   morđes gisculdit,
    uuîties giuuerkot: 'be huî gi imu sô uurêđe sind,
    an iuuuomu hugea hôtie?'   Sie quâđun that he im habdi harmes sô
    lêđes gilêstid: 'ni gâbin ina thesa liudi thi,   ⌊filu,
5185 thar sie ina êr biforan   ubilan ni uuissin,
    uuordun faruuarhten.   He habat theses uuerodes sô filu
    farlêdid mid is lêrun   — endi thesa liudi merrid,
    dôit im iro hugi tuîflien —,   that uui ni môtun te themu hobe kêsures
    tinsi gelden;   that mugun uui ina gitellien an
5190 mid uuâru geuuitscepi.   He sprikid ôk uuord mikil,
    quiđit that he Crist sî,   kuning obar thit rîki,
    begihit ina sô grôtes.'   Thô im *eft* tegegnes sprak
    bodo kêsures: 'ef he sô barlîco', quađ he,
    'under thesaru menigi   mênuuerk frumid,

5164 im thes *C*.
5165 -gripana *C*.
5169 helligithuing *C*. hiet *C, dazu* Karg, *PBB* 50, 315.
5172 thioda *C*.
5174 than *fehlt C*.
5174f. frummian — thar *in M radiert*.
5178 huarbon *vgl*. Krogmann, *Nd. Jb*. 80, 36.
5192 oft *C*.

5195 antfâhad ina than eft under iuuue folcscepi,   ef he sî is ferhes scolo,
endi imu sô adêliad,   ef he sî dôđes uuerđ,
sô it an iuuuaro aldrono   êo gebiode.'
Sie quâđun thô, that sie ni môstin   manno nigênumu
an *thea* hêlagon tîd   te *handbanon*,
5200 *uuerđen mid uuâpnun   an themu uuîhdage.*
Thô uuende ina fan themu uuerode   uurêđhugdig man,
thegan kêsures,   *the* obar thea thioda uuas
bodo fan *Rûmuburg* —:   hêt imu thô that barn godes
nâhor gangan   endi *ina* niudlîco,
5205 frâgoda frôkno,   ef he obar that folc kuning
thes uuerodes uuâri.   Thô habde eft is uuord garu
sunu drohtines: 'hueđer thu that fan thi selbumu sprikis',   quađ he,
'the it thi ôđre hêr   erlos sagdun,
quâđun umbi mînan kuningduom?'   Thô sprak eft *the* kêsures bodo
5210 uulank endi uurêđmôd,   thar he uuiđ uualdand Krist
rêđiode an them rakude: 'ni bium ik theses rîkies hinan',   quađ he,
'Giudeo liudio,   ni gadoling thîn,
thesaro manno mâguuini,   ac mi thi thius menigi bifalah,
agâbun thi mi thîna gadulingos,   Iudeo liudi,
5215 *haftan* te handun.   Huat habas thu harmes giduan,
that thu sô *bittro* scalt   bendi *tholoian*,
qualm undar thînumu kunnie?'   Thô sprak *imu eft Krist* angegin,
hêlendero bezt,   thar he giheftid stôd
an themu rakude innan: 'nis mîn rîki hinan',   quađ he,
5220 'fan thesaru uueroldstundu.   Ef it *thoh* uuâri sô,
than uuârin sô starkmôde   uuiđer strîdhugi,
uuiđer grama thioda   iungaron mîne,
sô man mi ni gâbi   Iudeo liudiun,

5198 nigenan *C*.   5199 the *M*.

5199–5200 Sievers, ZfdA 19, 56] te handbanon uuerđan ‖ mid uuapnun an themu uuihdage | huand it ni uuari iro giuuono Heyne, Rückert (nach *C*; iro giwono ni wari Heyne); vgl. Krogmann, Nd. Jb. 80, 33.

5202 the Sievers, Anm.] he (hie *C*) *MC*.

5203 Rûmuburg] Rumu Kauffmann, PBB 12, 337.

5204 ina *fehlt C*.

5209 the *fehlt C*.

5214 mi *umgestellt nach Hofmann I 55. II 173f., vgl. Ries S. 123*] mi *hinter* gadulingos *(*gadulingas *C) MC, alle Hg*.

5215 hafton *C*, dazu Dal, NTS 7, 149 (= *Untersuchungen S. 52*).

5216 bittra *C*.   tholian *C*.

5217 quam *C*.   imu *fehlt C*.   crist eft *C*.

5220 thoh *fehlt M*.

hettendiun an hand   an herubendiun
5225 te uuêgeanne te uundrun.   Te thiu uuarð ik an thesaru uueroldi
that ik geuuitscepi *giu   uuâres* thinges   ⌊giboran,
mid mînun kumiun kûðdi.   That mugun antkennien uuel
the uueros, the sind fan uuâre kumane: the mugun mîn uuord far-
gilôbien mînun lêrun.'   Thô ni mahte lasteres uuiht   ⌊standen,
5230 an them barne godes   bodo kêsures,
findan *fêknea* uuord,   that he is ferhes bethiu
sculdig uuâri.   Thô geng he im eft uuið thea scola Iudeono
môdag mahlien   endi theru menigi sagde
obar hlust mikil,   that he an themu hafton manne
5235 sulica firinsprâka   finden ni mahti
for them folcscipie,   sô he uuâri is ferhes scolo,
dôðes uuirðig.   Than stôdun dolmôde
Iudeo liudi   endi thane godes sunu
uuordun uurôgdun: quâðun that he giuuer êrist
5240 begunni an *Galileo lande,*   'endi obar Iudeon fôr
heroduuardes thanan,   hugi *tuîflode,*
manno môdsebon,   sô he is morðes uuerð,
that man ina *uuîtnoie*   uuâpnes eggiun,
ef eo *man* mid sulicun dâdiun mag   dôðes gesculdien.'

LXIII.

5245 Sô uurôgdun ina mid uuordun   uuerod Iudeono
thurh hôtean hugi.   Thô the heritogo,
slîðmôdig man   seggian gihôrde,
fan huilicumu kunnie *uuas* Krist afôdid,
manno the bezto: he uuas fan theru mârean *thiadu,*
5250 the *gôdo* fan *Galilealande;*   thar uuas gumscepi
eðiliero manno;   Erodes biheld *thar*

5226 giu uuâres] iu uuares *Heyne, Rük-   5241 tuiflida *C.*
    kert,* giuuâres *Piper, Franck, AfdA*   5243 uuitno *C.*
    25, 27.   5244 eoman *Rückert.*
5229 gilobon *C.*   5248 uuas *in M nach* afôdid.
5231 fecni *C.*   5249 *vgl. Roediger* 287.   thiod *C.*
5236a *fehlt M.*   5250 god *M.*   galileo l. *C.*
5240 galilealande *C.*   5251 that *C.*

craftagne kuningdôm, sô ina imu the kêsur *fargaf,*
the rîkeo fan Rûmu, that he thar rehto gehuilic
gefrumidi undar themu folke endi friðu lêsti,
5255 dômos adêldi. He uuas ôk an themu dage selbo
an Hierusalem mid is gumscepi,
mid is uuerode *at* themu uuîhe: sô uuas iro uuîse than,
that sie thar *thia hêlagun tîd haldan* scoldun,
pascha Iudeono. Pilatus gibôd thô,
5260 that thena hafton man heliðos nâmin
sô *gibundanan,* that barn godes,
hêt that sie ina Erodese, erlos brâhtin
haften te handun, huand he fan is heriscepi uuas,
fan is uuerodes geuuald. Uuîgand frumidun
5265 iro hêrron uuord: hêlagne Krist
fôrdun an fiteriun for thena folctogun,
allaro barno bezt, thero the io *giboren* uurði
an liudio lioht; an liðubendiun geng,
antat sie ina brâhtun, thar he an is benkia sat,
5270 cuning Erodes: umbihuarf ina craft uuero,
uulanke uuîgandos: uuas im uuilleo mikil,
that *sie* thar *selbon* Crist gisehan môstin:
uuândun that he im sum têkan thar tôgean scoldi,
mâri endi mahtig, sô he managun dede
5275 thurh is godcundi Iudeo *liudeon.
Frâgoda ina thuo thie folccuning firiuuitlîco
managon uuordon, uuolda is muodsebon
forð undarfindan, huat hie te frumu mohti
mannon gimarcon. Than stuod mahtig Crist,
5280 thagoda endi tholoda: ne uuolda them thiedcuninge,
Erodese ne is erlon antsuôr geban
uuordo nigênon. Than stuod thiu uurêða thiod,
Iudeo liudi endi thena godes suno
uuurrun endi uuruogdun, anthat im uuarð thie uueroldcuning

5252 craftagnæ *M*, craftiga *C*.   gaf *C*.
5257 an *C*.
5258 the landuuisan lestien *M*.
5259 pasca *M*.
5261 gibundenne *M; vgl.* 5122 *und Schlüter, Untersuchungen* 134.
5262 het] endi *C*.
5267 goboran *C*.
5271 uulankan uuigandon *C*.
5272 sie *fehlt C*.   selban *C*.
5275 liudeon *bis* 5968 *einschl. fehlt M*.

5285	an is huge huoti endi all is heriscipi,
	farmuonstun ina an iro muode: ne antkendun maht godes,
	himiliscan hêrron, ac uuas im iro hugi thiustri,
	baluuues giblandan. Barn drohtines
	iro *uurêðun* uuerc, uuord endi dâdi
5290	thuru ôdmuodi all githolada,
	sô huat sô sia im tionono *thuo* tuogian uuoldun.
	Sia hietun im thuo te hoske huît giuuâdi
	umbi is liði leggian, thiu mêr hie uurði them liudion thar,
	iungron te gamne. Iudeon faganodun,
5295	thuo sia ina te *hosce* hebbian gisâhun,
	erlos obarmuoda. Thuo senda ina eft thanan
	Erodes *the* cuning an that ôðer folc;
	alêdian hiet ina lungra mann, endi lastar sprâcun,
	felgidun im firinuuord, thar hie an feteron geng
5300	bihlagan mid hoscu: ni uuas im hugi tuîfli,
	neba hie it thuru ôdmuodi all githoloda;
	ne uuelda iro ubilun uuord *îduglônon*,
	hosc endi harmquidi. Thuo brâhtun sia ina eft an that hûs innan,
	an *thia* palencea uppan, thar Pilatus uuas
5305	an thero thingstedi. Thegnos agâbun
	barno that besta *banon te* handon
	sundilôsian, sô hie selbo gicôs:
	uuelda manno barn *morðes* atuomian,
	nerian af nôdi. Stuodun nîðhuata,
5310	Iudeon far them gastselie: habdun sia *gramono* barn,
	thia scola farscundid, that sia ne bescribun iouuiht
	grimmera dâdio. Thuo giuuêt im gangan tharod
	thegan kêsures uuið thia thiod sprecan,
	hard heritogo: 'huat, gi mi thesan haftan mann,' quathie,

5289 uurêðun fehlt C, ergänzt von Heyne.
5291 thuo Sievers] tuo C.
5294 iungon C, vgl. Colliander 553.
5295 hosche C.   5297 se C.
5298 ledian C; vgl. Behaghel, Gm. 21, 150.
5299 felgidun Schmeller II, 376] folgodun C; vgl. Grein, Gm. 11, 215.
5302 idulônon Behaghel, frühere Auflagen, idala gilonon? Kauffmann, PBB 12, 348.
5304 thi C.
5306 banon te Roediger, ebenso Gallée, PBB 12, 563] te banon C; te banono Heyne, Rückert.
5308 morthies C.
5310 gramono Behaghel, Gm. 21, 150] gramo C; grama Heyne, gramu Rückert.

5315 'an thesan seli sendun   endi selbon anbudun,
that hie iuuues uuerodes sô filo   auuerdit habdi,
farlêdid mid is lêron.   Nu ik mid theson liudon ni mag,
findan mid thius folku,   that hie is ferahes sî
furi thesaro scolu sculdig.   Scîn uuas that hiudu:
5320 Erodes mohta,   thie iuuuan êo bican,
iuuuaro liudo landreht,   hie ni mahta is lîbes gifrêson,
that hie hier thuru êniga sundia te dage   sueltan scoldi,
lîf farlâtan.   Nu uuilliu ik ina for theson liudion hier
githrôon mid thingon,   thrîstion uuordun,
5325 buotian im is briosthugi,   lâtan ina brûcan forð
ferahes *mid* firion.'   Folc Iudeono
hreopun thuo alla samad   hlûdero stemnu,
hietun flîtlîco   ferahes âhtian
Crist mid qualmu   endi an crûci slahan,
5330 uuêgian te uuundron: 'hie mid is uuordon habit
dôðes gisculdid: sagit that hie drohtin sî,
gegnungo godes suno.   That hie ageldan scal,
inuuidsprâca,   sô is an ûson êuue giscriban,
that man sulica firinquidi   ferahu côpo.'

LXIV.

5335 Thuo uuarð thie an forahton,   thie thes folkes giuueld,
mikilon an is muode,   thuo hie gihôrda thia man sprecan,
that sia ina selbon   seggian gihôrdin,
gehan fur them gumscipe,   that hie uuâri godes suno.
Thuo *huarf* im eft thie heritogo   an that hûs innan
5340 te thero thingstedi,   thrîstion uuordon
gruotta thena godes suno   endi frâgoda, huat hie gumono uuâri:
'huat bist thu manno?' quathie.   'Te huî thu mi sô thînan muod hilis,
dernis diopgithâht?   Uuêst thu that it all an mînon duome stêd
umbi thînes lîbes gilagu?   Mi *thi* hebbiat thesa liudi fargeban,
5345 uuerod Iudeono,   thak ik giuualdan muot
sô thik te spildianne   an speres orde,

5315 vgl. Behaghel, Gm. 21, 150.
5317 farled C.
5326 mid is C; is getilgt von Sievers.

5339 huaf C.
5344 thi fehlt C, ergänzt von Behaghel, Gm. 21, 150.

sô ti quellianne an crûcium,   sô quican lâtan,
sô hueðer sô mi selbon   suôtera thunkit   [godes:
te gifrummianne mid mînu folcu.'   Thuo sprac eft that friðubarn
5350 'uuêst thu that te uuâron', quathie,   'that thu giuuald obar mik
hebbian ni mohtis,   ne uuâri that it thi hêlag god
selbo fargâbi?   Ôc hebbeat thia sundeono mêr,
thia mik thi bifulhun   thuru fiondscipi,
gisaldun an sîmon haftan.'   Thuo uuelda ina *sîð* after thiu
5355 *gramhugdig* man   gerno farlâtan,
thegan kêsures,   thar hie is habdi for thero thioda giuuald;
ac sia uueridun im thena uuillion   uuordu gihuilicu,
kunni Iudeono: 'ne bist thu', quâðun sia, 'thes kêsures friund,
thînon hêrren hold,   ef thu ina hinan lâtis
5360 sîðon gisundon: that thi noh te soragan mag,
uuerðan te uuîte,   huand sô hue sô sulic uuord sprikit,
ahabið ina sô hôho,   quiðit that hie hebbian mugi
cuningduomes namon,   ne sî that ina im thie kêsur gebe,
hie uuirrid im is uueruldrîki   endi is uuord farhugid,
5365 farman ina an is muode.   Bethiu scalt thu sulic mên uurekan,
hoscuuord manag,   *ef thu umbi thînes hêrren ruokis,*
umbi thînes frôhon friundscipi,   than scalt thu ina thiu ferhu be-
Thuo gihôrda thie heritogo   thia *hêri* Iuðeono   [niman.'
thrêgian fan is thiodne;   thuo hie *far* thero thingstedi geng
5370 selbo gisittian,   thar gisamnod *uuas*
sô mikil uuarf uuerodes,   hiet uualdand Crist
lêdian for thia liudi.   Langoda Iudeon,
huan êr sia that hêlaga barn   hangon gisâuuin,
quelan an crûcie;   sia quâðun that sia cuning ôðran
5375 ne habdin undar iro heriscipie,   neban thena hêran kêsar
fan Rûmuburg: 'thie habit hier rîki obar ûs.   [sprokan,
Bethiu ni scalt thu thesan farlâtan;   hie habit ûs sô filo lêðes gi-

---

5354 siith *C.*
5355 gramhudig *C.*
5366 Hoscuuord manag *Heyne*] fehlt *C; Grein, Gm.* 11, 215, *ergänzt statt dessen* huldi *vor* ruokis *und legt die Cäsur nach* herrôn; *so auch Piper.*
5368 hêri *vgl. Holthausen, PBB* 13, 375, *Piper*] hieri *C.*
5369 thrêgian *vgl. Kögel, IF* 3, 286.
far] fan *C;* fur *Hofmann, Gm.* 8, 59.
5370–71 uuas so mikil ‖ huarf *Rieger, ZfdPh* 7, 22.
5371 huarf *C, s.* 4136.

farduan habit hie im mid is dâdion.   Hie scal dôð tholon,
uuîti endi uundarquâla.'   Uuerod Iudeono
5380 sô manag mislîc thing   an mahtigna Crist
sagdun te sundiun.   Hie suîgondi stuod
thuru ôðmuodi,   ne antuuordida *niouuiht*
uuið iro uurêðun uuord: uuolda thesa uuerold alla
lôsian mid is lîbu: bithiu liet hie ina thia lêðun thiod
5385 uuêgian te uundron,   all sô iro uuillio geng:
ni uuolda im opanlîco   allon cûðian
Iudeo liudeon,   that hie uuas god selbo;
huand uuissin sia that te uuâron,   that hie sulica giuuald habdi
obar theson middilgard,   than uurði im iro muodsebo
5390 giblôðit an iro brioston: *than* ne gidorstin sia that barn godes
handon anthrînan: *than* ni uuurði hebanrîki,
antlocan liohto mêst   liudio barnon.
Bethiu mêð hie is sô an is muode,   ne lêt that manno folc
uuitan, huat sia uuarahtun.   Thiu uurd nâhida thuo,
5395 mâri maht godes   endi middi dag,
that sia thia ferahquâla   frummian scoldun.
Than lag thar ôc an bendion   an thero burg innan
ên ruof reginscaðo,   thie habda under them rîke sô filo
morðes girâdan   endi manslahta gifrumid,
5400 uuas mâri meginthiof: ni uuas thar is gimaco huergin;
uuas thar ôc bi *sînon*   sundion giheftid,
Barrabas uuas hie hêtan;   hie after them burgion uuas
thuru is mêndâdi   manogon *gicûðid*.
Than uuas landuuîsa   liudio Iudeono,
5405 that sia iâro *gihuen*   an godes minnia
an them hêlagon dage   ênna haftan mann
abiddian scoldun,   that im iro burges uuard,
iro folctogo   ferah fargâbi.
Thuo bigan thie heritogo   thia hêri Iudeono,
5410 that folc frâgoian,   thar sia im fora stuodun,
hueðeron sia thero tueio   tuomian uueldin,

5382 niouuiht *Sievers*] nio *C*.
5390 u. 91 thann *C*.
5395 *vgl. Sievers, ZfdPh* 16, 111.
5401 sinon sundion | simon giheftid *Hofmann, Gm.* 8, 58.
5403 gicuthitd *C*.
5405 gihuen *vgl. Braune zu Gen.* 255.
5411 *vgl. Schlüter, Nd. Jb.* 40, 154.

ferahes biddian: 'thia hier an feteron sind
haft undar theson heriscipie?' Thiu hêri Iudeono
habdun thuo thia aramun man alla gispanana,
5415 that sia themo landscaðen lîf abâdin,
githingodin them thiobe, thie oft an thiustria naht
uuam giuuarahta, endi uualdand Crist
quelidin an crûcie. Thuo uuarð that cûð obar all,
huô thiu thiod habda duomos adêlid. *Thuo scoldun sia thia dâd*
5420 *hâhan* that hêlaga barn. That uuarð them heritogen ⌊*frummian,*
sîðor te sorgon, that hie thia saca uuissa,
that sia thuru nîðscipi neriendon Crist,
hatoda thiu hêri, endi hie im hôrda te thiu,
uuarahta iro uuillion: thes hie uuîti antfeng,
5425 lôn an theson liohte endi lang after,
uuôi sîðor uuann, sîðor hie thesa uuerold agaf.

LXV.

Thuo uuarð thas thie uurêðo giuuaro, uuamscaðono mêst,
Satanas selbo, thuo thiu seola quam
Iudases an grund grimmaro helliun —
5430 thuo uuissa hie te uuâren, that that uuas uualdand Crist,
barn drohtines, that thar gibundan stuod;
uuissa thuo te uuâron, that hie *uuelda* thesa uuerold alla
mid is henginnia hellia githuinges,
liudi alôsian an lioht godes.
5435 That uuas Satanase sêr an muode,
tulgo harm an is hugie: uuelda is helpan thuo,
that im liudio barn lîf ne binâmin,
ne quelidin an crûcie, ac hie uuelda, that hie quic libdi,
te thiu that firio barn fernes ne uuurðin,
5440 sundiono sicura. *Satanas giuuêt im thuo,*

5419 huo thiu thiod habda | an thero thingstedi ‖ duomos adelid | thuo sc. sia thia d. fr. *Grein, Gm.* 11, 215.
5420 hahan *Schmeller* II, 49a] haban *C.*
5426 wogsiðos *Hofmann, Gm.* 8, 60, *Scherer, ZfdöG* 17, 630, wion siðor *van Helten, PBB* 20, 509, wê sithor *Piper;* witi siðor *Holthausen* (briefl.), uuol siðor? *Holthausen, Beiblatt z. Anglia* 45, 131, vgl. *Sievers, ZfdPh* 16, 111; *Schumann, Gm.* 30, 74.
5432 uuellda *C.*
5440 thuo im Satanas giuuet *Ries S.* 117.

thar thes heritogen   hîuuiski uuas
an thero burg innan.   Hie thero is brûdi bigann,
thera idis opanlîco   unhiuri fîond
uuunder tôgian,   that sia an uuordhelpon
5445 Criste uuâri,   that hie muosti *quic* libbian,
drohtin manno   — hie uuas iu than te dôðe giscerid —
uuissa that te uuâron,   that hie im scoldi thia giuuald biniman,
that hie sia obar thesan middilgard   sô mikila ni habdi,
obar uuîda uuerold.   That uuîf uuarð thuo an forahton,
5450 suîðo an sorogon,   thuo iru thiu gisiuni quâmun
thuru thes dernien *dâd*   an dages liohte,
an heliðhelme bihelid.   Thuo siu te iru hêrren anbôd,
that uuîf mid iro uuordon   endi im te uuâren hiet
selbon seggian,   huat iro thar te gisiunion quam
5455 thuru thena hêlagan mann,   endi im helpan bad,
formon is ferhe: 'ik hebbiu hier sô filo thuru ina
seldlîkes giseuuan,   sô ik uuêt, that thia sundiun sculun
allaro erlo gihuem   ubilo githîhan,
sô im fruocno tuo   ferahes âhtið.'
5460 Thie segg uuarð thuo an *sîðe*,   antat hie sittian fand
thena heritogon   an *huarabe* innan
an them stênuuege,   thar thiu strâta uuas
felison gifuogid.   Thar hie te is frôhon geng,
sagda im thes uuîbes uuord.   Thuo uuarð im *uurêð* hugi,
5465 them heritogen,   — huaraboda an innan —,
giblôðit briostgithâht: uuas im bêðies uuê,
gie that sea ina sluogin   sundia lôsan,
gie it bi them liudion thuo   forlâtan ne gidorsta
thuru thes uuerodes uuord.   Uuarð im giuuendid thuo
5470 hugi an herten   after thero hêri Iudeono,
te uuerkeanne iro uuillion: ne uuardoda im nieuuiht
thia suârun sundiun,   thia hie im thar thuo selbo gideda.
Hiet im thuo te is handon dragan   hluttran brunnion,
uuatar an *uuêgie*,   thar hie furi them uuerode sat,

5445 quicc *C*.
5451 dâdi *Rückert*.
5460 sîthe *Piper*] sithie *C*.

5461 huarabe *vgl. Krogmann, Nd. Jb.* 80, 36.
5464 uuret *C*.
5474 uuêgie *Rückert*] uuagie *C*.

5475 thuôg ina thar for thero thioda   thegan kêsures,
hard heritogo   endi thuo fur thero hêri sprac,
quað that hie ina thero sundiono thar   sicoran dâdi,
uurêðero uuerco: 'ne uuilliu ik thes uuihtes plegan', quathie,
'umbi thesan hêlagan mann,   ac *hleotad* gi thes alles,
5480 gie uuordo gie uuerco,   thes gi im hêr te uuîtie giduan.'
Thuo hreop all saman   heriscipi Iudeono,
thiu mikila menigi,   quâðun that sia uueldin umbi thena man plegan
deraboro dâdio: 'fare is drôr obar ûs,
is bluod endi is baneði   endi obar ûsa barn sô samo,
5485 obar ûsa abaron thar after —   uui *uulliat* is alles plegan', quaðun sia,
'umbi thena slegi selbon, —   ef uui thar êniga sundia giduan!'
Ageban uuarð thar thuo furi them Iudeon   allaro gumono besta
hettendion an hand,   an herubendion
narauuo ginôdid,   thar ina nîðhuata,
5490 fîond antfengun: folc ina *umbihuarf,*
mênscaðono megin.   Mahtig drohtin
tholoda githuldion,   sô huat sô im thiu thioda deda.
Sia hietun ina thuo fillian,   êr than sia im ferahes tuo,
aldres âhtin,   endi im undar is ôgun spiuuun,
5495 *dedun* im that te hoske,   that sia mid iro handon slôgun,
uueros an is uuangun   endi im is giuuâdi binâmun,
rôbodun ina thia *reginscaðon,*   rôdes lacanes
dedun im eft ôðer an   thuru unhuldi;
hietun thuo hôbidband   hardaro thorno
5500 *uuundron* uuindan   endi an uualdand Crist
selbon settean,   endi gengun im thia gisîðos tuo,
queddun ina an cuninguuîsu   endi thar an knio fellun,
hnigun im mid iro hôbdu: all uuas im that te hoske giduan,
thoh hie it all githolodi,   thiodo drohtin,
5505 *mahtig* thuru thia minnia   manno cunnies.
Hietun sia thuo uuirkian   uuâpnes eggion

5479 hleot C.
5485 uulliat C.
5489 narauo C.
5490 umbi huarf *Holthausen, Beiblatt z. Anglia* 45, 131.
5495 dedum C.

5497 *Punkt nach* reginscaðon *Schumann, Gm.* 30, 74] *Komma nach* lacanes *Sievers, Piper, Behaghel.*
5500 Te uuundron *Rückert.*
5505 mahtig *subst. Sehrt S.* 357.
5506 *vgl. Colliander* 556.

heliðos mid iro handon   hardes *bômes*
craftiga crûci   endi hietun sia Cristan thuo,
sâlig barn godes   selbon fuorian,
5510 dragan hietun sia ûsan drohtin,   thar hie *bedrôragad scolda*
sueltan sundiono lôs.   Sîðodun Iudeon,
uueros an uuillon,   lêddun uualdand Crist,
drohtin te dôðe.   Thar mohta man thuo derebi thing
harmlîc gihôrian: hiobandi thar after
5515 gengun uuîf mid uuôpu,   uueros *gnornodun*,
thia fan *Galilea mid im*   gangan quâmun,
folgodun obar ferruuegos: uuas im iro frôhon dôð
suîðo an soragan.   Thuo hie selbo sprak,
barno that besta   endi under bac besah,
5520 hiet that sia ni uuêpin: 'ni tharf iu uuiht tregan', quathie,
'mînero hinferdio,   ac gi mid hofnu mugun
iuuua uurêðan uuerc   uuôpu cûmian,
tornon trahnon.   Noh uuirðið thiu tîd cuman,
that thia *muoder thes*   mendendia sind,
5525 brûdi Iudeono,   them gio barn ni uuarð
ôdan an aldre.   Than gi iuuua inuuid sculun
grimmo angeldan;   than gi sô gerna sind,
that iu hier bihlîdan   hôha bergos,
diopo bedelban;   dôð uuâri iu than allon
5530 liobera an theson lande   than sulic liudio *qualm*
te githolianne,   sô hier than thesaro thioda cumid.'

LXVI.

Thuo sia thar an griete   galgon rihtun,
an them felde *uppan*   folc Iudeono,
bôm an berege,   endi thar an that barn godes

5507 buomes *C.*
5508 craftiga *Behaghel, Gm.* 27, 420] craftigna *C.*
5510 thar an hie bedroragad scolda *Holthausen (briefl.)*] thar hie scolda bedroragan *C;* bedroragan scolda *Sievers,* scolda be droragumu *Rieger, ZfdPh* 7, 8.

5515 gnornodun, *wohl Einfluß von ags.* gnornian, *vgl. Basler, Alts. S.* 106.
5516 *Abteilung nach Schmeller, Heyne, Hofmann I 55]* Galilea | mid im *die übrigen Hg.*
5524 muoder | thes *Rückert.*
5530 quam *C.*
5533 uppian *C.*

5535 quelidun an crûcie: slôgun cald îsarn,
niuua naglos nîðon scarpa
hardo mid hamuron thuru is hendi endi *thuru is* fuoti,
bittra bendi: is blôd ran an erða,
drôr fan ûson drohtine. Hie ni uuelda thoh thia dâd uurecan
5540 grimma an them Iudeon, ac hie *thes* god fader
mahtigna bad, that hie ni uuâri them manno folke,
them uuerode thiu *uurêðra:* 'huand sia ni uuitun, huat sia *duot*',
Thuo thia uuîgandos giuuâdi Cristes, ⌊quathie.
drohtines dêldun, derebia *mann,*
5545 thes rîken girôbi. Thia rincos ni mahtun
umbi *thena selbon* . . . samuuurdi *gisprecan,*
êr sia an iro *huarabe* hlôtos uuurpun,
huilic iro scoldi hebbian thia hêlagun pêda,
allaro giuuâdio uunsamost. Thes *uuerodes* hirdi
5550 hiet thuo, the heritogo, obar them *hôbde selbes*
Cristes *an* crûce scrîban, that that uuâri cuning Iudeono,
Iesus fan Nazarethburh, thie thar neglid stuod
an niuuon galgon thuru nîðscipi,
an bômin treo. Thuo bâdun thia liudi
5555 that uuord uuendian, quâðun that hie im sô an is uuilleon sprâki,
selbo sagdi, that hie habdi thes gisîðes giuuald,
cuning uuâri obar Iudeon. Thuo sprac eft thie kêsures bodo,
hard heritogo: 'it ist iu sô obar is hôbde giscriban,
uuîslîco giuuritan, sô ik it nu uuendian ni mag.'
5560 Dâdun thuo thar te uuîtie uuerod Iudeono
tuêna fartalda man an tuâ halba

5537 thuru is *getilgt von Heyne, Rückert,* vgl. Behaghel, Syntax *S.* 235.
5540 thies *C.*
5542 wrethara *Schmeller* II, 139 a, *Rieger, Leseb.*] uuretha *C.* duan *Rückert.*
5544 Drohtines vor deldun *ergänzt von Grein, Gm.* 11, 215, *dafür uses* drohtines *Wackernagel,* hregil *Hofmann, Gm.* 8, 60, diurlica *Piper, alle mit Cäsur nach* deldun; *vgl.* Kock, Streifzüge 29. mann] liudi *Kauffmann, PBB* 12, 348, ambahtmann *Holthausen (briefl.),* wîgman *Holthausen, Beiblatt z. Anglia* 45, 131.
5546 that selbon *Heyne, Rückert,* thena selbon selkon *Köne, Rieger, Wakkernagel,* thena slôbon *Grein, Gm.* 11, 215, thena selbon giuunst *Roediger,* thana selbon saban *Piper,* thena selbon serk *Krogmann, Nd. Jb.* 80, 50. gispracan *C.*
5547 zu huarf *Krogmann, ebd.* 36.
5549 uuerdes *C.*
5550 obde *C.*
5550-51 selbes Cristes ‖ an *Rückert.*
5560 uuerol *C;* uuerode *Rückert.*

Cristes an crûci: lietun sia *qualm* tholon
an them *uuaragtreuue*   uuerco te lône,
lêðaro dâdio.   Thia liudi sprâcun
5565 hoscuuord manag   hêlagon Criste,
grôttun ina mid gelpu: sâuuun allaro gumono then beston
quelan an themo crûcie: 'ef thu sîs cuning obar all', quâðun sia,
'suno drohtines,   sô thu habis selbo *gisprocan*,
neri thik fan thero nôdi   endi nîðes atuomi,
5570 gang thi hêl herod;   than uuelliat an thik helið o barn,
thesa liudi gilôbian.'   Sum imo ôk lastar sprac
suîðo gêlhert Iudeo,   thar hie fur them galgon stuod: ⌈êgan.
'uuah uuarð thesaro uueroldi', quathie,   'ef thu iro scoldis giuuald
Thu sagdas that thu mahtis an ênon dage   all teuuerpan
5575 that hôha hûs   hebancuninges,
stênuuerco mêst   endi eft standan giduon
an thriddion dage,   sô is elcor ni thorfti bithîhan mann
theses folkes furðor.   Sînu huô thu nu gifastnod stês,
suîðo gisêrid: ni maht thi selbon uuiht
5580 balouues gibuotian.'   Thuo thar ôc an them bendion sprac
thero theobo ôðer,   all sô hie thia thioda gihôrda,
uurêðon uuordon   – ne uuas is uuillio guod,
thes thegnes githâht –:   'ef thu sîs thiodcuning', quathie,
'Crist, godes suno,   gang thi *than* fan them crûce niðer,
5585 slôpi thi fan them sîmon   endi ûs samad allon
hilp endi hêli.   Ef thu sîs hebancuning,
uualdand thesaro uueroldes,   giduo it than an thînon uuercon scîn,
mâri thik fur thesaro menigi.'   Thuo sprac thero manno ôðer
an thero henginna,   thar hie giheftid stuod,
5590 uuan uuunderquâla: 'behuî uuilt thu sulic uuord sprecan,
gruotis ina mid gelpu?   stês thi hier an galgen haft,
gibrôcan an bôme.   Uuit hier bêðia tholod
sêr thuru unca sundiun: is unc unkero selbero dâd
uuorðan te uuîtie.   Hie stêd hier uuammes lôs,

5562 quam *C*.
5563 uuaragthreuue *C*.
5568 gisprocan *Rückert*] gisprecan *C*.
5584 thann *C*.
5592 gibrokan *Holthausen* (briefl. Mitteilg.; *vgl. Vilmar S. 50, Schatz S.* 369: „*beugen*"?)] gibruocan *C*; *vgl. Grimm zu Elene* 1029, *Grein, Gm.* 11, 216, *Sparnaay, PBB* 60, 385 („*zimmern*"?); *Seebold S.* 144; gibrokad *Kock, Jaunts and Jottings* 51.

5595 allaro sundiono sicur,   sô hie selbo gio
firina ni gifrumida,   botan that hie thuru theses folkes nið
uuillendi an thesaro uueruldi   uuîti antfâhid.
Ik uuilliu thar gilôbian tuo', quathie,   'endi uuilliu thena landes uuard,
thena godes suno   gerno biddian,
5600 that thu mîn gihuggies   endi an helpun sîs,
râdendero best,   than thu an thîn rîki cumis:
uues mi than ginâðig.'   Thuo sprak im eft neriendo Crist
uuordon tegegnes: 'ik seggiu thi te uuâron hier', quathie,
'*that thu noh hiudu môst   an himilrîke*
5605 *mid mi samad   sehan lioht godes,*
an themo paradyse,   thoh thu nu an sulicoro pînu sîs.'
Than stuod thar ôc Maria,   muoder Cristes,
blêc under them bôme,   gisah iro barn tholon,
uuinnan uuunderquâla.   Ôc uuârun thar uuîf mid iro
5610 an sô mahtiges   minnia cumana –
than stuod thar ôc Iohannes,   iungro Cristes,
hriuui undar is hêrren,   uuas im is hugi sêrag –
drûbodun fur them dôðe.   Thar sprac drohtin Crist
mahtig te thero muoder: 'nu ik thi hier mînemo scal
5615 iungron befelhan,   them thi hier geginuuard stêd:
uuis thi an is gisîðie samad: thu scalt ina furi suno hebbian.'
Grôtta hie thuo Iohannes,   *hiet* that hie iru fulgengi *uuel*,
minniodi sia sô *mildo*,   sô man is muoder scal,
idis unuuamma.   Thuo hie sia an is êra antfeng
5620 thuru hluttran hugi,   sô im is hêrro gibôd.

LXVII.

Thuo uuarð thar an middian dag   *mahtig* têcan,
uuundarlîc giuuaraht   obar *thesan* uuerold *allan*,

5604–05 that thu samad mid mi | sehan
lioht godes ‖ noh hiudu most | an
himilrike Franck, AfdA 25, 26.

5605 sehan lioht godes | samat mid mi
Ries S. 117.   samat C.

5613 drubodun fur] druboda fur Sievers
Anm., druvod untuo Rieger, Leseb. 43, Wackernagel.

5616 uuiss C.

5617 hiet Behaghel, Gm. 27, 420] anthiet
C.   uuell C.

5618 mildo Wackernagel] milda C.

5621 mahti C.

5622 thesa Heyne.   allan Rieger, Leseb. 44] alla C.

thuo man thena godes suno   an thena galgon huof,
Crist an that crûci: thuo uuarð it cûð obar all,
5625 huô thiu sunna uuarð gisuorkan: ni mahta suigli lioht
scôni giscînan,   ac *sia* scado farfeng,
thimm endi thiustri,   endi *sô githrusmod uuarð*
allaro dago druobost,   duncar suîðo
obar *thesan* uuîdun uueruld,   sô lango sô uualdand Crist
5630 qual an themo crûcie,   cuningo rîkost,
ant nuon dages.   Thuo thie nebal tiscrêd,
that gisuerc uuarð thuo tesuungan,   bigan sunnun lioht
hêdron an himile.   Thuo hreop *up* te gode
allaro cuningo craftigost,   thuo hie an themo crûcie stuod
5635 faðmon gifastnot: 'fader alomahtig', quathie,
'te huî thu mik sô farlieti,   liebo drohtin,
hêlag hebancuning,   endi thîna helpa dedos,
fullisti sô ferr?   Ik *standu* under theson fîondon hier
uundron giuuêgid.'   Uuerod Iudeono
5640 hlôgun is im thuo te hosce: gihôrdun thena hêlagun Crist,
drohtin furi them dôðe   drincan biddian,
quað that ina thurstidi.   Thiu thioda ne latta,
uurêða uuiðarsacon: uuas im uuilleo mikil,
huat sia im bittres *tuo*   bringan mahtin.
5645 Habdun im unsuôti   ecid endi galla
gimengid thia mênhuaton;   stuod ên mann garo,
suîðo sculdig scaðo,   thena habdun sia giscerid te thiu,
farspanan mid sprâcon,   that hie sia an êna spunsia nam,
lîðo thes lêðosten,   druog it an *ênon* langan scafte,
5650 gibundan an ênon bôme   endi deda it them barne godes,

5626 sia *Heyne*] siu *C*.
5627 sô] skio *Wackernagel* 81. githrusmod *Wackernagel* 81] githismod *C* (dazu Hofmann *I 56, der auch dies für möglich hält);* githimsod *Schmeller* II, 115b, githrismod *Rieger, Leseb.* 44, *Heyne,* githismoda 'erlosch' *Blümel, PBB* 50, 307, *Holthausen, Beiblatt z. Anglia* 45, 131.   uuarð *Sievers (m. and. Zeichens., so auch Schumann, Gm.* 30, 74), *Hofmann I 56]* fehlt *C*;

uuas *Grein, Gm. 11, 216,* stuod *Piper*; uuedar *Rieger a.a.O., Anm., Heyne,* nebal *Behaghel. Vgl. noch Colliander 559.*
5629 thesa *Piper.*
5633 upp *C.*
5638 standu *Heyne*] stande *C.*
5639 te uundron *Rückert.*
5644 tuo] untuo, *das un von ganz junger Hand, C, danach Heyne, Rückert.*
5646 enn *C.*
5649 ênon *tilgt Rückert.*

mahtigon te mûðe. Hie ankenda iro mirkiun dâdi,
gifuolda iro fêgnes: furðor *ni uuelda*
is sô bittres anbîtan, ac hreop that barn godes
hlûdo te them himiliscon fader: 'ik an thîna hendi *befilhu*', quathie,
5655 'mînon gêst an godes uuillion; hie ist nu garo te thiu,
fûs te faranne.' Firio drohtin
gihnêgida thuo is hôbid, hêlagon âðom
liet fan themo lîkhamen. Sô thuo thie landes uuard
sualt an them sîmon, sô uuarð sân after thiu
5660 uundartêcan giuuaraht, *that* thar uualdandes dôd
unqueðandes sô filo antkennian scolda,
an is êndagon: erða biboda,
hrisidun thia hôhun bergos, harda stênos clubun,
felisos after them felde, endi that *fêha lacan* tebrast
5665 an middion an tuê, that êr managan dag
an themo uuîhe innan uuundron gistriunid
hêl hangoda – ni muostun helið̄o barn,
thia liudi scauuon, huat under themo lacane uuas
hêlages behangan: thuo mohtun an that horð sehan
5670 Iudeo liudi – grabu uuurðun giopanod
dôdero manno, endi sia thuru drohtines craft
an iro lîchamon libbiandi astuodun
up fan erðu endi uurðun giôgida thar
mannon te mârðu. That uuas sô mahtig thing,
5675 that thar *Cristes* dôð antkennian scoldun,
sô filo thes gifuolian, *thie* gio mid firihon ne sprac
uuord an thesaro uueroldi. Uuerod Iudeono
sâuuun seldlîc thing, ac uuas im iro slîði hugi
sô farhardod an iro herten, that thar io sô hêlag ni uuarð
5680 têcan gitôgid, that sia trûodin thiu bat
an thia Cristes craft, that hie cuning obar all,

5652–53 is ni uuelda ‖ so *Piper.*
5654 befilhu *Schmeller* II, 34a] befilliu *C.*
5660 that *Heyne, Wackernagel* 83] thar *C.*
5661 unqueðandero *Rückert.*
5662 an is *Sievers, Hofmann I 56*] that is *C;* gifuolian is *Behaghel (vgl. Germ. 27, 416),* thana is *Piper.*
5664 fehan lacan *C;* fehlakan *Wackernagel* 83.
5673 upp *C.*
5675 Cristes *Schmeller* II, 19b] crist *C.*
5676 thero thie *Heyne.*

    thes uuerodes uuâri.   Suma sia thar mid iro uuordon gisprâcun,
    thia thes hrêuues thar   huodian scoldun,
    that that uuâri te uuâren   uualdandes suno,
5685 godes gegnungo,   that thar an them galgon sualt,
    barno that besta.   Slôgun an iro briost filo
    uuôpiandero uuîbo: uuas im thiu uuunderquâla
    harm an iro herten   endi iro hêrren dôð
    suîðo an sorogon.   Than uuas sido Iudeono,
5690 that sia thia *haftun man thuru thena hêlagon dag*   hangon ni *lietin*
    lengerun huîla,   *than* im that lîf scriði,
    thiu seola besunki: slîðmuoda mann
    gengun im mid nîðscipiu nâhor,   thar *sô beneglida stuodun*
    theobos tuêna,   tholodun bêðia
5695 quâla bi Criste: uuârun im quica noh than,
    untthat sia thia grimmun   Iudeo liudi
    bênon bebrâcon,   that sia bêðia samad
    lîf *farlietun,*   suohtun im lioht ôðer.
    Sia ni thorftun drohtin Crist   dôðes bêdian
5700 furðor mid ênigon firinon: fundun ina gifaranan thuo iu:
    is seola uuas gisendid   an suoðan uueg,
    an langsam lioht,   is liði cuolodun,
    that *ferah* uuas af them *flêske.*   Thuo geng im ên thero fiondo tuo
    an nîðhugi,   druog negilid sper
5705 hard an is handon,   mid heruthrummeon stac,
    liet uuâpnes ord   *uuundum* snîðan,
    that an selbes uuarð   sîdu Cristes
    antlocan is lîchamo.   Thia liudi gisâuun,
    that thanan bluod endi uuater   bêðiu sprungun,
5710 uuellun fan thero uuundun,   all sô is uuillio geng

5681 vgl. Kock, ZfdA 48, 204.
5690 so Piper; vgl. Bruckner, D. as. Gen. 58 ff.; Hofmann I 56. man von Rückert und Behaghel, thuru thena helagan dag *von Heyne und Sievers (Anm.) getilgt; vgl. auch Behaghel, Gm.* 27, 420. lietun *Piper.*
5691 than that *Rückert.*
5693f. *Heyne, Sievers, Piper*] so tuena sculdiga scathon ben. st. *C*; thar so beneglida stuodun ‖ tuena sculdiga scathon |. . . ‖ *Wackernagel* 84, *dasselbe ohne* tuena *Rückert; Hofmann, Gm.* 8, 374 *liest:* thar so bineglida tuena ‖ sculdiga scathon | an crucie stuodun ‖.
5694 thieobos *C.*
5698 farlietun *Sievers]* farlietin *C.*
5703 fera *C.* flêske *Wackernagel* 85] folke *C.*
5706 wundum *C; vgl. Schlüter, Untersuchungen* 69.

endi hie habda *gimarcod* êr   manno cunnie,
firio barnon te frumu: thuo uuas it all gifullid sô.

LXVIII.

Sô thuo gisêgid uuarð   seðle nâhor
hêdra sunna   mid hebantunglon
5715 an them druoben dage,   thuo geng im ûses drohtines thegan
— uuas im glau gumo,   iungro Cristes
managa huîla,   sô it thar manno filo
ne uuissa te uuâron,   huand hie it mid is uuordon hal
Iudeono gumscipie: Ioseph uuas hie hêtan,   ⌈duanun thiod
5720 darnungo uuas hie ûses drohtines iungro: hie ni uuelda thero far-
folgon te ênigon firinuuercon,   ac hie bêd im under them folke Iu-
⌊deono,
hêlag himilo rîkies —   hie geng im thuo uuið thena heritogon mah-
thingon uuið thena thegan kêsures,   thigida ina gerno,   ⌊lian,
that hie muosti alôsian   thena lîkhamon
5725 Cristes fan themo crûcie,   thie thar giquelmid stuod,
thes guoden fan them galgen   endi an graf leggian,
foldu bifelahan.   Im ni uuelda thie folctogo thuo
uuernian thes uuillien,   ac im giuuald fargaf,
that hie sô muosti gifrummian.   Hie giuuêt im thuo forð thanan
5730 gangan te them galgon,   thar hie *uuissa that godes barn*,
hrêo hangondi   hêrren sînes,
nam ina thuo *an* thero niuuun ruodun   endi ina fan naglon atuomda,
antfeng ina mid is faðmon,   sô man is frôhon scal,
liobes lîchamon,   endi ina an lîne biuuand,
5735 druog ina diurlîco   — sô uuas thie drohtin uuerð —,
thar sia thia stedi habdun   an ênon stêne innan
handon gihauuuan,   thar gio heliðo barn
gumon ne bigruobon.   Thar sia *that godes barn*

5711 gimarcod | er *Rückert*.
5714 *vgl.* Schumann, Gm. 30, 74.
5717 Bruckner, D. as. Gen. S. 65.
5719 Iudeno *C.*
5721 folgol *C.*
5728 *vgl.* Behaghel, Gm. 27, 420.
5730 Sievers] uu. th. barn godes *C;* that godes barn wissa ‖ *Heyne, Rückert,*

Piper, uuissa thes godes barnes Franck, AfdA 25, 26.
5732 an] at *Rückert,*
5738 that godes barn *Sievers, Anm.*] that barn godes *C;* thena godes suno Holthausen, ZfdPh 28, 2.
5730b u. 5738b *sind zu kurz*, Kauffmann, PBB 12, 348, Holthausen, Beiblatt z. Anglia 45, 131.

te iro landuuîsu,   lîco hêlgost
5740 foldu bifulhun   endi mid ênu felisu belucun
allaro grabo guodlîcost.   Griotandi sâtun
idisi *armscapana*,   thia that all forsâuun,
thes gumen grimman dôð.   Giuuitun *im* thuo gangan thanan
uuôpiandi uuîf   endi uuara nâmun,
5745 *huô sia eft te them grabe*   gangan mahtin:
habdun im farseuuana   *soroga* ginuogia,
mikila muodkara: Maria uuârun sia hêtana,
idisi armscapana.   Thuo uuarð âband cuman,
naht mid neflu.   Nîðfolc *Iudeono*
5750 *uuarð* an moragan eft,   menigi gisamnod,
. . . .
rekidun an rûnon: 'huat, thu uuêst, huô thit rîki uuas
thuru thesan ênan man   all gituîflid,
uuerod giuuorran: nu ligid hie uuundon siok,
diopa bidolban.   Hie sagda *simnen, that hie scoldi fan dôðe astandan*
5755 *an thriddian dage*.   Thius thiod gilôbit te filo,
thit uuerod after is uuordon.   Nu thu hier uuardon hêt,
obar them grabe gômian,   that ina is iungron thar
ne farstelan an themo stêne   endi seggian than, that hie astandan sî,
rîki fan raston: than uuirðit thit rinco folc
5760 mêr gimerrid,   ef *sia it biginnat* mârian hier.'
Thuo uuurðun thar giscerida   fan thero scolu Iudeono
uueros te thero uuahtu: giuuitun im mid iro giuuâpnion tharod
te them grabe gangan,   thar sia scoldun thes godes barnes
hrêuues huodian.   Uuarð thie *hêlago* dag
5765 Iudeono fargangan.   Sia obar themo grabe sâtun,

5742 armscapana *Schmeller* II, 8b] arm-
 scana *C.*
5743 im *Heyne] fehlt C.*
5745 huo te them grabe sia eft *Franck,
 AfdA* 25, 26.
5746 soro gia *C.*
5749–50 Iudeono uuarð ‖ *Müllenhoff.*
5751 *Roediger vermutet Lücke nach* ru-
 non, *ebenso Schothorst, Het Dia-
 lect der Noord-West-Veluwe, Diss.
 Utrecht 1904, These* 7.

5754 simnen that hie *tilgt Müllenhoff,
 vgl. Roediger* 288.
5754–55 that hi fan doðe skoldi ‖ astandan
 thriddian dage *Rückert.*
5760 sia biginnat it *Behaghel, Gm.* 21,
 151, *vgl. ders., IF* 14, 445, sia it bi-
 ginnat *Sievers Anm.]* sia biginnat *C.*
5764 hælago *C.*

uueros an thero uuahtun   uuannom nahton,
bidun undar iro bordon,   huan êr thie berehto dag
obar middilgard   mannon quâmi,
liudon te liohte.   Thuo ni uuas lang te thiu,
5770 that thar uuarð thie gêst cuman   be godes crafte,
hâlag âðom   undar thena hardon stên
an thena lîchamon.   Lioht uuas thuo giopanod
firio barnon te frumu: uuas fercal manag
antheftid fan helldoron   endi te himile uueg
5775 giuuaraht fan thesaro uueroldi.   Uuânom up astuod
friðubarn godes,   fuor im thuo thar hie uuelda,
sô thia uuardos thes   uuiht ni afsuobun,
derbia liudi,   huan hie fan them dôðe astuod,
arês fan thero rastun.   Rincos sâtun
5780 umbi that graf ûtan,   Iudeo liudi,
scola mid iro scildion.   Scrêd forðuuardes
suigli sunnun lioht.   Sîðodun idisi
te them grabe gangan,   gumcunnies uuîf,
Mariun munilîca: habdun mêðmo filo
5785 gisald uuiðer salbum,   silubres endi goldes,
uuerðes uuiðer uuurtion,   sô sia mahtun auuinnan mêst,
that sia thena lîchamon   liobes hêrren,
suno drohtines,   salbon muostin,
uuundun uuritanan.   Thiu uuîf soragodun
5790 an iro sebon suîðo,   endi suma sprâcun,
huie im thena grôtan stên   fan themo grabe scoldi
gihuerebian an halba,   the sia obar that hrêo sâuuun
thia liudi leggian,   thuo sia thena lîchamon thar
befulhun an themo felise.   Sô thiu frî habdun
5795 gegangan te them gardon,   that sia te them grabe mahtun
gisehan selbon,   thuo thar suôgan quam

5766 wannon, zu ae. won 'dunkel' Trautmann 130; uuannom Krogmann, ZfdPh 77, 232, Zanni 47] uuanom C; so Schmeller, Heyne, Rückert, uuânum Piper; uuânamon Vilmar 23, Sievers Anm., Behaghel-Mitzka, Sehrt.
5772 thena Heyne] the C; then Schmeller.

5774 hellia dorun Piper.
5775 upp C.
5782 liaht Schmeller II, 81 a] naht (danach ein Kreuz) C.
5785 saluum C; vgl. Schlüter, Untersuchungen 69.
5789 uuundun vgl. ebd. writanan Rieger, Leseb. 45] uuritan C; uurithan Grein, Gm. 11, 216.

engil thes alouualdon   obana fan radure,
faran an feðerhamon,   that all thiu folda *an scian*,
thiu erða dunida   endi thia erlos uuurðun
5800 an uuêkan hugie,   uuardos Iuðeono,
bifellun bi them forahton: ne uuândun ira *ferah* êgan,
lîf langerun huîl.

LXIX.*

Lâgun *tha* uuardos,
thia gisîðos sâmquica: sân *up* ahlêd
thie grôto stên fan them grabe,   sô ina thie godes engil
5805 gihueribida an halba,   endi im uppan them *hlêuue* gisat
diurlîc drohtines bodo.   Hie uuas an is dâdion gelîc,
an is ansiunion,   sô huem sô ina *muosta* undar is ôgon scauuon,
sô *bereht* endi sô blîði   all sô *blicsmun* lioht;
uuas im is giuuâdi   *uuintarcaldon*
5810 snêuue gilîcost.   Thuo sâuun sia ina sittian thar,   ⌈*quâmun*,
thiu uuîf uppan them giuuendidan stêne,   endi im fan them uulitie
them idison sulica egison *tegegnes*:   all uuurðun fan them grurie
thiu frî an forahton mikilon,   furðor ne gidorstun

5798 an scian 'an den Himmel' Holthausen, PBB 46, 337] ansciann C, so Behaghel in den früheren Auflagen, Basler, Alts. S. 128, anskannan (?) 'dröhnen'; skannan 'e. heftige Bewegung machen' Blümel, PBB 50, 308; arsciað? Kauffmann, Gm. 37, 372; ascall Holthausen, PBB 44, 340, vgl. Sievers ebda. 504.
5801 fera C.
5802 LXVIIII in C nach 5801. tha] than Rieger, Leseb. 46.
5803 upp C.
5805 hlêuue vgl. Krogmann, Nd. Jb. 80, 32.
5807 Cäsur nach muosta Müllenhoff[2].
5808 bereth C.   blicsmun Schmeller II, 14a] blicsniun C, so auch Borgeld, De oudoostnederfrankische Psalmen, Diss. Groningen 1899, These 6.

5809–10 uuintarcaldon sneuue gilicost. ‖ Thuo sauun sia ina │ sittian thar Müllenhoff[2].
5811 quamun Roediger] fehlt C; stuodun Rieger, Leseb. 46.
5812 tegegnes tilgt Rieger, Leseb. 46.
5812b u. 13 so Ries] all uuurthun thiu fri an forahton fan them grurie mikilon C; all uurthun thiu fri │ an forahton fan them grurie mikilon Müllenhoff[2], all (alla Sievers Anm.) uuurthun (giwurðun Heyne, Rückert) ‖ thiu fri an forahton Müllenhoff[1], Heyne, Rückert, Sievers, Roediger, all tegegnes wurthun, ‖ thiu fri an forahton Rieger, Leseb. 46; Grein, Gm. 11, 216: them idison sulica egison tegegnes: all wurðun fon them grurie mikilun ‖ thiu frî an forahton.

te themo grabe gangan, êr sia thie godes engil,
5815 uualdandes bodo uuordon gruotta,
quað that hie iro ârundi all bicunsti,
uuerc endi uuillion endi thero uuîbo hugi,
hiet that sia im ne andrêdin: 'ik uuêt that gi iuuuan drohtin suokat,
neriendon Crist fan Nazarethburg,
5820 thena thi hier quelidun endi an crûci slôgun
Iudeo liudi endi an graf lagdun
sundilôsian. Nu nist hie selbo hier,
ac hie ist astandan iu, endi sind thesa stedi lârea,
thit graf an theson griote. Nu mugun gi gangan herod
5825 nâhor mikilu − ik uuêt that is iu ist niud sehan
an theson stêne innan −: hier sind noh thia stedi scîna,
thar is lîchamo lag.' Lungra fengun
gibada an iro brioston blêca idisi,
uulitiscôni uuîf: uuas im uuilspell mikil
5830 te gihôrianne, that im fan iro hêrren sagda
engil thes alouualden. Hiet sia eft thanan
fan them grabe gangan endi faran te them iungron Cristes,
seggian them is gisîðon suoðon uuordon,
that iro drohtin uuas fan dôðe astandan.
5835 Hiet ôc an sundron Sîmon Petruse
uuillspell mikil uuordon cûðian,
cumi drohtines, gie that Crist selbo
uuas an Galileo land, 'thar ina eft is iungron sculun,
gisehan is gisîðos, sô hie im êr selbo gisprac
5840 uuâron uuordon.' Reht sô thuo thiu uuîf thanan
gangan uueldun, sô stuodun im tegegnes thar
engilos tuêna an alahuîton
uuânamon giuuâdion endi sprâcun im mid iro uuordon tuo
hêlaglîco: hugi uuarð giblôðid
5845 then idison an egison: ne mahtun an thia engilos godes
bi themo uulite scauuon: uuas im thiu uuânami te strang,

5814 fan them grurie mikilon te themo grave gangan | er sia thie godes engil Rieger, Leseb. 46, fan them grurie mikilon | te themo grabe gangan Roediger.
5815 Er sia thie waldandes Roediger.
5822 sundeo losan Piper.
5830 heren C.
5837−38 selbo uuas ‖ an Rieger, Leseb. 47, Rückert.
5839 gifithos C.
5843 im Rückert] fehlt C.

te suîði te sehanne.   Thuo sprâcun im sân angegin
uualdandes bodun   endi thiu uuîf frâgodun,
te huî sia Cristan tharod   quican mid dôdon,
5850 suno drohtines   suokian quâmin
ferahes fullan;   'nu gi ina ni findat hier
an theson stêngrabe,   ac hie ist astandan *nu*
an is lîchamen: thes gi gilôbian sculun
endi gihuggian thero uuordo,   the hie iu te uuâron oft
5855 selbo sagda,   *than* hie an iuuuon gisîðe uuas
an *Galilealande*,   huô hie scoldi gigeban uuerðan,
gisald selbo   an sundigaro manno,
hettiandero hand,   hêlag drohtin,
that sia ina quelidin   endi an crûci *slôgin*,
5860 dôdan gidâdin   endi that hie scoldi thuru drohtines craft
an thriddion dage   thioda te uuillion
libbiandi astandan.   Nu habit hie all gilêstid sô,
gifrumid mid firihon: îliat gi nu forð hinan,
gangat gâhlîco   endi duot it them is iungron cûð.

LXX.

5865 Hie habit sia iu furfarana   endi ist im forð hinan
an Galileo land,   thar ina eft is iungron sculun,
gisehan is gisîðos.'   Thuo uuarð *sân* after thiu
them uuibon an uuillon,   that sia gihôrdun sulic uuord sprecan,
cûðian thia craft godes   — uuârun im sô acumana thuo noh
5870 gie sô forahta gefrumida —:   giuuitun im forð thanan
fan them grabe gangan   endi sagdun them iungron Cristes
seldlîc gisiuni,   thar sia sorogondi
bidun sulikero buota.   Thuo uuurðun ôc an thia burg *cumana*
Iudeono uuardos,   thia obar themo grabe sâtun
5875 alla *langa* naht   endi thes lîchamen thar,
huodun *thes* hrêuues.   Sia sagdun thero hêri Iudeono,

5852 nu] giu *Sievers Anm.*
5855 thann *C.*
5856 Galileo lande *Piper.*
5858 hettiandero *Sievers Anm.*] hetande-
ro *C.*
5859 slogin *Lesung Schmellers*] slogun *C.*

5867 sân *Heyne*] fehlt *C.*
5872 seldlic *Schmeller* II, 95b] sedlic *C.*
5873 cuman *Kauffmann, PBB* 12, 328.
5875 langa *Heyne*] langan *C.*
5876 ther *C.*

huilica im thar anduuarda   egison quâmun,
seldlîc gisiuni,   sagdun mid uuordon,
al sô it giduan uuas   an thero drohtines craft,
5880 ni miðun an iro muode.   Thuo budun im mêðmo filo
Iudeo liudi,   gold endi silubar,
saldun im sinc manag,   *te thiu that* sia it ni sagdin forð,
ne mâridin thero menigi: 'ac queðat that iu môði hugi
ansuebidi mid slâpu   endi that thar quâmin *is* gisîðos tuo,
5885 farstâlin ina an them stêne.   Simnen uuesat gi an strîde mid thiu,
forð an flîte: ef it uuirðit them folctogen cûð,
uui gihelpat iu uuið thena *hêrosten*,   that hie iu harmes uuiht,
lêðes ni gilêstid.'   Thuo nâmun sia an them liudon filo
diurero mêðmo,   dâdun all sô sia bigunnun
5890 — ne giuueldun iro uuillion —   dâdun sô uuîdo cûð
them liudon after them lande,   that sia sulica lugina uuoldun
ahebbian be than hêlagan drohtin.   *Than* uuas eft gihêlid *hugi*
iungron Cristes,   thuo sia *gihôrdun* thiu guodun uuîf
mârian *thia* maht godes;   thuo uuârun sia an iro muode frâha,
5895 gie im te them graḃe bêðia,   Iohannes endi Petrus
urnun oḃastlîco: uuarð êr *cuman*
Iohannes thie guodo,   endi im oḃar them graḃe gistuod,
antat thar sân after quam   Sîmon Petrus,
erl ellanruof,   endi im thar in giuuêt
5900 an that graf gangan: gisah thar thes godes barnes,
hrêogiuuâdi   hêrren sînes
lînin liggian,   mid thiu uuas êr thie lîchamo
fagaro bifangan;   lag thie fano sundar,
mit them uuas that hôbid bihelid   hêlages Cristes,
5905 rîkies drohtines,   *than* hie an thesaro rastu uuas.

5879a vgl. Heusler, Versgeschichte I, 176.
5882 te thiu that *Heyne, Rückert.*
5884 is *Rückert]* fehlt *C.*
5887 herrosten *C.*
5889 *So Sievers Anm.]* diuria medmos *C.*
5890 dâdun sô uuîdo *fehlt C;* sô wîdo Grein, Gm. 11, 216, them uuerode Piper; zum ganzen Vers Grein, ebd., anders 5889 f. Krogmann, Nd. Jb. 79, 34.
5892 thann *C.*   Krogmann, Nd. Jb. 80, 35: hugi, *urspr.* muod.
5893 gihordu *C.*
5894 thi *C.*
5896 urnun *Hans Kuhn, PBB 57, 20 (= Schrr. I 33 f., Anm. 41); Hofmann I 56; vgl. Krogmann, Nd. Jb. 81, 11]* runnu *C,* runnun *Hg.*   cuman *Schmeller* II, 20 a] cumana *C.*
5905 thann *C.*

Thuo geng im ôc Iohannes   an that graf innan
sehan seldlîc thing;   uuarð im sân after thiu
antlocan is gilôbo,   *that hie uuissa*, that scolda eft an thit lioht cuman
is drohtin diurlîco,   fan dôðe astandan
5910 *up* fan erðu.   Thuo giuuitun im eft thanan
Iohannes endi Petrus,   endi quâmun thia iungron Cristes,
thia gisîðos tesamne.   Than stuod sêragmuod
ên thera idiso   ôðersîðu
griotandi obar them grabe,   uuas iro *iâmar muod* —
5915 Maria uuas that Magdalena —,   uuas iro muodgithâht,
sebo mit sorogon *sêro* giblandan,   ne uuissa huarod siu sôkian scolda
thena hêrron, thar iro uuârun at thia helpa gilanga.   Siu ni mohta
⌊thuo hofnu auuîsan,
that uuîf ni mahta uuôp forlâtan: ne uuissa huarod siu sia uuendian
⌊scolda;
gimerrid uuârun iro thes muodgithâhti.   Thuo gisah siu thena *mahti-*
⌊*gan thar standan*
5920 *Criste, thuoh siu ina cûðlîco* antkennian ni mohti,   êr than hie ina
⌊cûðian uuelda,
seggian that hie it selbo uuâri.   Hie frâgoda huat siu sô sêro biuuiepi,
sô harmo mid hêton trahnin.   Siu quað, that siu umbi iro hêrron ni
⌊uuissi
te uuâren, huarod hie uuerðan scoldi: 'ef thu ina mi giuuîsan
⌊mohtis,
frô mîn, ef ik thik frâgon gidorsti,   ef thu ina hier an theson felise
⌊ginâmis,
5925 uuîsi ina mi mid uuordon thînon: than uuâri mi allaro uuilliono
⌊mêsta,
that ik ina selbo gisâhi.'   Sia ni uuissa, *that* sia thie suno drohtines
gruotta mid gôdaro sprâcun: siu uuânda that it thie gardari uuâri,
hofuuard hêrren sînes.   Thuo gruotta sia thie hêlago drohtin,

---

5908 that hie uuissa | *Heyne, getilgt von Rückert.*   5910 upp *C.*
5914 jamar-muod *Heyne.*
5916 sebo *Schmeller II, 94 b]* selbo *C.*
sero *C (vgl. Bruckner S. 60f., Hofmann I 57. 178) tilgen die Hg. Heyne bis Behaghel.*
5919–20 *So Bruckner S. 60f., Hofmann I 57, 178]* Sievers tilgt cûðlîco *(s.*

Roediger 288), Schumann, Gm. 30, 75 tilgt Criste. Abteilung Criste ‖ Schmeller, Heyne und (Krist) Rükkert, thar ‖ Criste standan, | thuoh siu ina cûðlîco ‖ *(so, mit Abteilung e. weiteren Verses) Roediger, Piper, Behaghel.*   5922 Krogmann, Nd. Jb. 80, 34: uuissi, urspr. consti?
5926 that *Heyne] fehlt C.*

  bi namen neriendero best: siu geng im thuo nâhor sniumo,
5930 that uuîf mid uuillion guodan, antkenda iro uualdand selban,
  mîðan siu is thuru thia minnia ni uuissa: uuelda ina mid iro *mundon*
                       ⌊grîpan,
  thiu fêhmia an thena folko drohtin, noban that iro friðubarn godes
  uuerida mid uuordon sînon, quað that siu ina mid uuihti ni môsti
  handon anthrînan: 'ik ni stêg noh', quathie, 'te them himiliscon
5935 ac îli thu nu ofstlîco endi them erlon cûði,   ⌊fader;
  bruoðron mînon, that ik ûser bêðero fader,
  alauualdan iuuuan endi mînan,
  suoðfastan god suokean uuilliu.'

LXXI.

  That uuîf uuarð thuo an uuunnon, that siu muosta sulican uuillion
5940 seggian fan im gisundon: uuarð sân garo   ⌊cûðian,
  thiu idis an that ârundi endi them erlon brâhta,
  uuillspel uueron, that siu *uualdand* Crist
  gisundan gisâuui, endi sagda huô *he* iru selbo gibôd
  torohtero têcno. Sia ni uueldun gitrûoian thuo noh
5945 thes uuîbes uuordon, that siu sulic uuillspel brâhte
  gegnungo fan themo godes *suno,* ac sia sâtun im iâmormuoda,
  heliðos *hriuuonda*. Thuo uuarð thie hêlago Crist
  eft opanlîco ôðersîðu,
  drohtin gitôgid, sîðor hie fan dôðe astuod,
5950 than uuîbon an uuillion, that hie im thar an uuege muotta.
  Quedda sia cûðlîco, endi sia te is kneohon hnigun,
  fellun im tô fuoton. Hie hêt that sia forahtan hugi
  ne bârin an iro brioston: 'ac gi mînon bruoðron sculun
  thesa quidi cûðian, that sia cuman after mi

5931 miðan *Schmeller* II, 79a] mitha ina *C.* mundon Hofmann, *Gm.* 8, 60] uuordon *C.*

5932 thiu fehmia *Heyne*] thiu fadmia *C;* thiu faemia *oder* fahmia *Schmeller* II, 30a, mið faðmun *Piper, angeregt durch Sievers Anm.*

5937 allouualdan *Kauffmann, PBB* 12, 348, uncan alawaldan *Holthausen (briefl.).*

5942 uualdan *C.*

5943 he *Sievers*] fehlt *C.*

5946 sunie *Piper.*

5947 hriuuonda *Schmeller* II, 59b] hniuonda *C;* hiuuonda *Vollmer bei Grein, Gm.* 11, 216, hnibonda *Grein a. a. O.*

5955 an Galileo land;   thar ik im eft tegegnes biun.'
Than fuorun im ôk fan Hierusalem   thero iungrono tuêna
an them selbon daga   sân an morgan,
erlos an iro ârundi: uueldun im te Emaus
that castel suocan.   Thuo bigunnun im quidi managa
5960 under them uueron uuahsan,   thar sia after them uuege fuorun,
them heliðon umbi iro hêrron.   Thuo quam im thar thie hêlago tuo
gangandi godes suno.   Sia ni mahtun ina garolîco
antkennan craftigna: hie ni uuelda ina thuo noh cûðian te im;
uuas im *thoh* an iro gisîðie samad   endi frâgoda, umbi huilica sia saca
⌊sprâkin:
5965 'huî gangat gi sô gornondia?' quathie.   'Ist inc iâmer hugi,
sebo soragono full.'   Sia sprâcun im sân angegin,
thia erlos anduurdi: 'te huî thu thes *êscos sô*,' quâðun sia;
'bist thi fan Hierusalem   Iudeono folcas
. . . . *
hêlagumu gêste   fan hebenuuange,
5970 *mid them grôtun godes craft.'*   Nam is iungaron thô,
erlos gôde,   lêdda sie ût thanan,
antat he sie brâhte   an Bethania;
thar hôf he is hendi up   endi hêlegoda sie alle,
uuîhida sie mid is uuordun.   Giuuêt imo up thanan,
5975 sôhta imo that hôha himilo rîki   endi thena is hêlagon stôl:
sitit imo *thar*   an thea suîðron half godes,
alomahtiges fader   endi thanan all gesihit
uualdandeo Crist,   sô huat sô thius uuerold behabet.
Thô an theru selbon stedi   gesîðos gôde
5980 te bedu fellun   endi im eft te burg thanan
thar te Hierusalem   iungaron Cristes
fôrun faganondi: uuas im frâhmôd hugi,
uuârun im thar at themu uuîhe.   Uualdandes craft

. . . .

5957 an Rieger, ZfdPh 7, 48] fehlt C.
5958 vgl. Kock, ZfdA 48, 193.
5964 thuoh C.
5967 escos so Sievers] so escos C.
5968 folcas gesperrt auf der letzten beschriebenen Zeile stehend, Rest der Seite leer C.
5969 bis Schluß nur in M.   helagumu bis 5970 craft radiert, jedoch noch erkennbar M.
5976 thar] thar selbo Holthausen (briefl.), Behaghel in 5. Auflage.
5983 Danach vier Zeilen radiert, Rest des Blattes abgeschnitten, Rückseite leer M.

Anhang
Text des Straubinger Heliand-Fragments

I

351   run. 1^r
bokspahe uueros   endi an bŕef scriuun '
tulgo niudlica̞   nomana gihuilikne
ia land ' ia liudi   that im ni mahti aléttian monn
355 gu'mano sulica gambra   so imu scolde geldan ' gihue.
heliđa fon i̞ṣ habde·   Tha giuuét im ' ak ṇid is hiskie.
Ioseph the goda   só it god ' mahtig
uualdand uuelde.   sohte im thiu̞ ' u̞u̞a̞namun heḿ
thi̞e burg an Bethleém '   (.)h(.)ṛ ira beđera uuas
360 theṣ (..)liđes hańdmal '

⟨der Mittelstreifen fehlt mit den vv. 360b–368a⟩

                  endi maht go̞đe̞ṣ
(.)hat iru an themu siđe   su'nu aden uuarđ
370 giboren an Bethleeḿ   bar'no strongo̞st
a̞llera kuninga crahtigost· '   cumen uuarđ the meria
⁺an monna líoht '   so is er monagan dag   ⁺m[
bíliđi uuarun   endi ' bakna filu
gi̞uuorden an thesseru uueral'di·   Tha̞ uuas i̞t all giuuárod so.
375 so it ér spehe / menn   gisproken heddun 1^v
thur huilic ađmo'di   he thit erđriki herod
thur is selues craht '   sokian uuelde
monegera mundboro·   Th(.) ' ine thiu moder naḿ
biuuand i̞ne mi̞đ gi̞uu̞a̞'die   uuiuo sconiost
380 fagarun fráhtun en.. .e̞ ' mid ire folmun túem
legđe̞ li̞o̞b̞lica   luttilne ' monn.
that kind an ene krebbian   thah he ' heddi creht godes
manno drohtin   Thar sát ' thiu moder biu̞o̞ran
uu(.)f (......)andi   u̞u̞(.)ṛ '

---

356 ṇid, anscheinend n-, nicht m- S.   getragen, bis auf m durch Beschnei-
372 m[ahtig? *am rechten Rand gleichzei-*   den verloren S.
     tig mit Verweisungszeichen + nach-

⟨mit dem Mittelstreifen fehlen die vv. 384b – (teilw.) 393a⟩

                               de·   Sie uurdun an forh(.)un tha
.e menn ' an ira mode.   giséun thar mah..gne
395   godes ' engil cuman   the im tigene sprak
het that ' im the uuardas   uuiht ni andre...
léɖes ' fon themu liohte.   ek scal iu liau..a thing '
tulgo uuárlica   uuillian seggian
kuɖian ' craht mikil·   Nu is Crist giboren
400   an theser./

II

492   liudiun·   Listiun talde tha   2^r
the aldo monn ' an themu alahe   idisiu theru godan·
sagde ' soɖlica.   hua ire sunu scolde
495   oƀer thessan ' middilgard   monagun uuerɖan
sumun ti ' falle sumun ti froƀre   firiho barno.
them ' liudiun ti liaƀe   thi is lerun gihardin.
endi ' them ti harme   thi harian ni uueldin
Cristes ' lérun.   Thu scalt noh quaɖ he kara thig'gian
500   harm an thinun hertan.   than ine he'liɖa barn
uuapnun uúitnot.   that uuirɖit ' the uuerk mikil
thrim ti githolanne·   Thiu ' thiorne all forstod
uuises monnes uuord· '   Tha cam thar (..) eń uúif gongan
ald innan ' thému alahe   Anna uuas siu heten.
505   dohter ' Fanuheles.   siu hedde ire drohtine uuel '
githionad t(.) thonke   uuas iru githungen ' uuif·
Siu moste ahter ire magathedi   siɖor ' siu monnes uuarɖ
erles ańtheti   eɖeli thior'ne.
so moste siu mid ire brudiguman   bódla ' giuualdan
510   siƀun uuinter somen·   Tha gi'fragn ek that iru thar sorga gistód.
that ' siu thiu mikile maht   metodes tidelde '
uuréɖ uurdie giscapu·   Tha uuas siu uuidu'uue ahter thiu
at themu friɖuuuihe   fíuuuar ' endi hunahtuɖe

---

503 Tha, T *vor den Textspiegel ausge-*
rückt S.

512 uuiduuue, *hinter* u³ *akzentartiger Strich S.*

uuintró an ire uueraldi   so / siu nía thane uuih ni forlét.   2ᵛ
515 ak siu thar ' ire drohtine uuel   dages endi nahtes
gode ' thianade·   Siu cam thar ak gongan tó.
an ' the seluan tíd.   son untkiende
that helege ' barn godes.   endi them heliđun cuđde
them ' uuerede ahter themu uuihe   uúillspell ' mikil·
520 Quađ that im neriandes ginist.   gi'nahid uueri.
helpa heuancuninges·   Nu ' is the helega Crist
uualdan selua   an thes'san uuih cumen.
ti alásianne the liudi '   thi her nu longa bidadun
an thesseru ' middilgerd   monege huil.
525 thurtiga thi'ada.   so nu thes thinges mugun
mendian ' monna kunni·   Moneg feg̣ ṇade
uuered ' ahter themu uuihe   gihaṛđun uuilspell ' mikil
fon gode seggian·   Ṭhat geld hed'de tha gilestid
thiu idis an tḥemu alahe '   all so it im an ira ea gibád
530 endi an theru ' berhtan burg   bók giuuisdun
helegera ' hondgiuuerk·   Giuuitun iṃ tha ti hus ' thonan
fon Hierusalem   Ioseph endi Mari'a.
heleg hiski·   heddun im hebencuning '
M simlun ti gisiđe   sunu drohtines '
onegera mundboran   so it iá meri (.)i ' uuarđ.
than uúidur an thesseru uue/raldi.   nebon so is uuillia geng   3ʳ
hebencuninges ' hugi·   Thah thar than huilic heleg monn
Crist ' untkiend(.)·   thah ni uuarđ it iá ti thes cunin'ges houe
(.)hem monnun gimerid   the im an ' ira mods(.)ban
540 holde ni uuerun·   ak uuas im ' so bihald(..) forđ
mid uuordun endi mid uuer'cun.   unt(..)ṭ thar uueros ástan
tulgo glauuue ' guman   g(.)ngan camun·
thríe ti theru thiadu '   thegnos snelle
an longan uueg   ouer that land ' tharod.
545 folgadun enun berhtan bakne '   endi sohtun that barn godes
mid hlúttru hu'gi.   uueldun im hnigan tó
gehan im ti giun'gerun   dribun im godes giscapu·
Tha sie E'rodes thar   rikiene fundun
an is séli sitti'an   slíđuurdiene kuning.

---

535 Monegera, M *12 mm hohe rote Kapi-*   *zeile ist leicht zusätzlich eingerückt*
tale innerhalb des Textspiegels; die   S.
vorausgehende, etwas kürzere Text-

550 modegne mid is ' monnun·   simlun uuas he mórđes gern·
Tha ' queddun sie ine kusco   an cuninguuisan
fa'gara an is flettie   endi he fregade son
hui'lic sie erundi   uṭe gibrohti
uueros an thane ' uúreksiđ·   Hueđer lediat ge giuunden ' gold·
555 ti geuu huilicun gumona·   ti hui ge ' thus an gonge cumat·
gifaren an fađi   huat ' ge nethuonan ferran sind·
erlos fon ođrun ' thiadun·   ek gisiu that ge sind éđeligibur'die
cunnies fon knosle godun·   nio hér ér / sulike cumene ni uurdun   3ᵛ
eŕ foṇ ođrun ' thiadun.   siđor ek moste thesses erla folkies '
560 giuualdan thes uuidan rikies·   ge sculun me ' ti uuaran seggian
fore thessun (.)iudia fol'kie·   bihúon ge siń ti thessun lạ(.)de cumene '
Tha sprakun im eht tigene   gum(.)n ástruni'e.
uuordspahe uueros·   Vue t(..) ti uuaran ' mugun quadun sie
use erundi   (.)đa gitelli'an.
565 giseggian sóđlica   bihuon ụue camun an ' thessan síđ herod
fon astan thesseru erđu· '   Gíu uuarun thar ađelies menn
góđsprake gu'man   the ús godes so uilu
helpa gihetun   fon he'bencuninge.
uuarun uuordun·   than uuas thaŕ ' eń giuuittig monn
570 fróđ endi filu uúis   fuŕn uuas ' that gíu.
use áldiera asteṛ hinan·   thar ni uuarđ ' siđur enig monn
sprekana so spé·   huonde he ' mahte rekkian spell godes
huonde he mahte ' im hedde forlíen   liuḍ ạ herra·
that hẹ ṃahte ' fon erđu   upp giharian
575 uualdandes uuord '   bethiu uuas is giuuitt mikịl
thes thegnes gi'thahti·   Tha he thonan scolde
ageuan gardos '   gadulinga gimong
forletan liudia dróm   so'kian lioht óđer.
tha he is giungeron hét   gon'gan nahur
580 erbiuuardos·   endi is erlun tha '
segde sóđlica.   that all siđor cam.
giuuarđ /

---

557 éđeligiburdie *durch Rasur aus* elđ … S.
562 Tha, T *vor den Textspiegel ausgerückt* S.
573 liuḍ ạ, d *anscheinend durchstrichen (?)* S.

III

⁶⁷⁵ endi myrran thar mid·   the menn stodun garæ '   4^r
holde fore ira herran   the it mid ira hondun soń '
fagera atfengun·   Tha giuuitun im the ferhtan ' menn
seggi ti sélidun   siduuorige
gumun an ' gestseli   thar im godes engil
⁶⁸⁰ slápandiun an ' naht   suebn gitagde
gidrog im an drome·   all so it ' drohtin self
uualdand.. uuelde   that im thuh'te that man im mid uuordun gibudi
that sie im '

⟨mit dem Mittelstreifen fehlen die vv. 683a (teilw.) − 692b (teilw.)⟩

⁶⁹²   − − − − g − − − − '
ira mod morgana gihuilikes· '

⟨T⟩HA for.. im eht the menn thonan.
erlos ' astrunie   all so im the engil godes
⁶⁹⁵ uu(.)r'dun giuuisde   namun im uueg oderne.
ful'gengun godes lerun   ni uueldun them Giude'ona cuninge
umbi thes barnes giburd   bodan ' astrunie
sidu orige menn   seggian iauuiht· /
Ac uuendun im eht an ira uuillian·   Tha uuard ' son ahter thiu uual-
⁷⁰⁰ godes engil cumen '   Iosepe ti spraku   ⌊dandes   4^v
sagde im an suebne.   slapan'diun an naht
bodo drohtines   that that barn go'des
slidmod cuning   sokian uuelde
ohtian is ' aldres·   Nu scalt thu ine an Aegyptia
⁷⁰⁵ land unt'ledian   endi under them liudiun uuesan
mid ' thiu godes barnu   endi mid theru godan thior'

⟨mit dem Mittelstreifen fehlen die vv. 706 (Ende) − 715b (teilw.)⟩

---

⁶⁸⁰ suebn (nach b nur 1 Buchstabe), so am ehesten S.
⁶⁸¹ im über der Zeile einkorrigiert (-m beschädigt) S.
^{692b} Zeile fast ganz abgeschnitten S.
⁶⁹³ Hinter gihuilikes· Rest der Zeile leer; von der folgenden Zeile an für ⟨T⟩ von ⟨T⟩HA 3 Zeilen hoher Leerraum links am Rand des Textspiegels, Initiale fehlt ([T] HA Capitalis rustica) S.
⁷⁰⁴ ægyptia S.

715 Th(.) gif(...)g -----
− − − − − − − − − − ' he an is rikie sat
that uuarun the uuisan ' menn   uuestan gihuorƀen
aster an irạ ođil '   ẹndi forun im ođerne uueg·
uuisse that ' ti uuaran that sie im that ạrundi   eht ni ' uueldun
720 seggian an is sélịđun·   tha uuarđ ' im thas an sorgun hugi
mọd murnandi '   quađ that it imu the menn dedin
heliđas /

715bf. *Zeile größtenteils abgeschnitten;* 718 aster an, *Trennpunkt einkorrigiert S.*
Th(.), T *vor den Textspiegel ausgerückt S.*

Genesis

Übersicht über den Inhalt der Genesis

	Ags. Genesis Vers	Alts. Original Vers
Adam und Eva im Paradies	235–245	
Der Sturz der Engel	246–441	
Der Sündenfall	442–851	1–26
Kain		27–150
Der Untergang von Sodom		151–337

. . . .
235 'ac niotað inc þæs oðres ealles!   Forlætað þone ænne beam,
    wariað inc wið þone wæstm: ne wyrð inc wilna gæd.'
    Hnigon þa mid heafdum   heofoncyninge
    georne togenes   and sædon *ealles* þanc,
    lista and þara lara: he let heo þæt land buan.
240 Hwærf him þa to heofenum   halig drihten,
    stiðferhð cyning.   Stod his handgeweorc
    somod on sande,   nyston sorga wiht
    to begrornianne,   *butan* heo godes willan
    lengest læsten: heo wæron leof gode,
245 *þenden* heo his halige word   healdan woldon.

    Hæfde se *alwalda*   engelcynna,
    þurh handmægen   halig drihten
    tene getrimede,   þæm he getruwode wel,
    þæt hie his giongorscipe   *fyligan* wolden,
250 wyrcean his willan: forþon he *him* gewit forgeaf
    and mid his handum gesceop,   halig drihten.   ⌈geworhtne,
    Gesett hæfde he hie swa gesæliglice,   ænne hæfde he swa swiðne

---

238 ealles: *zum irregulären Stabreim vgl. zusammenfassend Timmer S. 53, Doane z. St.; im Original muß der Text anders gelautet haben.*

243 butan *Konjunktion Klaeber, Wortverz., Timmer; Mitchell, Neuphil. Mitt. 70, 70ff.; Vickrey, ebd. 71, 191f.; Doane. Grein* butan hu; *Sievers, H. u. G., Behaghel u. a.* butan þæt.

245 *Zu* þenden *von j. Hand die Randglosse* .i. þa hwile.

246 *In der 'Ags. Gen.' Fittenanfang:* Hæfde *Initiale H, danach Kapitalis Hs.* alwalda *zu* ealwalda *geändert Hs.*

248 tene *zu* tyne *geändert Hs.* getrimede *zu* getrymede *geändert Hs.*

249 fyligan *so Hs.; Wülker, Krapp, Timmer, Schwab, Problema 124, dies., Litt., Doane* (= fylgean *'folgen'): reimwidrige Umsetzung v. as.* *fulgân/-gangan] ful(l)gân/-gangan *Hg. seit Ettmüller bis Behaghel, Vickrey, Sweet-Whitelock.*

250 him *zu* heom *geändert Hs.*

251 and] and hie *Ettmüller; Lücke nach 251 Rieger.*

Ags. Genesis

     swa mihtigne on his modgeþohte: he let hine swa micles
                                                                    ⌊wealdan,
     hehstne to him on heofona rice.   Hæfde he hine swa hwitne
                                                                      ⌊geworhtne;   20
255 swa wynlic wæs his *wæstm* on heofonum,   þæt him com from
                                                                      ⌊weroda drihtne:
     gelic wæs he þam leohtum steorrum;   lof sceolde he drihtnes
                                                                      ⌊wyrcean,
     dyran sceolde he his dreamas on heofonum   and sceolde his
                                                                      ⌊drihtne þancian
     þæs *leanes* þe he him on þam leohte gescerede;   þonne lete he
                                                                      ⌊his hine lange wealdan:
     ac he *awende* hit him to wyrsan þinge,   ongan him winn up
                                                                      ⌊ahebban   25
260 wið þone hehstan heofnes *waldend*,   þe siteð on þam halgan
                                                                      ⌊stole;
     deore wæs he drihtne *ure:*   ne mihte him bedyrned *weorðan*,
     þæt his engyl ongan   ofermod wesan,
     ahof hine wið his *herran*,   sohte hetespræce,
     gylpword ongean,   nolde gode þeowian,   30
265 cwæð þæt his lic wære   leoht and scene,
     hwit and hiowbeorht: ne meahte he æt his hige findan,
     þæt *he* gode wolde   geongerdome,
     þeodne þeowian;   þuhte him sylfum,
     þæt he mægyn and cræft   maran hæfde,   35
270 þonne se halga god   habban mihte,
     folcgestælna.   Feala worda *gespæc*
     se engel ofermodes: þohte þurh his anes cræft,
     hu he him *strenglicran*   stol geworhte,

---

255 wæwtm *Hs.*

258 leanes *Hs., so die meisten Hg.; vgl. Schwab, Problema 122, dies., Beziehungen 108: irrige Umsetzung (»Lohnes«) von as.* *lêhanes] lænes *Grein u. a. Hg. (Anm.), Vickrey; ders., Herrigs Archiv 204, 268; Schwab, Ansätze I, 152, Anm. 79.*

259 a *in* awende *und* ahebban *wohl vom Schreiber einkorrigiert (vgl. Doane), Hs.*

260 »triplet« *Doane.* waldend *zu* wealdend *geändert Hs.*

261 ure *zu* urum *geändert Hs. (vgl. Timmer z. St.).* weorðan *zu* wyrðan *geändert Hs.*

263 herran *zu* hearran *geändert Hs.*

267 he *über d. Z. einkorr. Hs.*

271 gespæc *(vgl. 294 u. a.) vgl. Campbell § 475.*

273 strenglicran: *zum unregelm. Komp. vgl. Klaeber² S. 9 (Lit.).*

heahran on heofonum, cwæð þæt hine his hige speone, 40
275 þæt he west and norð wyrcean ongunne,
trymede getimbro, cwæð him tweo þuhte,
þæt he gode wolde geongra weorðan:
'Hwæt sceal ic winnan?' cwæð he, 'nis me wihtæ þearf
hearran to habbanne: ic mæg mid handum swa fela 45
280 wundra gewyrcean; ic hæbbe geweald micel
to gyrwanne godlecran stol,
hearran on heofne. Hwy sceal ic æfter his hyldo þeowian,
bugan him swilces geongordomes? Ic mæg wesan god swa he.
Bigstandað me strange geneatas, þa ne willað me æt þam striðe
⌊geswican, 50
285 hæleðas heardmode: hie habbað me to hearran *gecorene*,
rofe rincas: mid swilcum mæg man ræd geþencean,
fon mid swilcum folcgesteallan: frynd synd hie mine georne,
holde on hyra hygesceaftum. Ic mæg hyra hearra wesan,
rædan on þis rice; swa me þæt riht ne þinceð, 55
290 þæt ic oleccan awiht þurfe
gode æfter gode ænegum: ne wille ic leng his geongra wurðan.'
Þa hit se allwalda eall gehyrde,
þæt his engyl ongan ofermede micel
ahebban wið his hearran and spræc healic word 60
295 dollice wið drihten sinne: sceolde he þa dæd ongyldan,
worc þæs gewinnes gedælan and sceolde his wite habban,
ealra morðra mæst: swa deð monna gehwilc,
þe wið his waldend winnan ongynneð, ⌈bolgen, 65
mid mane wið þone mæran drihten. Þa wearð se mihtiga ge-
300 hehsta heofones waldend, wearp hine of *þan* hean stole.
Hete hæfde he æt his hearran gewunnen, hyldo hæfde his ferlo-
⌊rene,
gram wearð him se goda on his mode: forþon he sceolde grund
⌊gesecean

---

282 hearran *(vgl. 274) vgl. Campbell § 484.*
283 bugan *unvollkommen umgesetzt aus as.* *bege(h)an *Kock, Plain points* 11 *(nach Ansätzen bei Grein und Sievers, XXXIII, Anm.).*
285 gecorene: *Doane S. 365 vergleicht Campbell § 457.*
300 þan *vgl. Sievers-Brunner § 187.*

heardes hellewites, þæs þe he wann wið heofnes waldend.
Acwæð hine þa fram his hyldo   and hine on helle wearp,   70
305 on þa deopan *dala,*   þær he to deofle wearð,
se feond mid his geferum eallum: feollon þa ufon of heofnum
þurhlonge swa,   þreo niht and dagas
þa englas of heofnum on helle,   and heo ealle forsceop
drihten to deoflum,   *forþon* heo his dæd and word   75
310 noldon weorðian: forþon he heo on wyrse leoht
under eorðan neoðan,   ællmihtig god,
sette sigelease   on þa sweartan helle.
Þær hæbbað heo on æfyn   ungemet lange,
ealra feonda gehwilc   fyr edneowe;   80
315 þonne cymð on uhtan   easterne wind,
forst fyrnum cald.   Symble fyr oððe *gar,*
sum heard *geþwing*   habban sceoldon.
Worhte man hit him to wite   – hyra woruld wæs gehwyrfed –,
forman siðe   fylde helle   85
320 mid þam andsacum.   Heoldon englas forð
heofonrices hehðe,   þe ær *hyldo godes,*
lare gelæston.

---

304 acwæð *Hs. (»proclaimed... out of« Bosworth-Toller, Suppl.); vgl. aber auch 406 (Bouterwek, Vickrey).*

305 dala *vgl. Sievers-Brunner § 237, A. 5.*

307 þurhlonge swa *Hs., Ettmüller, Klaeber, Kock, Plain points 12, und neuere Hg. (trotz Zweifeln: Klaeber² S. 9 und Anglia 49, 372), Hofmann II 284]* þurh longe þrage *Dietrich, ZfdA 10, 314, Behaghel;* þurh swa longe swa *Grein u. a.; vgl. auch Timmer S. 38.*

309 *Grein u. a. Hg. beginnen im Abvers neuen Satz.*

316 gar *vgl. Krapp z. St.; Schwab, Ansätze III 2, 55. Anders Klaeber, Anglia 37, 539; 49, 362, Vickrey, Doane. Noch anders Malone, English Studies 28, 42.*

317 geþwing *Sisam, RES 22, 257, danach die meisten Hg.]* gewrinc *Hs., verteidigt von Doane;* geswinc *Thorpe und ältere Hg.*

318b f. *Die Hg. interpungieren verschieden.*

321-22a *Versteilung nach Holthausen, ES 37, 203; Hofmann II 284. Die übrigen Hg. folgen der Hs. (s. die folg. Noten) u. teilen bei* gelæston || *zwei Langzeilen voneinander ab.*

321 hyldo godes *Holthausen a. a. O., so auch Hofmann a. a. O.]* godes hyldo *Hs., so übrige Hg.*

322 lare *Holthausen, a. a. O., so auch Hofmann a. a. O.] fehlt Hs. Nach* gelæston *ursprünglich durch stärkere Interpunktion Texteinschnitt be-*

Ags. Genesis

	Lagon þa oðre,	
322a	fynd on þam fyre, þe ær swa feala hæfdon	88a
	gewinnes wið heora waldend: wite þoliað,	
	hatne heaðowelm helle tomiddes,	90
325	*brand* and brade ligas, swilce eac þa biteran recas,	
	þrosm and þystro, forþon hie þegnscipe	
	godes forgymdon: hie hyra gal beswac,	
	engles oferhygd: noldon *alwaldan*	
	word weorðian, hæfdon wite micel:	95
330	*wæron* þa befeallene fyre to botme	
	on þa hatan *hell* þurh hygeleaste	
	and þurh ofermetto, sohton oðer land:	
	þæt wæs leohtes leas and wæs liges full,	
	fyres fær micel. Fynd ongeaton,	100
335	þæt hie hæfdon gewrixled wita unrim	
	þurh heora miclan mod and þurh miht godes	
	and þurh ofermetto ealra swiðost.	
	Þa spræc se ofermoda cyning, þe ær wæs engla scynost,	
	hwitost on *heofne* and his hearran leof,	105
340	drihtne dyre, oð hie to dole wurdon,	
	þæt him for galscipe god sylfa wearð,	
	mihtig on mode yrre: wearp hine on þæt morðer innan,	
	niðer on þæt niobedd and sceop him naman siððan,	
	cwæd se hehsta *hatan* sceolde	110

---

zeichnet (Fittenschluß), dann wegen falscher Initialensetzung am Beginn von p. 18 (s. zu 325) Text vom Schreiber weitergeführt bis 324; danach Fittenziffer VII *Hs.* So nach Gollancz S. XXX. CIX (vgl. Schwab, Litt., Abb. XVIf.); danach Hg. seit Klaeber² S. 8 (mit Einschnitt am Langzeilenende, vgl. vorige Noten).

325 Brand *irrtümliche (vgl. zu 322) Bezeichnung eines Fittenanfangs in der 'Ags. Gen.': Initiale* B, *danach Kapitalis Hs.*

328 englas *Timmer;* egle *Sisam, RES 22,* 258. alwaldan *zu* alwealdan *geändert Hs.*

330 wæron, n *vom Korr. über d. Z. einkorr. Hs.*

331 hell *unumgesetzte as. Form Klaeber, JEGP 12, 254, Doane.*

339 hwittost, *das erste* t *vom Korr. übergeschrieben, Hs.* heofne *zu* heofnon *geändert Hs.; vgl. Timmer 40.*

344 cwæð *Sweet, Körner und Hg. seit Klaeber*] cwæð þaet (þæt *einkorr. v. späterer Hd., Hs.), so übrige Hg. bis Behaghel. Zu* hatan *vgl. Klaeber, Anglia 37, 540.*

Ags. Genesis

345 Satan siððan. Het hine þære sweartan *helle*,
grundes gyman,   nalles wið god *winnan*.
Satan maðelode,   sorgiende spræc,
se þe helle forð   healdan sceolde,
gieman þæs grundes –   wæs ær godes engel   115
350 hwit on *heofne*,   oð hine his hyge forspeon
and his ofermetto   ealra swiðost,
þæt he ne wolde   wereda drihtnes
word wurðian –:   weoll him on innan
hyge ymb his heortan,   hat wæs him utan   120
355 wraðlic wite. He þa worde cwæð:
'Is þes *ænga styde*   ungelic swiðe
þam oðrum,   þe we ær cuðon,
hean on heofonrice,   þe me min hearra onlag,
þeah we hine for þam *alwaldan*   agan ne moston,   125
360 romigan ures rices.   Næfð he þeah riht gedon,
þæt he us hæfð *befælled*   fyre to botme,
helle þære hatan,   heofonrice benumen:
hafað hit gemearcod   mid moncynne
to gesettanne. Þæt me is sorga mæst,   130
365 þæt Adam sceal,   þe wæs of eorðan geworht,
minne stronglican   stol behealdan,
wesan him on wynne   and we þis wite þolien,
hearm on þisse helle. Wala ahte ic minra handa geweald
and moste ane tid   ute weorðan,   135
370 wesan ane winterstunde!   þonne ic mid þys werode...

345f. helle, ‖ grundes] *Hg. z. T. ohne Komma, vgl.* Klaeber, Anglia 49, 363.
346 widnan *(d korr.? Vickrey) Hs.*
349 gieman *zu* gyman *geändert Hs.*
350 heofne *zu* heofnon *geändert Hs.; vgl. zu 339.*
356 æniga, i *übergeschr., Hs.*   styde *zu* stede *geändert Hs.*
357 þam oðrum *Hs.; so, obwohl zu kurz, die meisten älteren Hg. sowie Timmer, Vickrey, Schwab, Litt., Doane (v. 356f. »triplet«)*] þ. o. ham(e) Rieger, Leseb. 111, Behaghel[3ff.], Klaeber, Krapp, Hofmann II 285.
358 hean *vgl.* Krapp, Doane z. St.   on *nachgetragen Hs.*
359 alwaldan *zu* alwealdan *geändert Hs.*
361 befælled *zu* befylled *geändert Hs.*
370(f.) *Vers verstümmelt nach* Rieger, Leseb. 112, Anm., Klaeber, Hofmann II 285. *Danach weiterer Textausfall* Rieger a. a. O., Klaeber S. 50 *(nach* Sievers, H. u. G. 15 *Beginn*

. . . .
ac licgað me ymbe   *irenbenda*,
rideð racentan sal   – ic eom rices leas –,
habbað me swa hearde   helle clommas
fæste befangen.   Her is fyr micel   140
375 ufan and neoðone.   Ic a ne geseah
laðran landscipe: lig ne aswamað
hat ofer helle.   Me *habbað* hringa gespong,
sliðhearda sal   siðes amyrred,
afyrred me min feðe: fet synt gebundene,   145
380 handa gehæfte,   synt þissa heldora
wegas forworhte,   swa ic mid wihte ne mæg
of þissum lioðobendum.   Licgað me *ymbutan*
heardes irenes   hate geslægene
grindlas greate,   mid þy me god hafað   150
385 gehæfted be þam healse;   swa ic wat he minne hige cuðe.
And þæt wiste eac   weroda drihten,
þæt sceolde *unc Adame*   yfele gewurðan
ymb þæt heofonrice,   þær ic ahte minra handa geweald.

Ac þoliað we nu þrea on helle: þæt syndon þystro and hæto,   155
390 grimme, grundlease;   hafað us god sylfa
forswapen on þas sweartan mistas,   swa he us ne mæg ænige
⌊synne gestælan,
þæt we him on þam lande lað gefremedon: he hæfð us þeah þæs
⌊*leohtes* bescyrede,

---

einer Interpolation)] rhetorische El-
lipse übrige Hg. (außer Wülker).
371 irenbendas, -s *einkorr.* Hs.
377 hafað? *Grein;* gespong *Plur. (?)
Krapp z. St.*
382 ymbutan *(korr. aus* ymbe *Hs.)* Hg.
bis Klaeber, Hofmann II 285] ymbe
Hg. seit Krapp.
385f. *Zeichensetzung der Hg. verschie-
den, vgl. Klaeber, Anglia 49, 365.*
387 *vgl. Klaeber, Anglia, 49, 364f.; Doa-
ne.* unc *vgl. Mirarchi, AION fil.
germ. 23, 223; anders Krogmann,*
ZfvglSpr 74, 161.   Adame *(v.
Korr. aus* Adam *geändert, Hs.) Hg.
bis Krapp, Hofmann II 285]* Adam
Timmer, Vickrey, Doane, Schwab,
Litt., Sweet-Whitelock.
389 *In der 'Ags. Gen.' Fittenanfang VII
(?, so Hs., p. 19; richtig VIII):* Ac
þoliað *Initiale A, danach Kapitalis
Hs., p. 21. Vgl. Bruckner, D. as.
Gen. S. 86, Anm.; Krapp, S. XL m.
Anm. 1; Schwab, Litt., Abb. XVIIf.*
392 leohtes, leo *verwischt Hs.*

```
              beworpen on ealra wita mæste.      Ne magon we þæs wrace
                                                                    ⌊gefremman,
              geleanian him mid laðes wihte,     þæt he us hafað þæs leohtes
                                                                    ⌊bescyrede.     160
395     He hæfð nu gemearcod anne middangeard,       þær he hæfð mon
                                                                    ⌊geworhtne
        æfter his onlicnesse,     mid þam he wile eft gesettan
        heofona rice mid hluttrum saulum.    We þæs sculon hycgan georne,
        þæt we on Adame,    gif we æfre mægen,
        and on his eafrum swa some     andan gebetan,                           165
400     onwendan him þær willan sines,    gif we hit mægen wihte
                                                                    ⌊aþencan.
        Ne gelyfe ic me nu þæs leohtes furðor,    þæs þe he *him* þenceð
                                                                    ⌊lange *niotan*,
        þæs eades mid his engla cræfte.    Ne magon we þæt on aldre
                                                                    ⌊gewinnan,
        þæt we mihtiges godes mod onwæcen;    uton oðwendan hit nu
                                                                    ⌊monna bearnum,
        þæt heofonrice, nu we hit habban ne moton,    gedon þæt hie his
                                                                    ⌊hyldo forlæten,   170
405     þæt hie þæt onwendon, þæt he mid his worde bebead.    Þonne
                                                                    ⌊weorð he him wrað on mode,
        *ahwet* hie from his hyldo.    Þonne sculon hie þas helle secan
        and þas grimman grundas.    Þonne moton we hie us to giongrum
                                                                    ⌊habban,
        fira bearn on þissum fæstum *clomme*.    Onginnað nu ymb þa
        Gif ic ænegum þegne    þeoden*madmas*            ⌊fyrde þencean!    175
410     geara forgeafe,    þenden we on *þan* godan rice
```

---

401 him *zu* heom *geändert Hs.* niotan *zu* neotan *geändert Hs.*

403 »triplet« *Doane (vgl. ebd. S. 79 m. Anm. 20, S. 84).*

406 ahwet *ein Teil der Hg., zuletzt Timmer (= ahwett Björkmann, Beiblatt z. Anglia 25, 203; Bosworth-Toller 32, vgl. Campbell § 751. 753 (1)] andere Hg. (seit Cosjin bei Symons, ZfdPh 28, 149), zuletzt Doane, erschließen as.* *(–)huuâtan *(vgl. Seebold S. 284). Vgl. 609, aber auch 304.*

408 clomme *(zur Syntax vgl. Doane, nach Capek: as.?)]* clommum *Sweet-Whitelock.*

409 -madmas *vgl. Campbell § 424.*

410 þan *vgl. zu 300.*

gesælige sæton   and hæfdon *ure* setla geweald,
þonne he me na on leofran tid   leanum ne meahte
mine gife gyldan,   gif his gien wolde
minra þegna hwilc   geþafa wurðan,
415 þæt he up heonon   ute mihte
cuman þurh þas clustro,   and hæfde cræft mid him,
þæt he mid feðerhoman   fleogan meahte,
windan on wolcne,   þær geworht stondað
Adam and Eve   on eorðrice
420 mid welan bewunden,   and we synd aworpene hider
on þas deopan dalo.   Nu hie drihtne synt
wurðran micle   and moton him þone welan agan,
þe we on heofonrice   habban sceoldon,
rice mid rihte: is se ræd gescyred
425 monna cynne.   Þæt me is on minum mode swa sar,
on minum hyge hreoweð,   þæt hie heofonrice
agan to aldre.   Gif hit eower ænig mæge
gewendan mid wihte,   þæt hie word godes,
lare forlæten,   sona hie him þe laðran beoð,
430 gif hie brecað his gebodscipe.   Þonne he him abolgen wurðeð;
siððan bið him se wela *onwended*,   and wyrð him wite
sum heard hearmscearu.   Hycgað his ealle,   ⌊*gegarwod*,
hu ge hi beswicen!   Siððan ic me *sefte* mæg
restan on þyssum racentum,   gif him þæt rice losað.
435 Se þe þæt gelæsteð,   him bið lean gearo
æfter to aldre,   þæs we her inne magon
on þyssum fyre forð   fremena gewinnan:
sittan læte ic hine wið me sylfne,   swa hwa swa þæt secgan
on þas hatan helle,   þæt hie heofoncyninges   ⌊cymeð
440 unwurðlice   wordum and dædum
lare . . . ."
. . . .

---

411 ure *vgl. Campbell § 705 (und 702)*.
431 *zu* onwended *vgl. Muller, PBB* 11, 363.   gegarwod *zu* gegearwod *geändert Hs.*
433 sefte *(Adj., so Vickrey, oder irrige Bildung zum Adv.* softe *im Komp.,*
so Timmer; *vgl. Doane, auch S. 387) Hs.*] softe *Grein, Sievers, H. u. G., Sweet-Whitelock.*
441 *Zu der Lücke in der Hs. zuletzt Schwab, Litt., S. 33f.*

Ags. Genesis (Gn 2,9)

    Angan hine þa gyrwan   godes andsaca
    fus on frætwum   – hæfde fæcne hyge –,
    hæleðhelm on heafod *asette*   and *þone ful* hearde geband,   210
445 *spenn* mid spangum   – wiste him spræca fela,
    wora worda –,   wand him up þanon,
    hwearf him þurh þa helldora   – hæfde hyge strangne –,
    leolc on lyfte   laðwendemod,
    swang þæt fyr on twa   feondes cræfte: 215
450 wolde dearnunga   drihtnes geongran,
    mid mandædum   *men* beswican,
    forlædan and forlæran,   þæt hie wurdon lað gode.
    He þa *geferde*   þurh feondes cræft,
    oð þæt he Adam   on eorðrice,   220
455 godes handgesceaft   gearone funde,
    wislice geworht,   and his wif somed,
    freo fægroste,   swa hie fela cuðon
    godes gegearwigean,   þa him to gingran self
    metot mancynnes   mearcode selfa;   225
460 and him bi *twegin*   beamas stodon,
    þa wæron utan   ofætes gehlædene,
    gewered mid wæstme,   swa hie waldend god,
    heah heofoncyning   handum gesette,
    þæt þær yldo bearn   moste *on* ceosan   230

---

442 *In der 'Ags. Gen.' Fittenanfang:* Angan *Initiale A, danach Kapitalis Hs.*
442-81 *Zu den hier zahlr. Akzenten und Korrekturen, auch v. e. dritten Hd. (m. and. Tinte), vgl. Sievers, ZfdA 15, 458; Doane; Schwab, Litt., S. 27.*
444 asette and þone *nach Schröder, ZfdA 43, 381, Anm. 1, Zusatz gegenüber dem Original.* ful *von dritter Hd. in* full *geändert, Sievers a. a. O., Doane.*
445 spenn *von dritter Hd. (Doane) zu* speonn *geändert Hs.*
446 wora *(zu woh)* w.: *dazu am Rand* ƀ wraþra worda *Hs.*
451 men *von dritter Hd. in* menn *geändert, Sievers a. a. O.*
453 gefer:de *(e ausradiert) Hs.*
459 metot *vgl. Hulbert, JEGP 37, 535, Doane.*
460 twegin *von dritter Hd. in* twegen *geändert Hs., Sievers a. a. O., Doane.*
464 on = an „*eines (von beiden)*" *Timmer, Vickrey; vgl. Doane*] onceosan *Thorpe u. a., vgl. ebenfalls Doane;* on „*(dar)an*" *c. Grein, Sievers, H. u. G., Behaghel, Krapp, Schwab, Litt.*

465	godes and *yfeles*, gumena æghwilc,		
	welan and wawan. Næs se wæstm gelic:		
	oðer wæs swa wynlic, wlitig and scene,		
	liðe and lofsum: þæt wæs lifes beam;		
	moste on ecnisse æfter lybban,	235	
470	wesan on worulde, se þæs wæstmes onbat,		
	swa him æfter þy yldo ne derede		
	ne suht sware, ac moste symle wesan		
	lungre on lustum and his lif *agon*,		
	hyldo heofoncyninges her on *worulde:*	240	
475	*habban* him to wæron *witode geþingðo*		
	on þone hean heofon, þonne *he* heonon wende.		
	Þonne wæs se oðer eallenga sweart,		
	dim and þystre: þæt wæs deaðes beam,		
	se bær bitres fela: sceolde bu witan	245	
480	ylda æghwilc, yfles and godes		
	gewand on þisse worulde: sceolde on wite a		
	mid swate and mid sorgum siððan libban,		
	swa hwa swa gebyrgde, þæs on þam beame geweox:		
	sceolde hine yldo beniman ellendæda,	250	
485	*dreamas* and drihtscipes and him beon deað scyred: ⌈*sweartost;*		
486/87	*lytle hwile sceolde he his lifes niotan,* *secan þonne landa*		

---

465 Behaghel *ergänzte* gewand *nach* yfeles.

466f. and wawan *bzw.* and scene *a. d. R. wdh. Hs.*

473 agon *zu* agan *geändert Hs.; vgl. Timmer 22.*

474f. *Abteilung nach Graz, Beiträge S. 69; so die neueren Hg. Vgl. zu 475.*

475 witode geþingðo *vom Korr. geändert aus* witot geþinge *(Timmer); dem Korr. folgen Graz a. a. O., Klaeber, Kock, Jaunts and Jottings S. 29, Krapp, Text, Hofmann II 286]* witod geþinge *(vgl. Krapp, Anm.) so die Hg. seit Timmer (vgl. dessen Anm.). Die Hg. bis Behaghel ergänzten verschieden, unter anderer Abteilung.*

476 he *Bouterwek S.* 301] heo *Hs.*

481 gewanod *Hs.,* o *einkorr. von dritter Hd., Sievers, ZfdA 15, 458, Doane.*

485 dreamas *vgl. Sievers-Brunner § 237, Anm. 1.*

486ff. *die Abteilung nach Graz, Beiträge, S. 69 (so auch Hofmann II 287; Schwab, Litt.); die übrigen Herausgeber teilen so:* lytle while | sceolde he his lifes niotan, ‖ secan thonne landa | sweartost on fyre, ‖ sceolde feondum þeowian. |

on fyre sceolde feondum þeowian: þær is ealra frecna mæste
leodum to langre hwile. Þæt wiste se laða georne,
490 dyrne deofles boda, þe wið drihten wann. 255
Wearp hine þa on wyrmes lic and wand him *þa*
ymbutan þone deaðes beam þurh deofles cræft,
genam þær þæs ofætes and wende hine eft þanon,
þær he wiste handgeweorc heofoncyninges.
495 Ongon hine þa frinan forman worde 260
se laða mid ligenum: 'Langað þe awuht,
Adam, up to gode? Ic eom on his ærende hider
feorran gefered; ne þæt nu fyrn ne wæs,
þæt ic wið hine sylfne sæt. Þa het he me on þysne sið faran,
500 het þæt þu þisses ofætes æte, cwæð þæt þin *abal* and cræft 265
and þin modsefa mara wurde
and þin lichoma leohtra micle,
þin gesceapu scenran; cwæð þæt þe æniges *sceattes* þearf
ne wurde on worulde. Nu þu willan hæfst,
505 hyldo geworhte heofoncyninges, 270
to þance geþenod þinum *hearran*, ⌈dæd and word
hæfst þe wið drihten dyrne geworhtne: ic gehyrde hine þine
lofian on lis leohte and ymb þin lif sprecan:
swa þu læstan scealt, þæt on þis land hider
510 his bodan bringað. Brade synd on worulde 275
grene geardas, and god siteð
on þam hehstan heofna rice,
ufan alwalda: nele þa earfeðu
sylfa habban, þæt he on þysne sið fare,
515 gumena drihten, ac he his gingran sent 280
to þinre spræce. Nu he þe mid spellum het

491f. *Abteilung nach Graz S. 99, Hofmann II 287*] ymbutan ‖ þone *die Hg. bisher.*
500 abal *nur orthogr. (*b *st.* ƀ*) angepaßte as. Form Hs.; vgl. Sievers, S. XXXII, Anm., Timmer S. 32.*
503 sceates *Grein, Sprachschatz, zuletzt Vickrey (vgl. Hulbert, JEGP 37,* 535; *Schwab, Litt.); vgl.* 813 = *as. Gen.* 22] sceates *Hs., so Grein, Gm. 10, 417, zuletzt Doane.*
506 hearran *Ettmüller, zuletzt Vickrey*] hearan *Hs., so zuletzt Doane, Schwab, Litt. (vgl. Hulbert a. a. O.).*
507 »triplet« *Doane (vgl. ebd. S. 79).*

listas læran: læste þu georne
his ambyhto, nim þe þis ofæt on hand,
bit his and byrge: þe weorð on þinum breostum rum,
520 wæstm þy wlitegra: þe sende waldend god,
þin hearra þas helpe of heofonrice.'
 Adam maðelode, þær he on eorðan stod,
selfsceafte guma: 'Þonne ic sigedrihten,
mihtigne god mæðlan gehyrde
525 strangre stemne *and* me her stondan het,
his bebodu healdan and me þas bryd forgeaf,
wlitesciene wif, and me warnian het,
þæt ic on þone deaðes beam bedroren ne wurde,
beswicen to swiðe, he cwæð þæt þa sweartan helle
530 healdan sceolde, se þe bi his heortan wuht
laðes gelæde. Nat, *þeah* þu mid ligenum fare,
þurh dyrne geþanc, þe þu drihtnes eart
boda of heofnum. Hwæt, ic þinra bysna ne mæg,
worda ne wisna wuht oncnawan,
535 siðes ne sagona. Ic wat hwæt he me self bebead,
nergend user, þa ic hine nehst geseah:
he het me his word weorðian and wel healdan,
læstan his lare. Þu gelic ne bist
ænegum his engla, þe ic ær geseah,
540 ne þu *me* oðiewdest ænig tacen,
þe he me þurh treowe to onsende,
min hearra þurh hyldo. Þy ic þe hyran ne cann,
ac þu meaht þe forð faran. Ic hæbbe me fæstne geleafan
up to þam ælmihtegan gode, þe me mid his earmum worhte,
545 her mid handum sinum. He mæg me of his hean rice
geofian mid goda gehwilcum, þeah he his gingran ne sende.'

 Wende hine wraðmod, þær he þæt wif geseah,

---

525 and] and he *Sievers, H. u. G.; zu tilgen? Klaeber; den Text verteidigt Doane.*

531 þeah „ob" *Cosijn, PBB 19, 446, Klaeber, S. 51; zu* þe 532 „oder" *und zum Moduswechsel vgl. Doane.*

540 me] me ne *(ne exp.) Hs.*

546 geofian *zu* gyfian *geändert Hs.*

547 *In der 'Ags. Gen.' Fittenanfang:* Wende *Initiale* W *(*Wynn*), danach Kapitalis Hs.*

on eorðrice   Evan stondan
sceone gesceapene,   cwæð þæt sceaðena mæst
550 eallum heora eaforum   æfter siððan
wurde on worulde: 'Ic wat, inc waldend god
abolgen wyrð,   swa ic him þisne bodscipe
selfa secge,   þonne ic of þys siðe cume
ofer langne weg,   þæt git ne læstan wel,
555 *hwilc* ærende *swa*   he easten hider
on þysne sið sendeð.   Nu sceal he sylf faran
to incre andsware;   ne mæg his ærende
his boda beodan: þy ic wat þæt he inc abolgen wyrð,
mihtig on mode.   Gif þu þeah minum wilt,
560 wif, willende   wordum hyran,
þu meaht his þonne rume   ræd geþencan.
Gehyge on þinum breostum,   þæt þu inc bam twam meaht
wite bewarigan,   swa ic þe wisie:
æt þisses ofetes: þonne wurðað þin eagan swa leoht,
565 þæt þu meaht swa wide   ofer woruld ealle
geseon siððan   and selfes stol
herran þines   and habban his hyldo forð.
Meaht þu Adame   eft gestyran,
gif þu his willan hæfst   and he þinum wordum getrywð;
570 gif þu him to soðe sægst,   hwylce þu selfa hæfst
bisne on breostum,   þæs þu gebod godes,
lare læstes,   he þone laðan strið,
yfel andwyrde   an forlæteð
on breostcofan,   swa wit him bu tu
575 an sped sprecað.   Span þu hine georne,
þæt he þine lare læste,   þy læs gyt lað gode,
incrum waldende   weorðan þyrfen.
Gif þu þæt angin fremest,   idesa seo betste,
forhele ic incrum herran   þæt me hearmes swa fela
580 Adam gespræc,   eargra worda,

---

555 hwilc ... swa | vgl. *Krapp z. St.*
     („whatever").
564 æt = et vgl. *Timmer 23.*
571 bisne *Hs. (zu* bysen*).*

574b *zur Metrik vgl. Hofmann II 288;*
     anders Graz S. 99, Holthausen,
     ES 37, 203. Vgl. auch Doane.

```
         tyhð me untryowða,    cwyð þæt ic seo teonum georn,
         gramum ambyhtsecg,    nales godes engel.
         Ac ic cann ealle swa geare    engla gebyrdo,
         heah heofona gehlidu:    wæs seo hwil þæs lang,
585      þæt ic geornlice    gode þegnode
         þurh holdne hyge,    herran minum,
         drihtne selfum:    ne eom ic deofle gelic.'
         Lædde hie swa mid ligenum    and mid listum speon
         idese on þæt unriht,    oð þæt hire on innan ongan
590      weallan wyrmes geþeaht;    hæfde hire wacran hige
         metod gemearcod,    þæt heo hire mod ongan
         lætan æfter þam larum:    forþon heo æt þam laðan onfeng
         ofer drihtnes word    deaðes beames
         weorcsumne wæstm.    Ne wearð wyrse dæd
595      monnum gemearcod.    Þæt is micel wundor,
         þæt hit ece god    æfre wolde,
         þeoden þolian,    þæt wurde þegn swa monig
         forlædd be þam lygenum,    þe for þam larum com.
         Heo þa þæs ofætes æt:    alwaldan bræc
600      word and willan.    Þa meahte heo wide geseon
         þurh þæs laðan læn,    þe hie mid ligenum beswac,
         dearnenga bedrog,    þe hire for his dædum com,
         þæt hire þuhte hwitre    heofon and eorðe
         and eall þeos woruld wlitigre    and geweorc godes
605      micel and mihtig,    þeah heo hit þurh monnes geþeaht
         ne sceawode;    ac se sceaða georne
         swicode ymb þa sawle,    þe hire ær þa siene onlah,
         þæt heo swa wide    wlitan meahte
         ofer heofonrice.    Þa se forhatena spræc
610      þurh feondscipe    – nalles he hie freme lærde –:
         'Þu meaht nu þe self geseon,    swa ic hit þe secgan ne þearf,
```

---

581 seo *kentisch? Doane.* teona? *Klaeber.* georn] gearo? *Klaeber, Anglia 37, 540; Klaeber² S. 10.*
590f. *Zeichensetzung nach Vickrey.*
598 *Zusammenfassungen der Erklärungsversuche bei Vickrey, Nph. 37, 454 und Doane.*
609 forhatena *(vgl. Bosworth-Toller samt Suppl.) viell. falsche Umsetzung zu as.* farhwâtan *(vgl. Klaeber, JEGP 12, 255); vgl. auch 406. Anders Doane.*

Eve seo gode,   þæt þe is ungelic
wlite and wæstmas,   siððan þu minum wordum getruwodest,
læstes mine lare.   Nu scineð þe leoht fore
615 glædlic ongean,   þæt ic from gode brohte   380
hwit of heofonum: nu þu his hrinan meaht.
Sæge Adame,   hwilce þu gesihðe hæfst,
þurh minne cime cræfta.   Gif giet þurh cuscne siodo
læst mina lara,   þonne gife ic him þæs leohtes genog,
620 þæs ic þe swa godes   gegired hæbbe;   385
ne wite ic him þa womcwidas,   þeah he his wyrðe ne sie
to *alætanne: þæs fela* he me laðes spræc.
Swa *his* eaforan sculon   æfter lybban:
þonne hie lað gedoð,   hie sculon lufe wyrcean,
625 betan heora *hearran* hearmcwyde   ond habban his hyldo forð.'   390
Þa *gieng* to Adame   idesa scenost,
wifa wlitegost,   þe on woruld come,
forþon heo wæs handgeweorc   heofoncyninges,
þeah heo þa dearnenga   fordon wurde,
630 forlæd mid ligenum,   þæt hie lað gode   395
þurh þæs wraðan geþanc   weorðan sceoldon,
þurh þæs deofles searo   dom forlætan,
hierran hyldo,   hefonrices þolian
monige hwile: bið þam men full wa,
635 þe hine ne warnað,   þonne he his geweald hafað.   400

618a *Schwab, Litt.*, glaubt an Umstellung in der Hs. cræfta þ. m. c. *(vgl. ebd. S. 81 und Vickrey z. St.)*. Vgl. auch *Doane.*

622 Abteilung nach *Kock, Plain points 14, Krapp, Vickrey, Hofmann II 289*] þæs fela ǁ *Behaghel,* þæs: ǁ *Doane.*

623 his *Thorpe u. a. Hg. bis Schwab, Litt.*] hire *Hs.; Klaeber* will hire festhalten, *JEGP 12, 253; ebenso Krapp, Timmer, Doane; Lucas, N&Q 215 = N.S. 17, 243f.* setzt incre ein. Unentschieden *Vickrey, English Studies 70, 106, Anm. 30.*

623-25 *Teil d. wtl. Rede, so zuletzt Vickrey, Ausg.; ders., English Studies 70, 97; Schwab, Litt.* Anders *Klaeber, JEGP 12. 253, u. a.,* zuletzt *Doane.*

625 hearran *Dat. o. Gen. obj. nach Vickrey, Ausg.; ders., English Studies 70, 100;* anders *Schwab, Litt.; Doane.*

626 *Fittenanfang in der as. Originalfassung erwogen von Bruckner, D. as. Gen. S. 86.* gieng *Dietrich, ZfdA 10, 316*] gien *Hs.*

Sum heo hire *on* handum bær,   sum hire æt heortan læg,
æppel unsælga,   þone hire ær forbead
drihtna drihten,   deaðbeames ofet,
and þæt word acwæð   wuldres aldor,
640 þæt þæt micle morð   menn ne þorfton,   405
þegnas þolian,   ac he þeoda gehwam
hefonrice forgeaf,   halig drihten,
widbradne welan,   gif hie þone wæstm an
lætan wolden,   þe þæt *laðe treow*
645 on his bogum bær   bitre gefylled: 410
þæt wæs deaðes beam,   þe him drihten forbead.
Forlec *hie* þa mid ligenum,   se wæs lað gode,
on hete heofoncyninges,   *and* hyge Evan,
wifes *wac geþoht*,   þæt heo ongan his wordum truwian,
650 læstan his lare,   and geleafan nom,   415
þæt he þa bysene from gode   brungen hæfde,
þe he hire swa wærlice   wordum sægde,
iewde hire tacen   and treowa gehet,
his holdne hyge.   Þa heo to hire hearran spræc:
655 'Adam, frea min,   þis ofet is swa swete,   420
blið on breostum,   and þes boda sciene,
godes engel god: ic on his gearwan geseo,
þæt he is ærendsecg   uncres hearran,
hefoncyninges: his hyldo is unc betere
660 to gewinnanne   þonne his wiðermedo.   425
Gif þu him heodæg wuht   hearmes gespræce,
he forgifð hit þeah,   gif wit him geongordom

---

636 Sumne*? Ettmüller.*
644 laðe treow *Ettmüller, Graz, Beiträge S. 69,* Krapp, Hofmann II 289] lað treow *Hs., so Bouterwek, Timmer, Schwab, Litt.;* laðtreow *Grein, Sievers, H. u. G., Vickrey, Doane.*
647f. *Bouterwek S. 301 erwägt* he *statt* hie *sowie Tilgung von* and *(so noch Genzmer); Verlust eines 2. Verbs vermuten Holthausen, Beiblatt z. Anglia 18, 204, Klaeber, JEGP 12, 254, Anm., Holthausen, Beiblatt z. Anglia 45, 131; ähnlich Behaghel. Vgl. weiter Holthausen, ES 37, 180, ders., Anglia 44, 355.*
649 wac geþoht *die meisten Hg. (Neutr.; vgl. Krapp z. St.), Hofmann II 289]* wacgeþoht *Sievers, H. u. G., Behaghel, Vickrey (vgl. Anm.), Doane.*
656 blið *Hs., vgl. Hulbert, JEGP 37, 534]* bliðe *Klaeber (vgl. 751).*

læstan willað.   Hwæt scal þe swa laðlic strið
wið þines hearran bodan?   Unc is his hyldo þearf:
he mæg unc ærendian   to þam alwaldan,
heofoncyninge.   Ic mæg heonon geseon,
hwær he sylf siteð   – þæt is suð and east –
welan bewunden,   se þas woruld gesceop:
geseo ic him his englas   ymbe hweorfan
mid feðerhaman,   ealra folca mæst,
wereda wynsumast.   Hwa meahte me swelc gewit gifan,
gif hit gegnunga   god ne onsende,
heofones waldend?   Gehyran mæg ic rume
and swa wide geseon   on woruld ealle
ofer þas sidan gesceaft.   Ic mæg swegles gamen
gehyran on heofnum.   Wearð me on hige leohte
utan and innan,   siððan ic þæs ofætes onbat.
Nu hæbbe ic his her on handa,   herra se goda,
gife ic hit þe georne: ic gelyfe þæt hit from gode come,
broht from his bysene,   þæs me þes boda sægde
wærum wordum: hit nis wuhte gelic
elles on eorðan,   buton swa þes ar sægeð,
þæt hit gegnunga   from gode come.'

Hio spræc him þicce to   and speon hine ealne dæg
on þa dimman dæd,   þæt hie drihtnes heora
willan bræcon.   Stod se wraða boda,
legde him lustas on   and mid listum speon,
fylgde him frecne: wæs se feond full neah,
þe on þa frecnan fyrd   gefaren hæfde
ofer langne weg,   leode hogode
on þæt micle morð,   men forweorpan,
forlæran and forlædan,   þæt hie læn godes,
ælmihtiges gife   an forleten,
heofenrices geweald.   Hwæt, se hellsceaða
gearwe wiste,   þæt hie godes yrre
habban sceoldon,   and *hellgeþwing*,

---

684 *In der 'Ags. Gen.' Fittenanfang:* Hio   696 hellgeþwin *aus* –þwing, g *rad.* Hs.
Initiale H, *danach Kapitalis* Hs.

Ags. Genesis (Gn 3,6)

     þone nearwan nið   niede onfon,
     siððan hie gebod godes   forbrocen hæfdon,
     þa he forlærde   mid ligenwordum
700 to þam unræde   idese sciene,   465
     wifa wlitegost,   þæt heo on his willan spræc,
     wæs *him* on helpe   handweorc godes
     to forlæranne . . . .
     Heo spræc þa to Adame,   idesa sceonost,
705 ful þiclice,   oð þam þegne ongan   470
     his hige hweorfan,   þæt he þam gehate getruwode,
     þe him þæt wif   wordum sægde.
     Heo dyde hit þeah þurh holdne hyge,   nyste þæt þær hearma
     fyrenearfeða   fylgean sceolde   ⌊swa fela,
710 monna cynne,   þæs heo on mod genam,   475
     þæt heo þæs laðan bodan   larum hyrde,
     ac wende þæt heo hyldo   heofoncyninges
     worhte mid þam wordum,   þe heo þam were swelce
     tacen oðiewde   and treowe gehet,
715 oð þæt Adame   innan breostum   480
     his hyge hwyrfde   and his heorte ongann
     wendan to hire willan.   He æt þam wife onfeng
     helle and hinnsið,   þeah hit nære haten swa,
     ac hit ofetes noman   agan sceolde:
720 hit wæs þeah deaðes swefn   and deofles gespon,   485
     hell and hinnsið   and hæleða forlor,
     menniscra morð,   þæt hie to mete *dædon*,
     ofet unfæle.   Swa hit him on innan com,
     hran æt heortan,   hloh þa and plegode
725 boda bitre gehugod: sægde begra þanc   490
     hearran sinum: 'Nu hæbbe ic þine hyldo me
     witode geworhte   and þinne willan *gelæst:*

---

702 him *die meisten Hg. seit Thorpe*] hire *Hs., so Grein, Gm. 10, 417, Hulbert, JEGP 37, 536;* hine *Doane.*

703 *Lücke durch Textverlust Hg. seit Grein, so zuletzt Hofmann II 290*] *Absicht des Dichters? andere Hg. seit Krapp, so zuletzt Schwab, Litt.*

707a *zur metr. Form Krapp, Hofmann II 290 (I 64f.).*

722f. *Zeichensetzung nach Krapp, Doane.*

727 *Hg. interpungieren seit Ettmüller auch nach 728 a statt nach* gelæst; *vgl. Klaeber, Anglia 37, 541.*

Ags. Genesis

   to ful monegum dæge men synt forlædde,
   Adam and Eve: him is unhyldo
730 waldendes witod, nu hie *wordcwyde*,   495
   his lare forleton: forþon hie leng ne magon
   healdan heofonrice, ac hie to helle sculon
   on þone sweartan *sið*. Swa þu his sorge ne þearft
   beran on þinum breostum, þær þu gebunden ligst,
735 murnan on mode, þæt her men bun   500
   þone hean heofon, þeah wit hearmas nu,
   þreaweorc þoliað and þystre land,
   and þurh þin micle mod monig forleton
   on heofonrice *heah getimbro*,
740 godlice geardas. Unc wearð god yrre,   505
   forþon wit him noldon on heofonrice
   hnigan mid heafdum, halgum drihtne
   þurh geongordom: ac unc gegenge ne wæs,
   þæt wit him on þegnscipe þeowian wolden.
745 Forþon unc waldend wearð wrað on mode,   510
   on hyge hearde, and us on helle bedraf,
   on þæt fyr fylde folca mæste
   and mid handum *his* *eft* on heofonrice
   rihte rodorstolas and þæt rice forgeaf
750 monna cynne. Mæg þin mod wesan   515
   bliðe on breostum, forþon her synt butu gedon,
   ge þæt hæleða bearn *heofonrice* sculon,
   leode forlætan and on þæt lig to þe,
   hate hweorfan: eac is hearm gode,
755 modsorg gemacod. Swa hwæt swa wit her morðres þoliað, 520
   hit is nu Adame eall forgolden
   mid hearran hete and mid hæleða forlore,
   monnum mid morðes cwealme: forþon is min mod gehæled,

730-31 *Abteilung nach Sievers, H. u. G., Graz S. 97, Hofmann II 290.*

733 *Zeichensetzung nach Doane, Schwab, Litt.; vgl.* Klaeber² *S. 10.*

739 heahgetimbro *ein Teil der Hg., zuletzt Schwab, Litt.*

748 *Zäsur nach Krapp, Doane, Hofmann II 291*] eft | on *Behaghel, Klaeber.*

752 heofonrice *Ettmüller u. a., zuletzt Vickrey, Doane*] heofonrices *Hs.; so Bouterwek u. a., zuletzt Timmer, Schwab, Litt.*

Ags. Genesis (Gn 3,7)

     hyge ymb heortan gerume: ealle synt uncre hearmas gewrecene,
760 laðes þæt wit lange þoledon.   Nu wille ic eft þam lige near;   525
     Satan ic þær secan wille: he is on þære sweartan helle
     hæft mid hringa gesponne.'   Hwearf him eft niðer
     boda bitresta: sceolde he þa bradan ligas,
     secan helle gehliðo,   þær his hearra læg
765 simon gesæled. –   Sorgedon batwa,   530
     Adam and Eve,   and him oft betuh
     gnornword gengdon: godes him ondredon,
     heora herran hete,   heofoncyninges nið
     swiðe onsæton.   Selfe forstodon
770 his word onwended.   Þæt wif gnornode,   535
     hof hreowigmod   – hæfde hyldo godes,
     lare forlæten –,   þa heo þæt leoht geseah
     ellor scriðan,   þæt hire þurh untreowa
     tacen iewde,   se him þone teonan geræd,
775 þæt hie helle nið   habban sceoldon,   540
     hynða unrim: forþam him higesorga
     burnon on breostum.   Hwilum to gebede feollon
     sinhiwan somed   and sigedrihten
     godne gretton   and god nemdon,
780 heofones waldend,   and hine bædon,   545
     þæt *hie his* hearmsceare   habban mosten,
     georne fulgangan,   þa hie godes hæfdon
     bodscipe abrocen.   Bare hie gesawon
     heora lichaman: næfdon on þam lande þa giet
785 sælða gesetena,   ne hie sorge wiht,   550
     weorces wiston,   ac hie wel *meahton*
     libban on þam lande,   gif hie wolden lare godes

---

759 vgl. Kock, Jaunts and Jottings S. 29, ders., Streifzüge S. 24, Klaeber, Anglia 49, 367; Klaeber² S. 11.

765b *Fittenanfang in der as. Originalfassung erwogen von Bruckner, D. as. Gen. S. 86, Anm. Vgl. Doane zur Interpunktion der Hs. nach v. 764; Schwab, Litt., Abb. XXVI.*

771 hof *unumgesetzte as. Form Klaeber u. a., zuletzt Doane.*

780-82 *zur Erklärung vgl. Klaeber, Anglia 37, 541, Bruckner, D. as. Gen. S. 102.*

781 hie *auf Rasur für* his, *darüber* his *nachgetragen Hs.*

786 meahton *Konjunktiv Doane, vgl. Campbell § 767, 752, 735 (g).*

forweard fremman. Þa hie fela spræcon
sorhworda somed, sinhiwan twa.
790 Adam gemælde and to Evan spræc: 555
'Hwæt, þu Eve hæfst yfele gemearcod
uncer sylfra sið. Gesyhst þu nu þa sweartan helle
grædige and gifre? Nu þu hie grimman meaht
heonane gehyran: nis heofonrice
795 gelic þam lige, ac þis is landa betst, 560
þæt wit þurh uncres hearran þanc habban moston,
þær þu þam ne hierde, þe unc þisne hearm geræd,
þæt wit waldendes word forbræcon,
heofoncyninges. Nu wit hreowige magon
800 sorgian for þis siðe: forþon he unc self bebead, 565
þæt wit unc wite warian sceolden,
hearma mæstne. Nu slit me hunger and þurst
bitre on breostum, þæs wit begra ær
wæron orsorge on ealle tid. 568b
805 Hu sculon wit nu libban oððe on þys lande wesan,
gif her wind *cymð* westan oððe eastan, 570
suðan oððe norðan? Gesweorc up færeð,
cymeð hægles scur hefone getenge,
færeð forst ongemang, se byð fyrnum ceald:
810 hwilum of heofnum hate scineð,
blicð þeos beorhte sunne, and wit her baru standað, 575
unwered *wædon:* nys unc wuht beforan

---

788 forweard *Adv. nach Kock, Plain points S. 14f., und Doane (vgl. auch Holthausen, Beiblatt z. Anglia 45, 131); dagegen (nach Komma) Subst. Klaeber, JEGP 12, 256f., Timmer, Vickrey, Schwab, Litt. („Abmachung").*
806 cymeð *Graz S. 100, Klaeber; vgl. Hofmann II 292, Doane 61.*
807 *Zeichensetzung nach Krapp, Doane.*
812 wædon *Klaeber, JEGP 12, 254, Timmer, Vickrey, Schwab, Litt.]* wædo *Hs., so Hg. bis Behaghel und Krapp sowie Doane;* wæde *Ettmüller.*

I.

„Uuela, that thu nu, Êua, haḃas," quað Âdam,   „uḃilo gimarakot
unkaro selḃaro sîð.   Nu maht thu *sehan* thia suarton hell
ginon grâdaga;   nu thu sia grimman maht
hinana gihôrean,   nis heḃanrîki
5 *gelîc* sulîcaro lôgnun: thit uuas alloro lando scôniust,   560
that uuit hier thuruh unkas hêrran thank   hebbian muostun,
thar thu them ni hôrdis,   thie unk thesan haram giried,
that uuit uualdandas   uuord farbrâkun,
heḃankuningas.   Nu uuit hriuuig mugun
10 sorogon for *them* sîđa,   *huuand* he *unk* selḃo *gibôd*,   565
that uuit *unk* sulic uuîti   uuardon scoldin,
haramo mêstan.   Nu thuingit *mi* giu hungar endi *thrust*,
bitter balouuerek,   thero uuâron uuit êr bêđero tuom.
Hû sculun uuit nu libbian,   efto hû sculun uuit an thesum *liahta*
15 nu hier huuîlum uuind kumit   uuestan efto ôstan,   ⌊uuesan,   570
sûðan efto norđan?   Gisuuerek *up* drîḃit,
kumit haglas *skion*   himile bitengi,
ferið *forđ* an gimang   (that is firinum kald):
huîlum thanne fan himile   hêto skînit,
20 blîkit thiu *berahta* sunna: uuit hier thus bara standat,   575
unuuerid mið giuuâdi: nis unk hier uuiht *biforan*

---

1 uuela *bis* eua ha *üb. d. Z., ausgewischt* Hs.   uuela that *vgl.* Ries, *ZfdA 40, 279.*
2 sean Hs.
3 *vgl. Jellinek, AfdA 29, 33, Roediger, Herrigs Archiv 111, 190, Pauls, PBB 50, 149.*
5 gelihc Hs.
10 Braune *las* the *und vermutet dafür* thes; *vgl. Kögel S. 9, Siebs, ZfdPh 28, 138, Symons ebd. 146.* uuand Hs.
10 u. 11 hunk Hs.   gibood Hs.
12 mi Braune] mn (*oder* mi *mit Punkt dahinter, so Doane*) Hs.   thrust (*vgl. Krogmann, Nd. Jb. 81, 11*) Hs.] thurst Braune.
14 liatha Hs.
16 *vgl. Ries, ZfdA 40, 280.*   upp Hs.
17 skion *vgl. Århammar, Nd. Jb. 87, 24,* skur *st.* skion *Holthausen, Beiblatt z. Anglia 45, 131.*
18 forst *wie ags. 809 Krogmann, Nd. Jb. 81, 11.*
20 berahto Hs.
21 biuoran Hs.

to scursceade   ne sceattes wiht
to mete gemearcod,   ac unc is mihtig god,
815 waldend wraðmod.   To hwon sculon wit weorðan nu?
Nu me mæg hreowan,   þæt ic bæd heofnes god,   580
waldend þone godan,   þæt he þe her worhte to me
of liðum minum,   nu þu me forlæred hæfst
on mines herran *hete*.   Swa me nu hreowan mæg
820 æfre to aldre,   þæt ic þe minum eagum geseah.'

Þa spræc Eve eft,   idesa scienost,   585
wifa wlitegost   – *hie* wæs geweorc godes,
þeah heo þa on deofles cræft   bedroren wurde –:
'Þu meaht hit me witan,   wine min Adam,
825 wordum þinum: hit þe þeah wyrs ne mæg
on *þinum* hyge hreowan,   þonne hit me æt heortan deð.'   590
Hire þa Adam   andswarode:
'Gif *ic* waldendes   willan cuðe,
hwæt ic his to hearmsceare   habban sceolde,
830 ne gesawe þu no sniomor,   þeah me on sæ wadan
hete heofones god,   heonone nu þa   595
on flod faran,   nære he firnum þæs deop,
merestream þæs micel,   þæt his o min mod getweode,
ac ic to þam grunde genge,   gif ic godes meahte
835 willan gewyrcean.   Nis me on worulde niod
æniges þegnscipes,   nu ic mines þeodnes hafa   600
hyldo forworhte,   þæt ic hie habban ne mæg.
Ac wit þus baru ne magon   butu ætsomne
wesan to wuhte;   uton gan on þysne weald innan,
840 on þisses holtes hleo.'   Hwurfon hie batwa,
togengdon gnornende   on þone grenan weald,   605
sæton onsundran   bidan selfes gesceapu
heofoncyninges,   þa hie þa habban ne moston,
þe him ær forgeaf   ælmihtig god.

---

819 *Zeichensetzung nach Krapp.*
821 *In der 'Ags. Gen.' Fittenanfang:* Þa
spræc *Initiale (durchstr. D), danach
Kapitalis Hs.*
822 hie *vgl. Doane S. 373.*

826 þinum *Grein*] þinu *Hs.*
828 ic *übergeschrieben Hs.*
830-33 *zur Zeichensetzung vgl. Klaeber,
Anglia 49, 368; Klaeber² S. 11.*

ni te skadoua ni te scûra,   unk nis hier *scattas* uuiht
te meti gimarcot: uuit *hebbiat* unk giduan *mahtigna* god,
uualdand uurêđan.   Te huî sculun uuit uuerđan nu?
25 Nu mag mi that hreuuan,   that ik is io bad heb̄anrîkean god,   580
uualdand th . . . .

22a *Holthausen, ZfdA 39, 52, Siebs, ZfdPh 28, 138]* ni te sk. . . . . a ni Hs. (?); *Schmidt, ZfdA 40, 128:* ni te skerema ni te scura, *ebenso Wilhelm, Münchner Museum 1, 214, Doane (auch S. 63).*   scattas *vgl. ags. Gen. 503 und Braune, PBB 35, 272, zuletzt Doane.*
23 ebbiat *Hs.*   mathigna *Hs.*
26 *vgl. Huisman, ABäG 12, 1–8.*

Ags. Genesis

845 Þa hie heora lichoman   leafum beþeahton,
weredon mid þy wealde: wæda ne hæfdon;   610
ac hie on gebed feollon   butu ætsomne
morgena gehwilce,   bædon mihtigne,
þæt hie ne forgeate   god ælmihtig
850 and him gewisade,   waldend se goda,
hu hie on þam leohte forð   libban sceolden.   615

II.

. . . .
Sîđoda im thuo te seliđon,   habda im sundea giuuaraht
bittra an is bruođar;   liet ina undar baka liggian
an ênam diapun dala   drôruuôragana,
30 lîbas lôsan,   legarbedd uuaran,
guman an griata.   Thuo sprak im god selbo tuo,   620
uualdand miđ is uuordun   (uuas im uurêđ an is hugi,
them banan gibolgan),   frâgoda huuar he habdi is brôđar thuo,
kindiungan guman.   Thô sprak im eft Kain angegen
35 — habda im miđ is handun   haramuuerek mikil
uuamdâdiun giuuaraht,   thius uuerold uuas sô suîđo   625
besmitin an sundiun —:   „Ni ik thes sorogun ni scal," quađ he,
„gômian huar hie ganga,   ni it mi god ni gibôd,
that is huerigin hier   huodian thorofti,
40 uuardon an thesaro uueroldi."   Uuânde he suîđo,
that he bihelan mahti   hêrran sînum,   630
thia dâdi bidernian.   Thuo sprak im eft ûsa drohtin tuo:
„All habas thu sô giuuerekot," quađ he,   „sô thi ti thînaro
⌊uueroldi mag
uuesan thîn hugi hriuuuig,   thes thu miđ thînum handon
⌊gidedos,
45 that thu uuurđi thînes bruođar bano: nu he bluodig ligit,

---

27 *Initiale Hs.; Fittenanfang, Bruckner, D. as. Gen. S.* 86.
28 vgl. *Kögel S.* 10, *Ries, ZfdA* 39, 301, *Jellinek, AfdA* 22, 352, *Jostes, Lit. Rundschau f. d. kath. Deutschland* 1895, 49, *Pauls, Studien S.* 41, *Braune, PBB* 32, 4, *Neckel, ebd.* 563, *van Helten, ZfdW* 11, 239, *Bruckner S.* 7.
29 ênam] *Hench, MLN* 9, 496, *glaubt, daß* enum *dastehe; Schlüter, Nd. Jb.* 20, 118, *glaubt,* enam *sei Schreibfehler für* enum. *Bruckner S.* 13, 17.
30 vgl. *Holthausen, ZfdA* 39, 53, *Symons, ZfdPh* 28, 148.
34 kuman *Hs.;* vgl. *Braune z. St., Holthausen, ZfdA* 39, 53, *Symons, ZfdPh* 28, 148, *Cosijn, Tijdschr. v. ndl. Taal- en Letterk.* 14, 113, *Schlüter, Nd. Jb.* 20, 118; *Krogmann, Nd. Jb.* 81, 13.
37 *Bruckner, S.* 7.
42 Zu dadi vgl. *Kögel S.* 19, *Behaghel, H. u. G. S.* 21, *Bruckner S.* 12.
44 hanđon *Hs.*
45 *Bruckner, D. as. Gen. S.* 19.

As. Genesis (Gn 4, 10 – 11.13 – 14)

```
     uuundun uuôrig;     thes ni habda he êniga geuuuruhte te thi,         635
     sundea gisuohta,    thoh thu ina nu aslagan hebbias,
     dôdan giduanan.    Is drôr sinkit nu an erđa,
     suêt sundar ligit;   thiu seola huarobat,
50   thie gêst giâmarmuod   an godas uuillean;            ⌈frumida,
     drôr hruopit is te drohtina selbun   endi sagat hue thea dâdi      640
     that mên an thesun middilgardun:   ni mag im ênig mann than
     uuero faruuirikian    an uueroldrîkea              ⌊suîđor
     an bittron balodâdion,   than thu an thînun bruođar habas
55   firinuuerek gifremid."  Thuo an forahtun uuarđ
     Kain aftar them quidiun drohtinas,   quađ that hie uuisse garoo,    645
     that is ni mahti uuerđan uualdand uuiht,     an uueroldstundu
     dâdeo bidernid,   „sô ik is nu mag drûbundian hugi," quađ he,
     „beran an mînun breostun,   thes ik mînan bruođar sluog
60   thuru mîn handmegin.   Nu uuêt ik, that ik scal an thînum heti
                                                         ⌊libbian,
     forđ an thînun fîundscepi,   nu ik mi thesa firina gideda,          650
     sô mi mina sundia nu   suîđaron thunkiat,
     misdâd mêra,   than thîn mildi hugi,
     sô ik thes nu uuirđig ni bium,   uualdand thie guodo,
65   that thu mi alâtas   lêđas thingas,
     tianono atuemeas.   Nu ik ni uuelda mîna triuuua haldan,            655
     hugi uuiđ them thînum hluttrom muoda,   nu uuêt ik, that ik
                                   ⌈hier ni mag êniga huîla libbian,
     huand mi antuuirikit,   sô huuat sô mi an thisun uuega findit,
```

---

46 vgl. Ries, ZfdA 40, 280. wroht? Jellinek, PBB 45, 81, Klaeber, PBB 46, 164, Bruckner S. 45.

47 vgl. Franck, ZfdA 40, 216; Siebs, ZfdPh 29, 413, Meißner, PBB 44, 84, Jellinek, ebda. 45, 79, Kock, Anglia 45, 128, Klaeber ebda. 55, 393, Bruckner, S. 17, 46.

49 vgl. Braune, PBB 32, 16, Bruckner S. 17, Doane.

50 uuillea Hs.

52 thesaro Braune, z. St.; vgl. Kögel S. 10, Schlüter, Nd. Jb. 20, 117; zusammenfassend Doane. manno Piper.

54 thinun Hench, MLN 9, 496] Braune liest thinum.

56 garo Braune; vgl. Hench, MLN 9, 496, Kögel S. 10.

57 Zu uualdand vgl. Schlüter, Nd. Jb. 25, 159 zu § 321. Zu uueroldstundu vgl. Behaghel, H. u. G. S. 18, Roediger, Herrigs Archiv 111, 190.

61 thinun Hench, MLN 9, 496] Braune, Doane, Schwab, Litt., lesen thinum.

64 Klaeber, Anglia 55, 394.

66 minan triuuuan Jellinek, DLZ 19, 922, PBB 45, 82.

67 hugi tilgt Meißner, PBB 44, 92, dafür huldi Holthausen, Beiblatt z. Anglia 45, 131. hlutrom Hs.

68 antuuirikit uuero so huuat Franck, ZfdA 40, 216.

aslehit mi bi thesun sundeun." Thuo sprak im eft selƀo angegin
70 heƀanes uualdand: „Hier scalt thu noh nu", quad he,
„libbian an thesun *lande* lango huîla. Thoh thu sus alêdit sîs, 660
 mid firinum bifangan, thoh uuillik thi friðu settean,
 tôgean sulic têkean, sô thu an treuuua maht
 uuesan an thesero uuerolde, thoh thu is uuirdic ni sîs:
75 fluhtik scalt thu *thoh* endi frêdig forduuardas nu
 libbean an thesum landa, sô lango sô thu thit liaht uuaros; 665
 forhuâtan sculun thi *hluttra* liudi, thu ni salt io furður cuman te
  ⌊thînes hêrron sprâko,
 uueslean thar mid uuordon thînon: uuallandi stêt
 thînes brôdor uurâca bitter an helli."

80 Thô geng im thanan mid grimmo hugi, habda ina god selƀo
 suîdo farsakanan. Soroga *uuarð* thar thuo gikûdit 670
 Âdama endi Êuun, inuuidd mikil,
 iro kindes qualm, that he ni muosta quik libbian.
 Thes uuard Âdamas hugi innan breostun
85 suîdo an sorogun, thuo he uuissa is sunu dôdan:
 sô uuard is ôk thiu muodar, the thana magu fuodda, 675
 barn bi iro breostun. Thuo siu bluodag uuuosk
 hrêugiuuâdi, thuo ward iro hugi sêrag.
 Bêdo uuas im thô an sorogun iac iro barnas dôd,
90 thes heliðas hinfard, iac that *im* mid is handun *fordeda* ⌈mêr
 Kain an sulicun qualma: siu ni habdun thuo noh kindo than 680
 libbendero an them liahta, botan thana ênna, thie thuo alêdit
  ⌊uuas

71 *so Bruckner, D. as. Gen. S. 16, 61, Hofmann I 57. 178, Schwab. Litt. Doane („triplet")] Ries, ZfdA 39, 302 und Behaghel tilgten* an thesun lande, *Braune und Kögel S. 38* lango huîla. landæ *Hs.*
73 *vgl. Braune, PBB 32, 3, Jellinek, AfdA 21, 205.*
75 *Zu thoh vgl. Jellinek, AfdA 22, 353.*
77 hluttra *Braune]* hluhtra *Hs. Franck, ZfdA 40, 218 Anm. zerlegt den Vers in zwei Verse, indem er für* hêrron *das Wort* frahon *einsetzt.*

80 *Initiale Hs.; Fittenanfang, Bruckner S. 86.*
81 uuard *Braune]* uuad *Hs. Bruckner S. 18.*
90 ina *Franck, ZfdA 40, 216; dagegen Overdiep, De Vormen van het aoristische Praeteritum in de mnl. epische Poëzie, Diss. Leyden 1914, These 17.* fordæda *Hs.; vgl. Klaeber, PBB 46, 166.*
91 *vgl. Kögel S. 11.*

uualdanda be is faruuurohtiun: thar ni habdun siu êniga uuun-
niudlîco ginuman,   huuand hie sulican nîd afhuof,   [nia tuo
95 that he uuard is bruodar bano.   Thes im thuo bêðiun uuard,
sinhîun tuêm   sêr umbi herta.
Oft siu thes gornunde   an griata gistuodun,
sinhîun samad,   quâdun, that sia uuissin, that im that iro sundia
that im ni muostin aftar   erebiuuardos,   [gidedin,
100 thegnos thîhan.   Tholodun siu bêðiu
mikila mordquâla,   unt that im eft mahtig god,
hêr hebanes uuard   iro hugi buotta,
that im uurðun ôdana   erebiuuardos,
thegnos endi thiornun,   thigun aftar uuel,
105 uuôhsun uuânlîko,   geuuitt lînodun,
spâha sprâka.   Spuodda thie mahta
is handgiuuerk,   hêlag drohtin,
that im uuard sunu giboran;   them scuopun siu Seð te naman
uuârom uuordum: them uuastom lêh
110 hebanas uualdand   endi hugi guodan,
gamlîcan gang −   he uuas goda uuirðig −,
mildi uuas hie im an is muoda,   sô thana is manno uuel,
thie io mið sulicaro huldi muot   hêrron thionun.
Hie loboda thuo mêst   liodio barnun,
115/116 godas huldi gumun;   thanan quâmun guoda mann,

93–94 vgl. Franck, ZfdA 40, 217, Be-
haghel, H. u. G. S. 19, Bruckner S.
62.
94 uuand Hs.   afhuof Doane] afluf
Hs.; ahuof Braune, Behaghel; anders
Piper, Schwab. Litt.
97 Bruckner S. 12.
98 samad Braune] samah Hs.   Die
Versteilung nach Sievers, ZfdPh 27,
535;   Braune   Einschnitt   nach
quâdun.
100 thian Hs.
102 vgl. Roediger, Herrigs Archiv 111,
190, Pauls, Studien S. 39, Bruckner
S. 10.
107 Bruckner S. 16.
108 vor that a. R. that ausgewischt Hs.

111 gamlican Hs.] gamanlican Behaghel,
H. u. G., S. 48, oder gamalican? vgl.
mnd. gemelik; vgl. Siebs, ZfdPh 29,
413.
112 thana vgl. Braune z. St.
114 vgl. Behaghel, H. u. G., 40, Jellinek,
AfdA 29, 33, Bruckner, D. as. Gen.
S. 74.
115 Die Abteilung nach Sievers, ZfdPh
27, 536, Symons, ebd. 28, 149, Kögel
S. 71; vgl. noch Ries, ZfdA 39, 102.
Braune: godas huldi:| gumun thanan
quamun|guoda mann, sodann Lücke
von einem Halbvers; Holthausen,
ZfdA 39, 54: hoh hebanriki | endi
huldi godas: ‖ gumun thanan quamun
| guoduuilliga man ‖.   mann] mann
(a über e übergeschr.) Hs.

As. Genesis (Gn 4, 17)

	uuordun uuîsa, geuuitt lînodun,	705
	thegnos *githâhte* endi thigun aftar uuel.	
	Than quâmun eft fan Kaina kraftaga liudi,	
120	heliđos hardmuoda, habdun im hugi strangan,	
	uurêđan uuillean, ni uueldun uualdandas	
	lêra lêstian, ac habdun im lêđan strîd;	710
	uuohsun im uurisilîco: that uuas thiu *uuirsa* giburd,	
	kuman fan Kaina. Bigunnun im côpun thuo	
125	uueros uuîf undor tuisk: thas uuarđ *auuerdit* sân	
	Seđas gesîdi, uuarð seggio folc	
	mênu gimengið endi uuurðun manno barn,	715
	liudi lêða, them *thit* lioht giscuop,	
	botan that iro ên habda erlas gihugdi,	
130	theganlîca *githâht;* uuas im githungin mann,	
	uuîs endi uuordspâh, habda giuuitt mikil:	
	Enoch uuas hie hêtan. Thie hier an erðu uuarð	720
	mannum te mârðum obar thesan middilgard,	
	that ina hier sô quikana kuningo thie bezto,	
135	libbendian an is lîchaman, sô hie io an thesun liahta ni staraf –	
	ac sô gihaloda ina hier hebanas uualdand	
	endi ina thar gisetta, thar hie simlon muot	725
	uuesan an uuunnion, untat ina eft an thesa uuerold *sendit*	
	hêr hebanas uuard heliðo barnum,	
140	liodiun te *lêro.* *Than* hier ôk thie lêđo kumit,	
	that hier Antikrist alla thioda,	
	uuerod auuerdit, *than* he mid uuâpnu scal	730
	uuerðan Enocha te banon, eggiun scarapun	
	thuruh is handmegin; huiribit thiu seola,	
145	thie gêst an guodan uueg, endi godas engil kumit,	
	uurikit ina, uuammscaðon uuâpnas eggiun:	
	uuirðit Anticrist aldru bilôsid,	735

118 githate *Hs.*
119 Thann *Hs.*
123 uurisa *Binz bei Bruckner S. 75.*
125 auuerðit *Braune*] anuuerðit *Hs.*
128 thitt *Hs.*   Komma am Schluß des Verses mit Sievers, ZfdPh 27, 536.
130 githatt *Hs.*
138 sendi *Hs.; vgl. Behaghel, H. u. G. S.* 48.
140 laro *Hs.; Holthausen, Elementarb.* § 29, 4.
140 u. 42 thann *Hs.*
141 *vgl. Roediger, Herrigs Archiv* 111, 190.
143–44 *Interpunktion nach Sievers, ZfdPh 27, 536, Franck, ZfdA 40,* 217.
146 *vgl. Kock, Streifzüge 30.*

thie fîund *bifellid.* Folc uuirðit eft gihuoroban
te godas rîkea, gumuno gisîði
150 langa huîla, endi stêd im sîðor thit land gisund.

III.

. . . .
Thuo habdun im eft sô suuîðo Sodomoliudi,
uueros sô faruuerkot, that im uuas ûsa uualdand gram, 740
mahtig *drohtin, huuand* sia mên dribun,
fremidun firindâdi, habdun im sô *filu* fîunda barn
155 uuammas geuuîsid: thuo ni uuelda that uualdand god,
thiadan tholoian, ac hiet sie threa faran,
is engelos ôstan an is ârundi, 745
sîðon te Sodoma, endi uuas im selbo thar mið.
Thuo sea obar Mambra mahtige fuorun,
160 thuo fundun sia Abrahama bi ênum *alah* standan,
uuaran ênna *uuîhstedi,* endi scolda ûsas uualdandas
geld gifrummian, endi scolda thar goda theonan 750
an middean dag manna thie bezto.
Thuo antkenda he craft godas, sô he sea cuman gisach:
165 geng im thuo tigegnes endi goda selbun hnêg,
bôg endi bedode endi bad gerno,
that hie is *huldi* forð hebbian muosti: 755
„*huuarod* uuilthu nu, uualdand, frô mîn,
alomahtig fadar? ik biun thîn êgan scalc,
170 hold endi gihôrig; thu bist *mi hêrro* sô guod,
mêðmo sô mildi: uuilthu mînas *uuiht,*
drohtin, hebbian? *huat!* it all an thînum duoma stêd, 760

---

148 biuellid *Hs.*
150 vgl. Behaghel, *H. u. G. S.* 41, Bruckner, *D. as. Gen. S.* 11.
151 *Initiale Hs.; Fittenanfang, Bruckner S.* 86.
153 drotin *Hs.* uuand *Hs.*
154 *vgl.* Symons, *ZfdPh* 28, 150, *Ries, ZfdA* 39, 302. uilu *Hs.*
160 ala *Hs.; vgl.* Kögel *S.* 11.
161 Bruckner *S.* 14. uuhistedi *Hs.*
167 uldi *Hs.*

168 u. 175 uuarod *Hs.*
169 alomatig *Hs.*
170 erro *Hs.* mi, erro, *Doane, vgl.* Genzmer.
171 uuhit *Hs.*
172 drotin *Hs.* hebbian|huuat! it *Jellinek, DLZ* 98, 922] hebbian hwat|it Braune.
172f. *Die Kommata nach* 172 *und* 173 *mit Sievers, ZfdPh* 27, 546.

ik libbio bi thînum lêhene,　　endi ik *gilôbi* an thi,
　　　frô mîn the guoda:　　muot ik thi frâgon nu,
175　*huuarod* thu, sigidrohtin,　　sîðon uuilleas?"
　　　Thuo quam im eft tegegnes　　godas anduuordi,
　　　mahtig muotta:　　„Ni uuilli ik is thi mîðan nu," quað he,　　765
　　　„helan holdan man,　　hû mîn hugi gengit.
　　　Sîðan sculun uui sûðar hinan:　　hebbiat *im* umbi Sodomaland
180　uueros sô foruuerkot.　　Nu hruopat *thea uuardas* te mi
　　　dages endi nahtes,　　the the iro dâdi telleat,
　　　seggiat *iro* sundeon.　　Nu uuilli ik selbo uuitan,　　770
　　　ef thia mann under *im*　　sulic mên fremmiat,
　　　uueros uuamdâdi.　　Thanna scal sea uuallande
185　fiur *bifallan,*　　sculun sia *ira* firinsundeon
　　　suâra bisenkian:　　suebal fan himile
　　　fallit mid fiure,　　fêknia sterebat,　　775
　　　mêndâdige men,　　reht sô morgan kumit."
　　　　Abraham thuo gimahalda　　(habda im ellian guod,
190　uuîsa *uuordquidi),*　　endi uuiðer is uualdand sprak;
　　　„Huuat! thu gôdas sô *filu,"* quat hie,　　„god hebanrîki,
　　　drohtin giduomis,　　all bi thînun dâdiun stêd　　780
　　　thius uuerold an thînum uuillean;　　thu giuuald habas
　　　obar thesan middilgard　　manna kunnias,
195　sô that gio uuerðan ni scal,　　*uualdand* frô mîn,
　　　that thu thar te *ênum* duoas　　ubila endi guoda,
　　　lioba endi lêða,　　*huuand* sia gilîca ni sind.　　785
　　　Thu ruomes sô *rehtes,*　　rîki drohtin,

---

173 *vgl. Jellinek, AfdA* 22, 353.　gilobi
　　vgl. Kögel S. 11.
177 matig *Hs.*
178 *vgl. Symons, ZfdPh* 28, 150.
179 him *Hs.*
180 theæ *(thesæ Holthausen, ZfdA 39, 54;* thea *Piper)* uuardas *Symons, ZfdPh* 28, 150, Franck, ZfdA 40, 211, Hofmann I 57, Doane] the æ-uuardas *Hs.,* Braune, Behaghel, Schwab, Litt., *vgl. Lehmann* 230; theæ uuaragas *Jellinek brieflich; anders Siebs, ZfdPh* 28, 141, Krogmann, Nd. Jb. 81, 13.
182 *vgl. Symons, ZfdPh* 28, 151. hiro *Hs.*
183 him *Hs.*
185 biuallan *Hs.*　hira *Hs.*
185–86 *vgl. Ries, ZfdA* 39, 302.
189 abda *Hs.*　Bruckner, D. as. Gen. S. 20.
190 uuordquidi Braune] uuorquidi *Hs.*
191 uilu *Hs.*
192 *vgl. Roediger, Herrigs Archiv* 111, 191 (*dazu aber Behaghel, Syntax* 139), *Pauls, Studien* S. 49.
195 uualdand Braune] uuardand *Hs.*
196 henum *Hs.*
197 uuand *Hs.*
198 rehtes Braune] rhtæs *Hs.*

sô thu ni uuili, that thar *antgeldan* guoduuillige mann
uuamscaðono uuerek, *thoh* thu is giuuald habes
te gifrummianna. Muot ik thi frâgon nu,
sô thu mi thiu gramara ni sîs, god hebanrîki?
ef thu thar fîðis *fîftig ferahtaro* manno,
liubigaro liodo, muot thanna that land gisund,
uualdand, an thînum uuillean giuuerid standan?"
Thuo quam im eft tegegnes godas anduuordi:
„Ef ik thar findo *fîftig,*" quað he, „*ferahtara* manno,
guodaro gumono, thea te goda hebbian
fasto gifangan, thanna uuilli ik *im* iro ferah fargeban
thuru that ik thea *hluttron* man *haldan* uuille."
Abraham thuo gimahalda *âðarsîðe,*
forð frâgoda frâhon sînan:
„Huuat duos thu is thanna," quað he, „drohtin frô mîn,
ef thu thar *thrîtig* maht thegno fîðan,
uuamlôsa uueros? uuilthu sia noh thanna
lâtan *te lîba,* that sia muotin that land uuaran?"
Thuo im the guoda, god hebanrîki,
sniumo gisagda, that hie sô uueldi
lêstian an *then* landa: „Ef ik thar lubigaro *mag,*" quað he,
„thrîtig undar thero thiodo thegno fîðan,
godforohta gumon: thanna uuilli ik im fargeban allum
that mên endi thea misdâd endi lâtan that manno folc
sittian umbi Sodoma endi gesund uuesan."
Abraham thuo gimahalda agalêtlîco
—folgoda is frôian —, filo uuorda gisprac:
„Nu scal ik is thi biddean", quað he, „that thu thi ni belges ti mi,
frô mîn thie guoda, hû ik sus filu mahlea,

---

199 antgeldan: *Doane vergleicht u. a. Behaghel, Syntax § 500 II b, S. 330.*
200 thuoh *Braune, Sievers, ZfdA 63, 47]* thuoht *Hs.*
201 *vgl. Behaghel, H. u. G. S. 22.*
203 fiftig *Braune]* fistig *Hs., ebenso* 207. ferahto *Hs.*
207 ferathara *Hs.*
209 im *Symons, ZfdPh 28, 151] fehlt Hs.*
210 luttron *Hs.* aldan *Hs.*
211 *zu* âðarsîðe *vgl. Hofmann I 57.*
214 tritig *Hs.*
216 te liua *Hs.; vgl. Bruckner S. 9.*
218 *vgl. Roediger, Herrigs Archiv* 111, 191, *Bruckner S. 77.*
219 then *vgl. Braune zu Gen. 255.* mahg *Hs.*
221 godforotha *Hs.*
225 *vgl. Behaghel, H. u. G. S. 37, Bruckner, D. as. Gen. S. 77, Klaeber, Anglia 55, 395.*

uueslea uuiðer thi mid mînum uuordum: ik uuêt, that ik thas uuirðig
ni sî that thu it uuilleas bi thînaro *guodo*, god heƀanrîki, [ni bium,
230 thiadan, githoloian: mi is tharaf mikil
te uuitanna thînne uuillean, hueðer that uuerad gisund
libbian muoti, the sea liggian *sculun*,   820
fêgia *bifallan*: huuat uuilis thu is thanna, frô mîn, duoan,
ef thu thar *tehani* *treuhafte maht*
235/36 fîðan under themo folca, *ferahtera manno*, uuilthu im thanna *iro*
that sia umbi Sodomaland sittian muotin, [ferh fargeƀan,
bûan an them burugium, sô thu im abolgan ni sîs?"   825
Thuo quam im eft tegegnes godas anduuordi:
240 „Ef ik thar tehani," quað he, „treuhaftera mag,
an them *lande* noh *liodi* fîðan,
thanna lâtu ik sia alla thuru thie *ferahtun* man ferehas brûkan."
Thuo ni dorste *Abraham* leng drohtin sînan   830
furður frâgon, ac he fell im after te bedu
245 an kneo craftag; quað he gerno
is geld *gereuuedi* endi gode theonodi,
uuarahti after is uuillian. Giuuêt im eft thanan
gangan te is gestseli; godes engilos *ford*   835
sîðodun te Sodoma, sô im selƀo gebôd
250 uualdand mid is uuordo, thuo hie sea hiet an thana uueg faran.

Scoldun sie befîðan, *huuat thar* ferahtera

---

229 guodo *Hs.; vgl. Braune und Doane z. St., Gallée, Gramm. § 311, A. 2]* guodi *Schlüter, Nd. Jb. 20, 116, Behaghel.*
232 *l.* sculin? *Doane.*   233 biuallan *Hs.*
234 tehani maht treuhafte man *Franck, ZfdA 40, 219,* tehani treuhaftera maht *Kauffmann, ZfdPh 32, 509.*
235-36 *so Bruckner, D. as. Gen. S. 61, Hofmann I 57. 178; 2 Verse Braune, Text, Schwab, Litt., „triplet" Doane]* ferahtera manno *tilgen Braune, Anm., Sievers, ZfdPh 27, 536, Symons, ZfdPh 28, 151, Franck, ZfdA 40, 219, Behaghel; anders Symons, Verslagen, S. 153; Ries, ZfdA 39, 303.*   235 hiro *Hs.*

238 *vgl. Behaghel, H. u. G. S. 22.*
240-42 *Anders Ries, ZfdA 39, 304; vgl. Franck, ZfdA 40, 219.*
241 land|de *Hs.* liodi *(a. R. m. Verw.-z. Hs.) so Braune, Schwab, Litt., Doane]* liodo *Kauffmann, ZfdPh 32, 509,* liodio *Behaghel.*
242 ferathun *Hs.*
243 Abraham] he *Franck, ZfdA 40, 218; vgl. Kögel S. 32, Doane S. 84, Hofmann I 57.*
244 hac *Hs.*
245 *Bruckner, D. as. Gen. S. 20.*
246 gigerwidi *Franck, ZfdA 40, 218.*
248 fort *Hs.*
251 *Initiale Hs.; Fittenanfang, Bruckner S. 86.* huuattar *Hs., Behaghel, frühere Auflage.*

As. Genesis (Gn 19, 1–3)

    umbi Sodomaburg,   sundeono *tuomera*
    manna uuâri,   thie ni habdin mênes filu,   840
    firinuuerco gifrumid.   Thô gihôrdun *sie fêgere* karm
255 an allaro *seliða gihuuen*,   sundiga liudi
    firinuuerk fremmian: uuas thar fîundo gimang,
    uurêðaro uuihteo,   thea an that uuam habdun
    thea liudi farlêdid: that lôn uuas thuo *at* handum   845
    mikil mið morðu,   that sia oft mên dribun.
260 Thanna sat im thar *an innan burug*   aðalburdig man,
    Loth mið them liudium,   thie oft lof *godas*
    uuarahte an *thesaro uueroldi*:   habda im thar uuelono ginuog,
    guodas giuunnan: he uuas gode uuirðig.   850
    He uuas Abrahamas   aðaliknôslas,
265 *is* brôðer barn: ni uuas betara man
    umbi Giordanas staðos   mið gumkustium,
    giuuerid mið geuuittio: *im* uuas ûsa uualdand hold.
    Thuo te sedla hnêg   sunna thiu huuîta,   855
    alloro bôkno *berahtost,*   thuo stuond hie fore *thes* buruges
270 Thuo *gisah* he an *âband*   engilos tuêne   ⌊dore.
    gangan an thea gardos,   sô sea fan gode quâmun
    geuueride mid geuuittio: thuo sprak he im sân mid is uuordum
    Geng thuo tegegnes   endi gode thankade,   ⌊tuo.   860
    hebankuninga,   thes he im thea helpa ferlêch,
275 that he muosta sea mið is ôgum   an luokoian,
    iac he sea an kneo kusta   endi kûsco bad,

---

252 tuomera Braune] tuoma *Hs.*; tuomaro *Doane.*
254 siæ *Hs.* fegere *Hs., vgl. Kögel S. 14; Gallée, Gramm. § 114, A. 2; Doane.*
255 seliða gihuuen *vgl. Braune z. St.*
258 hat *Hs.*
260 an innan burug *Hs.*; Hg. außer Behaghel] nach Franck, ZfdA 40, 220 burug (so Behaghel) oder an *zu tilgen; vgl. Kluge, Literaturblatt 16, 333.*
261–62 Sievers, ZfdPH 27, 536] godas uuarathe ‖ *Braune. Bruckner S.34.*
262 uuarathe *Hs.* thesaro uueroldi *Braune]* tesaro uuelordi *Hs.*
264 aðaliknoslas *mit Holthausen, ZfdA 39, 55, Symons, Verslagen 153]* adaln knoslas *Hs.*; aðalknoslas *Braune.*
265 his *Hs.*
266 Bruckner, *D. as. Gen. S. 12.*
267 him *Hs.*
269 beratost *Hs.* Zu thes *vgl. Braune z. St.*
270 gisah *Braune]* gisha *Hs.* haband *Hs.*
271 vgl. Roediger, Herrigs Archiv 111, 190.
275 *Das Komma mit Sievers, ZfdPH 27, 536; bei Braune ein Punkt.*

that sea *suohtin* his seliða: quat that he im selbas duom
gâbi sulicas guodas, sô im god habdi 865
farliuuen an them landa. Sea ni uurðun te lata huuerigin,
280 ac se gengun im an is gestseli, *endi* he im giungarduom
fremide *ferahtlîca*, sea im filo sagdun
uuâraro *uuordo*. Thar he an uuahtu sat,
held is hêrran bodan hêlaglîca, 870
godas engilos. Sia *im* guodas sô filo,
285 *suoðas* gisagdun. Suart furður skrêd,
narouua naht an skion, nâhida moragan
an allara *seliða gihuuem*. *Ûhtfugal* sang
fora dagahruoma. Thô habdun ûsas drohtinas bodon 875
thea firina bifundan, thea thar fremidun men
290 umbi *Sodomaburug*. Thô sagdun sia Loða,
that thar morð mikil manno barno,
scolda thera liodio *uuerðan* endi ôk thes landas sô samo.
Hietun ina thuo gereuuian, endi hietun thô gangan thanan, 880
firrian *ina* fon them fîundum endi lêdian is frî mið *im*,

---

277 suotin *Hs.* Vgl. Behaghel, H. u.
G. S. 43, Roediger, *Herrigs Archiv*
111, 191, *Bruckner S.* 109.
280 edi *Hs.* 281 ferathlica *Hs.*
282 uuordu *Hs.*
282–83 *Bruckner S.* 14f.
284 him *Hs.*
285 suoðas *Hs.*, *vgl. Sievers, ZfdA* 63,
47, *Rooth § 4.*
286–87 *Interpunktion nach Klaeber, Beiblatt z. Anglia* 23, 306, *MLN* 24, 260,
PBB 46, 167; *anders Doane.*
287 seliða *vgl. zu* 255. sang uhtfugal
Holthausen, *ZfdA* 39, 55; *vgl. Symons, ZfdPh* 28, 153, *Gering, ZfdPh*
33, 435.
288 fora dagahruoma *Schröder, ZfdA*
68, 151] fora daga huoam *Hs.*; fora
daga huon *Braune Anm.*, foradagahuon *Jostes, Lit. Rundschau f. d.
kath. Deutschland* 21, Nr. 2, fora daga huoani *Siebs, ZfdPh* 28, 141 u. 29,
414, fora daga gihuoni *Gering,
ZfdPh* 33, 435, fora daga huôna (=
ags. hwêne *ein wenig*) *Kögel S.* 29,
fora dagaliomon *Gallée, Tijdschr. v.
ndl. Taal- en Letterk.* 13, 303, fora
daga fruoiam *Holthausen, ZfdA* 39,
55, fora daga uuanum? *oder* uuanami? *Schlüter, Nd. Jb.* 20, 119, fora
dagas woman *Kluge und Symons,
ZfdPh* 28, 153, *Klaeber, Beiblatt z.
Anglia* 23, 306, fora daga ahuof
Franck, ZfdA 40, 212, fora daga
hruomag *Martin, Versbau, S.* 48,
Holthausen, PBB 32, 567; *Blümel,
Münchner Museum* 3, 302 (in
huoam *stecke der Dativ eines Adj.
woh unheilvoll*), huitam 'vor weißem, hellem Tage' *Roethe, ZfdA* 62,
208; fora dagahruom *Doane (vgl.
ebd. 178. 347); vgl. noch Kauffmann, ZfdPh* 32, 509, *Sievers, ZfdA*
63, 46. *Holthausen, Beiblatt z. Anglia* 45, 131; *Hofmann I 58.*
290 Sodomaburug *Kögel S.* 29] Sodomburug *Hs.*
291 *Bruckner, D. as. Gen. S.* 11.
292 huuerthan *Hs.*
294 hina *Hs.* him *Hs.*

As. Genesis (Gn 19, 15–17.24–25)

295 idis aðalborana.　He ni habda thar *is aðalias* than mêr,
　　botan is dohtar tuâ,　　mid them *gihietun* sie, that hie êr daga
　　an ênum berga uppan,　　that *ina* brinnandi　　　　⌊uuâri
　　fiur ni *bifengi*.　Thô he te there ferdi uuarð　　　　　　　　885
　　gâhun gigereuuid,　　gengun engilos,
300 habdun *ina* bi *handum*　　heƀankuningas bodon,
　　lêddun *ina* endi lêrdun　　lango huîla,
　　untat sea ina gibrâhtun　　bi thera burug ûtan.
　　Hietun, that *sie* io ni gehôrdin　　sulic gehlunn mikil,　　890
　　brâkon an them burugium,　　that sia io under bak sâuuen,
305 an thiu thie sea an them *lande*　　libbian uueldin.
　　Thuo *huurubun* eft uuiðer　　hêlega uuardos,
　　godas engilos,　　gengun sniumo,
　　sîðodun te Sodomo:　　thanan sûðar fuor　　　　　　　　895
　　Loth *thoro ira lêra*,　　flôh thera liodio gimang,
310 dereƀioro manno:　　thô uuarð dag kuman.
　　Thuo uuarð thar *gihlunn* mikil　　himile bitengi,
　　brast endi brâcoda,　　uuarð thero burugeo *gihuuilîc*
　　rôkas gifullit,　　uuarð thar fan radura sô *filu*　　　　900
　　fiures gifallin,　　uuarð fêgero karm,
315 lêðaro liodio:　　logna all *bifeng*
　　brêd burugugisetu:　　bran all samad,
　　stên endi erða,　　endi sô manag strîdin man
　　suultun endi sunkun:　　sueƀal brinnandi　　　　　　　905
　　uuel after uuîkeom;　　uuaragas tholodun
320 lêðas lôngeld.　　That land inn bisank,

---

295 his hadalias *Hs.*　Bruckner S. 14.
296 gietun *Hs.*; hietun *Braune; vgl. seine
　　Anm. u. Schlüter, Nd. Jb.* 20, 119,
　　Bruckner S. 8.
297 hina *Hs.*
298 biuengi *Hs.*
300 u. 301 hina *Hs.*
300 andum *Hs.*
302 huntat *Hs.*
303 Bruckner S. 8, Klaeber, Anglia 55,
　　396.　siæ *Hs.*
303f. *Interpunktion nach Roediger, Herrigs Archiv* 111, 192.
305 landæ *Hs.*
306 huuruƀun *Holthausen, Beiblatt z. Anglia* 45, 131] uuruƀun *Hs.*
309 thoro *vgl. Kögel, S.* 20.　hira *Hs.*
　　lêra *Braune*] fehlt *Hs.*
310 *hinter* manno *Punkt, hinter* kuma'n *Komma Holthausen, Beiblatt z. Anglia* 45, 131..
311 gilunn *Hs.*
312 *vgl. Roediger, Herrigs Archiv* 111, 191, Bruckner, D. as. Gen. S. 77.
　　giuuilic *Hs.*
313 rokos *Hs.*　uilu *Hs.*
315 bihueng *Hs.*
316 Bruckner S. 12.

thiu erða an afgrundi;   al uuarð farspildit
Sodomarîki,   that *is ênig seg ni ginas,*
323/24 *iac sô bidôdit* an dôðsêu,   sô it noh te daga stendit 910
325 fluodas gifullit.   Thuo habdun *iro* firindâdi
all Sodomothiod   sêro antgoldan,
botan that thar iro ênna   ût entlêdde
uualdand an is uuillian   endi thiu uuîf mid im,
thriu mið them thegna.   Thô gihôrdun sea thero thiodo qualm, 915
330 burugi brinnan.   Thô thar under bac bisach
idis aðalboren: siu ni *uuelde* thera engilo
lêra lêstian   (that uuas *Loðas* brûd),
than lang the siu an them landa   libbian muosta.
Thuo siu an them berega gistuod   endi under bak bisach, 920
335 thuo uuarð siu te stêne,   thar siu standan scal
mannum te mârðu   obar middilgard
after *te êuuandage,*   sô lango sô thius erða lêbot.

322–23 that is enig segg ni ginas *als zweiter Halbvers von* 322 *Cosijn bei Symons, Verslagen S.* 154] is . . . enig theg nige¦nas ac sobi (a. s. *korr. Hs.*) dodit *Hs.;* ac so bidod it *Cosijn, ebda., mit* an doðseu *im selben Halbvers zusammengefaßt; Jostes, Lit. Rundschau f. d. kath. Deutschland* 21, *Sp.* 50 *liest:* that is enig thegno ni ginas, *hält aber* Sodomariki, th. is e. th. ni gin. *für interpoliert. Symons vermutete Verslagen S.* 154: Sodomariki, | that gisiðias enig, ‖ thegno ni ginas |, *schließt sich aber ZfdPh* 28, 155 *Cosijn an.* Holthausen, *ZfdA* 39, 55: Sodomariki: that is sið enig ‖ thegna ni brukit, | ac so bidod it ‖ an dodseua |, *Siebs, ZfdPh* 28, 141: Sodomariki, | that is seggion enig ‖ theg nigienas; ac thus bidodit ‖ an doðseu, *Jellinek, ZfdA* 39, 151: Sodomariki, | that is segg enig, ‖ thegan ni ginas, | ac so bithuungan uuarð, ‖ bidodit an doðseu, *Kauffmann, ZfdPh* 32, 510: Sodoma riki | ac so bidodit ‖ that is thar enig | thegn ni ginas ‖ bidolban an doðseu |,

Gering, *ZfdPh* 33, 437: Sodomariki, | that is seggio enig, ‖ thero thegno ni ginas, | ac so thiadan it senkida ‖ bidodit an dodseu; *später vermutet* Holthausen *für* bidoðit bidros *oder* bidof, *PBB* 32, 568, *ein Jahr danach* bidoc *PBB* 33, 192 *(zu* bidûcan *'versinken'); van Helten statt dessen* bidoit *PBB* 28, 543 *Anm.;* Kock *liest* bidôbit „eingetaucht", *ZfdA* 54, 410, *so* Holthausen, Elementarb. *S.* 221, 224. *Vgl. noch* Sievers, *ZfdPh* 27, 536; *Franck, ZfdA* 40, 213; *Doane.*
325 hiro *Hs.*
329 giordun *Hs.*
331 *Zeichensetzung nach* Schwab, Litt.   uuelde *Franck, ZfdA* 40, 220] uueldere *Hs.*
332 Lohthas *Hs.*
332f. *Zeichensetzung nach Doane, Komm.*
337 te *fehlt Hs., ergänzt von Jellinek, DLZ* 19, 922, *ZfdPh* 32, 525; *Bruckner, ZfdA* 57, 284, *D. as. Gen. S.* 7. heuandage *Hs.*   *Danach* Expl(icit) *Hs.*

Wörterbuch

Anlautendes *c* und *sc* der angelsächsischen Wörter ist unter *k* und *sk* eingeordnet; im übrigen steht *c* zwischen *b* und *d*. *ƀ* und *đ* folgen nach *b* und *d*, *þ* ist in *th* eingeordnet. Wo die angelsächsischen Wörter eine altsächsische Entsprechung haben, sind sie meist nur unter dieser aufgeführt. Für die Umsetzung des Ags. in Alts. sei folgendes bemerkt:

    Ags. *a* = alts. *ê*
    Ags. *æ* = alts. *a*
    Ags. *æ* = alts. *â* und *ê*
    Ags. *e* = alts. *ê* und alts. *ô* vor *i*
    Ags. *i* = alts. *i* und *u* vor *i*
    Ags. *y* = alts. *i* und *u* vor *i*
    Ags. *y* = alts. *û, iu, ô, eo* vor *i*
    Ags. *ea* = alts. *a* und *ô* (= got. *au*)
    Ags. *eo* = alts. *eo, io* und *e*
    Ags. *be-, ge-* = alts. *bi-, gi-*
    Ags. *-en, -est* = alts. *-in, -ist* und *-ost*
    Ags. Adverbia auf *-e* = alts. *-o*
    Ags. Verba auf *-ian* sind meist alts. Verba auf *-ôn*
    Die angelsächsischen Wörter sind mit * bezeichnet.

*a = eo
aƀal *(Hs.* abal, *s. ags. Gen. 500) Kraft*
âband *stm. Abend*
abaro *swm. Nachkomme*
abiddian *stv. erbitten, sich ausbitten*
abelgan *stv. zürnen*
*abrecan *stv. zerbrechen*
aƀuh, aƀu *adj. übel; nur subst. belegt*
abunst *stf. Mißgunst*
*acweđan *stv. sprechen*
adêlian *swv. zuerkennen, verurteilen, Urteil sprechen*
adôgian *swv. ertragen*
adômian *swv. richten*
âdro *adv. früh*
ađalandbâri *stn. edles Aussehen*
ađalboran *adj. von edler Geburt*

ađalburdig *adj. edelgeboren*
ađali *stn. edles Geschlecht; die Edlen* (H. 4479)
ađaligiburd *stf. edle Herkunft*
ađalkêsur *stm. Kaiser aus edlem Geschlecht*
ađal(i)knôsal *stn. edle Herkunft*
ađalkuning *stm. König aus edlem Geschlecht*   [Art
ađalkunni *stn. edles Geschlecht, edle*
ađalordfrumo *swm. hoher Schöpfer*
âđar *adj. ander* = ôđar
âđom *stm. Atem, Geist*
*æfyn = âband
*æfre *adv. jemals*
*æghwilc *pron. jeder*
*ænge = engi

*ærendian swv. Botschaft bringen
*ærendsecg stm. Bote
*æppel stm. der Apfel
af praep. von, aus
af = ef wenn
afêhian swv. verurteilen
afgeban stv. verlassen
afgrundi stn. Abgrund
afhebbian stv. wegheben; sich erheben, anheben, beginnen
afheldian swv. zu Ende kommen
afôdian swv. gebären
afonsta praet. von afunnan
afsebbian stv. wahrnehmen, erkennen
afstân anom. stehen bleiben, zurückbleiben
afstandan stv. dasselbe
afsteppian (afstapan?) stv. betreten
aftan adv.: at a. zuletzt
aftar adv. darnach, -auf; hinterdrein – praep. nach, durch – hin
aftarwaron swv. beachten
aftîhan stv. einem etwas versagen
afunnan praet.-praes. mißgönnen
*afyrran swv. (entfernen,) benehmen
agalêto, agalêtlîco adv. eifrig
agangan stv. vergehen
ageban stv. übergeben, aufgeben
ageldan stv. büßen
aha stf. Wasser
ahafton swv. Halt gewinnen
ahastrôm stm. Wasserstrom
ahebbian stv. erheben, beginnen
ahlîdan stv. sich erschließen
ahlôpan stv. hinauflaufen
ahlûdian swv. verkünden
ahospring stm. Wasserquelle
ahsla st. swf. Achsel
*ahte ic (Ags. G. 308) = êhti ic! hätte ich doch
âhtian swv. nachstellen, mit Dat. oder Acc. der Person, Gen. der Sache, mit tô Dat. d. P. u. Gen. d. S.
ahto acht
ahtodo der achte
ahton, ahtogean swv. achten auf etw.
*ahwettan swv. verstoßen (?)

ak conj. sondern, aber
akiosan stv. erwählen
akkar stm. Acker
akuman stv. erschrecken
al- = ala- all, ganz
alah stm. Tempel
alahwît adj. ganz weiß
alajung adj. ganz jung
alamôsna stf. Almosen
alârian swv. leeren
alâtan stv. erlassen
ald adj. alt
aldar stn. Alter, Leben
aldarlagu stn. plur. Leben
aldarlang adj. ewig
aldfader stm. Patriarch
aldiro swm. Ahnherr; plur. Eltern
*aldor stm. Fürst
aldron swv. altern
aldsidu stm. Sitte von alters her
alêðian swv. verleiden, verhaßt machen
alesan stv. auflesen, erlesen
aleskian swv. löschen
alettian swv. entziehen
all adj. all, ganz
all adv. ganz, durchaus
allaro adv. vor superl. durchaus
alles adv. gen. gänzlich, durchaus
alofat stn. (Bier-)Gefäß
alohêl adj. ganz gesund
alomahtig, almahtig adj., subst. allmächtig
alôsian swv. wegnehmen, erlösen
alothioda stf. Gesamtheit der Menschen
alowaldand part. adj. subst. Allwaltender
alowaldo sw. adj. subst. allwaltend, Allwaltender
altari stm. Altar
alung adj. ewig
ambahteo swm. Dienstmann
ambahtman stm. dasselbe
ambahtskepi stm. Dienst
*ambyhtsecg stm. Diener
ambusan stf. Gebot
amerrian swv. stören
*amyrran = amerrian

an *praep. mit Dat. und Akk.* bezeichnet örtliche wie zeitliche Annäherung, das Mittel (Bruckner, D. as. Gen. S. 8); an thiu *conj.* wenn − *adv.* hinan, hinauf.
*an erstarrter *Nom. Sg.* allein
anagin *stn.* Anfang
anawerpan *stv.* etwas auf einen werfen
anbiodan *stv.* entbieten
anbîtan = antbîtan genießen
anbusan = ambusan
andbâri *stn.* Aussehen
ando *swm.* Kränkung, Verdruß
andrêden = antdrâdan
andsako *swm.* Widersacher
*andswaru *stf.* (Antwort,) Anrede
andward *adj.* gegenwärtig; im andwarda quâmun *ihnen erschienen*
andwordi, andwurdi *stn.* Antwort
andwordian *swv.* antworten
aneban *praep. mit Akk.* an der Grenze von
angegin *praep.* entgegen − *adv.* wiederum (hinwieder), entgegen
angin = anagin
anginni *stn.* Anfang
angul *stm.* Angel
anmôd *adj.* entschlossen
âno *praep.* ohne; *adv.-adj. m. Akk.* frei von
ansiuni *stn.* Angesicht
anst *stf.* Gunst, Gnade
answebbian *swv.* einschläfern
ant *praep.* bis zu
antahtoda achtzig
antat = antthat
antbindan *stv.* entbinden
antbîtan, anbîtan *stv.* genießen, zu sich nehmen
antdôn *anom.* auftun
antdrâdan, andrêdan *stv.* in Furcht sein, fürchten
antfâhan *stv.* empfangen
antfallan *stv.* abfallen
antfindan, antfîðan *stv.* (sw. Praet. Sg. 2017) finden, wahrnehmen
antgeldan *stv.* entgelten

anthebbian *swv.* Stand halten; aufrecht erhalten
antheftian *swv.* entfesseln, los machen
anthêti *adj.* versprochen, verlobt (Tiefenbach 751)
anthêtan *stv.* befehlen ſschließen
anthlîdan *stv.* sich erschließen; eranthrînan *stv.* berühren
antkennian *swv.* erkennen
antklemmian *swv.* aufzwängen
antlang *adj.* ganz
antlêdian *swv.* fortbringen
antlûkan *stv.* erschließen
antqueðan *stv.* widersprechen
antsakan *stv.* sich verwahren
antsibunta siebzig
antspringan *stv.* aufspringen
antstandan *stv.* aushalten
antswôr *stm., stf. oder n.* Antwort
antthat, anttat, antat, untat *conj.* bis dass
antwerpan *stv.* sich bewegen
antwindan *stv.* aufwickeln
antwirkian *swv.* umbringen
anthengian *swv.* vollbringen
anwendian *swv.* wegnehmen
aquellian *swv.* töten
aquikon *swv.* lebendig machen
*ar *stm.* Bote
arbed, arbid *stf.* Mühsal
arbedi, arbidi *stn.* dasselbe
arbidlîko *adv.* mühselig
arbidlôn *stv.* Arbeitslohn
arbetsam *adj.* mühselig
arbidwerk *stn.* mühsames Werk
ard *stm.* Aufenthaltsort
ardon *swv.* bewohnen
arihtian *swv.* aufrichten
arîsan *stv.* sich erheben, auferstehen
arm *stm.* Arm
arm *adj.* arm
armhugdig *adj.* bekümmert
armlîk *adj.* elend
armôdi *stn.* Armut
armon *swv.* arm sein
armskapan *part. adj.* elend
aru *adj.* bereit

ârundi *stn.* Botschaft, Geschäft
ârundian *swv.* ausrichten
asittian *stv.* sich aufsetzen
aslahan *stv.* erschlagen
aslâpan *stv.* entschlafen
astân *anom.* aufstehen, auferstehen
astandan *stv.* dasselbe
*aswamian *swv.* dahinschwinden
at *praep.* bezeichnet Nähe und Annäherung — *adv.* dabei, zur Hand
ât *stn.* Speise
atiohan *stv.* herausziehen, aufziehen
atômian *swv.* befreien, erlösen
atsamne *adv.* zusammen
athengian *swv.* vollbringen
athenkian *swv.* gedenken
awahsan *stv.* erwachsen, aufwachsen
awallan *stv.* herausströmen
awardian *swv.* verderben
awekkian *swv.* erwecken, erregen
awendian *swv.* etwas verkehren
awerđan *stv.* zugrundegehen, abfallen
awerdian = awardian
awerpan *stv.* totwerfen
*awiht = eouuiht
awinnan *stv.* erwerben
awîsian *swv.* sich enthalten
awôstian *swv.* verwüsten

bađ *stn.* Bad
bâg *stm.* Rühmen
bâg- = bôg-
bak *stn.* Rücken; undar bak, *auf den Rücken, zurück;* undar baka *rücklings*
bald *adj.* kühn
baldlîko *adv.* kühn
balko *swm.* Balken
balu *stn.* Verderben
baludâd *stf.* Uebeltat
baluhugdig *adj.* Verderben sinnend
balusprâka, balosprâka *stf.* böse Rede
balusuht *stf.* verderbliche Krankheit
baluwerk *stn.* Uebeltat, Uebel
balowîso *swm.* der ins Verderben Führende, Teufel
baluwîti *stn.* verderbliche Strafe
*bam *Dat.* von begen

bâm = bôm Baum
ban *stm. o. stn.* Befehl
baneđi *stf.* Mord, Totschlag
bank *stf.* Bank
bano *swm.* Mörder
bar *adj.* nackt
bâra *stswf.* Bahre
barlîko *adv.* offenbar, klar
barm *stm.* Schoß
barn *stn.* Kind, Sohn
barwirdig *adj.* sehr würdig
bat = bet
*batwa *pron.* beide
be, be- = bi, bi-
bed *stn.* Bett
beda *stf.* Bitte, Gebet
bedgiwâdi *stn.* Bettzeug
bêdian *swv.* zwingen
bedon *swv.* beten
bedskepi *stm.* Beilager
bêđie, bêđea, bêđiu beide
bêdies *gen. sg.* zum Vorigen
*begen *pron.* beide (*Dat.* bam)
beldian *swv.* kühn machen
belgan *stv., m. reflex. Akk.,* zürnen
bên *stn.* Bein
bendi *stf. plur.* Bande
beniwunda *stf.* Todeswunde
beo *stn.* Ernte
beran *stv.* tragen, besitzen
berg *stm.* Berg
berht, beraht *adj.* glänzend
berhtlîk *adj.* dasselbe
berhtlîko *adv.* glänzend, hell, allgemein verständlich
bet, bat *adv.* besser
betara *adj. comp.* besser
betst, bezt, best *adj. superl.* best; — *adv.* am besten
bewod *stm. oder n.* Ernte
bi, be *praep. mit Dat.,* bezeichnet lokale Nähe, Mittel, Grund; *mit Akk.* von (= über), während. bi thiu *deswegen;* bi hwî *weswegen*
*bebeodan *stv.* gebieten
*bebod *stn.* Gebot
bêtien = bôtian (1364 M)

bibon *swv.* beben
bibrekan *stv.* zerbrechen
bibrengian *swv.* bringen
bîdan *stv.* warten, erwarten
biddian *stv.* bitten
bidelban *stv.* begraben
bidêlian *swv. m. Akk.* entziehen
bidernian *swv.* verbergen
bidôdian *swv.* töten (Gen. 323)
bîdon *swv.* warten
*bedreosan *stv. nur im Part. Praet.* verführen
*bedrīfan *stv.* vertreiben
bidriogan *stv.* betrügen
bedrôragan (?) *swv.* verbluten
*bedroren *s.* bedreosan
*bedyrnan = bidernian
bifâhan *stv.* umfangen, erfassen, ergreifen
bifallan *stv.* fallen, ergreifen
bifelhan *stv.* übergeben, anempfehlen; begraben
bifellian *swv.* niederwerfen
bifîðan *stv.* feststellen
biforan *adv. räumlich:* davor, vor den Augen (H. 749, 1708), vorhanden (Gen. 21), vornen, them folke biforan, *vor dem Volke; zeitlich:* vorher; uuas biforan *stand bevor.* − lêt man then ênon biforan, *wenn man den einen ausnahm.* − *praep. mit Dat.:* angesichts, wegen
bigangan *stv.* behüten, sorgen für
begehan *stv., refl. m. Gen.*, sich vermessen
bigetan *stv.* finden
biginnan *stv.* beginnen
bigraban *stv.* begraben
*begrornian *trauern (Ags. Gen. 243: so daß sie Trauer gehabt hätten)
*bigstandan *stv.* zur Seite stehen
bihagon *swv.* behagen, gefallen
bihaldan *stv.* halten, behalten, verbergen
bihangan *part. praet.* behängt; verhängt, verdeckt (5669)
bihauwan *stv.* abhauen

bihebbian *swv.* umschließen
bihelan *stv.* verbergen
bihellian *swv.* verhüllen
bihêt *stm.* Drohung
bihêtword *stn.* dasselbe
bihindan *adv.* hinten
bihlahhian (bihlahan?) *stv.* verlachen
bihlîdan *stv.* einschließen, decken
bihrînan *stv.* berühren
bihwelbian *swv.* verbergen
behwerban *stv.* begehen
bihwî *adv.* weshalb
biklemmian *swv.* einschließen
biklîban *stv.* festhalten
biknêgan *stv.* erlangen
bikunnan *v. praet.-praes.* kennen
bil *stn.* Schwert, Streitaxt
bilamod *adj.-part.* gelähmt
bilang *adj.* verbunden
bilîban *stv.* unterbleiben
biliði *stn.* Bild, Gleichnis
bilôsian *swv.* berauben
bilûkan *stv.* verschließen
bimîðan *stv.* vermeiden, versäumen, verbergen
bimornian *swv.* versorgen
bindan *stv.* binden
bineglian *swv.* annageln
bineotan *stv.* berauben
biniman *stv.* rauben, berauben
bioban *adv.* oben
biod *stm.* Tisch
biodan *stv.* bieten
biril *stm.* Korb
birôbon *swv.* berauben
*bescyrian *swv.* berauben
biseggian *swv.* sagen
bisehan *stv.* sehen, besorgen
bisenkian, bisinkon *swv.* versenken
bisinkan *stv.* vergehen
bisittian *stv.* belagern
biscop *stm.* Bischof
biskrîban *stv.* sich kümmern um, sich zurückhalten von
bismersprâka *stf.* Spottrede
bismîtan *stv.* beflecken
bisorgon *swv.* behüten

bisprekan *stv.* über etwas sprechen
bispurnan *(nur Praes.)* anstoßen
bistân *stv.* stehen
biswerian *stv.* beschwören
biswîkan *stv.* verführen, betrügen, verhindern
bîtan *stv.* beißen
bitengi *adj.* haftend an etwas; verbunden, drückend
biti *stm.* Biß
bittar *adj.* bitter
bittro *adv.* dasselbe
*betuh *praep.* zwischen
*beþeccan *swv.* bedecken
bitherbi *adj.* nützlich
bithîhan *stv.*, mit *Gen.*, zustande kommen mit etwas
bithurban *v. praet.-praes.* bedürfen
bithwingan bedrängen, bezwingen
biûtan außer
biwânian *swv. refl.* sich vermessen
biwardon *swv.* achthaben
*bewarigan *swv.* sich schützen vor
biwendian *swv.* ausrichten
biwerian *swv.* wehren, schützen
biwerpan *stv.* werfen, ausstrecken, umgeben
biwindan *stv.* umwickeln, umgeben
biwôpian *stv.* beklagen
blad *stn.* Blatt
blandan *stv.* mischen
blêk *adj.* hell, bleich
blîði *adj.* licht, heiter, fröhlich
blîðlîk *adj.* fröhlich
blîðon *swv.* fröhlich sein
blîðsea *stf.* Fröhlichkeit
blîðsean *swv.* fröhlich machen
blîkan *stv.* glänzen
bliksmo *swm.* Blitz
blind *adj.* blind
blindia *stf.* Blindheit
blôd *stn.* Blut
blôð *adj.* furchtsam
blôdag *ad.* blutig
blôði = blôð
blôði *stf.* Furchtsamkeit
blôðian *swv.* furchtsam machen

blôjan *swv.* blühen
blômo *swm.* Blume
bôdal *stm.* Grundbesitz
bodo *swm.* Bote
boðom *stm.* Boden
bodskepi *stm.* Botschaft
*bog *stm.* Zweig
bôggebo *swm.* Ringgeber, Fürst
bôgwini *stm.* der mit Ringen beschenkte Dienstmann
bôk *stf. n.* Schreibtafel, Buch
bôkan *stn.* Zeichen
bôkkraft *stf.* Bücherkunde, Gelehrsamkeit
bôknian *swv.* bezeichnen, bildlich andeuten
bôkspâh(i) *adj.* schriftkundig
bôkstaf *stm.* Buchstabe
bôm *stm.* Baum, Stange
bômgardo *swm.* Baumgarten
bômin *adj.* hölzern
bord *stm.* Schiffsbord, Schild
bôsom *stm.* Schoß
bôta *stf.* Besserung, Abhilfe
botan = biûtan
bôtian *swv.* ausbessern, schelten, büßen, heilen, trösten
*botm *stm.* Boden
brâha *swf.* Braue
braht *stm.* Lärm
brahtum *stm.* Lärm, Gedränge
brâkon *swv.* krachen
*brand *stm.* das Brennen
brêd *adj.* breit
brêdian *swv.* sich ausbreiten; ausbreiten
brêf *stm.* Schrift, Urkunde
bregdan *stv.* knüpfen, flechten
brekan *stv.* brechen, zerreißen
brengian *swv.* bringen
breost = briost Brust
*breostcofa *swm.* Brust(-höhle)
brestan *stv.* bersten, krachen, gebrechen
brinnan *stv.* brennen
briost, breost *stn.*, nur *plur.*, Brust
briostgithâht *stf.* Denken des Herzens, Gemüt
briosthugi *stm.* dasselbe

briostkara *stf. Herzenskummer*
brôd *stn. Brot*
brôðar *m. Bruder*
brôðarskepi *stm. Brüderschaft*
brôkan *stv. beugen(?), zimmern(?)*
brosmo *swm. Brosamen*
brûd *stf. Frau, Gattin*
brûdigumo *swm. Ehemann, Bräutigam*
brûkan *stv. genießen*
brunno *swm. Quell, Wasser*
brustian *swv. aufbrechen, Knospen treiben*
bû *stn. Wohnung, Haus*
*bu *pron. beides*
bûan *wohnen, bleiben; bewohnen*
*bugan *stv. sich neigen*
buggean *swv. kaufen, bezahlen*
bûland *stn. bebautes Land, Feld*
burðinnia *stf. Bündel*
burg *stf. Burg, Ort* [Burg
burgliudi *stm. plur. Bewohner einer*
burugugisetu *n. plur. coll. Burgsitz*
bûtan = biûtan; *ags. Gen. 243 conj. wenn nur (?)*
*butu (bu tu) *pron. beide, beides*
*byrgan *swv. kosten*
*bysen *stf. Gebot*

dâd *stf. das Handeln, Tat, Ereignis*
dag *stm. Tag*
dagahruom (?) *stm. Tageslärm (Schröder, ZfdA 68, 151)*
dagskîmo *swm. Tagesglanz*
dagthingi *stn. Termin*
dagwerk *stn. Tagewerk*
dal *stn. Tal, Abgrund*
darno *adv. im geheimen*
darnungo *adv. im geheimen, heimtükkisch*
*deaðbeam *stm. todbringender Baum*
dêl *stm. Teil*
dêlian *swv. teilen, austeilen, intr. sich trennen*
*deore = diuri
derbi, derabi *adj. kräftig, feindlich, böse*
derian *swv. schaden*
derni *adj. verborgen, heimtückisch*

dernian *swv. verbergen*
*dim *adj. finster*
diop *adj. tief*
diopgithâht *stf. tiefster Gedanke*
diopo *adv. tief*
disk *stm. Tisch*
diubal *stm. Teufel*
diuri *adj. wertvoll, teuer*
diurian *swv. preisen*
diuriða, diurða *stf. Herrlichkeit, Ehre, Liebe*
diurlîk *adj. teuer, ruhmwürdig, herrlich*
diurlîko *adv. dasselbe*
dôan = dôn *tun oder* dôian *sterben*
dôd *adj. tot*
dôð *stm. Tod*
dôðsêu *stm. das Tote Meer*
dohtar *fem. Tochter*
dôian *swv. sterben*
dol *adj. töricht*
*dollıc *adj. verwegen*
dolmôd *adj. töricht, verwegen*
dôm *stm. Entscheidung, Belieben, Gericht, Ruhm; selbas dôm freie Verfügung über*
dômdag *stm. Tag des (jüngsten) Gerichtes*
dôn *handeln, tun, machen, versetzen; ein vorausgehendes Verbum vertretend*
dôperi *stm. Täufer*
dôpi *fem. Taufe*
dôpian *swv. taufen*
dôpisli *stn. Taufe*
dor *stn. Tor*
dragan *stv. tragen, auftragen, bringen*
drank *stm. Trank*
drîban *stv. treiben, bewegt werden; vertreiben, ausüben*
*drihtscipe = druhtscepi
drinkan *stv. trinken*
driogeri *stm. Betrüger*
driopan *stv. triefen*
driosan *stv. fallen*
drôbi *adj. trübe*
drôbian *swv. betrübt werden, zurückschrecken*

drohtin *stm. Herr*
drokno *adv.* trocken (Trübners Dt.Wb.
 7 [1956] 128b m. Anm. 14)
drôm *stm. Traum*
drôm *stm. lautes Treiben, Leben,*
 Freude
drômian *swv. jubeln*
drôr *stm. das aus Wunden fließende*
 Blut
drôrag *adj. blutig, blutend*
drôrwôrag *adj. vom Blutverlust erschöpft*
drûbon *swv. betrübt sein*
drugithing *stn. Trug*
druhtfolk *stn. Volksmenge*
druhting *stm. Hochzeitsgast, Brautführer*
druhtskepi *stm. Herrschaft, Herrlichkeit*
druknian *swv.* trocknen (*vgl.* drokno)
drusnon *swv. dürr, welk werden*
dûba *swf. Taube*
dugan *v. praet.-praes. taugen, nützen*
dunkar *adj. dunkel*
dunnian *swv. dröhnen*
durð *stn. Unkraut*
durran *v. praet.-praes. wagen*
duru *stf. plur. Tür*
dwalm *stm. Berückung*
*dyran = diurian
*dyrne = derni

*eallenga *adv. gänzlich*
*earg *adj. böse*
*east *Osten*
*easterne = ôstrôni
*ece *adj. ewig*
*ecnis *stf. Ewigkeit*
eder, edor *stm. Zaun*
*edneowe *adj. stets sich erneuernd*
eð *stm. Eid, Schwur*
eðili *adj. adlig, edel*
eðilifolk *stn. Volk von edler Herkunft*
eðiligiburd *stf. edle Herkunft*
êðstaf *stm. Eid*
êðword *stn. Eidwort*
ef *conj. ob, wenn*

efno *adv. in gleicher Weise*
eft *adv. wieder, anderseits, darauf*
eftha, eftho *conj.* oder; eftho – eftho
 entweder – oder
êgan *v. praet.-praes. haben*
êgan *adj. part. eigen*
êgan *stn. Eigentum*
eggia *stf. Schneide, Schwert*
egislîk *adj. schrecklich*
egiso *swm. Schrecken*
êgrohtful *adj. barmherzig*
êgrohtfullo *adv. dasselbe*
êht *stf. Besitz*
ehuskalk *stm. Roßknecht*
ekid *stm. Essig*
êkso *swm. Eigentümer*
êld *stm. oder stn. Feuer*
eldi *stm. plur. Menschen*
eldi *fem. Alter*
eldibarn *stn. plur. Menschenkinder*
eldiro = aldiro
elilandig *adj. ausländisch*
elilendi *stn. Fremde*
elilendi *adj. fremd*
elithioda *stf. fremdes Volk, die Heiden*
elithiodig *adj. aus verschiedenem Volke*
elkor *adv. sonst, anders, außerdem*
*elles *adv. sonst*
ellian *stn. Mut*
elliandâd *stf. Körperkraft (Ilkow 98)*
ellianrôf *adj. kraftberühmt*
ellifto *elfte*
ellior *adv. anderswohin*
en (990) = endi *und*
ên *ein, einer, einzig, alleinig;* – êno *allein*
ênag *adj. einzig*
êndago *swm. Todestag (vgl. Fafnismál
 10,3: til ins eina dags).*
endi *stm. Ende, Ziel; Anfang*
endi *conj. und*
êndihweðar *pron. einer von beiden*
endilôs *adj. unendlich*
endion *swv. enden*
ênfald *adj. einfach, unvermischt, wahrhaftig (C mehrmals* enuuald; *Kolb,
 PBB [Tüb.] 83, 136)*

*engelcyn *stn.* das Geschlecht der Engel
engi *adj.* eng
engil *stm.* Engel
ênhard *adj.* sehr hart (Sturtevant, MLN 40, 399)
ênhwilik *pron.* irgend einer
ênig *pron.* irgend ein(er)
ênkora *adj.* einsam
ênôdi *f. u. n.* Einöde
ênwald *s.* ênfald
ênwordi *adj.* einstimmig
eo *adv.* irgend einmal, stets = io
êo *stm.* Gesetz; ald êo altes Testament
eoman *pron.* jemand
eoridfolk *stn.* Reitergeschwader
êosago *swm.* Schriftgelehrter
eowiht *pron.* irgend etwas
êr *stm.* Bote
êr *adv.* früher − *praep. mit Dat.* vor − *conj.* ehe − hwan êr, wann vorher, wann; bis
êra *stf.* Ehre, Ehrengeschenk; Hilfe, Lohn
erbi *stn.* das Erbe
erbiward *stm.* der Erbe
êrdagos *stm. plur.* frühere Tage
erða *stf.* Erde
erðbûandi *part.-subst.* Erdbewohner
erðgraf *stn.* Erdgrab
erðlîbigiskapu *stn. plur.* Geschicke des Erdlebens
erðrîki *stn.* Erdreich
êrin *adj.* ehern
êrist *superl. adj. subst.* der erste; *adv.* zuerst, zum ersten Mal
erl *stm.* Mann, der bedeutende Mann
erlskepi *stm. coll.* Leute
êron *swv.* unterstützen, beschenken
êrthungan *adj.* ehrenreich
êskon *swv.* fragen, erfragen
etan *stv.* essen
ettho = eftho
êu = êo
êvangêlium *stm.* Evangelium
êwan *adj.* ewig
êwandag *stm.* Ewigkeit
êwanrîki *stn.* ewiges Reich

êwig *adj.* ewig
êwin *adj.* dasselbe

fader, fadar *m.* Vater
faderôdil *stm.* Vatererbe (Schröder, ZfdA 53, 233)
fâði *stn.* das Gehen, der Schritt
faðmos *stm. plur.* Hände und Arme
*fær *stm.* (der Überfall) das Hereinbrechen
fagan *adj.* froh
faganon, fagonon *swv.* sich freuen
fagar *adj.* schön, friedlich
fagaro *adv.* geziemend
fâhan *stv.* sich wenden; fangen, gefangen nehmen
faho *adj.* wenig
fahs *stn.* Haupthaar
fakla *swf.* Fackel
fal *stm.* Fall, Verderben
fallan *stv.* fallen, zu Grunde gehen
fan, fon *praep.* bezeichnet den räumlichen und zeitlichen Ausgangspunkt sowie den Grund
fandon *swv.* versuchen, heimsuchen
fano *swm.* Tuch, Laken
far = for
fâr *stm.* Nachstellung
faran *stv.* sich von einem Orte zum andern bewegen, gehen, reisen
farbrekan *stv.* übertreten
fard *stf.* das Gehen, der Weg
fardôn = farduan *stv.* frevelhaft handeln, verderben; farduan *part. adj.* frevlerisch
fardrîban *stv.* vertreiben
fardwelan *stv.* versäumen
farfâhan *stv.* sich wenden; fangen; umfangen, stützen; auffassen; entziehen (3032)
farfion, farfehon *swv.* verzehren
farflôkan *stv.* verfluchen
farfolgon *swv.* folgen
fargang *stm.* Untergang
fargangan *stv.* vergehen
fargeban *stv.* geben, vergeben, verheißen

fargeldan *stv. zahlen, lohnen, erkaufen*
fargetan *stv. vergessen*
fargripan *adj.-part. verdammt*
fargûmon *swv. vernachlässigen*
farhardon *swv. verhärten*
farhauwan *stv. zerhauen*
farhelan *stv. verbergen*
farhuggian *swv. verachten*
farhwâtan *stv. verfluchen*
farhwerƀian *swv. verkehren*
farkôpian *swv. verkaufen*
farkôpon *swv. dasselbe*
farkuman *stv. vergehen*
farlâtan *stv. verlassen, unterlassen, entlassen; übertreten; verlieren; vermeiden (Ags. G. 235)*
farlêƀian *swv. übrig lassen*
farlêdian *swv. verleiten*
farlegarnessi *f. Ehebruch*
farlîðan *stv. verlassen*
farlîhan *stv. verleihen*
farliosan *stv. verlieren*
farliwan *part. von* farlîhan
farlôgnian *swv. verläugnen*
farlor *stm. Verderben*
farlust *stf. Verderben*
farm *stm. Ansturm*
farmerrian *swv. versäumen*
farmôdon *swv. verachten*
farmunan *v. praet.-praes. verachten, verläugnen*
farniman *stv. hinraffen, zerstören*
fâron *swv. auflauern*
farsakan *stv. sich lossagen von jemand*
farsehan *stv. sehen*
farskundian *swv. antreiben*
farslîtan *stv. zerreißen, aufbrauchen, vergehen, verbrauchen*
farspanan *stv. verlocken*
farspildian *swv. zerstören*
farstandan *stv. verhindern, ferne halten, verstehen*
farstelan *stv. stehlen*
farswêpan *stv. vertreiben*
farswerian *stv. refl. falsch schwören*
fartellian *swv. verurteilen*
farterian *swv. vernichten*

fârungo *adv. plötzlich*
farûtar *praep. ohne*
farwardon *swv. regieren*
farwarht *part. von* farwirkian
farwerðan *stv. verderben*
farwerkon *swv. sich versündigen, verwirken*
farwernian *swv. abschlagen*
farwerpan *stv. wegwerfen, verstoßen*
farwinnan *stv. verführen*
farwirkian *swv. sich versündigen, verwirken; part.* farwarht*, verworfen*
farwîsian *swv. verraten*
farwurht *stf. Übeltat*
fast *adj. fest, beständig; gefesselt*
fastnon *swv. festigen; fesseln, stärken; gifastnod in festem Haufen*
fasto *adv. fest*
fastunnia *stf. Fasten*
fat *stn. Gefäß*
feðarhamo *swm. Federgewand*
*feðe = fâði
fêg(i) *adj. dem Tode verfallen*
fêgni = fêkni *arglistig*
fêh *adj. bunt*
fêhmia = fêmia
fehta *stf. Kampf*
fehu *stn. Vieh, Besitz*
fehugiri *f. Habgier*
fehuskat *stm. Geldstück*
fêkan *stn. Arglist*
fêkni *adj. arglistig*
fel *stn. Haut*
feld *stn. Feld*
felgian *swv. belegen mit etw. (Sturtevant, MLN 40, 401)*
felis *stm. Fels, Stein*
fellian *swv. fallen machen*
fêmia, fêhmia *swf. Weib, Frau*
fer *adv. weit fort*
fer *oder* ferri *adj. fern*
ferah, ferh *stn. Leben, Geist*
ferahquâla *stf. Qual*
fergon *swv. bitten*
ferht, feraht *adj. verständig, weise, fromm*
ferhtlîko *adv. verständig, fromm*

ferian *swv.* zu Schiffe fahren
ferkal *stm.* oder *stn.* Riegel (Sehrt, MLN 40, 62)
fern *adj.* vorig
fern *stn.* Hölle
ferndalu *stn. plur.* Täler der Hölle
ferran(a) *adv.* von fern her
ferweg *stm.* ferner Weg
festian *swv.* befestigen
feteros *stm. plur.* Fesseln
fiartig = fiwartig vierzig
fîðan *stv.* finden
fîf fünf
fîftig fünfzig
fîfto fünfte
fîga *swf.* Feige
fillian *swv.* schlagen
filu *subst. neutr. adv.* viel
filuwîs sehr weise
findan = fîðan
fingar *stm.* Finger
finistar *stn.* Finsternis
finistri *f.* dasselbe
fior = fiwar
fiorðo vierte
firihos *stm. plur.* Menschen
firina *stf.* Frevel; firinum, firinun sehr, fürchterlich, schrecklich (Bruckner, D. as. Gen. S. 10, 48)
firindâd *stf.* dasselbe
firinquâla *stf.* ungeheure Qual
firinquidi *stm.* Frevelrede
firinsprâka *stf.* dasselbe
firinsundea *swf.* schwere Sünde
firinwerk *stn.* Freveltat
firinword *stn.* Frevelwort
firios = firihos
firiwit *stn.* Neugier, Wißbegier
firiwitlîko *adv.* wißbegierig
firrian *swv.* entfernen
fisk *stm.* Fisch
fiskari *stm.* Fischer
fisknet *stn.* Fischnetz
fiskon *swv.* fischen
fiterios = feteros
vittea *stf.* Abschnitt (Präf. Z. [29]), vgl. Werlich, bes. S. 90 ff.

fiund *stm.* Feind, böser Mensch, Teufel
fiundskepi *stm.* Feindschaft
fiur *stn.* Feuer
fiwar, fiuwar, fior vier
fiwartig, fiortig, fiartig vierzig
*fleogan *stv.* fliegen
flêsk *stn.* Fleisch, Leib
flet *stn.* Gemach, Trinkhalle, Haus
fliohan *stv.* fliehen
fliotan *stv.* fließen
flît *stm.* Eifer
flîtlîko *adv.* eifrig
flôd *stf. stm.* Flut
fluhtig *adj.* flüchtig
fôdian *swv.* gebären, nähren, erziehen
fôði = fâði
fôgian *swv.* zusammenfügen
fol *adj.* voll
folda *stf. swf.* Erde
folgon *swv.* folgen
folk *stn.* Volk, Schar; folkun *adv. dat. plur.* scharenweise
*folcgestealla *swm.* Volksgenosse
folkkuning *stm.* König
folkskepi *stm.* und *stn.* Volk
folktogo *swm.* Herzog
folkweros *stm. plur.* Landsleute
folmos *stm. plur.* die Hände
fon = fan
*fon = fâhan
for, far, fur, fora, *praep. mit Dat.* vor, für, wegen, als
for- = far-
forabodo *swm.* Vorbote, Vorläufer
foran *adv.* vorn
forana *adv.* von vorn
forasago *swm.* Prophet
*forbeodan *stv.* verbieten
forð *adv.* hervor, vorwärts; entschieden (3065, 4158), fortan, herbei, fort
forðro *swm.* Vorfahr
forðward, forðwerd *adv.* vorwärts, fortan
forðwardes, forðwerdes, for- *adv.* vorwärts
forðweg *stm.* fortführender Weg
forgang *stm.* Dahingang, Tod

*forhaten part. adj. verflucht (?, Ags. Gen. 609)
forht, foraht adj. in Furcht, bange
forhta stf. Furcht
forhtian swv. fürchten
forhtlîk adj. furchtbar
forhton swv. fürchten
fôrian swv. führen
*forlacan stv. verführen
*forlæran swv. dasselbe
formo adj. der erste
formon swv. helfen, schützen
forn adv. vordem
forndagos, furndagos stm. plur. frühere Zeit
*forscieppan stv. umwandeln
*forst stm. Frost   [denn; weil
*forþon, forþam adv. deshalb; conj.
*forweard adv. fortan (Klaeber, Anglia 49, 370)
*forwyrcan swv. versperren
fôt stm. Fuß
fôtskamel stm. Fußschemel
*frætwe = fratoha
frâgon, frâgoian swv. fragen
frâh adj. froh
frâhmôd adj. frohgemut
frâho = frôho
frâhon swv. lieben
fram adv. heraus, weg
frânisko adv. herrlich
frâo = frôho
frataha, fratoha stf. plur. Zierat, Schmuck
fratahon swv. schmücken
*frecen stn. Gefahr
frêðig adj. verbannt
fregnan stv. fragen
fremiði adj. fremd
fremmian swv. vollbringen, tun
*fremu stf. Vorteil
*freo = frî
frêsa stf. Gefahr, Schaden
frêson swv. versuchen, nachstellen
frî stn. Weib, Gattin
frîdhof stm. Vorhof
friðon swv. schützen

friðu stm. Friede, Schutz, Sicherheit
friðubarn stn. Friedenskind
friðugumo swm. Friedebringer
friðusamo adv. friedlich
friðuwâra Friedensschutz
friðuwîh stm. Heiligtum, Tempel
frîlîk adj. edel, lieblich, schön
*frinan stv. fragen
friund stm. Freund, Verwandter
friundskepi stm. Freundschaft
frô Herr
frôbra, frôfra stf. Trost, Hilfe
frôbrian swv. trösten
frôd adj. alt, erfahren
frôdot part. adj. gealtert
frôfra = frôbra
frôio, frôho, frâho swm. Herr
frôkni adj. kühn
frôkno adv. kühn
frôlîko adv. fröhlich
*from praep. von, zufolge von
frômôd adj. frohgemut
frost stm. Frost
fruht stm. Frucht
fruma stf. Vorteil, Gutes
frummian swv. fördern, ausführen, tun
fugal stm. Vogel
ful adj. voll; *ful(l) adv. sehr
ful stn. Gefäß
fulgangan, fulgân stv. folgen, sorgen für jemand; ags. Gen. 782 (Strafe) ab-
fullêsti stm. Beistand   [büßen
fullêstian swv. helfen
fullian swv. erfüllen, sättigen
fullîko adv. vollständig
fullon swv. erfüllen
fundon swv. streben
fur = for
furðor adv. nach vorn, vollständiger; später, fortan, außerdem (5578)
furfaran stv. vorausgehen
furi praep. vor, wegen – adv. hervor
furisto superl. der erste
furmo = formo
furn, furn- = forn, forn-
fûs adj. bereit
fûsian swv. streben, neigen

*fyligan (s. zu ags. Gen. 249) = folgon
*fyllan = fellian bzw. = fullian [selbe]
*fyrd stf. Unternehmung (Plur. das-
*fyrenearfeðe stn. große Mühsal
*fyrnum = firinum

gaduling stm. Geschlechtsgenosse, Landsmann
gadulingmâg stm. Verwandter
*gæd Mangel
gâhlîko adv. schnell
gâhun adv. schnell
*gal stn. Übermut
galgo swm. Galgen
galilêisk adj. galileisch
galla stf. Galle
galm stm. Lärm, Stimme
galpon swv. sich rühmen
*galscipe stm. Übermut
gaman stn. Lust, Lustbarkeit
gamlîk (?) adj. freudig
gambra stf. Zins
gang stm. das Gehen
gangan stv. gehen
*gar = as. gêr[1] (Schwab, Ansätze III 2, 55)
gard stm. Feld, Erde, plur. Wohnung, Haus
gardari stm. Gärtner
gardo swm. Garten
garewi stn. Kleidung
garo, garoo adv. gänzlich, wohl
garolîko adv. dasselbe
garu adj. bereit
garuwian swv. bereiten
garwi = gigarwi
gast stm. Gast
gastseli stm. Festsaal, Halle
gat stn. Loch
ge conj. und; ge – ge sowohl – als auch
ge-, Präfix, siehe gi-
gean = gehan
*geara adv. (der Jahre) einst
*gearwe pl. Ausrüstung (Dat. gearwan = gearwum, Klaeber, Beiblatt z. Anglia 23, 306)
geba stf. Gabe, Gnade

geban stm. Meer
geban stv. geben
gebon, gebogean swv. schenken, beschenken
gef, *gif = ef
geginward, geginwerd, adj. gegenüberstehend, gegenwärtig, zugänglich, offen
gegnungo adv. unmittelbar, offenbar, in Wahrheit
gehan stv. bekennen, sich erklären, aussprechen
gek = jak
gêl adj. fröhlich, übermütig
geld stn. Bezahlung, Lohn, Opfer
geldan stv. zahlen, lohnen
gêlhert adj. übermütigen Sinnes
gêlmôd adj. übermütig
gêlmôdig adj. dasselbe
gelu adj. gelb
gelp stn. Hohn
gelpquidi stm. vermessene, böse Rede
*gengan swv. gehen
genower adv. dort
*geofian swv. begaben
*geongra = jungaro
geowiht irgend etwas
*geornlîce adv. eifrig
gêr stm. Speer
gêr stn. Jahr
gêrfîund stm. Todfeind
gêrheti stm. blutiger Streit
geriwian = garuwian
gern adj. verlangend
gerno adv. gern, eifrig
geron swv. begehren
gêrtal stn. gêrtala stf. Jahr (Sparnaay, PBB 50, 387)
gerwian = garuwian
gêst stm. Geist
gêstlîk adj. geistig
gestseli = gastseli
geth conj. auch
gi pron. der 2. pers. ihr
gi conj. = ge
gia = ja
giahton swv. berechnen

giak = jak
gialdrod *adj. part. gealtert*
giâmar, giâmer- = jâmar(-)
gibada *stf. Trost (vgl. Opitz, Nd. Jb. 101, 21)*
gibâri *stn. Benehmen, Aussehen*
gibârian *swv. sich benehmen*
gibed *stn. Gebet*
gibeddeo *swm. Bettgenosse*
gibenkeo *swm. Bankgenosse*
giberan *stv. gebären*
gibergan *stv. bergen*
*gebetan *swv. rächen*
gibıdan *stv. erwarten*
gibiddian *stv. durch Bitten erreichen*
gibiđig *adj. beschert, gegeben*
gibindan *stv. zusammenbinden, fesseln*
gibiodan *stv. gebieten, befehlen* − *intr. geboten sein*
gibirgi *stn. Gebirge*
giblôðian *s.* blôðian
gibod *stn. Gebot*
gibodskepi *stm. dasselbe*
giboht *part. von* buggian
gibôknian *swv. zeigen, andeuten*
gibolgan *adj. part, erzürnt*
gibôtian *swv. heilen, wieder gutmachen*
gibrak *stn. Gedränge*
gibrengian *swv. bringen*
gibrôðar *plur. Gebrüder*
giburd *stf. Geburt, Geschlecht*
giburian *swv. sich zutragen, verlaufen*
*gebyrdo *f. Beschaffenheit*
*gebyrgan *swv. kosten*
gidâd *stf. Tat*
*gedælan *swv. teilhaftig werden*
gidago *adv. täglich*
gidêl *stn. Teil*
gidêli *stn. dasselbe*
gidêlian *swv. verteilen*
gidôn *anom. tun, machen*
gidôpian *swv. taufen*
gidragan *stv. tragen, mit sich führen, bringen*
gidrinkan *stv. trinken*
gidrog *stn. Erscheinung, Trugbild*
giduomian *swv. richten*

gidurran *v. praet.-praes. den Mut haben*
gie = ge
*gien *adv. noch jetzt*
*giet *adv. fernerhin*
*gieman = gômian
gifâhan *stv. fassen, fangen*
gifaran *stv. einziehen in (acc.)*
gifêhon *swv. ausstatten*
*gefera *swm. Gefährte*
*geferan *swv. gehen*
giflîhan *(nur Praes.) auf etwas richten*
gifôlian *swv. wahrnehmen*
gifôri *stn. Nutzen*
gifôrian *swv. bringen*
giformon *swv. helfen*
gifrâgi *adj. bekannt, berühmt*
gifragn, gifrang *praet. zu* gifregnan
*gıfre *adj. gierig*
gifregnan *stv. erfahren*
gifremmian *swv. tun*
gifrêson *swv. gefährden*
gifrôdod *adj. part. gealtert*
gefrummian *swv. vollbringen, tun*
gifruofrean *swv. trösten*
gifullian *swv. erfüllen*
gigado *swm. Seinesgleichen*
gigamalod *adj. part. gealtert*
gigangan *stv. gehen, zukommen*
gigarwi, gigerwi *stn. Kleidung*
gigarwian *swv. bereiten*
*gegenge *adj. passend*
gigengi *stn. Reihe(nfolge)*
*gegired = gegarwid
gigirnan *swv. erreichen*
gigômian *swv. verhüten*
gihaldan *stv. halten*
gihalon *swv. holen, erlangen*
*gehat *stn. Verheißung*
gihauwan *stv. hauen*
gihebbian *stv. erheben*
giheftian *swv. fesseln*
gihêlian *swv. heilen*
gihelpan *stv. helfen*
gihêrod *adj. part. vornehm*
gihêtan *stv. verheißen*
gihîwian *swv. sich verheiraten; an unreht Ehebruch treiben*

*gehlidu stn. plur. Tore (Schwab, Ansätze I 145)? Gewölbe (Vickrey 261)?
*gehlid stn. Klippe (Vickrey a.a.O., Schwab a.a.O.)
gihlun stn. Getöse
gihnêgian swv. neigen
gihnîgan stv. sich neigen
gihôrian swv. hören, anhören, gehorchen
gihôrig adj. gehorsam
gihugd stf. Verstand, Gedächtnis
gihuggian swv. erdenken, eingedenk sein
gehugid, gihugd adj. gesinnt
gihungrian swv. hungern
gihwe, gihwê, gihwat jeder, jedes, alles
gihwerbian swv. wälzen, bekehren
*gehwyrfan stv. verändern
gihwilik pron. jeder
gikiosan stv. auswählen
gikoston swv. auskosten
gikûðian swv. verkünden
gikund stn. passende Art (des Bodens)
gikunnon swv. erkennen
*gelædan swv. ausführen
gilagu stn. plur. Schicksal
gilang adj. bereit
gilêbod adj. part. gelähmt
gilesan stv. auflesen
gilêsti stn. Tat
gilêstian swv. folgen, befolgen, tun
gilettian swv. hindern
giliggian stv. liegen
gilîk adj. gleich
gilîknessi stf. Bild, Gestalt
gilîko adv. auf gleiche Weise
giliuhtian swv. erleuchten
gilôbian swv. glauben
gilôbo swm. Glaube, Gesinnung
gilônon swv. vergelten
gilustian swv. gelüsten
gimahalian, gimahlian swv. reden, sich verloben mit
gimako swm. seinesgleichen
gimakon swv. machen
gimâlda praet. von gimahalian

gimang stn. Schar; an gimang zusammen, dazwischen, dabei
gimanon swv. mahnen
gimarkon swv. bestimmen, anordnen, bemerken
gimêd adj. leichtsinnig
gimêdlîk adj. dasselbe
gimênðo swm. Gemeinschaft
gimênian swv. verkünden
gimet stn. Maß
gimôdi stn. Versöhnung, Befriedigung
ginâðig adj. gnädig
*geneat stm. Genosse
ginerian swv. retten
ginesan stv. gerettet werden
*gingra = jungaro
giniman stv. nehmen
ginist stf. Erlösung
giniudon swv. sich erfreuen
ginôg, ginôgi adj. subst. genug
ginon swv. gähnen
gio = eo
*giongorscipe = jungarskepi
giotan stv. vergießen
giowiht = eowiht
giqueðan stv. sagen
girâdan stv. verschaffen, ausführen
girâdi stn. Vorteil
girihtian swv. offenbaren
girîsan stv. gehören, sich gehören
girnian swv. begehren
girôbi stn. Kleidung
girstin adj. aus Gerste
*gerume adj. weit (erheitert; Ags. Gen. 759)
girûni stn. Geheimnis
giriwan = garuwian
*gesælig adj. glücklich
*gesæliglic adj. glücklich
*gesceaft stf. Schöpfung
*gescyred = giscerid
giseggian swv. sagen
gisehan stv. sehen, ansehen
gisellian swv. geben, verkaufen
gisettian swv. bringen, setzen
gisidli stn. Sitz
gisidon swv. bereiten

gisîð stm. Begleiter, Dienstmann
gisîði stn. Gefolge, Schar, Genossenschaft; an is gisîðie, bei ihm
gisîðskepi stm. Gefolgschaft
*gesihð stf. Anblick
gisittian stv. sich setzen, bewohnen
gisiun, gisiuni stn. Gesicht, Auge
giskapu stn. plur. Geschick, Schöpfung, Aussehen (ags. Gen. 503)
giskêd stn. Bescheid
giskeppian stv. schaffen
giskerian swv. bestimmen
giskînan stv. leuchten
giskôhi stn. Schuhwerk
giskrîban stv. schreiben
giskuldian swv. sich schuldig machen
gisôkian swv. aufsuchen
gisônian swv. aussöhnen
gispanan stv. antreiben
*gespon stn. Verführung
*gespong stn. Gespänge
*gespon(n) stn. Fessel
gisprekan stv. sprechen
*gestælan swv. anrechnen
gistân, gistandan stv. stehen, stehen bleiben, eintreten, zu Teil werden, gereichen
gistîgan stv. steigen
gistillian swv. stillen
gistriuni stn. Schatz
gistriunid adj. part. geschmückt
*gestyran swv. wehren (mit Dat.).
gisund adj. gesund, ungeschädigt (Bruckner, D. as. Gen. S. 11)
gisundion swv. sündigen
gisunfader plur. Söhne und Vater
giswerian stv. schwören
giswerk stn. Finsternis
giswerkan stv. finster werden
giswester plur. Schwesterpaar
giswîkan stv. im Stiche lassen
git pron. ihr beide
gital stn. Zahl
gital adj. schnell (Hel. 987 P.)
gitellian swv. zählen, bestimmen, berechnen, sagen, aussagen
*getenge adj. nahe, haftend an

*getimbro pl. n. Gebäude
gitiunian swv. schaden
gitôgian swv. zeigen
gitriuwi adj. treu
gitrôst stn. Gefolge
gitrûon, getrûoian swv. vertrauen (ags. vgl. zu trûon)
*getrymman swv. schaffen
gitwe(h)on swv. zweifeln, Bedenken tragen
gitwîflian swv. irre machen
*geþafa praedicatives Subst. m., der sich zu etwas versteht
githâht stf. Denken, Glaube
githenkian swv. denken, erdenken
githiggian swv. aufnehmen
githîhan stv. gedeihen; part. githigan erwachsen
*gethingd stn. Ehre
githingon swv. ausbedingen
githionon swv. dienen, erwerben
githiudo adv. geziemend
githolon, githologian swv. erdulden, erfahren
githring stn. Gedränge
githringan stv. durchdringen
githrôon swv. bedrohen
githrusmod (?) adj. part. finster
githuld stf. Geduld
githungan, githungin adj. part. trefflich
githwing stn. Bedrängnis, Not
giu adv. bereits, einst
giunnan v. praet. praes. gönnen
giwâdi stn. Gewand
giwald stf. stm. Gewalt
giwaldan stv. walten, Macht haben
giwaldon swv. dasselbe
giwand stn. Ende; Zweifel; Bewandtnis 2540 (ags. Gen. 481)
giwâpni stn. Bewaffnung
giwar adj.; giw. werðan, gewahr werden
giwaragean swv. peinigen
giwaraht, part. zu (gi)wirkian
giwardon swv. sich behüten
giwâri adj. wahrhaftig
giwâron swv. bewahrheiten
giwêdi = giwâdi

giweldig *adj.* bevollmächtigt
giwendian *swv.* abwenden
*geweorc *stn.* Schöpfung
giwer *stn.* Aufruhr
giwerðan *stv.* werden, geraten (auch ags. Gen. 387 *gewurðan); gut dünken
giwerðon *swv.* ehren, gut dünken
giwerk *stn.* Werk
giwerkon *swv.* tun
giwernian *swv.* verweigern
giwîhian *swv.* heiligen
giwin *stn.* Kampf
giwinnan *stv.* zustande bringen, erwerben
giwirki *stn.* Werk, Arbeit
giwirkian *swv.* tun, machen, zustande bringen, erlangen (1589)
giwîsian *swv.* zeigen, verkünden
giwîson *swv.* (5063) dasselbe
giwit *stn.* Verstand
giwîtan *stv.* gehen
giwîtnon *swv.* strafen
giwitskepi *stn.* Zeugnis
giwono *swm.* Gewohnheit
giwono *adj.* gewöhnt
giwonon, giwunon *swv.* bleiben, gewöhnt sein
giwreðian *swv.* stützen
giwrîtan *stv.* schreiben
*gewrixlan *swv.* eintauschen
giwuno = giwono
giwunst *stm.* Gewinn
giwurht *stf.* Tat, Übeltat
gladmôd, gladmôdi *adj.* fröhlich
*glædlic *adj.* heiter
glau *adj.* klug
glîmo *swm.* Glanz
glîtan *stv.* gleißen   [gornon
gnornon, *gnornian *(praet.* gnornode*)* =
*gnornword *stn.* Trauerwort
god *stm.* Gott
gôd *adj.* gut
gôd *stn.* Gut
godfader *stm.* Gottvater
godforaht *adj.* gottesfürchtig
gôdi *f.* Trefflichkeit, Güte
godkund *adj.* von göttlicher Art

godkundi *f.* Göttlichkeit
gôdlik *adj.* gut, herrlich
gôdlîknissea *stf.* Herrlichkeit
godspell *stn.* Evangelium
gôdsprâki *adj.* wohl redend
goduweb(bi) *stn.* Seidenzeug
gôdwillig *adj.* guten Willens, fromm
gold *stn.* Gold
goldfat *stn.* Goldgefäß
goldwelo *swm.* Goldreichtum
gôma *stf.* Bewirtung, Gastmahl
gômian *swv.* acht haben, hüten, bewirten
gornon *swv.* trauern
gornword *stn.* Klage
grâdag *adj.* gierig
graf *stn.* Grab
gram *adj.* feindselig
gramhard *adj.* feindselig
gramhert *adj.* dasselbe
gramhugdig *adj.* dasselbe
gramo *swm.* Teufel
gras *stn.* Gras
grâtan *stv.* weinen
grim *adj.* grimmig, feindlich, böse; widerwärtig
grimman *stv.* wüten
grimmo *adv.* schmerzlich
grimwerk *stn.* böse Tat
*grindel *stm.* Knebel
griolîko *adv.* furchtbar
griot *stn.* Grieß, Sand, Boden
griotan *stv.* weinen
grîpan *stv.* Hand anlegen, berühren
gristgrimmo *swm.* Zähneknirschen
grornon = gornon
grôt *adj.* groß; *dat. pl.* grôtun *adv.* sehr
grôtian *swv.* anreden
grund *stm.* Grund
*grundleas *adj.* grundlos
gruri *stm.* Schreck
guldin *adj.* golden
gumkunni *stn.* edles Geschlecht
gumkust *stf.* männliche Trefflichkeit
gumo *swm.* Mensch, Mann
gumskepi *stm.* Schar, Volk

*gylpword *stn. Hohnrede*
gyman = gômian

*hæft *adj. gefesselt*
*hæto *f. Hitze*
hâf *adj. lahm an den Händen (?), krumm (Frings, Germ. Rom. 217)*
haft *adj. gefesselt, gefangen*
hafton *swv. haften*
hagal *stm. Hagel*
hagastald, hagustald *stm. junger Mann, Diener*
hâhan *stv. hängen*
hâlag = hêlag *heilig*
halba *stf. Seite*
hald *adv. mehr;* than hald ni *ebensowenig*
haldan *stv. halten*
half = halba
half *adj. halb*
halla *stf. Halle, Saal*
halm *stm. Halm*
halon, haloian *swv. holen, bringen, fortführen*
halsmeni *stn. Halsband*
halt *adj. an den Füßen lahm*
hamur *stm. Hammer*
hand *stf. Hand, Seite*
handbano *swm. Mörder*
handgeba *stf. Geschenk*
*handgesceaft *stf. Geschöpf*
handgiwerk *stn. Werk, Geschöpf*
handkraft *stf. Kraft*
handmahal *stn. Versammlungsstätte (Ilkow 169)*
handmagan, -megin *stn. Kraft der Hände, Kraft*
hangon *swv. hangen*
hanokrâd *stf. Hahnenschrei*
hâr *stn. Haar*
hard *adj. hart, kühn, schwer*
hardburi *stm. Obrigkeit*
hardlîko *adv. streng*
hardmôd *adj. kühnen Sinns*
hardmôdig *adj. kühn*
hardo *adv. hart, böse, sehr*

harm *stm. u. stn. Kummer*
harm *adj. schmerzlich*
harmgiwurht *stf. Übeltat*
harmlîk *adj. schmerzlich*
harmo *adv. dasselbe*
harmquidi *stm. Schmährede*
harmskara *stf. Strafe*
harmwerk *stn. Übeltat*
haton *swv. hassen, verfolgen*
hatul *adj. feindselig; subst.* the hatola *der Teufel*
he, hē, hie, hi, hî *pron. er*
*heaðowelm *stm. das grimmige Wallen*
*healīc *adj. übermütig*
*heals *stm. Hals*
*hearde = hardo
*heardmod *adj. kühn*
heban *stn. Himmel*
hebankuning *stm. Himmelskönig*
hebanrîki *stn. Himmelreich*
hebanrîki *adj. den Himmel beherrschend (Ilkow 180)*
hebantungal *stn. Himmelsstern*
hebanwang *stm. Himmelsau*
hebanward *stm. Himmelswächter*
hebbian (got. hafjan) *stv. heben*
hebbian *swv. haben, halten, zurückhalten*
hebig *adj. schwer*
hêd *stm. Stand*
hêdar *adj. heiter*
hêdro *adv. dasselbe*
hêdron *swv. hell werden*
hêðin *adj. heidnisch*
heftian *swv. fesseln*
*hehðu *stf. Höhe*
hel *stf. stm. Hölle*
hêl *adj. wohlbehalten, gesund, ganz*
hêlag *adj. heilig*
hêlagferah *adj. heiligen Sinnes*
hêlaglîc *adj. heilig*
hêlaglîko *adv. dasselbe*
hêlagon *swv. segnen*
helan *stv. verhehlen*
hel(l)dor *stn. Höllentor*
hêli *f. Gesundheit*
hêlian *swv. heilen, sühnen*

hêliand, hêleand, hêland *subst. part.*
    Heiland
heliđ *stm. Held, Mann*
heliđhelm *stm. verhüllender Helm (Klaeber, Anglia 49, 371; Schwab, Ansätze II 35)*
heliđkunni *stn. Menschengeschlecht*
hellia *stf. swf. Hölle*
hellifiur *stn. Höllenfeuer*
helligithwing *stn. Höllenqual, Verdammnis (Ilkow 188)*
helligrund *stm. Abgrund der Hölle*
helliporta *swf. Höllenpforte*
helliwîti *stn. Höllenstrafe*
*hellsceađa *swm. der höllische Feind*
helmberand *subst. part. Krieger*
helmgitrôsteo *swm. bewaffneter Gefolgsmann, Krieger*
helpa *stf. Hilfe, Rettung, Freude*
helpan *stv. helfen*
helsîđ *stm. Weg ins Totenreich*
hêm *stn. Heimat*
hêmsittiand(i) *part. (an der Heimstätte sitzend) Fürst*
henginna *stf. das Hängen*
heoban = hioban
*heodæg *adv. heute*
hêr, hier, hîr *adv. hier, hierher*
hêr *adj. hoch, vornehm*
herdian *swv. stärken*
herdislo *swm. Stärke*
hêrdôm *stm. Herrscherwürde*
heri *stm. stf. (Specht, ZfvglSpr. 60, 134) Menge, Volk*
hêri *f. vornehmes Volk (Holthausen, Elementarb. § 97, Anm. 1; vgl. zu heri)*
heridôm *stm. Reich*
herirink *stm. Krieger*
heriskepi *stn. Menge, Volk*
heritogo *swm. Herzog (Ilkow 198)*
herod *adv. hierher*
herodwardes *adv. herwärts*
hêrro *swm. Herr*
herta *swn. Herz*
hertkara *stf. Herzeleid*
herubendi *stf. plur. Fesseln*

herudrôrag *adj. vom Schwerte blutig*
herugrim *adj. sehr grimmig*
herusêl *stn. Verderben bringendes Seil*
heruthrum *stm. verderbliche Gewalt (Ilkow 207)*
hêt *adj. heiß*
hêt *stn. Hitze*
hêtan *stv. heißen (trans. und intrans.)*
*hetespræc *stf. feindliche Rede*
heti *stm. Feindschaft, Verfolgung*
hêtian *swv. heizen*
hetigrim *adj. grimmig*
hetilîk *adj. feindselig*
hêto *adv. heiß*
hettiand, hetteand *subst. part. Verfolger, Feind*
hî, hie = he
*hider *adv. hierher*
hier = hêr *hier*
*higesorga *stf. Sorge*
hild(i) *stf. das Kämpfen*
hildiskalk *stm. Krieger*
himil *stm. Himmel*
himilfadar *stm. himmlischer Vater*
himilisk *adj. himmlisch*
himilkraft *stf. himmlische Schar*
himilkuning *stm. Himmelskönig*
himilporta *swf. Himmelspforte*
himilrîki *stn. Himmelreich*
himiltungal *stn. Himmelsgestirn*
himilwolkan *stn. Himmelswolke*
hinan, hinana *adv. von hier*
hindag *adv. heute*
hinfard, hinenfard *stf. Hingang*
hinginna = henginna
*hinnsîđ *stm. (Hingang) Tod*
hioban *stv. wehklagen*
hiopo *swm. Dornstrauch*
*hiowbeorht *adj. von glänzendem Aussehn*
hîr = hêr *hier*
hirdi *stm. Hirt, Herr*
hiudu *adv. heute*
hîwa *swf. Gattin*
hîwiski *stn. Familie*
hladan *stv. beladen, aufnehmen, hineintun*

hlahhian *stv. lachen*
hlamon *swv. rauschen*
hlea *stf. o. swf. Decke*
hlear = hleor
hleo *stm. o. stn. Decke, Schutz*
hlêo *stm. o. stn. Grab*
hleor *stn. Wange*
hlinon *swv. lehnen*
hliotan *stv. davontragen, auf sich nehmen*
hlôt *stm. Los*
hlûd *adj. laut*
hlûdo *adv. dasselbe*
hlust *stf. Ohr, Aufmerksamkeit*
hluttar *(oder* hlûttar?*) adj. lauter*
hluttro *adv. aufrichtig*
hnîgan *stv. sich neigen*
hôbid *stn. Haupt, Spitze*
hôbidband *stn. Krone*
hôbidmâl *stn. Kopfbild*
hôbidskat *stm. Kopfgeld*
hôbidstedi *stm. Hauptstadt*
hôbidwunda *swf. Kopfwunde*
hôdian *swv. hüten*
hof *stm. Hof*
hofna (hôfna?) *stf. Wehklage*
hôfslaga *stf. Hufschlag*
hofward *stm. Aufseher des Hofes*
hôh *adj. hoch*
hôhgisetu *stn. plur. Hochsitz*
hôhi *f. Höhe*
hôho *adv. hoch*
hold *adj. ergeben, gnädig*
holdlîk *adj. angenehm*
holdlîko *adv. freundlich*
holm *stm. Hügel (Metzenthin, JEGP 21, 480; Sparnaay, PBB 60, 385)*
holmklif *stn. Fels, steiler Hügel*
*holt *stn. Holz*
hônða *stf. Schimpf*
hônlîko *adv. schmachvoll*
hôp *stm. Haufe*
hord *stn. Schatz; Gedanke*
hôrian *swv. hören, gehorchen*
hornseli *stm. Gebäude (mit Giebelzier)*
horsk *adj. klug*
horu *stm. o. stn. Schmutz*

hosk *stm. o. stn. Spott, Hohn*
hoskword *stn. Hohnword*
hôti *adj. feindlich, erzürnt*
hrê *adj. böse*
hrêni *adj. rein*
hrênkorni, hrênkurni *stn. reines Korn, Weizen*
hrênon *swv. reinigen*
hrêo *stn. Leichnam*
hrêobed *stn. Leichentuch*
hrêogiwâdi *stn. Leichenbekleidung, Gewand des Toten (Jellinek, Literaturblatt 51, 15; Klaeber, Anglia 55, 396)*
hreuwan *stv. beklagen, schmerzlich sein*
hrînan *stv. berühren*
hris(s)ian *swv. beben*
hriuwi, hriuwig *adj. bekümmert*
hriuwiglîko *adv. dasselbe*
hriuwigmôd *adj. dasselbe*
hriuwon *swv. bekümmert sein*
hrôm *stm. Ruhm, Freude*
hrômag *adj. übermütig, freudig*
hrômian *swv. sich rühmen*
hrôpan *stv. rufen*
hrôr *adj. rührig*
hrôra *stf.,* hrôri *f. Bewegung*
hrôrian *swv. bewegen*
hros *stn. Roß*
hrôst *stm. o. stn. Sparrenwerk*
hû = hwô
huggian *swv. denken, hoffen*
hugi *stm. Gedanke, Gemüt*
hugiderbi *adj. kriegerisch*
hugiskefti *stf. plur. Gesinnung*
huldi *stf. Ergebenheit, Huld, Wohlgefallen*
hund *stm. Hund*
hund *hundert*
hungar *stm. Hunger*
hunno *swm. centurio, Zehntrichter*
huo *vgl.* hwô
hurnidskip *stn. geschnäbeltes Schiff*
hûs *stn. Haus*
hûsstedi *stm. Hausplatz*
hwâ = hwô *wie*
hwan *adv. wann;* hwan êr *wann*
hwanan *adv. woher*

hwand, hwanda *conj. denn, weil*
hwanna *adv. irgendwann*
hwâr, hwar *adv. wo, wohin; wann*
hwarabon, hwarbon *swv. gehen*
hwarf *stm. Haufe*
hwarod *adv. wohin*
hwargin *adv. irgendwo, irgend*
hwe, hwê *neutr.* hwat *irgend einer, irgend etwas; wer, was;* hwat *für sich allein als Ausruf: wie (anders Kögel, S.* 11*);* sô hwe (hwat) sô *jeder der, alles was*
hweðar *einer von beiden, wer von beiden;* sô hweðar sô *jeder (von beiden)*
hweðar *adv. ob;* hweðar the *ob... oder ob*
hwelp *stm. junger Hund*
hweo = hwô *wie*
hwerban *stv. sich wenden, hin und her gehen, gehen*
hwergin, hwerigin = hwargin
hwîla, hwîl *stf. Zeit*
hwilik *irgend einer, welcher;* sô h. sô *jeder der*
hwît *adj. weiß, glänzend*
hwô *adv. wie, daß (Frings-Müller, PBB*
**hwy *adv. warum* [76, 410*)*
**hwyrfan *swv. sich wenden*
**hygeleast *stf. Unbesonnenheit*
**hýldo *swf. Huld*
**hynðo = hônða

îdal *adj. eitel*
idis *stf. Weib*
îduglônon *swv. vergelten*
ik *ich*
îlian *swv. eilen*
in, inn *adv. hinein*
infern *stn. Hölle*
inka *pron. poss. euer beider*
innan *adv. innen, hinein; praep. in, nach*
inne, inna *nur im adv.:* thar inne *darin*
inwid *stn. Bosheit*
inwidnîð *stm. Feindschaft*
inwidrâd *stm. boshafter Anschlag*
inwidsprâka *stf. boshafte Rede*
io, eo, gio *adv. je, immer, mit* ni = nie

**ıren = îsarn
**irenbenda *pl. f. Eisenbande*
irminman *stm. Mensch*
irminthiod(a) *stf. Volk, Menschenvolk*
irnan (= rinnan) *stv. fließen*
irri *adj. zornig*
irrian *swv. zerstören*
îsarn *stn. Eisen*
iu = giu *adv. bereits, einst*
iuwa, îwa, ewa *euer*

ja, gia *conj. und;* ja – ja (jak) *sowohl – als auch*
jâ *interj. ja*
jak, giak, gek (ja + ak) *conj. und*
jâmar *adj. traurig*
jâmarlîk *adj. jammervoll*
jâmarmôd *adj. traurig*
jâr = gêr
juguð *stf. Jugend*
juguðhêd *stf. Jugend*
jung *adj. jung*
jungardôm *stm. Jüngerschaft, Dienst*
jungaro *swm. Jünger, Diener* (1191)
jungarskepi *stm. Dienst*

kaflos *stm. plur. Kiefer*
kald *adj. kalt*
kara *stf. Klage, Kummer*
karkari *stm. Kerker*
karm *stm. Jammern*
karon *swv. beklagen*
kastel *stn. Burg*
kelik *stm. Kelch*
kennian *swv. erzeugen*
keosan = kiosan
kêsur *stm. Kaiser*
kêsurdôm *stm. Kaisertum, -reich*
kîð *stm. Schößling*
**cime = *(pl.)* kumi
kînan *stv. keimen*
kind *stn. Kind, junger Mann*
kindisk *adj. jung*
kindiski *f. Jugend*
kindjung *adj. jung*
kin(ni) *stn. Kinnbacken*

kiosan *stv.* wählen, erwählen, ausersehen; *part. praet.* erprobt
kliƀon *swv.* festhaften
klif *stn.* Felsen
klioƀan *stv.* sich spalten
*clom *stm. o. stn.* Kerker (ags. Gen. 408)
*clommas *plur.* Klammern
klûstar *stn.* Verschluß
klûstarƀendi *stf. plur.* Fesseln
knio *stn.* Knie
knioƀeda *stf.* Gebet unter Kniebeugung
knôsal *stn.* Geschlecht
kôlon *swv.* kalt werden
konsta *praet.* von kunnan
kôp *stm.* Kauf
kôpon *swv.* erkaufen, büßen
kôpstedi *stf.* Kaufstätte
korn *stn.* Korn
koston *swv.* versuchen
kostond *stm. part.* der Versucher
kraft *stf. stm.* Kraft (vgl. Le Sage, Nd. Jb. 98/99, 61); Schar
kraftag, kraftig *adj.* mächtig
kraftlîko *adv.* gewaltig
kraht = kratt
kribbia *swf.* Krippe
kristin *adj.* christlich
kristinfolk *stn.* Christenvolk
krûci *stn.* Kreuz
krûd *stn.* Unkraut
kûð *adj.* kund
kûðian *swv.* verkünden
kûðlîko *adv.* nach Art eines Bekannten, deutlich
kuman *stv.* kommen
kumbal, kumbl *stn.* Zeichen
kumi *stm. plur.* das Kommen, Ankunft
kûmian *swv.* beklagen
kuniƀurd *stf.* Geschlecht
kuning *stm.* König
kuningdôm *stm.* Königswürde
kuningrîki *stn.* Königreich
kuningsterro *swm.* Königsstern
kuningstôl *stm.* Königsstuhl
kuningwîsa *stf. swf.*: an k. wie es einem König zukommt

kunnan *v. praet. praes.* wissen, verstehen, können
kunni *stn.* Geschlecht
kus *stm.* Kuß
*kusc *redlich* (? ags. Gen. 618)
kûsko *adv.* mit Anstand
kussian *swv.* küssen
kust *stf.* Wahl, das Beste
kûst *stf.* Wissen, Weisheit
*cuþon *zu* kunnan

*lacan *stv.* springen
laðoian *swv.* laden
*laðwendemod *adj.* feindlich gesinnt
*læn *stn.* Geschenk, (verliehene) Gabe (= lêhan)
lâgnian = lôgnian
lagulîðand(i) *stm. part.* Seefahrer
lagustrôm *stm.* Gewässer; Strömung
lahan *stv.* tadeln
lakan *stn.* Tuch, Vorhang, Gewand
lamƀ *stn.* Lamm
lamo *swm.* der Lahme
land *stn.* Land
landmâg, -mêg *stm.* Landsmann
landreht *stn.* Gesetz
landsidu *stm.* Landesbrauch
landskaðo *swm.* Landesschädiger
landskepi *stn.* Land
landwîsa *stf. swf.* Landesbrauch
lang *adj.* lang, ewig
lango *adv.* lange
langon *swv.* verlangen
langsam *adj.* lange dauernd
lâri *adj.* leer (Frings Germ. Rom. 218)
lastar *stn.* Tadel, Schmähung
lat *adj.* träge, spät; *superl.* der letzte
lâtan *stv.* lassen
latta *praet.* von lettian
*leaf *stn.* Laub
lêƀa *stf.* Überrest
lêƀon *swv.* übrig bleiben
lêð *adj.* widerwärtig, verhaßt, böse
lêð *stn.* das Böse
lêðian *swv.* führen, bringen
lêðlîk *adj.* schmerzlich, verderblich
lêðlîko *adv.* in schmerzlicher Weise

lêðon swv. leid tun, reuen
lêðwerk stn. Übeltat
lêf adj. schwach, gebrechlich
lêfhêd stf. Gebrechlichkeit
legar stn. Krankheit
legarbed stn. Siechenlager, Todesbett
legarfast adj. schwerkrank
leggian swv. legen, anfertigen
lêhan stn. Lehen
lêhni adj. vergänglich
lêia stf. swf. Fels (vgl. 2394 Fußnote)
leng comp. adv. länger
lengest adv. sehr lange
*leolc Praet. von lacan
lêra stf. swf. Lehre
lêro, lêreo swm. Lehrer
lêrian swv. lehren
lêriand stm. Lehrer
lês adv. weniger
lesan stv. auflesen, lesen
lêstian swv. befolgen, ausführen, tun
lettian swv. ablassen, hemmen
leut- siehe liud
liab- siehe liof
libbian swv. leben
lið stm. Glied
lîð stn. Obstwein, Getränk
lîðan stv. gehen
lîði adj. mild, gnädig
liðobendi stf. plur. Fesseln
liðokosp stm. Fessel
liðon swv. bringen; refl., gehen
liðuwastum stm. Glied
lîf stn. Leben
lîflôs adj. leblos
lîfnara stf. Leibesnahrung
*lıg stm.n. Flamme
*ligen = lugina
liggian, *licgan stv. liegen, darniederliegen
lîhan stv. verleihen
lîhtlîk adj. gering
lîk stn. Körper, Fleisch
lîkhamo swm. Leib
likkon swv. lecken
lîkon swv. gefallen; unpers. mit dat., Wohlgefallen haben

lîkwunda stf. Wunde
lilli stm. Lilie
lîn stn. Linnen
lînin adj. leinen
lînon swv. lernen
liodan stv. wachsen
liof stn. Liebes, Gutes
liof adj. lieb, freundlich
lioblîk adj. lieblich
liofliko adv. liebevoll
liogan stv. lügen; is quidi l. seinem Wort untreu werden
lioht stn. Licht
lioht adj. licht, aufrichtig, ansehnlich
liohtfat stn. Lampe (Wolff, GGA 188, 95)
liohtian swv. leuchten
liohto adv. licht, offen, aufrichtig
liomo swm. Strahl
list stm. stf. Einsicht, Lehre (ags. Gen. 234), Verschlagenheit; listiun heimlich
liubig = lubig
liudfolk stn. Volk
liudi stm. plur. Leute
liudibarn stn. plur. Menschenkinder
liudkunni stn. Menschengeschlecht
liudskaðo swm. Menschenschädiger
liudskepi stn. Volk
liudstamn stm. Volk
liuduuerod stn. Volk
liudweros stm. pl. Landsleute
liuhtian = liohtian
lobon swv. loben
lôd zu lioðan
lof stn. Lob
lôf stn. Laub
lofsâlig adj. gepriesen
lofsam adj. lobwürdig
lofsang stm. Lobgesang
lofword stn. Lobwort
logna (lôgna?) stf. Flamme
lôgnian swv. leugnen
lôkoian swv. schauen
lôn stn. Lohn
lôngeld stn. Vergeltung
lônon swv. lohnen

lôs adj. los, ledig
lôsian swv. lösen, wegnehmen, erlösen, befreien
*losian swv. verloren gehen
lôson swv. wegnehmen, befreien
lôswerk stn. böses Werk
lôsword stn. böse Rede
lubig adj. willig
lud stm. oder f. Gestalt (?)
luft stm. stf. Luft
*lufu stf. Liebe
luggi adj. lügnerisch
lugina stf. Lüge
lungar adj. schnell, kräftig
*lungre adv. sehr
lust stf. Lust, Freude
lustian swv. gelüsten
lustsam adj. erfreulich
lût (lut?) adj. wenig
luttik adj. klein, wenig
luttil adj. dasselbe

*maðelian = mahlian
mâðmundi adj. sanftmütig
mâg stm. Verwandter
magað stf. Jungfrau, Weib
magaðhêd stf. Jungfräulichkeit
mâgskepi stm. Verwandtschaft
magu stm. Sohn
magujung adv. jung
mâgwini stm. Verwandter
mahal stn. Gericht, Rede
mahlian swv. sprechen
maht stf. Macht
mahtig adj. subst. mächtig, gewaltig (subst. Sehrt 357)
mahtiglîk adj. dasselbe
mâki stm. oder n. Schwert
makon swv. machen
mâlon swv. zeichnen
malsk adj. übermütig
man stm. Mensch, Mann, Dienstmann
*man = mên
manag adj. manch(er)
managfald adj. mannigfaltig
mandrohtin stm. Herr

mangon swv. Handel treiben (Sturtevant, MLN 40, 401)
mankraft stf. Schar
mankunni stn. Menschengeschlecht
mannisk adj. menschlich; Subst. Mensch
mâno swm. Mond
manon swv. treiben, mahnen
manslahta stf. Mord
mansterbo swm. das Sterben
manwerod stn. Schar
mârða = mâriða
mâri adj. glänzend, herrlich; bekannt, berühmt
mârian swv. rühmen, verkünden
mâriða stf. ruhmwürdige Tat, Wunder, Verkündigung (?)
marka stf. Gebiet
markon swv. bestimmen, bemerken
mârlîk adj. herrlich
mârlîko adv. dasselbe
mat stn. Speise
mêda stf. swf. Lohn
mêdian swv. bezahlen
mêdgebo swm. Herrscher
mêðom stm. Kleinod
mêðomhord stm. Schatz
megin stn. Kraft, Schar
meginfard stf. Heerfahrt
meginfolk stn. Schar
meginkraft stf. Kraft, Schar
meginstrengi f. Macht
meginsundia swf. Sünde
meginthioda stf. Volk, Schar
meginthiof stm. Dieb
meldon swv. anzeigen, verraten
melm stm. Staub
mên stn. Frevel
mêndâd stf. dasselbe
mêndâdig adj. frevlerisch
mendian swv. sich freuen
mendislo swm. Freude
mênêð stm. Meineid
mênful adj. verbrecherisch
mengian swv. mischen
mêngithâht stf. frevelhafter Sinn
mêngiwerk stn. Frevel

mêngiwito *swm. falscher Zeuge, adj. meineidig*
mênhwat *adj. frevlerisch*
mênian *swv. im Sinne haben, bezeichnen, erwähnen*
menigi *f. Menge*
mennisk = mannisk
menniski *f. Menschennatur*
mennisko *swm. Mensch*
mênskaðo *swm. Schurke*
mênskuld *stf. Schuld*
mênsprâka *stf. Frevelrede*
mênwerk *stn. Frevel*
meoda = mêda
mêr *compar. mehr*
meri *stf. Meer*
mêri = mâri
merigrîta *swf. Perle*
meristrôm *stm. Meerflut*
mêro *compar. größer*
merrian *swv. ärgern, stören*
mêst *superl. größt, meist*
mêst *adv. am meisten*
mêstar *stm. Meister*
met = mid
meti *stm. Speise*
metigêdia *stf. (oder* -gêdeo *swm.?), Hungersnot*
metilôsi *f. Mangel an Speise*
metod *stm. Geschick, Gott*
metod(o)giskapu *stn. plur. Schicksal*
metodigiskaft *stf. dasselbe*
mieda = mêda
mid, mið, mit *adv. u. praep. mit*
middi *adj. in der Mitte*
middia *swf. Mitte*
middilgard *stm. stf. Erde*
middilgarda *swf. stf. (?) dasselbe*
midfiri *adj. in der Mitte des Lebens*
midi = mid
mîðan *stv. vermeiden, unterlassen, von etwas lassen, verheimlichen*
mikil *adj. groß*
mikilun *dat. plur. sehr*
mildi *adj. freundlich, freigebig*
mildlîko *adv. auf freundliche Weise*
mildo *adv. dasselbe*

mîn *poss. mein*
minnia *stf. Liebe*
minnion *swv. lieben*
minnisto *superl. der geringste*
minson *swv. kleiner machen*
mirki *adj. finster*
misdâd *stf. Missetat*
mislîk *adj. verschieden, zahlreich*
mislîko *adv. dasselbe*
*mist *stm. Nebel*
môd *stm. Sinn, Herz; Mut; Übermut (ags. Gen. 738)*
môdag, môdeg *adj. zornig*
môdar *Mutter*
môdarmâg *stm. Verwandter von Mutterseite*
môdgithâht *stf. Gedanke*
môdkara *stf. Kummer*
môdkarag *adj. bekümmert*
môdsebo *swm. Herz, Gemüt*
*modsorg *stf. Herzenssorge*
môdspâh(i) *adj. klug*
môdstark *adj. feindselig*
môdthraka *stf. Kummer*
môði *adj. müde*
moragan = morgan
morð *stn. Mord; Tod (ags. Gen.)*
*morðer *stn. Qual*
morðhugi *stm. Mordgedanke*
morðquâla *stn. tödliche Qual*
morðwerk *stn. Mordtat*
morgan *stm. Morgen, der andere Tag (1663)*
morganstunda *stf. Morgenstunde*
morgantîd *stf. Morgenzeit*
mornian, mornon *swv. bekümmert sein*
môs *stn. Speise*
môtan *praet. praes. dürfen, vermögen*
môtian *swv. begegnen*
mûð *stm. Mund*
mugan *praet. praes. vermögen, Ursache haben*
munalîk *adj. lieblich*
mund *stf. Hand*
mund *stm.* = mûð
mundboro *swm. Schutzherr*
mundburd *stf. Schutzherrschaft, Schutz*

mundon swv. helfen
munilîk = munalîk
muniteri stm. Geldwechsler
muniton swv. prägen
mûra stf. (mûr stm.?) Mauer
*murnan stv. trauern
mûtspelli, mûdspelli Weltuntergang (Ilmyrra stf. Myrrhe [kow 318)

*na = nio
nâðla (nâdla?) swf. Nadel
nâdra st. oder swf. Natter
nâða stf. Gnade
nâðian swv. streben
*næfdon = ne hæfdon
*næfđ = ni habit
*nære = ne wâri
*næs = ne wæs
nagal stm. Nagel
nâh adj. und adv. nahe
nâhian swv. nahen
naht stf. Nacht
nako swm. Schiff
*nalles, nales adv. keineswegs
namo swm. Name
namon swv. nennen
narawo adv. eng
naru adj. enge, kummervoll; finster
*nat = ne wat
ne neg. nicht; ne − ne weder − noch; nach negat. Vordersatz: ohne daß
neba, nebu, nebo conj. außer daß, lat. quin, sondern
nebal stm. Nebel, Finsternis
neban conj. außer (Holmberg 57)
negên pron. kein(er)
neglian swv. nageln
neglitskip stn. genageltes Schiff (Ilkow 320)
*nehst adv. kürzlich
nek (ne + ak) conj. noch (neque)
*nele = ne wili
neman = niman
nemnian swv. nennen
nên nein
nênig pron. keiner
neo = nio

*neoðan adv. unten
neoman = nioman
neowiht = niowiht
nerian swv. retten; part. praes. Heiland
nêt = ni wêt ich weiß nicht
net(ti) stn. Netz
ni = ne
nia = neo
nîð stm. Haß
niðana adv. von unten
niðar adv. herab
niðara adv. hienieden
nîðfolk stn. feindliche Schar
nîðhugdig adj. feindselig
nîðhugi stm. Haß
nîðhwat adj. feindselig
nîðin adj. feindselig
nîðskepi stm. Haß
*niede adverb. Dat. zu niud heftig
niên = nigên
nîgean swv. neu machen
nigên, nigiean = negên kein, keiner
nigun neun
nigundo, niguđa neunte
niman stv. nehmen
nio adv. nie, nimmer
*niobed stn. Totenbett
nioman pron. niemand
niotan stv. genießen
niowiht nichts
nis, nist = ni is, ni ist ist nicht
niud stm. Verlangen
niudlîko adv. eifrig
niudsam adj. hübsch
niusian, niuson swv. versuchen
niuwi adj. neu
*no adv. niemals, nicht
noban = neban
nôd stf. Not
nôdian swv. zwängen
nôdrôf stm. Raub
noh adv. noch (adhuc)
noh conj. noch (neque)
*nolde, noldon = ne wolde, ne woldon
nôn, nôna stf. die neunte Stunde des Tages
norð adv. nach Norden
norðan adv. von Norden her

nu, nû adv. nun, schon; conj. da nun
*nyste, nyston = ne wiste, ne wiston

*o adv. je
oban adv. oben
obana adv. von oben her
obanward adj. oben hin
obar praep. über, über – hin, jenseits; gegen (ags. Gen. 593)
obarfâhan stv. bedecken
obarhôbd(e)o swm. Herr
obarhôrian swv. belauschen
obarhugd stf. Übermut
obarmôd adj. übermütig
obarmôdig adj. dasselbe
obarsâian stv. übersäen
obarsehan stv. überschauen
obastlîko adv. schnell
ôbian swv. feiern
ôd stn. Besitz, Glück
ôdag adj. reich
ôdan part. adj. beschert
ôdmôdi, ôðmôdi stn. Demut
ôdmôdi adj. demütig
ôdwelo swm. Reichtum
*oð conj. bis
ôðar pron. der andere, ein anderer
ôðarhweðar pron. einer von beiden
ôðarlîk adj. verändert
ôðarsîðu zum zweiten Mal
*oððe = eftha
ôði adj. leicht
*oðiewan swv. zeigen
ôðil stm. Heimat
ôðo adv. leicht
*oðwendan swv. entwenden
of = ef
*of praep. von, aus
*ofæt stn. Obst
*oferhygd = obarhugd
*ofermede stn. Stolz
*ofermetto stf. dasselbe
*ofermod stm. Übermut; der Gen. adverbial (ags. Gen. 272)
ofsittian stv. Besitz ergreifen von etw.
ofstlîko = obastlîko
oft, ofto adv. oft

ôga swn. Auge
ôgian swv. zeigen
ohtho = eftha
ôk conj. auch
ôkan stv. schwängern
ôkian swv. vermehren
ôlat stm. oder n. Dank
olbundeo swm. Kamel
*oleccan swv. beten zu (m. Dat.)
*oncnawan stv. erkennen
*ongean = angegin
*onginnan stv. beginnen
*ongitan stv. wahrnehmen
*onleon stv. verleihen
*onlicnes f. Ähnlichkeit
onsta praet. von unnan gönnen
*onsittan stv. sich fürchten
*onsundron adv. besonders
*onwæcan swv. erweichen
*onwendan swv.: mit Dat. der Pers. u. Gen. der Sache: einem etwas rauben (ags. Gen. 400; vgl. Doane z. St.); mit Acc. der Sache: übertreten (ags. Gen. 405, 770); entziehen (ags. Gen. 431; vgl. Muller, PBB 11, 363)
opan adj. offen
opanlîko adv. dasselbe
opanon, oponon swv. öffnen
ôra swn. Ohr
ord stm. Spitze
ork stm. Krug (Frings, Germ. Rom. 40)
orlag(i) stn. Krieg
orlaghwîla stf. Schicksalsstunde
orlof, orlôf stm. Erlaubnis
*orsorg adj. nicht sorgend um etwas
ôstan, ôstana adv. von Osten her
ôstar adv. nach Osten
ôstarweg stm. Weg im Osten, Osten (Ilkow 328)
ôstroni adj. östlich

palencea stf. Pfalz
palma st. swf. Palme
paradîs stn. Paradies
pascha (pâscha?) stn. Passah-(Oster-?) mahl, -fest (Frings-Müller, Germ. Rom. II 363)

paschadag *stm. Passah-(Oster-?)tag (Ilkow 329)*
pêda *stf. Gewand*
pîna *stf. Qual*
plegan *stv. verantwortlich sein*
*plegian *swv. (praet.* plegode*) frohlocken*
porta *swf. Tür*

quâla *stf. Qual*
qualm *stn. Tod, Mord*
quân *stf. Weib*
queddian *swv. begrüßen*
queðan *stv. sprechen, sagen*
quelan *stv. Qual leiden*
quellian *swv. martern, töten*
quelmian *swv. töten*
quena *swf. Weib*
quidi *stm. Rede, Wort*
quîðean *swv. wehklagen*
quik *adj. lebendig*

*racente *swf. Fessel*
râd *stm. Rat, Gewinn, Abhilfe*
râdan *stv. raten, beraten, Rat schaffen, herrschen (ags. Gen. 289);* râdand *Herrscher*
râdburd *stf. Herrschaft*
râdgebo *swm. Herrscher*
radur *stm. Himmel*
*ræd = râd
rakud *stm. Tempel*
rasta *stf. swf. Lager, Tod*
*rec = rôk
reðia *stf. Rechenschaft*
reðinon *swv. Rechenschaft ablegen*
reðion *swv. sprechen*
regan(o)giskapu *stn. plur. Geschick*
regin *stm. Regen*
reginblind *adj. blind*
reginskaðo *stm. Räuber*
reginthiof *stm. Dieb*
reht *adj. gut, wahr; adv. gerade*
reht *stn. Recht*
rehto *adv. auf rechte Weise*
rekkian *swv. erzählen*
rekon *swv. in Ordnung bringen*
resta = rasta
restian *swv. ruhen*

*rıdan *stv. reiben (? ags. Gen. 372)*
rihtian *swv. aufrichten; beherrschen*
rîki *adj. mächtig; reich (3347)*
rîki *stn. Herrschaft, Reich, Volk; Herrscher*
rîkidôm *stm. Macht*
rink *stm. Mann*
rinnan *stv. fließen, laufen*
riomo *swm. Riemen*
rîpi *adj. reif*
rîpon *swv. reifen*
rîsan *stv. sich erheben*
rôbon *swv. berauben, wegnehmen*
rôd *adj. rot*
rôda *swf. Galgen*
*rodorstol *stm. Himmelsthron (Plur. dasselbe)*
rôf *adj. berühmt (ags. Gen. 286), berüchtigt*
rôk *stm. Rauch*
rôkfat *stn. Räuchergefäß*
rôkian *swv. besorgt sein*
*romigan = rômon
rômon *swv. streben*
rost *stm. Rost*
roton *swv. rosten*
rûm *stm. Entfernung*
*rum *adj. weit; in der Brust weit = verständig (ags. Gen. 519)*
rûmian *swv. räumen*
rûmo *adv. weit, fern;* *rume *weitweg, weithin (ags. Gen. 673), leicht (ags. Gen. 561)*
rûna *stf. vertrautes Gespräch; an* rûnon *insgeheim*

sad *adj. satt*
sâd *stn. Saat*
*sælan *swv. (seilen) binden*
*sæld *stf. Wohnung (=* seliða*)*
sâfto *adv. leicht*
sagis zu seggian
*sagu *stf. Erzählung*
sâian *swv. säen*
saka *stf. Rechtshandel, Gericht, Schuld, Sache*
sakan *stv. tadeln*

sakwaldand *subst. part. Gegner*
salba *st. o. swf. Salbe*
salbon *swv. salben*
sâlða *stf. Glückseligkeit*
sâlig *adj. glücklich, selig*
sâliglîk *adj. dasselbe*
sâliglîko *adv. dasselbe*
salt *stn. Salz*
sama *adv. ebenso*
samad *adv. zusammen*
saman *adv. dasselbe*
samnon, samnoian *swv. sammeln; sich sammeln*
samnunga *stf. Zusammenkunft*
samo = sama
samod = samad
sâmquik *adj. halbtot*
samwurdi *stn. übereinstimmende Rede*
sân, sâna *adv. alsbald, schon, durchaus, fürwahr*
sand *stm. Sand, Ufer*
sang *stm. Gesang*
sâno = sâna
*se, seo, þæt *pron., art. der, welcher*
*searo *stn. Anschlag*
sebo *swm. Gemüt, Herz*
sedal, seðal *stm. o. n. Ruhe(sitz)*
*sefte *adj. (?; adv., Komp.? S. zu ags.* seg(g) *stm. Mann   [Gen. 433) sanft*
segel *stm. o. stn. Segel*
seggian *swv. sagen*
sêgian *swv. sinken machen*
segina *stf. Netz*
segnon *swv. segnen*
sehan *stv. sehen*
sehs *sechs*
sehsto *sechste*
sêl *stn. Seil*
seldlîk *adj. wunderbar*
self *pron. selbst; adv. sô self ebenso*
*selfsceaft *stf. (ags. Gen. 523) Urschöpfung? oder (Vickrey, Anglia 83, 154) Selbstbestimmung? (v. Adam) oder (Kartschoke, ZfdA 106, 73) Eigenschöpfung? (v. Teufel)*
seli *stm. Gemach, Haus*
seliða *stf. Haus*

selihûs *stn. Haus*
sellian *swv. geben*
selmo *swm. Lager*
sendian *swv. senden*
sêo, sêu *stm. See*
seola (sêola?) *stf. swf. Seele, Leben*
sêolîðand(i) *part. praes. Seefahrer*
sêostrôm *stm. Flut*
sêr *adj. schmerzlich, bekümmert*
sêr *stn. Schmerz*
sêrag *adj. bekümmert*
sêragmôd *adj. dasselbe*
sêrago *adv. dasselbe*
sêrian *swv. bedrängen*
sêro *adv. schmerzlich, sehr*
*setl *stn. Sitz*
settian *swv. setzen, einsetzen, verfassen, schaffen (ags. Gen. 252)*
sibbia *stf. Verwandtschaft*
sibun *sieben*
sibuntig *siebzig*
sîda *stf. Seite, Lende*
sidu *stn. Sitte*
sîð *stm. Weg; Schicksal; Botschaft (ags. Gen. 535); Mal*
*sıd *adj. weit*
sîð *adv. später, nachher; conj. seitdem*
*siððan *adv. seitdem*
sîðon, sîðogean *swv. gehen*
sîðor *adv. später; conj. seitdem*
sîðwôrig *adj. reisemüde*
sie *pron. sie*
*sien *stf. Sehkraft; Vision*
sîgan *stv. sinken, einherziehen*
*sigeleas *adj. sieglos*
sigidrohtin *stm. Herr*
sikor *adj. frei von*
sikoron *swv. befreien*
silubar *stn. Silber*
silubarskat *stm. Silbermünze*
silubrin *adj. silbern*
simbla, simla *adv. immer*
simblon, simlun *adv. dasselbe*
simnon, simnen *adv. dasselbe*
sîmo *swm. Strick*
sîn *pron. sein*
singan *stv. singen*

sinhîwun *swn. plur.* Ehegatten
sink *stn.* Schatz
sinkan *stv.* sinken
sinlîf *stn.* ewiges Leben
sinnahti *stn.* ewige Nacht
sinnon = simnon
sinskôni *stf.* Tageslicht; ewiges Licht (Ilkow 356)
sînu *adv.* siehe
sinweldi *stn.* Wildnis (Ilkow 357)
siok *adj.* krank
siola, siole = seola
sittian *stv.* sitzen, verharren
siun *stf.* Gesicht, Auge
skado *stm.* Schatten
skadowan *swv.* beschatten
skaðo *swm.* Übeltäter
skaft *stm.* Speer
skakan *stv.* gehen
skâla *swf.* Trinkschale
skaldan *stv.* fortstoßen
skalk *stm.* Knecht
skama *stf.* Beschämung
skâni = skôni
skap *stn.* Gefäß
skapward *stm.* Kellermeister
skard *adj.* verwundet
skarp *adj.* scharf
skat *stm.* Besitz, Geld, Geldmünze
skawon, skawoian *swv.* schauen
*sceaða *m.* Schaden (ags. Gen. 549) (?)
*sceat = skat
skêðan *stv.* sich zerteilen; zerteilen, absondern
skêðia *stf.* Scheide
skenkio *swm.* Schenke
skeppian *stv.* erschaffen; *swv.? stv.?* schöpfen
skerian *swv.* zuteilen, einteilen, bestimmen
skild *stm.* Schild
skimo *swm.* Schatten (Krogmann, Nd. Jb. 79, 17)
skîn *stm.* Licht, Glanz
skîn *adj.* sichtbar
skînan *stv.* leuchten
skion *stm.* Wolkendecke, bedeckter Himmel (Århammar, Nd. Jb. 87, 24)
skip *stn.* Schiff
skîr(i) *adj.* lauter
skôh *stm.* Schuh
skola *stf.* Schar
skolo *swm.* Schuldner; is skolo hat verwirkt
skôni *adj.* glänzend, schön
skrîban *stv.* schreiben
skrîdan *stv.* gleiten (Wolff, GGA 188, 95)
skuddian *swv.* schütteln
skulan *praet. praes.* sollen, müssen, verpflichtet, bestimmt sein
skuld *stf.* Schuld
skuldig *adj.* schuldig
*scur *stn.* Schauer (ags. Gen. 808)
scûr *stm.* Schutz, Waffe
*scurscead *n.* (?) Schutz gegen Sturm
slahan *stv.* schlagen [(ags. Gen. 813)
slak *adj.* schlaff, feige
slâp *stm.* Schlaf
slâpan *stv.* schlafen
slegi *stm.* Tötung
slekkian *swv.* stumpf machen
slêu *adj.* schlaff, feige
*sliðheard *adj.* grimmig hart
sliði *adj.* grimmig, grausam, böse
sliðmôd *adj.* grimmig
sliðmôdig *adj.* dasselbe
sliðwurdi *adj.* Böses redend
slîtan *stv.* zerreißen
sliumo *adv.* alsbald
slôpian *swv.* losmachen
slutil *stm.* Schlüssel
smal *adj.* gering
smultro *adv.* ruhig
snel *adj.* rasch, kühn
snêo *stm.* Schnee
snîðan *stv.* schneiden
sniumo = sliumo; *no sniomor *niemals* (Klaeber, Anglia 37, 542)
sô *adv.* so, wie, als ob, wenn, indem, als, da, so daß; sô hwe sô, sô hwan sô usw. wer immer, wann immer
sôð *adj.* wahr

sôð stn. Wahrheit
sôðfast adj. wahrhaftig
sôðlîk adj. wahr
sôðlîko adv. wahrheitsgemäß
sôðspel stn. wahrhafte Rede
sôðword stn. wahres Wort
*softe adv. sanft (s. zu ags. Gen. 433)
sôkian swv. aufsuchen, suchen, fordern; etwas zum Gegenstand der Anklage machen (Bruckner, D. as. Gen. S. 45)
soleri stm. Söller
*some = sama
sômi adj. passend
*sona = sâna
sorga, soraga stf. Sorge
sorgon swv. sorgen
sorgspel stn. schmerzliche Kunde
*sorhword stn. kummervolles Wort
spâh(i) adj. klug, erfahren
spâhiða stf. Klugheit
spâhlîk adj. klug
spâhlîko adv. dasselbe
spâhword stn. kluges Wort
spanan stv. antreiben
*spang swf. Spange
*spannan stv. festmachen
*sped (= spôd) stf. Fortgang; an sped (ags. Gen. 575) zu seinem Besten
spel stn. Rede
sper stn. Speer
spil stn. das Schwingen
spildian swv. töten
spilon swv. sich munter bewegen, tanzen
spîwan stv. speien
spôd stf. das Gelingen
spôdian swv. fördern
språka stf. swf. Sprache, Rede, Unterredung
sprekan stv. sprechen, reden
springan stv. springen
spunsia stf. Schwamm
spurnan (nur Praes.) treten, zertreten
stað stm. Gestade
stamn stm. Steven
stân, standan stv. stehen, treten (2468)
stank stm. Gestank
stark adj. stark, böse

starkmôd adj. mutig
stedi stmf. Stätte
stedihaft adj. seßhaft
stekan stv. stechen
stellian swv. hinstellen
stemna, stemnia stf. swf. Stimme
stên stm. Stein, Fels
stênfat stn. Steingefäß
stêngraf stn. Felsengrab
stênholm stm. Fels
stênweg stm. gepflasterter Weg
stênwerk stn. steinernes Bauwerk
*steorra = sterro
steppian (stapan?) stv. schreiten
sterban stv. sterben
sterkian swv. stärken
sterro swm. Stern
*stıđferhð adj. festgesinnt
stîgan stv. steigen
stilli adj. still
stillo adv. dasselbe
stillon swv. ruhig werden
stôl stm. Thron
stôpo swm. Tritt, Fußspur
storm stm. Sturm
strang adj. stark
strâta swf. Straße
*strenglicra unregelm. Komp. zu *strong- [lic
streuwian swv. bestreuen
strîd stm. Streit, Eifer (Klaeber² S. 9)
strîdhugi stm. Kampfesmut
strîdian stv. streiten
strîdig adj. streitbar
strîdin adj. streitbar
strôian = streuwian
strôm stm. Strom, Flut
*stronglıc adj. fest
stulina stf. Diebstahl
stum adj. stumm
stunda stf. Zeitpunkt, Stunde
sûbri adj. rein
sûbro adv. rein
*suð Süden
sûðan adv. von Süden her
sûðar adv. nach Süden hin
sûðarliudi stm. plur. im Süden wohnende Leute

suht *stf. Krankheit*
suhtbed *stn. Krankenlager*
sulan = sculan (salt *Gen.* 77)
sulic *pron. solch(er)*
sulwian *swv. besudeln*
sum *pron. mancher;* sum – sum *adverbiell, teils – teils*
sumar *stm. Sommer*
sumarlang *adj. lang wie im Sommer*
sumbal *stn. Mahl, Schmaus*
sundar *adv. besonders*
sundia *stf. Sünde*
sundig *adj. sündig*
sundilôs *adj. sündlos*
sundion *swv. sich versündigen*
sundron *adv. dat. plur.;* an *s.: besonders*
sunna *stf. swf. Sonne*
sunnia *stf. Not, Krankheit*
sunu *stm. Sohn*
suoð(-) = sôð(-) (*vgl. zu Gen.* 285)
sus *adv. so*
*swa *conj. sobald, obgleich*
swâr *adj. schwer*
swâro *adv. dasselbe*
swart *adj. schwarz*
swart *stn. Finsternis*
swâs *adj. vertraut, lieb*
swâslîko *adv. freundlich*
swebal *stm. Schwefel*
sweban, swefn *stm. Schlaf, Traum*
swefresta *stf. Ruhelager*
*swegl *stn. Musik (ags. Gen.* 675)
swek *stm. Geruch*
*swelce *adv. auf diese Weise*
sweltan *stv. sterben*
swerban *stv. abwischen*
swerd *stn. Schwert*
swerdthegan *stm. Krieger*
swerian *stv. schwören*
swerkan *stv. (dunkel) traurig werden*
swestar *f. Schwester*
swêt *stm. Schweiß, Blut (Bruckner, D. as. Gen. S.* 18)
*swician *swv. (praet.* swicode*) sich betrügerisch bemühen*
swið, swîði *adj. stark;* swîðra hand, *rechte Hand*

swîðlîko *adv. hoch und teuer*
swîðo *adv. sehr*
swigli *adj. glänzend*
swîgon *swv. schweigen*
swîkan *stv. im Stiche lassen, untreu werden, kleinmütig werden*
swikle = swigli
*swilc, swelc = sulic
swîn *stn. Schwein*
swingan *stv. sich schwingen; trans.:* *sw. on twâ *zerteilen*
swiri *stm. Geschwisterkind*
swôgan *stv. rauschend einherfahren, gehen*
swôti *adj. süß, angenehm*
*sylf = selbo
*syn(n) = sundia

talon *swv. berechnen*
tand *stm. Zahn*
te *praep. zu, bis, nach, in, an, gemäß*
tebrestan *stv. zerbersten*
tedêlian *swv. trennen*
tefallan *stv. zerfallen*
tefaran *stv. auseinandergehen*
teforan *adv. vor*
tegangan *stv. zergehen, vergehen*
tegegnes *adv. entgegen, gegenüber, vor*
teglîdan *stv. vergehen*
tehan *zehn*
tehando *zehnte*
tehinfald *zehnfältig*
têkan *stn. Zeichen*
teklioban *stv. auseinanderreißen*
telâtan *stv. sich zerteilen*
tellian *swv. sagen, erklären*
tesamne *adv. zusammen*
teskrîdan *stv. sich zerteilen*
teslahan, teslaan *stv. zerstören*
teswingan *stv. zerstreuen*
tewerpan *stv. zerstreuen, zerstören*
tîd *stf. Zeit, Stunde*
tilian *swv. erlangen*
timbron *swv. bauen*
tins *stm. Zins*
tiohan *stv. ziehen, erziehen*
tiono *swm. Übeltat*

tîr *stm. Ehre*
tîrlîko *adv. in schöner Weise*
tô *adv. zu*
*togengan *swv. auseinandergehen*
tôgian *swv. zeigen, beweisen*
tôgo *swm. Zweig*
tolna *stf. Zoll*
tôm, tômi *adj. ledig*
tômian *swv. befreien, erlösen*
*tomiddes *adv. inmitten*
tômig *adj. ledig*
torht *adj. glänzend*
torhtlîk *adj. dasselbe*
torhtlîko *adv. deutlich*
torn *stn. Zorn*
torn *adj. bitter, leidvoll*
toroht = torht
tôward *adj. bevorstehend*
tôwardes *adv. gen. nahe*
trâda (trada?) *stf. Tritt*
trahni *stm. plur. Tränen*
tregan *stv. leid sein*
treo *stn. Balken*
tresurhûs *stn. Schatzkammer*
treuhaft *adj. treu*
treulogo *swm. Treubrecher*
treulôs *adj. treulos*
treuwa *stf. Treue, Friede*
treuuaft = treuhaft
trio = treo
triuwi *adj. treu*
trûon *swv. vertrauen* (ags. *(ge)truwian, Holthausen, Beiblatt z. Anglia 45, 131; Klaeber[2] S. 12)
*trymman *swv. (festmachen) schaffen*
tugiðon *swv. gewähren*
tulgo *adv. sehr*
tunga *swf. Zunge*
tungal *stn. Gestirn*
tweho *swm. Zweifel*
twehon *swv. zweifeln*
twelif *zwölf*
twêne *zwei*
twêntig *zwanzig*
*tweo = tweho
twîfli *adj. zweifelnd*
twîflian, twîflon *swv. zweifeln*

*tyhð *zu* teon *zeihen, beschuldigen*

*þa *conj. da, nachdem*
*þæs *Genitiv von* þæt *so sehr* (ags. Gen. 584, 832f.)
thagian *swv. schweigen*
thagon *swv. dasselbe*
than *adv. dann, damals, nun; beim Comparativ als Vertreter des verglichenen Gegenstandes (z.B. H. 15); wenn, als (auch nach Compar.);* than lang the *so lange als (Dal, Pronominalkasus, 17)*
thanan *adv. von dannen, daher, woher*
thank *stm. Wille, Freude, Dank*
thankon *swv. danken*
thanna, thanne *adv. dann; nach comp. als (Bruckner, D. as Gen. S. 29)*
thar, thâr *adv. dort, dorthin, wo, wohin, da, als, wenn*
tharbon *swv. entbehren*
tharf *f. Entbehrung;* mi is th. *ich bedarf*
tharod *adv. dorthin*
thas = thes
that *conj. daß*
thau *stm. Sitte*
the, thiu, that *pron. der, welcher*
the *unveränderliche relat. Partikel, verschiedene Casus des Relativs ersetzend; conj. daß, oder, als nach Comp.*
*þeah = thoh
thegan, thegn *stm. Knabe, Mann, Dienstmann*
theganlîk *adj. männlich*
theganskepi *stm. Jüngerschaft*
*þegnian, þenian *swv. dienen*
*þenden *conj. während*
thenkian *swv. denken, aufmerken, überlegen, gedenken*
thennian *swv. ausbreiten, auswerfen*
theot- *siehe* thiod
*þeodenmaðum *stm. Herrenkleinod*
*þeowian *swv. dienen*
thes *conj. weil*
thesa, thius, thit *pron. dieser*
*þicce *adv. oft*
*þiclice *adv. oft*

thiggian *swv. bitten, empfangen, aufnehmen, einnehmen*
thîhan *stv. gedeihen*
thikki *adj. dicht*
thikko *adv. dasselbe*
thim *adj. dunkel*
thîn *pron. poss. dein*
thing *stn. Gericht, Sache*
thinghûs *stn. Gerichtshaus*
thingon *swv. verhandeln*
thingstedi *stf. Gerichtsstätte*
thiod, thioda *stf. Volk, Menge*
thiodan *stm. Herrscher*
thiodarbedi *stn. großes Leid*
thiodgod *stm. Gott*
thiodgumo *swm. trefflicher Mann*
thiodkuning *stm. König*
thiodquâla *stf. große Marter*
thiodskaðo *swm. Verderber*
thiodwelo *swm. höchstes Gut*
thiof *stm. Dieb*
thiolîko *adv. demütig*
thionon *swv. dienen*
thionost *stn. Dienst*
thiorna *swf. Jungfrau*
thiu *stf. Magd*
thiustri *adj. finster*
thiustria *stf. Finsternis*
thiwa *swf.* = thiu
thô *adv. da; conj. als*
thoh (thôh?) *adv. doch; conj. obgleich, ob (ags. Gen. 531, Cosijn, PBB 19, 446)*
tholon, tholian, tholoian *swv. ausharren, erdulden, entbehren*
thorn *stm. Dorn*
thoro *(vgl. Kögel, S. 20)* = thurh
thor(o)fta *praet. von* thurban
thorron *swv. vergehen*
thrâwerk *stn. Pein*
*þrea *Leiden*
thrêgian *swv. drohen*
thriddio *dritte*
thrie, thria, threa *drei*
thrim *stm. Not*
thrimman *stv. anschwellen*
thringan *stv. sich drängen; bedrängen*

thrîst(i) *adj. zuversichtlich*
thrîstmôd *adj. dasselbe*
thrîstword *stn. zuversichtliche Rede*
thrîtig *dreißig*
thrîwo *adv. dreimal*
*þrosm *stm. o. n. Rauch*
thrust = thurst *(Krogmann, Nd. Jb. 81,*
thu *pron, du* [11*)*
thunkian *swv. dünken*
thurban *v. praet. praes. Veranlassung haben;* ni thurban *nicht nötig haben, nicht müssen*
thurft *stf. Notwendigkeit*
thurftig *adj. arm*
thurh *praep. durch, vermittelst, aus (causal), wegen, um − willen*
thurhfremid *part. vollkommen*
thurhgangan *stv. bis ans Ende gehen*
þurhlonge (?) adv. sehr lange
thurhslôpian *swv. durchschlüpfen lassen*
thurhwonon *swv. ausharren*
thurst *stm. Durst*
thurstian *swv. dürsten*
thuru = thurh
thus *adv. so*
thûsundig *tausend*
thwahan *stv. waschen*
thwingan *stv. bedrängen*
*þy *adv. deshalb;* þy læs *damit nicht*
*þystro *f. Finsternis*

ubil *adj. schlecht, böse*
ubil *stn. Böses*
ubilo *adv. schlimm*
ûðia *swf. Welle*
ûhta *stf. swf. Morgen*
ûhtfugal *stm. Vogel der Morgendämmerung, Hahn* /auf
umbi *adv. herum; praep. um, in bezug*
umbihring *adv. ringsum*
umbihwerban *stv. umringen*
umbitharbi (= un-) *adj. unnütz*
und, unt *conj. bis*
undar *adv. unter; praep. unter, zwischen;* undar baka *rücklings;* undor tuisk *(Gen. 125) untereinander*
undarbadon (-bâdon?) *swv. erschrecken*

undarfindan *stv. ergründen*
undargrîpan *stv. erfassen*
undarhuggian *swv. einsehen*
undartwisk *praep. zwischen*
undarthenkian *swv. erkennen*
undarwitan *v. praet. praes. erkennen*
undorn, undern *stm. Vormittag*
unefno *adv. auf ungleiche Weise*
*unfæle *adj. unlieblich*
unfôdi *adj. unersättlich*
ungilîko *adv. unähnlich*
ungilôbig *adj. nicht glaubend*
ungilôbo *swm. Unglaube*
*ungemet *adv. ungemessen*
ungiwideri *stn. Ungewitter*
ungiwittig *adj. unverständig*
unhiuri *adj. unheimlich*
unhold *adj. feindlich*
unhuldi *f. Feindschaft*
unka *pron. poss. unser beider*
unlêstid *part. adj. unerfüllt*
unmet *adv. sehr*
unôði *adj. schwer*
unôðo *adv. dasselbe*
unqueðandi *part. adj. sprachlos, leblos*
*unræd *stm. unheilvolle Handlung*
unreht *adj. unrecht*
unreht *stn. Unrecht*
unrîm *stn. Unzahl*
*unsælig *adj. unheilvoll*
unskôni *adj. unschön*
unskuldig *adj. unschuldig*
unspôd *stf. Böses*
unsundig *adj. sündlos*
unswôti *adj. unsüß*
unt = und
untat = antthat
untreuwa *stf. Untreue*
*untryowð *stf. dasselbe*
unwam *adj. unbefleckt*
unwand *adj. unwandelbar*
unwânlîk *adj. unschön*
unwerid *part. adj. nicht bekleidet*
unwillio *swm. Zorn*
unwîs *adj. töricht*
*unwurðlice *adv. unehrerbietig*
up (ûp?) *adv. auf, hinauf*

uphimil *stm. der Himmel oben*
upôd *stm. himmlisches Glück*
uppa *adv. oben*
uppan *adv. oben, hinauf; praep. auf*
upweg *stm. Weg (nach) oben*
urdêli *stn. Urteil*
urkundeo *swm. Zeuge*
urlagi *stn. Krieg*
ûsa *pron. poss. unser*
ûst *stf. Sturmwind*
ût *adv. heraus, hinaus*
ûta *adv. draußen, außen hin, heraus*
ûtan *adv. draußen*
*uton *wohlan! (danach Inf.)*

*wac *adj. weich*
wâd(i) *stn. o. stf. Gewand*
*wadan *stv. gehen*
wâdian *swv. bekleiden*
*wæd = wâd
*wær *adj. wahr*
*wæstm = wastom
wâg *stm. Woge, Flut*
wâglîðand *subst. part. Seefahrer*
wah *interj. wehe*
wâh *stn. Böses*
wahsan *stv. wachsen*
wahta *stf. swf. Wache*
wakon, wakogean *swv. wachen*
wal *stm. Mauer, Wand, Klippe*
wala *(vgl. Frings-Tille, ZfdMa 18, 215)*
= wela
*wa la *interj. wehe!*
wald *stm. Wald*
waldâd *stf. Wohltat, −verhalten (vgl. zu 2607)?*
waldan *stv. walten; subst. part. waldand Herrscher*
waldandgod *stm. Herrgott*
wallan *stv. wallen*
wam *adj. frevelhaft*
wam *stn. Frevel*
wamdâd *stf. dasselbe*
wamlôs *adj. (nicht frevelhaft) schuldlos*
wamskaðo *swm. Frevler, Teufel*
wamskefti *stf. pl. Sündhaftigkeit*

wan *adj. fehlend*
wân *stm. Hoffnung*
wânam, wânum *adj. glänzend*
wânami *f. Glanz*
wânamo *adv. glänzend*
wand *adj. verschieden*
wang *stm. Aue*
wanga *swf. Wange*
wânian *swv. sich versehen*
wankol *adj. schwankend*
wânlîk *adj.* wânlîko *adv. schön*
wan(n) *dunkel (?, 5766)*
wanon *swv. abnehmen*
wanskefti *stf. pl. Elend*
wâpan *stn. Waffe*
wâpanberand *subst. part. Waffenträger, Krieger*
wâpanthreki *stm. Kraft*
war *adj. vorsichtig*
wâr *adj. wahr, wahrhaftig*
wara *stf. Schutz, Aufmerksamkeit*
wâr, wâra *stn. stf. Wahrheit;* te wârun *in Wahrheit*
warag *stm. Frevler*
waragtreo *stn. Galgen*
war(o)lîko *adv. aufmerksam, sorgfältig*
ward *stm. Wart, Beschützer*
wardon *swv. auf der Hut sein, sorgen dafür*
warf *stm. Schar (Holthausen, Beiblatt z. Anglia 45, 131; Krogmann, Nd. Jb. 80, 36)*
wârfast *adj. wahr*
warhta, warahta *praet. von* wirkian
*warian *swv. sich hüten vor etwas*
wârlîk *adj. wahr*
wârlîko *adv. in Wahrheit*
wârlogo *swm. Lügner*
wârlôs *adj. lügnerisch*
warm *adj. warm*
warmian *swv. wärmen*
*warnian *swv. sich hüten*
waron *swv. hüten, besitzen, wahrnehmen, beachten, aufsuchen, dauern*
wârsago *swm. Prophet*
waskan *stv. waschen*
wastom *stm.* *wæstm *stm. n. Wachstum, Wuchs, Gewächs, Statur; coll. Früchte*
watar *stn. Wasser*
*wawa *swm. Schmerz*
wê *stn. Weh*
wedar *stn. Witterung, Sturm*
wedarwîs *adj. wetterkundig*
weg *stm. Weg, Straße*
wêg = wâg
wêg *stm. Mauer*
wêgi *stn. Gefäß*
wêgian *swv. peinigen*
wehsal *stm. o. n. Handel, Geld*
wehslon, weslon, wehslean *swv. tauschen, vertauschen, eintauschen*
wêk *adj. weich*
wekkian *swv. wecken*
wêkmôd *adj. verzagt*
wel *adv. wohl; Interjektion, wohl, wehe*
wela = wel
wellîf *stn. Leben im Glück*
welo *swm. Gut, Besitz*
wendian *swv. sich wenden; wenden, abwenden*
wenkian *swv. untreu werden*
wennian *swv. gewöhnen, an sich ziehen*
*weorcsum *adj. unheilvoll*
*weorðian *swv. in Ehren halten*
wêpan = wâpan
wer *stm. Mann, Mensch*
werd *stm. Wirt, Hausherr*
werdskepi *stm. Mahl*
werð *adj. wert, passend, lieb*
werð *stn. Geld, Lohn*
werðan *stv. werden*
werðlîko *adv. ehrfurchtsvoll, freundlich*
werian *swv. ausstatten*
werian *swv. wehren, verwehren, hindern, verbieten; sich wehren*
werk *stn. Werk, Arbeit, Geschehnis, Mühsal, Schmerz*
wermian = warmian
wernian *swv. wehren, abschlagen, vorenthalten*
werod *stn. Volk, Leute*
werold *stf. und stm. Welt, Erde, Leute, Leben, Lebenslage, Dasein*

weroldaldar (?) stn. Weltalter (H. 45)
weroldhêrro swm. Kaiser
weroldkêsur stm. dasselbe
weroldkuning stm. König
weroldlust stf. Weltlust
weroldrîki stn. Welt, Reich
weroldsaka stf. weltliche Sache
weroldskat stm. irdischer Besitz
weroldstôl stm. Herrscherstuhl
weroldstunda stf. irdisches Leben; an weroldstundu jemals
weroldwelo swm. irdisches Gut
werpan stv. werfen
werran stv. in Verwirrung bringen, in Not bringen
wesan anom. v. sein
wesl = wehsal
*west adv. im Westen
westan, -ana adv. von Westen
westar adv. nach Westen
westrani adj. westlich
wi pron. wir
wîd adj. weit
wîdbrêd adj. unendlich
wîdo adv. weit
widowa swf. Witwe
wið praep. gegen
wiðar praep. gegen
wiðarlâga stf. Gegenstück, Gleiches
wiðarmôd adj. feindselig, widerwärtig
wiðarsaka stf. Widerrede
wiðarsako swm. Widersacher, Bösewicht
wiðarseggian swv. widersprechen
wiðarstandan stv. entgegentreten
wiðarward adj. feindselig, widerwärtig
wiðarwardes adv. rückwärts
wiðarwerpan stv. verwerfen
*wiðermedo f. Feindschaft
wiðfâhan stv. entziehen
wîf stn. Weib
wîg stm. Kampf
wîgand subst. part. Krieger
wig(gi) stn. Roß
wîgsaka stf. Kampf
wîh stm. Heiligtum, Tempel
wîhdag stm. Feiertag

wîhian swv. segnen
wîhrôk, wîrôk stm. Weihrauch
wîhstedi stm. Heiligtum
wiht etwas; plur. Dämonen, Teufel
wîk stm. Wohnstätte, Dorf
wîkan stv. weichen
willian anom. v. wollen
willig adj. willig
willio, willeo swm. Wille, Gnade, Freude
wilspel stn. willkommene Kunde
wîn stm. stn. Wein
wînberi stn. Weintraube
wind stm. Wind
windan stv. sich wenden, bewegen
wîngardo swm. Weingarten
*wine = wini
wini stm. Freund
winistar adj. link
winitreuwa stf. Liebe, Treue
*winn stn. Kampf
winnan stv. kämpfen, erwerben; leiden, sich abmühen
wînseli stm. Gemach
wintar stm. Winter, Jahr
wintargital stn. Zahl der Jahre
wintarkald adj. winterlich kalt
*winterstund stf. Stunde, kurz wie am Wintertag
wiod stn. Unkraut
wiodon swv. jäten
wirðig adj. würdig, angenehm
wirkian swv. handeln, tun, machen, bereiten, erwerben (ags. Gen. 624)
wîrôk = wîhrôk
wirs adv. comp. schlimmer
wirsa adj. comp. dasselbe
wis adj. sicher, zuverlässig
wîs adj. kundig
wîsa stf. swf. Art und Weise
wisbodo swm. Bote (Ilkow 421)
wîsdôm stm. Weisheit
wîsian swv. zeigen, verkünden
wiskumo swm. gewiß kommend
wîskuning stm. weiser König
wîslîk adj. weise
wîslîko adv. dasselbe

wîson swv. besuchen, heimsuchen
wissungo adv. sicher
wist stm. Speise, Nahrung
wit pron. wir beide
wita interj. wohlan
witan v. praet. praes. wissen, kennen
wîtan stv. vorwerfen
wîti stn. Strafe, Böses, Pein
wit(t)ig adj. verständig
wîtnon swv. strafen, töten
witon swv. bestimmen
wlank adj. stolz, übermütig
wlenkian swv. übermütig machen
*wlıtan stv. sehen
wliti stm. Glanz, Aussehen
wlitig adj. glänzend, schön
wlitiskôni adj. schön
wlitiskôni f. Glanz
wôdian swv. wüten
wôði adj. angenehm
*woh adj. böse
wôi stf.? Leiden
wôl stm. Verderben
wola = wela
wolkan stn. Wolke
wolkanskion stm. Wolkendecke
*womcwide stm. böse Rede
wonodsam adj. erfreulich
wonon swv. verweilen, bleiben, sich fügen
wôp stm. Klage
wôpian stv. klagen, beklagen
*worc = werc
word stn. Wort
wordgimerki stn. Schriftzeichen
wordhelpa stf. Fürbitte
wordheti stm. Hader
wordquidi stm. Rede
wordspâh adj. redekundig
wordtêkan stn. Zeichen
wordwîs adj. redekundig
wôrig adj. entkräftet
worrian verwirren
*woruld = werold
wôsti adj. wüst
wôstunnia stf. Wüste
*wraðlıc adj. erzürnt, heftig (ags. Gen. 355)

*wraðmod adj. dasselbe
wrâka stf. Rache [bannung
wraksîð stm. Weg in die Fremde, Verwrêð adj. bekümmert, feindselig, böse
wrêðhugdig adj. böse
wreðian swv. stützen
wrêðian refl. sich erzürnen
wrêðmôd adj. böse
wrêka = wrâka
wrekan stv. vergelten
wrekkio swm. Held aus fremdem Land
wrisilîk adj. riesenhaft
wrisilîko adv. riesenmäßig
wrîtan stv. zerreißen, schreiben (Schröder, ZfdA 61, 57)
wrôgian swv. anklagen
wrôht stm. oder stf. Aufruhr
*wuldor stn. Herrlichkeit
wulf stm. Wolf
wund adj. verwundet
wunda swf. Wunde
wundar stn. Wunder; wundron, te wundron wunderbar, aufs höchste
wundarlîk adj. wunderbar
wundarlîko adv. auf wunderbare Weise
wundarquâla stf. Marter
wundartêkan stn. Wunderzeichen
wundron swv. sich verwundern
wunnia stf. Freude
wunon = wonon
wunsam adj. lieblich
wurd stf. Schicksal; pl. schicksalhafte Ereignisse (Hagenlocher 175)
wurð stf. Boden
*wurðian = weorðian
wurd(i)giskapu stn. plur. Verhängnis
wurdegiskefti stf. plur. dasselbe
wurgil stm. Strick
wurhtio swm. Arbeiter
wurm stm. Wurm, Schlange
wurt stf. Wurzel, Blume
*wynlıc adj. wonnevoll
*wyrd = wirðid

*ylde = eldi[1]; *yldo = eldi[2]
*ymbutan praep. um... herum; adv. rings
*yrre stn. Zorn, adj. zornig